本书获得 2020 年度贵州大学公共管理学院出版资金、贵州省一流大学专业重点建设项目（二期）一流专业建设项目（社会工作专业）资助

郑姝霞 ○ 著

贵州人口迁移研究

1949—2015

The effects of policy changes on population migration in Guizhou Province: 1949-2015

中国社会科学出版社

图书在版编目（CIP）数据

贵州人口迁移研究：1949—2015 / 郑姝霞著. —北京：中国社会科学出版社，2022.1

ISBN 978-7-5203-8891-7

Ⅰ.①贵… Ⅱ.①郑… Ⅲ.①人口迁移—研究—贵州—1949-2015 Ⅳ.①C922.2

中国版本图书馆 CIP 数据核字（2021）第 159729 号

出 版 人	赵剑英
责任编辑	宋燕鹏
责任校对	刘 娟
责任印制	李寡寡

出 版	中国社会科学出版社
社 址	北京鼓楼西大街甲158号
邮 编	100720
网 址	http://www.csspw.cn
发 行 部	010-84083685
门 市 部	010-84029450
经 销	新华书店及其他书店
印 刷	北京明恒达印务有限公司
装 订	廊坊市广阳区广增装订厂
版 次	2022年1月第1版
印 次	2022年1月第1次印刷
开 本	710×1000 1/16
印 张	25.5
插 页	2
字 数	380千字
定 价	139.00元

凡购买中国社会科学出版社图书，如有质量问题请与本社营销中心联系调换
电话：010-84083683
版权所有 侵权必究

序

李若建

我基本上是通过文献资料来了解贵州的，因此郑姝霞博士的这本专著，让我获益匪浅。

虽然到贵州的次数不多，每次行程匆忙，但是贵州给我的感觉是一个不仅在自然资源上有很多待开发的地方，而且在学术人文方面也是如此。产生这种印象的原因之一是在贵阳的青岩古镇。在青岩镇的一个僻静角落的一处陈列馆内，展示了抗战期间一段鲜为人知的历史，看完后心想，贵州还有多少没有被挖掘出来的故事？

在贵州，人口研究的机构和学者有限，因此关于贵州人口研究的成果不算多，存在一些有待深入探索的领域，在人口迁移研究方面也是如此。这本书比较全面地展示了新中国成立以来贵州人口迁移的全貌，也比较好地梳理了其间贵州人口迁移的脉络，因此在很大程度上弥补了贵州人口研究的一些遗憾，向人们展示了当代中国研究不应该忽略的一环。

贵州与全国其他地区相比，有共性，也有特殊的地方。南方是雨水充足的地区，水稻是许多地区的主要粮食作物，可是初到贵州，看到一些山区山坡上种植玉米，有些不解。后来才知道，由于喀斯特地貌的原因，贵州山区的雨水不少流入地下河，山区地面可供利用的水资源并不充足，加上受坡度等因素的影响，旱作物玉米才被广泛种植。

从人口迁移的角度看，贵州市场经济的发展，长期落后于中国沿海地区，甚至落后于中部许多地区，这种情况也对人口迁移的形成有很大影响。长期以来，贵州的人口迁移规模并不大，改革开放之前，除了三线建设之外，贵州的人口迁移规模是相当平稳的。改革开放政策，是贵州人口迁移活跃的关键所在。这本书，选择了政策因素作为研究视角，应该是很好地把握了贵州人口迁移最重要的影响因素，很好地体现了贵州的特殊之处。

对当下的学术研究作评判是非常困难的。我经常戏称，一个学术成果，如果10年后有人愿意看，可以算合格，50年后有人愿意看，算优秀。这种观点是受到"胡焕庸线"命运的启发。20世纪30年代，胡焕庸先生在他研究中国人口分布的论文中提到了一段话，说如果从爱辉到腾冲画一条线，中国人口的96%在线的东面，4%在线的西面，当时这一发现并没有引起太多关注。半个世纪后，胡焕庸先生继续从事人口研究，适逢1982年人口普查结束，有大量的人口数据公布，胡焕庸先生的研究团队重新绘制了人口分布地图，发现"胡焕庸线"格局依旧，"胡焕庸线"的价值得到体现。时至今日，"胡焕庸线"格局仍在，可见这条线是解读国情的重要线索。作为胡焕庸先生的弟子，几十年来，我常常用"胡焕庸线"告诫自己的弟子，学术的价值在于有价值的发现。

郑姝霞博士的这本专著，有不少可圈可点的发现，然而要作全面评价，超出我的能力。但是我相信，对于今后无论是想研究贵州人口迁移、想研究中国西南地区人口，甚至是研究当代中国历史的学者，这本书，应该有很好的参考价值。

2020年11月2日
于中山大学康乐园

目　　录

第一章　导论 …………………………………………………………（1）
　第一节　选题理由及意义 …………………………………………（1）
　　一　一般意义：为什么要研究政策变迁与人口迁移 …………（1）
　　二　关键意义：为什么要研究贵州人口迁移 …………………（3）
　第二节　文献述评 …………………………………………………（12）
　　一　人口迁移的概念 ……………………………………………（12）
　　二　国外人口迁移研究现状 ……………………………………（14）
　　三　国内人口迁移研究现状 ……………………………………（18）
　　四　研究评述及研究启发 ………………………………………（32）
　第三节　相关概念界定、数据及数据来源 ………………………（34）
　　一　本研究关于人口迁移概念的界定和说明 …………………（34）
　　二　本研究关于政策概念的界定和说明 ………………………（35）
　　三　数据及数据来源 ……………………………………………（37）
　第四节　研究方法及研究思路 ……………………………………（37）
　　一　研究方法 ……………………………………………………（37）
　　二　研究思路 ……………………………………………………（38）

第二章　1949—1978 年贵州省人口迁移 ………………………（40）
　本章导言 ……………………………………………………………（40）
　第一节　1949—1978 年贵州人口迁移概述 ……………………（41）
　　一　省际人口迁移及其阶段性描述 ……………………………（41）

二　省内人口迁移及分布变动 …………………………………（53）
　　三　三线建设与人口迁移 ……………………………………（72）
　第二节　1949—1978年迁移相关政策与人口迁移 ………………（79）
　　一　社会经济背景 ……………………………………………（79）
　　二　与迁移相关的政策制度 …………………………………（80）
　　三　相关政策制度与人口迁移的反思 ………………………（104）

第三章　20世纪80年代贵州省人口迁移 ……………………（106）
　本章导言 …………………………………………………………（106）
　第一节　社会经济背景概述 ………………………………………（108）
　　一　贵州的经济体制改革 ……………………………………（110）
　　二　城镇化政策的调整改革 …………………………………（114）
　　三　交通及通信业基础设施改善 ……………………………（115）
　　四　政策制度变迁对人口迁移的影响 ………………………（116）
　第二节　20世纪80年代贵州人口迁移描述性分析 ……………（117）
　　一　数据来源及使用说明 ……………………………………（117）
　　二　20世纪80年代贵州人口迁移概况 ……………………（118）
　　三　20世纪80年代贵州迁移人口基本特征描述 …………（128）
　第三节　迁移原因的描述性分析 …………………………………（144）
　　一　不同迁移方向的迁移原因比较 …………………………（145）
　　二　不同性别的迁移原因比较 ………………………………（155）
　　三　不同年龄的迁移原因比较 ………………………………（156）
　　四　不同文化程度者迁移原因比较 …………………………（160）
　　五　不同户籍者迁移原因比较 ………………………………（161）
　　六　户籍迁移者和非户籍迁移者的迁移原因比较 …………（162）
　第四节　该阶段人口迁移的总结 …………………………………（163）
　　一　政策变迁使迁移有了可能、成为必然 …………………（163）
　　二　人口迁移的特征 …………………………………………（164）
　　三　该时期人口迁移的反思 …………………………………（167）

第四章 20世纪90年代以来贵州的人口迁移 (172)

本章导言 (172)

第一节 社会经济背景概述 (174)
　一　户籍制度的调整改革 (174)
　二　劳动就业制度与农村劳动力转移政策的调整改革 (177)
　三　城镇化政策的调整改革 (179)
　四　开放带动战略 (180)
　五　政策制度变迁对人口迁移的影响 (181)

第二节 20世纪90年代贵州人口迁移描述性分析 (182)
　一　数据来源及使用说明 (182)
　二　20世纪90年代贵州人口迁移概况 (183)
　三　20世纪90年代贵州迁移人口基本特征描述 (190)

第三节 迁移原因的描述性分析 (206)
　一　不同迁移方向的迁移原因比较 (207)
　二　不同性别的迁移原因比较 (216)
　三　不同年龄的迁移原因比较 (217)
　四　不同文化程度者迁移原因比较 (219)
　五　不同户籍者迁移原因比较 (221)
　六　户籍迁移者和非户籍迁移者的迁移原因比较 (222)

第四节 该阶段人口迁移的总结 (223)
　一　政策变迁与"离土又离乡"的民工潮 (223)
　二　人口迁移的特征 (224)
　三　该时期人口迁移的反思 (228)

第五章 21世纪以来的贵州人口迁移 (232)

本章导言 (232)

第一节 社会经济背景概述 (234)
　一　西部大开发战略及贵州城乡社会经济发展 (234)
　二　工业反哺农业政策 (235)
　三　该时期户籍制度的调整改革 (236)

四　城镇化政策的调整改革 …………………………………（239）
　　五　对外开放和交通基础设施改善 …………………………（240）
　　六　政策制度变迁对人口迁移的影响 ………………………（240）
第二节　2000年至今贵州人口迁移描述性分析 …………………（242）
　　一　数据来源及使用说明 ……………………………………（242）
　　二　2000年至今贵州人口迁移概况 …………………………（242）
　　三　该时期贵州迁移人口基本特征描述 ……………………（252）
第三节　迁移原因的描述性分析 …………………………………（266）
　　一　不同迁移方向的迁移原因比较 …………………………（266）
　　二　不同性别的迁移原因比较 ………………………………（273）
　　三　不同年龄的迁移原因比较 ………………………………（275）
　　四　不同文化程度者迁移原因比较 …………………………（276）
　　五　不同户籍者迁移原因比较 ………………………………（278）
第四节　该阶段人口迁移的特征总结 ……………………………（279）
　　一　民工潮、民工荒、回流与融合 …………………………（279）
　　二　人口流迁的特征 …………………………………………（280）
　　三　该时期人口迁移的反思 …………………………………（282）

第六章　改革开放以来贵州省人口迁移的特征变迁及原因 ……（285）
本章导言 ……………………………………………………………（285）
第一节　贵州人口迁移的时空变迁 ………………………………（286）
　　一　省际迁移人口流向变迁 …………………………………（286）
　　二　各地州市迁入人口流量和流向变迁 ……………………（292）
　　三　城乡人口迁移流向变迁 …………………………………（294）
第二节　贵州迁移人口的特征变迁 ………………………………（300）
　　一　迁移人口规模变迁 ………………………………………（300）
　　二　迁移人口的结构变迁 ……………………………………（302）
第三节　贵州人口迁移原因的变迁 ………………………………（310）
　　一　不同迁移方向迁移原因变迁 ……………………………（311）
　　二　不同性别迁移原因变迁 …………………………………（321）

三 不同年龄迁移原因变迁 …………………………………… (326)
  第四节 改革开放以来政策变迁与贵州人口迁移 ………………… (328)
   一 政策变迁与迁移规模和方向变迁 ……………………………… (329)
   二 政策变迁与迁移原因变迁 …………………………………… (330)
   三 政策变迁与迁移者个体特征要素的凸显 …………………… (331)
   四 政策变迁与迁移个体自主性及迁移外部环境推拉力
     作用的变迁 …………………………………………………… (331)

第七章 结论及思考 …………………………………………………… (335)
  第一节 相关政策制度的变迁与贵州人口迁移特征的
     变迁 …………………………………………………………… (336)
   一 1949 年至 1978 年——政策控制性强、迁移
     自主性弱 ……………………………………………………… (337)
   二 1978 年至 20 世纪 90 年代末期——政策逐级放开、迁移
     动力逐步转变 ………………………………………………… (338)
   三 2000 年至今——迁移矛盾转化、政策供给尚需
     时日 …………………………………………………………… (342)
  第二节 迁移影响机制的分析框架 ………………………………… (344)
   一 政策、外部环境、迁移自主性与迁移行为 ………………… (344)
   二 分析框架构建 ………………………………………………… (345)
  第三节 结语和反思 ………………………………………………… (349)
   一 改革开放以前的政策与迁移——政策控制、迁移
     计划化 ………………………………………………………… (349)
   二 改革开放至 2000 年的政策与迁移——政策松绑、
     迁移自主化 …………………………………………………… (350)
   三 21 世纪以来的政策与迁移——政策供给仍需加强、
     迁移诉求转变 ………………………………………………… (350)
   四 尊重人口迁移规律、回应人口诉求、促进社会
     经济发展 ……………………………………………………… (351)

参考文献 ……………………………………………………（353）

**附录1 本书所使用的1949—1978年基础数据及估算
数据** ……………………………………………………（366）
  1.1 基本说明 ……………………………………………（366）
    1.1.1 数据来源 ………………………………………（366）
    1.1.2 各类别基础数据说明 …………………………（366）
    1.1.3 各类别估算数据及估算方法说明 ……………（368）
  1.2 附表 …………………………………………………（370）

**附录2 本书所使用的1979—2015年基础数据及估算
数据** ……………………………………………………（378）
  2.1 基本说明 ……………………………………………（378）
  2.2 附表 …………………………………………………（379）

附录3 相关政策摘录（部分） ………………………………（384）

后　记 ………………………………………………………（397）

第 一 章

导 论

第一节 选题理由及意义

一 一般意义：为什么要研究政策变迁与人口迁移

（一）历史回顾——正确认识人口迁移规律、发挥政策积极作用、合理引导人口迁移是促进社会经济发展及社会稳定的重要前提

"人口迁移是一个历史范畴。自有人口发展过程存在，就有人口迁移现象存在，二者可以说是并生共存的"[①]。无论是从人类社会发展的范畴还是从一国、一地区的视野，从产业结构和产业布局的调整到工业化、城市化的实现，从国家、民族的形成到社会形态的变化[②]，从人类交往到文明传播，人口迁移无不伴随始终，并在其中扮演着重要的角色。

新中国成立之初，伴随着工业化进程的人口迁移曾一度自由而活跃，但国家对农民的迁移控制随着时间推移不断加强，并趋于制度化。自改革开放以来，随着人民公社、统购制度、户籍、就业等各种与迁移控制相关的制度政策逐步解体或松绑，农村剩余劳动力显性化，个体迁移的自主性得以释放，在"允许一部分地区先发展起来"的政策下，历史上本已存在的东西差距和城乡差距逐步拉大，人口由西往东的流势因此不断增强。在突破迁移瓶颈之后，迁

---

① 李竞能：《人口理论新编》，中国社会科学出版社2001年版，第186页。
② 王振营：《人口迁移规律》，博士学位论文，中国人民大学，1993年，第1页。

移人口与流入地的社会融合问题逐步凸显,同时也使得区域协调发展和城乡统筹发展成为21世纪亟待解决的重要议题。进入21世纪,在"两个大局"战略思想的指导下,西部大开发顺利推进,且其政策效应逐步显现,国家对"三农"问题的高度重视也催生了工业反哺农业、乡村振兴的一系列政策,我国区域之间、城乡之间的人口迁移开始出现新的端倪。

综上,新中国成立至今,中国的人口问题无不带有深深的政策烙印。然而当前的人口迁移研究,对中国社会历史变迁中的特殊性及其对人口迁移的影响,尤其对中国社会历史发展进程中,政策变迁对人口迁移的影响,并对其进行历史、系统梳理的较少。

回顾新中国成立以来我国人口迁移的历史,其间由于对人口迁移规律缺乏认识,对人口迁移管理不当,或控制防堵,或未采取积极引导的政策,导致人口迁移的盲目性和脉冲性,对社会经济发展,都造成了一定的消极影响。梳理政策变迁与人口迁移的关系,有助于科学地认识和把握中国人口迁移的特殊规律、发挥政策积极作用、合理引导人口迁移以更好地服务于社会、经济。

(二) 当前人口形势——人口再生产模式转变、人口迁移更为频繁、迁移矛盾转变要求相关政策回应迁移人口需求

人口问题始终是制约我国全面协调可持续发展的重大问题,是影响经济社会发展的关键因素。新中国成立以来,在社会经济及政策的多重效应影响下,决定人口自然变动的人口死亡率及出生率逐步稳定,地区差异渐趋减小。2015年,我国的人口自然增长率仅为4.96‰,人口再生产模式已然实现向"低、低、低"(指出生率、死亡率及自然增长率)模式转变。与长期低生育水平伴生的则是人口年龄结构的老龄化,据2015年1%人口抽样调查数据,我国65岁以上的老年人口比重已高达10.1%。同时,我国的人口迁移规模呈进一步扩大的趋势。据人口普查资料显示,至"第六次人口普查"(以下简称"六普")时期,跨省迁移人口已达7929万人,占同期总迁移人口的32.56%,各省省内人口迁移活动(跨乡镇的迁移)也更为频繁。

从一般意义而言,人口迁移与出生、死亡一起,决定着一个地区

的人口规模和人口增长的速度，并决定着该地区的人口结构特征，对一个国家或地区的人口分布和劳动力供给起着重要的影响作用[1]。但由于人口再生产的惯性及其特殊性，使得当前人口迁移必然成为短期内显著影响和调剂我国区域人口增长、人口分布、人口结构和经济社会结构等的主导因素。

此外，如前述，随着迁移人口在迁入地的社会融合问题开始浮现，人口迁移的矛盾从过去的"准不准迁"开始逐步向现在的"如何迁好"过渡、转变，这就要求人口迁移相关政策的控制功能逐步向回应和引导功能转变。

人口迁移已成为我国人口发展变化的主流和社会转型时期的一大社会现象，其对个人及社会经济发展的影响作用将更为突出和深刻。因而，正确认识人口迁移态势、正确回应迁移人口需求、正确发挥政策对人口迁移的影响作用、合理引导人口迁移，具有重要的理论意义和实践意义。

二 关键意义：为什么要研究贵州人口迁移

（一）特殊的社会文化、自然历史基础、较高的政策依赖性与独特的人口迁移史[2]

贵州简称"黔"或"贵"，位于我国西南地区，距海岸直线距离500千米，属浅内陆区域，辖6个地级市、3个自治州、1个国家级新区（贵安新区）[3]，共有88个县（市、区），面积17.6万平方千米。贵州是一个多民族聚居的省份，其中民族自治地区占全省总面积的

---

[1] 邬沧萍主编：《人口学学科体系研究》，中国人民大学出版社2006年版，第229页。
[2] 该部分内容据以下资料整理而成：《贵州》，http://www.gov.cn/test/2013-04/08/content_2372456.htm，2013年4月8日；《贵州省国民经济和社会发展第十三个五年规划纲要》，http://news.gog.cn/system/2016/02/17/014770199.shtml，2016年2月17日；潘治富主编：《中国人口·贵州分册》，中国财政经济出版社1988年版，第9、177、178页；郑姝霞：《贵州明清时期人口迁移研究》，《黑龙江史志》2009年第2期。
[3] 2011年10月建立，国家级新区，首批28个双创示范园基地，位于贵阳市和安顺市结合部，是黔中经济区核心地带，将建设成为西部地区重要的经济增长极、内陆开放型经济新高地和生态文明示范区。

55.5%，除了汉族外，还有苗、布依、仡佬、侗、彝、水、回、土家、壮、瑶、满、白、畲、毛南、蒙古、仫佬、羌 17 个世居民族和其他少数民族。据全国"六普"资料显示，贵州省常住人口 3475 万人，少数民族人口占全省总人口的 36.1%，民族文化多元。

历史上，贵州远离发达的中原地带，交通不便，开发较晚，被称为"蛮夷之地"，境内原始居民只有仡佬、苗、布依等少数民族的先民。但因其特殊的地理位置，受北方战乱影响较小，是一个外来人口迁入较多的地区。

汉族人口是陆续自外迁入的，特别自明代以后，随着中央王朝加强对边疆统治以及商业贸易发展的需要，汉族人口才开始大批从中原和长江中下游地区迁入贵州定居，其间贵州世居少数民族也发生了迁移。各民族交错杂居，共同生活劳作于贵州高原，境内各民族之间及其与邻省各民族政治、经济、文化的交流、渗透日益频繁深化，城镇兴起，打破了封闭状态，促进了贵州社会历史深刻巨变。

在近代，抗日战争时期，我国东部沿海和中部地区相继沦陷，由于贵州居于西南大后方交通要冲的重要地理位置，大批工厂企业、机关、学校、商号、银行从东、中部迁来贵州，移民向贵州传入工业文明，给贵州经济带来突发性的繁荣，但随着抗战结束，西迁人口又大量返迁。

贵州是全国唯一没有平原支撑的省，高原山地约占全省总面积的 87%，丘陵占 10%，耕地面积狭小，且石漠化较为严重，给农业生产带来极大限制。贵州属亚热带高原山地型气候，冬无严寒、夏无酷暑，多云寡照，雨量充沛，灾害性天气多、垂直差异显著。但复杂的山地生态环境孕育了繁多的生物种类，同时也赋予了贵州丰富的能源和矿产资源。贵州拥有 3800 多种野生植物，是全国中药材四大产区之一。境内目前发现了 128 种矿藏，如磷、铝、稀土、重晶石、黄金等，不少储量位列全国前列。其中汞、化肥用硅石、光学水晶居全国第 1 位；磷、碘、稀土等居全国第 2 位；铝、锰、锑等居全国第 3 位；煤、熔炼水晶居全国第 4 位，水能蕴藏量居全国第 6 位，加之地势间落差大，水力发电资源有相当大的潜力，具有"水火互济"优势。

新中国成立之初，在重工业优先发展的战略下，我国实行了一系列城乡分立的制度，人口在区域和城乡间的自由迁移活动被逐步切断。但基于开发贵州丰富的资源、发展生产力的考虑，国家自第二个"五年计划"时期起，便陆续在贵州安排了许多重点建设项目，调派大批人员支援贵州的经济建设。特别是在20世纪六七十年代，基于对全国经济总体发展的战略考虑，将东部沿海和中部地区大批企业搬迁到贵州，即"大三线"建设。随之，大规模的科技人员和领导干部也纷纷被迁移到贵州。这种由经济战略转移引起的计划型人口迁移活动，在1979年以前一直是贵州省际迁移的主体。与"三线建设"人口迁移几乎同期并行的还有知识青年上山下乡等由城至乡的安排式、计划式迁移。当然，由于这类迁移的特殊性，在70年代末80年代初产生了大量人口的返迁。

显然，改革开放以前国家政策是影响贵州人口迁移规模和迁移方向最重要的决定因素，计划型和安排式的人口迁移构成了贵州人口迁移的主流。自改革开放以来，尽管经济因素日益成为影响贵州人口迁移的重要因素，但政策于迁移的作用仍十分显著。并且，在由计划经济向市场经济转型的过程中，经济因素背后的驱动很大程度上仍然在于国家战略和政策调控。

如前述，贵州作为一个拥有多元民族文化的、地形条件特殊、生态脆弱的经济欠发达省份，同时又兼具能源矿产资源富集、生物多样性良好、地理位置独特、文化旅游开发潜力大等后发赶超优势。这种特殊多元的特征决定了其在国家战略中独特的发展地位，也决定了贵州的发展对国家政策的高度依赖，从而基于不同的政策影响，在不同的历史发展阶段、必然产生具有自身特点的人口迁移。

因此，贵州的人口迁移无疑是全国人口迁移研究中的关键个案。梳理贵州特殊地域空间、特定历史条件和政策作用下形成的人口迁移现象、了解其演化的历史、探讨其中迁移的实现机制，对于拓宽迁移研究的视野和深度、更全面和深层次地理解人口迁移规律，对丰富人口迁移理论以及今天和未来对贵州人口迁移的深刻认识、正确把握和合理引导贵州人口迁移具有关键意义。

(二) 重要的发展地位、良好的政策空间、后发赶超的发展态势与人口迁移局部变化的新趋势

"贵州尽快实现富裕,是西部和欠发达地区与全国缩小差距的一个重要象征,是国家兴旺发达的一个重要标志"[①]。继西部大开发战略推进后,2012年,国家出台了《关于进一步促进贵州经济社会又好又快发展的若干意见》(国发〔2012〕2号),作为纲领性文件支持贵州的改革发展。

贵州东临湖南省,北面是四川省和重庆市,西部与西南边隅云南省毗邻,南部与广西壮族自治区接壤,区位条件十分重要。在国家政策的大力支持下,贵州的交通建设事业得到飞跃发展,交通瓶颈逐渐打通,交通枢纽的优势愈益彰显。2015年,贵州铁路总里程已突破3000千米,贵州进入"高铁时代";高速公路总里程突破5100千米,成为西部第一、全国第九个县县通高速公路的省份。通航机场实现9个市(州)全覆盖,民航进出港旅客人数增速位居全国前列。水运航道方面,基本实现乌江全程通航。

虽然总体来看,贵州经济总量仍然较小,人均水平低、工业化及城镇化进程发展较慢、区域发展不平衡、产业结构不够合理,但是自改革开放以来,其经济水平一直处于稳步发展的态势中,国家西部大开发战略的实施及《国务院关于进一步促进贵州经济社会又好又快发展的若干意见》的出台,更是带来了贵州社会经济事业发展的新契机,2017年,贵州省地区生产总值增至13540.83亿元[②],经济增速连续第七年位居全国第3位。

"十三五"时期,按照习近平总书记对贵州省"守住发展和生态两条底线,培植后发优势,奋力后发赶超,走出一条有别于东部、不同于西部其他省份的发展新路"的重要指示精神,贵州省明确提出要

---

① 国务院:《国务院关于进一步促进贵州经济社会又好又快发展的若干意见》(国发〔2012〕2号),《中华人民共和国国务院公报》2012年1月30日。
② 贵州省统计局、国家统计局贵州调查总队:《2015年贵州省国民经济和社会发展统计公报》,http://www.guizhou.gov.cn/zfsj/tjsj_8210/201709/t20170925_825669.html,2016年3月22日。

深入推进工业强省和城镇化带动主战略,确保与全国同步全面建成小康社会。

人口迁移与社会经济的发展是相互作用、互动发展的。可以预见,纵然在当前和今后的一段时期内,在东西部地区经济差异仍然存在的情况下,贵州省省际人口迁移方向仍将持续以迁出为主。但同样,由于相关政策的引导,在这一基本格局之下,一些"局部"性变化将可能发生[①]。由于集合了有利的政策支持、便利的交通条件,在工业化的强势推动、贵安新区的批准成立、西部大开发战略的持续推进、"黔中带动、黔北提升、两翼跨越、协调推进"的发展原则的带动下,在大扶贫、大数据、大生态三大战略行动的推进下,随着户籍制度和社会管理体系等方面改革、新型城镇化战略的施行,区域经济格局将发生变化,并必然带来人口空间分布格局的变化,人口迁移的方向及相应的迁移流量、迁移人口的结构特征等也将在未来发生改变。

这种改变是在特定的政策环境下,迁移者个体与迁入地社会经济文化自然历史等外部条件相互作用、选择的结果,其对贵州经济社会发展目标的实现将产生深远的影响。因此,结合特定的政策环境,从规律探讨的方向去研究贵州人口迁移因何产生、如何发生变化、发生了怎样的变化,未来如何因势利导发挥这种变化对地区经济发展的积极效应、推进贵州工业强省、城市化带动主战略的实施,也即,把握人口迁移的规律、利用或出台合理的人口政策,使得贵州人口迁移在方向、流量、结构特征上具有"可塑性",兼具重要的理论意义和实践意义。

(三)人口增速减缓、人口结构不甚合理、城镇化水平低与发挥人口迁移积极作用

据"六普"资料显示,贵州省人口自然增长率为7.41‰[②],2015

[①] 王桂新:《迁移与发展:中国改革开放以来的实证》,科学出版社2005年版,第56页。
[②] 贵州省统计局:《贵州省第六次人口普查主要数据公报》,http://www.gz.xinhuanet.com/2014-05/26/c_1110865577.htm,2011年5月10日。

年末,进一步降低到5.80‰[1]。与此相应,贵州人口老龄化水平不断提高、地区和城乡差异显著。"六普"时期,65岁以上的老年人口的比重已达8.57%。其中黔东南、铜仁、遵义、黔南65岁以上的老年人比重均高达9%以上,贵阳、毕节、六盘水和黔西南的65岁以上老人的比重则低于8%。分城乡来看,贵州农村老龄人口比重高出城市2.16个百分点,达9.48%(见表1.1)。

表1.1　　　　贵州省2010年城乡人口年龄结构　　　　单位:%

指标	城市	镇	乡村
0—14岁人口	17.12	23.39	27.73
15—64岁人口	75.55	69.57	62.77
65岁及以上人口	7.32	7.03	9.48

数据来源:贵州省第六次人口普查领导小组办公室编:《贵州省第六次人口普查资料》,中国统计出版社2012年版。

2015年,贵州人口老龄化进一步加剧,同2010年"六普"相比,0—14岁人口比重下降3.07个百分点,15—64岁人口比重上升1.58个百分点,65岁及以上人口比重上升1.49个百分点,为10.06%[2]。

从人口受教育结构来看,"六普"时,贵州每10万人口中具有大学文化程度者为5292人;具有高中及初中文化程度者分别为7282人和29789人;具有小学文化程度者则下降为39373人。贵州人口的文化素质结构有所改善,但与全国尚有较大差距。从人口的城乡结构来看,2015年,贵州省常住人口为3529.5万人,其中城镇人口为1482.74万人,占年末常住人口比重的42.01%,而同

---

[1] 贵州省统计局、国家统计局贵州调查总队:《2015年贵州省国民经济和社会发展统计公报》,http://www.guizhou.gov.cn/zfsj/tjsj_8210/201709/t20170925_825669.html,2016年3月22日。

[2] 贵州省统计局、国家统计局贵州调查总队:《2015年贵州省国民经济和社会发展统计公报》,http://www.guizhou.gov.cn/zfsj/tjsj_8210/201709/t20170925_825669.html,2016年3月22日。

期我国人口城镇化率则为56.1%[①]。贵州9个市（州）只有贵阳市（73.25%）和遵义市（46.46%）常住人口城镇化率高于全省平均水平，其他各市（州）人口城镇化发展水平均低于40%，仍有较大提升空间。

此外，从人口的地域结构来看，受自然条件、历史条件和地区经济社会发展条件的共同影响和制约，贵州人口分布极不平衡（见表1.2）。"十三五"期间，为了从根本上解决一方水土养不了一方人、解决地区贫困人口的脱贫发展问题，贵州省将实施130万建档立卡贫困人口的易地扶贫搬迁，占全国1000万人的13%，足见地形条件仍是制约贵州人口分布的基础因素，因地制宜地引导人口分布任务艰巨。

表1.2　　2010年贵州省常住人口地区分布及人均GDP

地区	人口数（人）	比重（%）	人口密度（人/平方千米）	人均GDP（元）
全省	34746468	100.00	197	13119
贵阳市	4324561	12.45	538	25941
六盘水市	2851180	8.21	288	17559
遵义市	6127009	17.63	199	14832
安顺市	2297339	6.61	248	10138
铜仁地区	3092365	8.90	172	9601
毕节地区	6536370	18.81	243	9192
黔西南州	2805857	8.08	167	11566
黔东南州	3480626	10.02	115	8980
黔南州	3231161	9.30	123	11017

数据来源：常住人口据贵州省统计局：《贵州省2010年第六次人口普查主要数据公报》，http://www.gz.xinhuanet.com/2014-05/26/c_1110865577.htm，2011年5月10日；人均GDP据各地2010年国民经济和社会发展统计公报，中国统计信息网，http://www.tjcn.org/。

[①] 贵州省统计局：《贵州省城镇化特点分析，常住人口城镇化率快速提升》，http://www.askci.com/news/finance/2016/03/16/102561qdj.shtml，2016年3月16日。

综上，贵州当前的人口发展状况主要表现为人口增速放缓、人口再生产模式转变、人口年龄结构老化且城乡和地区差异显著、人口素质结构仍待提高、人口地区分布不平衡、人口城镇化率仍有较大提升空间，同时人口省际迁出十分活跃。改革开放以来，贵州一直是人口净迁出省份之一。特别是在"六普"时期①，贵州省的迁出人口规模达404.8万人，紧随安徽、江西、河南、湖北、湖南、广西、四川等成为重要人口迁出地，人口迁出率跃居全国第3位；迁入人口规模达76.3万人，尽管迁入率仍然偏低，但规模增长亦很快。

人口与社会、经济、资源环境之间的和谐共生是全面建成小康社会的基本内涵之一，而这要求以合理的人口规模、结构、分布为前提。在人口自然变动相对稳定的态势下，人口迁移对调剂贵州省内各地区的人口分布、人口结构及社会经济结构的重要性和必要性更加凸显。

基于此，深入研究贵州人口迁移的形成机制、规模和态势，把握人口迁移的特征，正确地认识迁移规律、制定符合规律的政策，合理引导人口迁移，促成与贵州各地区人口承载力相适应和匹配的人口规模和结构，以人口的和谐发展服务于贵州工业强省、城镇化带动的主战略，对带动贵州社会经济的协调发展具有举足轻重的意义。

（四）从时代变迁、政策变迁及迁移规律探讨的视角，有助于深化对贵州人口迁移及区域社会史的理解

人口迁移作为一个历史范畴、一个社会经济现象、一个动态的人口分布过程，其发生、发展及其效应累积必然要求站在时代变迁和规律探讨的视角去对之进行理解和分析。唯如此，才能系统地、深入地把握其发展脉络和机理。

---

① 本书"六普"时期的迁移数据来源于国务院人口普查办公室、国家统计局人口和就业统计司：《中国2010年第六次人口普查资料》长表7—3"全国按现住地、性别分的户口登记地在外省的人口"，依据此数据，贵州省际人口迁出率高达9.5%，若按长表7—8"全国按现住地和五年前常住地分的人口"，则迁出人口规模为268万人，迁移率为7.4%。

在改革开放以前，中国的人口迁移并不活跃，贵州亦是如此。但正是因其特殊的历史发展状况或地理位置、地形条件、资源禀赋，故在"大三线"建设等省际迁移中，贵州均被纳入国家战略。

改革开放后，城乡商品经济蓬勃发展，同时限制人口流动的各类政策逐步解体或放松，东西部地区经济发展水平差异和城乡差异才得以成为驱动贵州人口迁移的重要势能，贵州人口迁移达到前所未有的程度。从迁移规模来看，呈逐渐扩大的趋势；从迁移空间范围来看，以省际迁移，尤其是省际迁出为主体（不含省内县市内迁移），省内迁移其次，省际迁入最少；从迁移流向来看，以乡—城迁移及西—东迁移为主，邻省迁移长三角等经济发达省区是贵州人口迁移的主要目的地。

总之，人口迁移现象在既有的普遍的共同规律下，也会因其所处的特定的历史时空呈现其特殊规律。特殊的政策环境、自然地理、社会经济及历史文化决定了贵州人口迁移内涵的特殊性、丰富性和未来发展的可塑性。如前述，当前贵州人口再生产模式的转变及各种人口结构问题的浮现，使得人口迁移作用的发挥更为重要，而未来，享有国家各项优厚发展政策的贵州，其人口迁移的规模、流向、迁移者的特征以及迁移者的诉求等也将因为当前各种因素的综合作用和较量发生改变。

因而，以社会历史的变迁为背景、以政策变迁为视角、以特殊迁移规律的探讨为路径、以人口与社会经济的协调发展为落脚点，更丰富地挖掘和揭示贵州社会历史发展的进程中，政策因素如何影响人口迁移活动，以及在何种政策因素影响下，迁移外部环境因素与迁移者个体特征之间产生互动并促成迁移行为进行分析，以呈现更真实的迁移现象和迁移内涵，这无疑是对迁移研究的一个有益补充，同时，有助于对与人口迁移密不可分的区域社会经济文化变迁的认识，有助于深化对贵州社会史的理解。

第二节　文献述评

尽管自有人类以来,人口迁移便伴随始终。但是,"人口迁移研究从产生到现在,不过100多年的历史。一般认为,人口迁移始于19世纪末期英国地理学家莱文斯坦(E. G. Ravenstein)对人口迁移现象的研究"[1]。在此之前,由于人口迁移的规模总体较小,人口迁移的方向比较分散,其在社会经济发展中的作用和地位都不明显,人口迁移尚未成为人们关心的焦点,因此人口迁移研究几乎是空白的。但是,在最近100多年里,随着人口迁移规模的不断扩大,人口迁移的方向逐渐集中到城市,特别是大城市,其重要性不断提高,引起了人们越来越多的关注。人口迁移研究取得了快速的进展。

一　人口迁移的概念

由于人口迁移是涉及自然、社会、经济和技术等方面的复杂现象,因而对人口迁移的定义亦会随研究角度而有所差异。从人口迁移所具有的三个属性,即空间属性、时间属性和目的属性来看,空间属性主要是距离和界线问题,时间属性主要是迁移时间长短问题,目的属性则主要涉及定居与否的问题。由于对这些属性及这些问题有不同的看法,人口迁移的定义也就多种多样。现有的各种关于"人口迁移"的定义,大致可归纳为以下三种类型[2]:

第一类侧重于人口迁移的空间属性,这也是大多数人口学家和地理学家所倾向的。如张纯元对人口迁移所下的定义为,"是从已有定居点出发向新的定居点的空间变动过程"[3];《人口学词典》中也强调人口迁移是人口地理的重要研究内容之一,是"住址改变引起的个人

---

[1] 邬沧萍主编:《人口学学科体系研究》,中国人民大学出版社2006年版,第230页。
[2] 参见阎蓓《新时期中国人口迁移》,湖南教育出版社1999年版,第2页。
[3] 张纯元:《人口经济学》,北京大学出版社1983年版。

移动"①；查瑞传等认为，"人口迁移是指人口在地理上的位置变更。在迁移统计和分析研究中，通常以一个人的流动是否跨越不同的行政区域作为定义迁移的标准"②。张善余也将人口迁移定义为"人口的居住位置发生了跨越某一地区界线的空间移动"③。这些概念均着重突出人口迁移的空间属性。

第二类则认为人口迁移具有两重属性，即空间属性之外，还具有时间属性或目的属性。如 E. S. 李（Everett S. Lee）认为，"广义地说，迁移就是居住场所的永久性或半永久性变化"。刘铮指出，"人口的迁移变动是指人口在空间上的一切移动，包括改变定居点的移动和暂时的移动"④。国际人口学会（IUSSP）组织编写的《多种语言人口学辞典》中则认为，"人口在两个地区之间的地理流动或者空间流动，这种流动通常会涉及永久性居住地由迁出地到迁入地的变化。这种迁移被称为永久性迁移，它不同于其他形式的、不涉及永久性居住地变化的人口移动"⑤。美国人口咨询局《人口手册》中对人口迁移的定义则是"为了定居的目的，越过一定边界（国际迁移指跨越国界，国内迁移指跨越一国内的省或州）的活动"⑥。该类定义中，不包含持续时间较短或不以改变定居为目的的位移。

第三类强调"人口迁移"概念兼具空间、时间和目的属性。如 W. 彼得逊在其论文《人口》中认为："迁移是人们在一特定时间内移动一特定距离以改变其永久住处。"

由于人口迁移在三大属性上表现出的差异，所以要给人口迁移下

---

① ［法］罗兰·普列莎主编：《人口学词典》，高元祥等译，上海辞书出版社 1989 年版，第 106 页。

② 查瑞传主编，沈益民、乔晓春副主编：《人口普查资料分析技术》，中国人口出版社 1991 年版，第 297、298 页。

③ 张善余：《人口地理学概论》，华东师范大学出版社 1999 年版。

④ 刘铮：《人口理论教程》，中国人民大学出版社 2000 年版，第 13 页。

⑤ 国际人口学会（IUSSP）编：《多种语言人口学辞典》，转引自邬沧萍主编《人口学学科体系研究》，中国人民大学出版社 2006 年版，第 231 页。

⑥ ［美］阿瑟·哈波特、托马斯·凯恩编：《人口手册》，汤梦君译，于学军校，2001 年第 4 版，第 30 页。

一个既确切而又能得到大家公认的定义,十分困难。就我国而言,在迁移研究的实际运用中,由于中国二元户籍制度的特殊性,国内学界一般以有无发生户籍变动来作为判断人口迁移与人口流动的标准,但是在使用上仍然存在一定的混乱,由此而产生了一些相关的概念如暂时性迁移(非永久性迁移)与永久性迁移、暂住人口、非定居人口等。由于我国目前发生空间居住地变化的主体是上述所指未发生户籍变动的流动人口,因而在一般研究迁移的文献中,通常使用常住迁移人口的概念。

二 国外人口迁移研究现状

(一) 理论研究

国外关于人口迁移的研究起步早,围绕人口迁移的影响因素和动因形成了较为系统和经典的理论思想体系。

1. 迁移规律——莱文斯坦迁移法则

最早对人口迁移规律进行研究的是英国地理学家莱文斯坦(E. G. Ravenstein)。在其依据1881年英国人口普查资料所撰《人口迁移规律》(*The Laws of Migration*)[1]一文中,将英国国内人口迁移的规律归纳为7条,认为迁移受距离因素、科技进步等因素影响且呈阶梯递进,每一主要的迁移流都会伴随着一个补偿性的逆向迁移流,同时认为迁移有选择性,较之乡村居民,城镇居民迁移倾向较少,短距离迁移中,女性人口多于男性,莱文斯坦还提出经济动机是最主要的迁移动机。

2. 推—拉理论

根据推—拉理论,人口迁移发生的原因是迁出地的推力和迁入地的拉力交互作用的结果。这一理论最早可以上溯到前述莱文斯坦(E. G. Ravenstein)关于经济因素是人口迁移的主要动力这一迁移规律的提出。其后的学者又对之进行了逐步完善和发展。如赫伯尔(R. Herberle)[2]对

---

[1] E. G. Ravenstein, "The Laws of Migration", *Journal of the Statistical Society of London*, Vol. 48, No. 2, 1885, pp. 167 – 235.

[2] R. Herberle:《乡村—城市迁移的原因》,1938年。

"推—拉"的概念进行了系统总结,认为地域经济发展的差异导致迁移行为的发生。并提出理性决策假设和信息完备假设(即迁移者充分掌握着迁入地与迁出地的各方面信息)作为该理论成立的两个假设条件;博格(D. J. Bogue)则将影响迁移的推拉力较全面地总结为12个推力因素和6个拉力因素。并进一步指出迁入地与迁出地都同时存在积极和消极两种因素,迁移者是在迁入地、迁出地两种因素的比较中,最终做出是否迁移的抉择。

人口学家 E. S. 李(Everett S. Lee)在《迁移理论》(*A Theory of Migration*)[①]一文中从"与迁入地有关的因素""与迁出地有关的因素""中间障碍因素"及"迁移者个人因素"四个方面更系统地建立了该理论的解释框架。并在博格理论的基础上,进一步提出迁入地和迁出地同时存在积极因素、消极因素和中性因素。迁移行为是否发生,在于每一个特定的可能迁移者对迁出地、迁入地诸因素和中间障碍因素进行评价的结果。当迁出地的消极因素与迁入地的积极因素的合力,同迁出地的积极因素与迁入地的消极因素的合力之差,大于中间障碍因素构成的阻力时,迁移行为就会发生。

"推—拉"理论把迁移行为解释为包括经济因素在内的各种社会因素共同作用的结果,较为贴切地解释了人们的迁移动因,然而由于其中的"推力和拉力都是比较模糊的概念",因而只能"作一般性表象解释的作用"[②]。

3. 引力模型

最先将"万有引力定律"引入人口迁移研究的是美国社会学家吉佛。他认为人口迁移的数量与两地人口数量的乘积成正比,与两地间的距离成反比,并基于此提出了定量测度人口迁移量的引力模型,使得莱文斯坦有关距离影响迁移的法则由定性描述转为定量研究,在预测地区间的人口迁移数量上有一定的积极意义。但该模型忽视迁移的动机及社会经济因素的影响,且不能体现人口迁移的方向。

[①] Everett S. Lee, "A Theory of Migration", *Demograph*, Vol. 3, No. 1, 1966, pp. 47–57.
[②] 阎蓓:《新时期新中国人口迁移》,湖南教育出版社1997年版,第23—24页。

美国人口学家劳瑞（I. S. Lowry，1966）则通过研究1955年到1960年美国都市地带人口迁移数据，采用两地非农业劳动力人数、失业率和制造业的工资来测度引力。宏观经济指标的引入，使得过去仅采用人口数和距离等变量的引力模型，无论在解释人口迁移原因的深度上，还是在测度迁移引力和迁移量方面，向理论深度迈进。其表达式如下：

$$M_{ij} = k \cdot \left(\frac{U_i}{U_j} \cdot \frac{W_j}{W_i} \cdot \frac{L_i L_j}{D_{ij}} \right) [1]$$

4. 成本—效益理论

该理论从迁移的成本和效益出发来解释人们的迁移行为，最早于1962年由美国芝加哥经济学派的代表人T. W. 舒尔茨（T. W. Schultz）提出[2]。舒尔茨认为，迁移是人们追求更大经济收益的行为。当迁移的预期收益高于迁移成本时，迁移就可能发生。迁移成本包括货币成本和非货币成本，前者指交通、住宅、食物等方面的支出；后者指迁移的时间成本、体力脑力的支出、心理成本等。同年，L. A. 夏思达（l. A. Sjasstael）进一步对之进行量化，建立了收益—成本模型[3]，较好地解释了经济性迁移及经济性迁移中的年龄选择性。然而，"成本—收益"理论的缺陷在于仅用经济收益大小来判定人口迁移，有失全面。其达式如下：

$$\sum_{j=1}^{n} \frac{y_{dj} - y_{oj}}{(1+r)^j} - T > 0 \ [4]$$

5. 收入差距模型

自20世纪50年代开始，发展中国家经济上面临的共同问题引发

---

[1] 其中：M_{ij}表示从i地迁移到j地的迁移人口数量；U_i、U_j分别表示i地和j地的失业率；W_j、W_i分别表示i地和j地制造业小时工资；L_i、L_j分别表示i地和j地的非农劳动力人数，D_{ij}表示i、j两地间的距离。

[2] T. W. Schultz, "Investment in Human Capital", *American Economic Review*, Vol. 51, No. 1, 1961. pp. 1 – 17.

[3] 参见孟凡友《农村劳动力流动的成本效益分析——深圳外来农村劳动力的成本效益分析》，《中共济南市委党校济南市行政学院济南市社会主义学院学报》2003年第1期。

[4] 其中：y_{dj}是第j年迁入地的收益（主要指工资收入）；y_{oj}是第j年迁出地的收益；T是迁移成本；n是预期能获得收益的总年数；r是计算未来收益的利息率。

了西方经济学者的关注，由此，发展经济学应运而生。发展中国家在由传统农业向现代工业过渡的过程中，由于经济重心的转移而引发的农业劳动力迁移问题，也因此成为发展经济学研究的内容。其中尤为典型的是英国经济学家A.刘易斯（A. Lewis）所提出的二元经济中的农村劳动力流动模型。

A.刘易斯（A. Lewis，1954）在《无限劳动供给下的经济发展》一文中发表了发展经济学第一个也是最著名的一个人口迁移模型。把发展中国家的经济划分为传统农业和现代工业两个部门。传统农业部门技术落后，劳动力相对于资本和土地有大量剩余；现代工业部门则因高效率的生产而利润丰厚，发展迅速。在两个部门收入差异的驱动下，大批农业部门的剩余劳动力向现代工业部门转移。这种转移，促进了工业部门的增长，而工业部门的增长又反过来吸收了更多的农村剩余劳动力。这一过程将一直持续到工业部门将农村剩余劳动力吸收殆尽为止。这就是所谓的劳动力无限供给条件下的人口乡村—城市迁移。

美国华裔经济学家费景汉（J. Fei）和拉尼斯（G. Ranis）、美国经济学家戴尔·乔根森（Dalew. Jorgenson）都分别对二元结构模型做了进一步的完善和发展。美国发展经济学家M. P.托达罗（M. P. Todaro）在对该模型进行修正时提出了"预期收入差距理论"，认为农业劳动力向城市转移的主要动因并非城乡实际收入的差距，而是预期收入差距。

6. 流动转变理论[①]

人口学家泽林斯基（W. Zelinsky，1971）将"人口转变"理论、城市化及工业化过程结合起来，提出了人口迁移的"流动转变"理论，侧重于从历史的角度探讨人口迁移在不同历史时期所表现出的特征。根据其理论，人类的迁移活动分为前工业化社会、早期转型工业社会、晚期转型工业社会、发达的后工业社会和高度发达社会5个阶段。每个阶段人口迁移的规模和类型都有所不同。但正如泽林斯基所

---

① 参见杨云彦《中国人口迁移与发展的长期战略》，武汉出版社1994年版，第83—84页。

言，该理论更多是对西方国家各历史时期的人口特征的归纳，尚缺乏对形成人口迁移特征的根本原因的研究，然而其把人口转变、工业化和城市化结合起来考察人口迁移，指出人口向城市的流动是一种历史发展过程，为迁移研究提供了更广阔的视角，也对尚未经历这一历史进程的发展中国家有一定的借鉴价值[1]。

（二）相关的实证研究

近年来，随着社会经济的进一步发展，人口迁移出现了一些新的变化，国外有关人口迁移的研究也非常丰富，主要集中在人口迁移与城市化的关系（Williamson，1988）、人口迁移与空间特征研究（Shen，1996；Querstorm，2001）、人口迁移的原因和影响因素等方面。就人口迁移的原因和影响因素的研究上，国外学者也围绕经济因素和非经济因素展开。如 McGee（1971）认为劳动力供需的空间差异是人口迁移流动的根本原因，Johnson（2003）和 Fan（2005）的研究认为人口迁移的主要动因是地区经济发展差异的持续扩大，Shen 和 Liang & White（1996）、Zhang & Song（2003）的研究指出了区域所属的区位条件、产业结构和迁移政策等非经济因素对人口迁移的影响较大。

三 国内人口迁移研究现状

国内人口迁移的研究起步较晚，基本在国外的理论体系框架下展开。近年来，随着我国改革开放的不断深入，社会经济结构发生变化，人口迁移及相关问题研究成为国内人口学研究热点，引发了一系列跨学科问题研究，取得了许多重大的研究成果。1994 年，彭勋的《人口迁移与社会发展——人口迁移学》一书问世，更使得人口迁移研究朝着成为人口学的一门独立的分支学科方向迈出了开拓性的一步（路遇，1994）[2]。从研究对象来看，我国 20 世纪 90 年代以来的人口迁移主要围绕迁移人口的属性研究、人口迁移的空间模式变化研究、人口迁移

---

[1] 阎蓓：《新时期中国人口迁移》，湖南教育出版社1999年版，第30页。
[2] 路遇：《人口迁移理论研究的拓新之作——评〈人口迁移与社会发展——人口迁移学〉》，《人口与经济》1995年第4期。

的影响因素研究、人口迁移的后果、人口迁移理论研究等方面展开。

（一）研究尺度

从研究尺度而言，有从全国尺度展开的研究（朱传耿等[1]；杨云彦[2]；李薇[3]；王桂新[4]；雷光和等[5]）；有从流域和经济带尺度展开的研究（魏星、王桂新[6]；王秀芝、尹继东[7]；田明[8]；王珏、陈雯、袁丰[9]）；有从省域尺度展开的研究（朱宇[10]；董凯俊、任丽君[11]；于潇[12]；李若建[13]；汪学华、刘月兰、唐湘玲[14]；王勇、杨宏昌、黎鹏[15]；秦志琴[16]；董龙凯[17]）；还有从市域或小城镇尺度展开的研究（王桂新[18]；

---

[1] 朱传耿、顾朝林、马荣华等：《中国流动人口的影响要素与空间分布》，《地理学报》2001年第56卷第5期，第549—560页。

[2] 杨云彦：《九十年代以来我国人口迁移的若干新特点》，《南方人口》2004年第3期。

[3] 李薇：《我国人口省际迁移空间模式分析》，《人口研究》2008年第4期。

[4] 王桂新：《中国省际人口迁移区域模式变化及其影响因素——基于2000年和2010年人口普查资料的分析》，《中国人口科学》2012年第5期。

[5] 雷光和等：《中国人口迁移流动的变化特点和影响因素——基于第六次人口普查》，《西北人口》2013年第5期。

[6] 魏星、王桂新：《中国东、中、西三大地带人口迁移特征分析》，《市场与人口分析》2004年第5期。

[7] 王秀芝、尹继东：《地区收入差距与人口迁移——以中国中部地区为例》，《统计观察》2007年第5期。

[8] 田明：《中国东部地区流动人口城市间横向迁移规律》，《地理研究》2013年第8期。

[9] 王珏、陈雯、袁丰：《基于社会网络分析的长三角地区人口迁移及演化》，《地理研究》2014年第2期。

[10] 朱宇：《八十年代以来福建人口的迁移变动》，《福建师范大学学报》（哲学社会科学版）1994年。

[11] 董凯俊、任丽君：《河北省人口迁移的现状和动因分析》，《现代经济》2009年第1期。

[12] 于潇：《建国以来东北地区人口迁移与区域经济发展分析》，《人口学刊》2006年第3期。

[13] 李若建：《角动量效应：东北人口变动分析》，《学术研究》2016年第8期。

[14] 汪学华、刘月兰、唐湘玲：《建国以来新疆人口的省际迁移状况分析》，《西北人口》2010年第4期。

[15] 王勇、杨宏昌、黎鹏：《1949年以来广西人口分布与迁移演化特点研究》，《广西师范学院学报》（自然科学版）2014年第4期。

[16] 秦志琴：《山西省迁移人口空间格局变化及其经济因素分析》，《地域研究与开发》2015年第1期。

[17] 董龙凯：《近代山东黄河水患与人口迁移的时空变化》，《学术研究》2016年第4期。

[18] 王桂新：《不同地域层次间人口迁移问题研究》，《中国人口科学》1989年第1期。

王桂新、沈续雷①；张祺②；原新等③）。

（二）研究内容

1. 有关人口迁移规模、流向、类型及迁移人口特征的研究

国内外学者已对迁移人口规模强度、流向、迁出迁入地的空间结构以及未来人口迁移格局等方面展开大量研究。基于研究时间的不同，我国人口迁移的规模、流向、形式、类型等亦有所不同。

杨云彦根据1987年全国1%抽样调查资料和第四次人口普查资料，对20世纪80年代我国人口迁移的流向和形式、迁移类型与机制进行分析，认为该时期我国人口流动加强，从向西北人口稀疏地区的扩散转变为向东南人口稠密地区的集聚，人口迁移的机制也从计划型向自主型转变④。其在2003年又通过分析20世纪50年代以来中国人口年度迁移规模和迁移强度的时间系列数据，总结了中国人口迁移强度的两个主要特征，即计划经济时期的低流动性特征和改革开放以来的高活跃、高迁移强度特征⑤。王桂新等利用中国第五次人口普查1‰抽样数据和第四次人口普查1%抽样数据研究发现，长三角地区与珠三角地区对省际迁入人口的吸引力各有特点，珠三角地区几乎完全表现为经济吸引力，而长三角地区则表现出较强的社会吸引力⑥。

其他学者的研究也表明，20世纪90年代末期以来，中国迁移人口呈中西部地区向东部地区流动，从不发达地区向发达地区流动，从农村地区向城市地区流动，并且大规模的跨省迁移人口向沿海少数区

---

① 王桂新、沈续雷：《上海市人口迁移与人口再分布研究》，《人口研究》2008年第1期。

② 张祺：《中国人口迁移与区域经济发展差异研究——区域、城市与都市圈视角》，博士学位论文，复旦大学，2008年，第282页。

③ 原新、王海宁、陈媛媛：《大城市外来人口迁移行为影响因素分析》，《人口学刊》2011年第1期。

④ 杨云彦：《八十年代中国人口迁移的转变》，《人口与经济》1992年第5期。

⑤ 杨云彦：《中国人口迁移的规模测算与强度分析》，《中国社会科学》2003年第6期。

⑥ 王桂新、刘建波：《长三角与珠三角地区省际人口迁移比较研究》，《中国人口科学》2007年第2期。

域集聚的趋势（朱传耿等[①]；杨云彦[②]；王桂新、刘建波[③]；王国霞等[④]；段成荣等[⑤]；马忠东等[⑥]；蔡建明等[⑦]；Kam Wing Chan[⑧]）。

新近的研究发现，我国省际人口迁移仍保留着改革开放以来形成的人口由西向东迁移的基本区域模式，但发生了一些明显的局部性变化，主要表现为人口迁入重心北移，长三角都市圈取代珠三角都市圈成为人口迁入的主要地区（王桂新[⑨]）。

2. 人口迁移的空间模式变化研究

受人口迁移的规模和流向等的变化及所其带来的影响，人口迁移的空间模式也发生了相应的变化。丁金宏分析了不同迁移原因的省际人口迁移的流场特征，指出我国省际迁移有三类典型流场形态：以四川为源地的辐散流场、以广东省为引力中心的复合流场、山东和东北的对流流场[⑩]；王桂新采用因子分析方法对1985—1990年省际人口迁移的地域结构进行定量分析，划分人口迁移圈、确定中心地，认为省际人口迁移表现出东西迁移的宏观地域结构[⑪]；其后，又根据人口迁

---

① 朱传耿、顾朝林、马荣华等：《中国流动人口的影响要素与空间分布》，《地理学报》2001年第5期。

② 杨云彦：《九十年代以来我国人口迁移的若干新特点》，《南方人口》2004年第3期。

③ 王桂新、刘建波：《20世纪90年代后期我国省际人口迁移区域模式研究》，《市场与人口分析》2003年第4期。

④ 王国霞、鲁奇：《中国近代农村人口迁移态势研究》，《地理科学》2007年第5期。

⑤ 段成荣、杨舸、张斐：《改革开放以来我国流动人口变动的九大趋势》，《人口研究》2008年第6期。

⑥ 马忠东、王建平：《区域竞争下流动人口的规模及分布》，《人口研究》2010年第3期。

⑦ 蔡建明、王国霞、杨振山：《中国人口迁移趋势及空间格局演变》，《人口研究》2007年第5期。

⑧ Kam Wing Chan, "Recent migration in China: Patterns, Trends and Policies", *Asian Perspective*, Vol. 4, 2001. pp. 127 – 155.

⑨ 王桂新：《中国省际人口迁移区域模式变化及其影响因素——基于2000和2010年人口普查资料的分析》，《中国人口科学》2012年第5期。

⑩ 丁金宏：《中国人口省际迁移的原因别流场特征探析》，《人口研究》1994年第1期。

⑪ 王桂新：《中国省际人口迁移地域结构探析》，《中国人口科学》1996年第1期。

移选择指数，研究了人口迁移发展态势及三大地带迁移模式的变化、人口迁移吸引中心的区域分布及变化和人口迁移主要吸引中心的吸引区域及其变化[①]。丁金宏等通过2000年人口普查省际迁移数据的分析，揭示了当代中国人口迁移的区域分异性，以及不同原因的流场新模式。认为中国人口迁移进入高活性、高能力的新阶段；东中西部人口迁移的不平衡性不断加剧[②]。

3. 人口迁移的影响因素研究

（1）经济、距离、人口变量、迁移者个体特征与人口迁移

自20世纪80年代后期，国内学者对中国人口迁移的研究逐渐进入高潮，对人口迁移的影响因素的研究也是学者们最为关注的一方面，因而论著颇丰。就迁移影响因素的研究，多集中于迁移距离、经济因素、迁移者个体特征、迁移人口存量等几方面展开。同样，因地域差异、时期差异，影响因素的作用大小也发生了变迁。

就地域差异而言，袁晓玲等利用因子分析方法对影响陕西省人口迁移的因素进行分析，发现经济和教育因素是人口迁移的内在动力，基础设施环境因素是次要因素[③]；张祺以经济最发达的、中心地区三大都市圈的城市为重点，考察城市的人口迁移与经济发展动态，研究发现距离、经济发展水平差异等影响人口迁移的规模和方向，人们倾向于由近到远，向经济发展水平高于原来居住地的地区迁移[④]；张苏北等提出劳动力在三次产业间的分布、城镇从业人员比重、城市公园数量是安徽省内人口迁移的重要"推—拉"因子[⑤]；刘俊秀运用灰色

[①] 王桂新：《中国经济体制改革以来省际人口迁移区域模式及变化》，《人口与经济》2000年第3期。

[②] 丁金宏、刘振宇、程丹明、刘瑾、邹建平：《中国人口迁移的区域差异与流场特征》，《地理学报》2005年第1期。

[③] 袁晓玲、黄新梅、胡686佳：《基于因子分析的陕西省人口迁移影响因素研究》，《经济师》2008年第8期，第150—152页。

[④] 张祺：《中国人口迁移与区域经济发展差异研究》，硕士学位论文，复旦大学，2008年，第282页。

[⑤] 张苏北、朱宇、晋秀龙、田盼盼：《安徽省内人口迁移的空间特征及其影响因素》，《经济地理》2013年第5期。

关联分析法对辽宁省际人口迁移的影响因素进行分析,发现距离和经济两项影响因素对辽宁省际人口迁移的影响较为显著[①];刘鸿雁分析了山西省迁移人口分布格局演变及影响因素发现,地区经济发展水平对人口迁入影响显著[②];王秀芝等利用第五次人口普查数据对中部地区人口迁移与地区收入差距关系的探讨,并认为收入差距对人口迁移影响显著,同时人口迁移与距离高度相关[③]。朱芸等提出产业载体和生活成本是阻碍农村人口向大城市转移的两大原因[④]。朱杰认为迁移距离、地区经济差异、区域通达性三个因素影响长三角人口迁移[⑤]。

省际迁移研究中,李树茁指出 20 世纪 80 年代诸多影响省际人口净迁移率的社会经济因素中,经济因素对人口净迁移率的影响最大,其次是有关社会结构和产业结构的因素,最后才是生活质量因素[⑥];王桂新认为经济因素还是影响中国人口迁移规模和流向的主要因素[⑦];段成荣研究发现个人特征对个人是否进行省际迁移有显著影响[⑧],其还通过建立人口迁移分析矩阵,分析认为省际社会经济差异、空间距离对人口迁移目的地选择有影响[⑨];何一峰、付海京对1998—2003 年中国 31 个省、市、自治区的面板数据进行实证研究发

[①] 刘俊秀:《辽宁省人口迁移时空演变特征及影响因素分析》,硕士学位论文,辽宁师范大学,2018 年。

[②] 刘鸿雁:《山西省迁移人口分布格局演变及影响因素研究》,《科技创新与生产力》2015 年第 2 期。

[③] 王秀芝、尹继东:《地区收入差距与人口迁移——以中国中部地区为例》,《统计观察》2007 年第 5 期。

[④] 朱芸、邹杨:《劳动力转移动因及农村人口迁移量影响因素分析》,《商业研究》2014 年第 8 期。

[⑤] 朱杰:《长江三角洲省际人口迁移格局及影响因素》,《区域与城市》2010 年第 6 期。

[⑥] 李树茁:《中国 80 年代的区域经济发展和人口迁移研究》,《人口与经济》1994 年第 3 期。

[⑦] 王桂新:《中国人口迁移与区域经济发展关系之分析》,《人口研究》1996 年第 6 期。

[⑧] 段成荣:《影响我国省际人口迁移的个人特征分析》,《人口研究》2000 年第 7 期。

[⑨] 段成荣:《省际人口迁移迁入地选择的影响因素分析》,《人口研究》2001 年第 1 期。

现，工资、房价和人力资本氛围对迁移决策有显著影响①。门小琳运用单因素方差分析研究发现，人口总量、经济收入、产业结构对人口迁移有影响②；于潇、李袁园、雷峻一通过对"五普"和"六普"数据的分析表明，省际迁移中，迁入人口数和就业人数、经济总量存在较强的相关性③；雷光和等以"六普"数据为基础，研究发现中国的人口迁移流动受信息、收入水平、人口数量、城乡分布和空间距离的影响④；王秀芝基于"五普""六普"和2005年1%人口抽样调查数据分析发现，地区收入差距、距离、失业率、城镇化率对省际迁移均有影响⑤；刘生龙通过扩展引力模型，运用"四普"至"六普"的数据研究发现，中国人口跨省迁移前四位的决定因素依次是：迁出省份的人均GDP、迁出省份的总人口、迁入省份的人均GDP和迁移存量⑥。

若按时间递进来看，之后的多数研究结论都认为，经济因素对人口迁移的影响作用愈益增强，并成为影响人口迁移的主要原因。

（2）政策与人口迁移

就政策与人口迁移的相关关系的研究主要围绕户籍制度、农地制度、城市公共产品供给、政府财政支出等几个方面展开。

在影响人口迁移政策因素的研究中，对户籍制度的投射点较为集中，研究主要围绕户籍制度的制度沿革、户籍制度对人口迁移和城市化的约束、改革户籍制度的意义、如何改革户籍制度等展开。

---

① 何一峰、付海京：《影响我国人口迁移因素的实证分析》，《浙江社会科学》2007年第2期。
② 门小琳：《省际人口迁移影响因素的实证分析》，《中国证券期货》2012年第3期，第156页。
③ 于潇、李袁园、雷峻一：《我国省际人口迁移及其对区域经济发展的影响分析——基于"五普"和"六普"数据的比较》，《人口学刊》2013年第3期。
④ 雷光和、付崇辉、张玲华、曾序春、王文军：《中国人口迁移流动的变化特点和影响因素——基于第六次人口普查》，《西北人口》2013年第5期。
⑤ 王秀芝：《省际人口迁移的内在动因及其影响波及》，《公共管理》2014年第3期。
⑥ 刘生龙：《中国跨省人口迁移的影响因素分析》，《数量经济技术经济研究》2014年第4期。

曹景椿提出要对户籍制度进行改革，促进人口迁移和城镇化进程[①]；李若建依据政府文件，分析体现政府行为的户籍制度价值的显化和淡化[②]，其在之后的研究（李若建）中发现，小城镇户籍制度改革对农村城镇化的作用有限[③]，基于各地人口户籍情况的差异导致各地户籍政策的地区差异很大，主张分区推进户籍制度改革[④]；刘宜君也从户籍制度对社会人口流动的角度，对其改革的重要性和可行性进行了分析[⑤]；人口研究编辑部也对户籍制度实施50年来的制度沿革、功能、发展趋势及如何看待户籍制度等做了专题研究[⑥]；毛娅萍认为户籍制度阻碍了农村剩余劳动力的转移[⑦]；刘亚楠通过对户籍改革的成本—收益分析提出，挖掘政府户籍制度改革的收益、降低预期成本是促进户籍制度改革，实现流动人口永久迁移的关键[⑧]；李安琪认为户籍制度改革能打破城乡户口的二元结构，促进人口迁移[⑨]。

近年来，有少量研究也开始从农村土地制度与人口迁移关系展开。蒋仁开、胡彭辉认为，我国农村土地流转的现状制约了农村人口向城镇的迁移，并从土地制度、土地的社会保障功能、户籍制度和土地法律等几方面对农村土地流转制度的制约展开分析[⑩]；李培利用

[①] 曹景椿：《加强户籍制度改革，促进人口迁移和城镇化进程》，《人口研究》2001年第5期。
[②] 李若建：《城镇户籍价值的显化与淡化过程分析》，《社会科学》2001年第9期。
[③] 李若建：《小城镇人口状况与小城镇户籍制度改革》，《人口与经济》2002年第4期。
[④] 李若建：《中国人口的户籍现状与分区推进户籍制度改革》，《中国人口科学》2003年第6期。
[⑤] 刘宜君：《户籍制度改革与社会人口流动研究》，硕士学位论文，福建师范大学，2003年。
[⑥] 人口研究编辑部：《户籍制度50年》，《人口研究》2008年第1期。
[⑦] 毛娅萍：《论户籍制度与我国农村人口迁移》，《求实》2008年第2期。
[⑧] 刘亚楠：《我国流动人口永久性迁移中的户籍制度研究》，硕士学位论文，浙江大学，2010年。
[⑨] 李安琪：《我国户籍制度改革的意义及对人口迁移的影响》，《公共政策》2017年第7期。
[⑩] 蒋仁开、胡彭辉：《沉睡资本的觉醒——浅析农村土地流转对农村人口迁移的影响》，《中国合作经济》2008年第9期。

1992—2005年中国人口城乡迁移的面板数据构建了中国人口城乡迁移的计量模型,对影响中国城乡人口迁移的主要因素进行研究发现,土地制度是影响农民迁移的症结所在①。

此外,也有研究关注到城市公共品供给与人口迁移的关系。方大春、杨义武基于动态面板模型考察城市公共品供给对城乡人口迁移的影响,认为城市公共品供给对城乡人口迁移的影响与区域公共品供给的均等化水平差异有关②;罗鸣令对公共服务非均等化与人口迁移的关系进行了考察③;张丽等分析了地方财政支出对省际人口迁移的影响④;戴丽娜、王青玉的研究认为,各个政府支出对河南省人口迁移和分布的影响显著⑤;杨风指出户籍管理的放松、区域经济差异、城乡居民收入差异、城乡基本公共服务差异是山东人口流动的主要原因⑥;孙焱林、张攀红研究了人口迁移、地方公共支出与房价之间的相互影响⑦。

也有部分研究涉及经济体制和国家宏观经济政策,或是从一般意义上提到政策的影响。李立宏认为中国人口迁移的影响因素主要有10类,其中距离、经济因素和人口变量因素起主要作用,经济体制与国家宏观经济政策对人口迁移也有制约作用⑧;汪小勤认为影响农业剩余劳动力能否顺利转移,农民进城能否成功就业取决于城市就业概

---

① 李培:《中国城乡人口迁移的时空特征及其影响因素》,《经济学家》2009年第1期。

② 方大春、杨义武:《城市公共品供给对城乡人口迁移的影响——基于动态面板模型的实证分析》,《财经科学》2013年第8期。

③ 罗鸣令:《公共服务非均等化——人口迁移的财政制度原因》,《河南商业高等专科学校学报》2009年第7期。

④ 张丽、吕康银、王文静:《地方财政支出对中国省际人口迁移影响的实证研究》,《税务与经济》2011年第4期。

⑤ 戴丽娜、王青玉:《人口空间分布及迁移影响的实证分析——基于空间计量方法与河南省数据》,《统计与信息论坛》2013年第4期。

⑥ 杨风:《山东人口迁移流动状况与影响因素》,《北京工业大学学报》2014年第3期。

⑦ 孙焱林、张攀红:《人口迁移、地方公共支出与房价相互间的影响》,《城市问题》2015年第5期。

⑧ 李立宏:《中国人口迁移的影响因素浅析》,《西北人口》2000年第2期。

率、迁移者的择业能力和有关制度因素①；蔡昉和王德文利用 2000 年人口普查资料分析了人口流动与市场化之间的关系，认为清除阻碍劳动力市场发育的各种制度性障碍，对引导和规范人口迁移、促进持续经济增长都有积极作用②；周皓运用条件 Logit 模型，讨论国家与政府在控制和引导人口迁移流向与流量时的政策问题③；黄海英在广东省 1957—1965 年中国城乡人口迁移的研究中也提到，其时广东城乡人口的迁移流动受当时社会经济政策的影响和制约，表现为大规模的政策性迁移与少量的自发性流动④；姜惠敏、潘泽瀚研究表明，西部大开发在一定程度上稳定了西部地区省际人口的迁入迁出，提高了西部地区的吸引力，与中部地区相比，西部大开发在减弱了人口东流的趋势上起到了一定作用⑤；张晓青等认为国际移民政策调整也是国际人口迁移的动力机制之一⑥；王跃生对 20 世纪 50—90 年代相关人口迁移政策进行了历史回顾和系统梳理⑦。

（3）其他因素与人口迁移

还有少量研究从气候等自然地理因素对迁移的影响展开分析（俞路和、张善余、韩贵忠等⑧；余庆年、施国庆⑨；余庆年、施国庆、

---

① 汪小勤：《论我国城乡人口迁移中的不确定性及其影响》，《中国农村经济》2001 年第 7 期。

② 蔡昉、王德文：《作为市场化的人口流动——第五次全国人口普查数据分析》，《中国人口科学》2003 年第 5 期。

③ 周皓：《2000—2005 年我国省际人口迁移的分布状况和经济动因研究》，硕士学位论文，复旦大学，2009 年，第 51 页。

④ 黄海英：《1957—1965 年中国城乡人口迁移流动与城乡关系研究——以广东省为个案》，硕士学位论文，华南师范大学，2007 年。

⑤ 姜惠敏、潘泽瀚：《西部大开发战略实施前后的西部地区省际人口迁移状况》，《中国外资》2014 年第 4 期。

⑥ 张晓青等：《1990—2013 年国际人口迁移特征、机制及影响研究》，《人口与发展》2014 年第 4 期。

⑦ 王跃生：《中国当代人口迁移政策演变考察——立足于 20 世纪 50—90 年代》，《中国人民大学学报》2013 年第 5 期。

⑧ 俞路和、张善余、韩贵忠等：《上海市人口分布变动的空间特征分析》，《中国人口·资源与环境》2006 年第 5 期。

⑨ 余庆年、施国庆：《环境、气候变化和人口迁移》，《中国人口·资源与环境》2010 年第 7 期。

陈绍军[①]；陈绍军、史明宇[②]；董龙凯[③]）；最后，还有学者（俞祖华等）研究了文化价值观念对人口迁移流动的影响[④]。

（三）研究方法

邬沧萍曾经提出，首先，人口迁移现象较人口出生和死亡更为复杂，涉及迁移者的动机、目的、迁出地和目的地的各种因素，及各中间障碍因素等多种因素，因而人口迁移研究更为困难。其次，"由于人口迁移现象的复杂性，人口迁移的定义迄今尚不完全明确。最后，人口迁移的资料相对不足，可靠性相对不够，使人口迁移研究缺乏坚实的数据基础"[⑤]。可喜的是近年来，随着我国人口迁移态势的日益活跃，国内学者对迁移研究日益丰富并成熟，在研究方法上对挖掘现有数据资料亦作了许多有益探索。

1. 迁移数据评估和估算

李若建利用时间序列作自相关分析，分析了中国人口迁移统计失实的原因[⑥]；段成荣基于世界各国人口普查及各类调查资料中"出生地"是最广泛被采用的人口迁移项目之一，提出利用"出生地"资料获取地区、城乡之间的人口迁移数据[⑦]；杨云彦认为，现有的户籍迁移统计和人口普查所获得的迁移数据与中国人口迁移的实际水平有较明显的差距。于是在建立漏报率估算的计量经济与线性拟合模型的基础上，所得了 20 世纪 50 年代以来中国人口年度迁移规模和迁移强度的时间系列数据[⑧]。

[①] 余庆年等：《2011 气候变化移民：极端气候事件与适应——基于对 2010 年西南特大干旱农村人口迁移的调查》，《中国人口·资源与环境》2011 年第 8 期。

[②] 陈绍军、史明宇：《气候变化影响下的人口迁移研究——以宁夏中部干旱地区为例》，《学术界》2012 年第 10 期。

[③] 董龙凯：《近代山东黄河水患与人口迁移的时空变化》，《学术研究》2016 年第 6 期。

[④] 俞祖华、李翠兰：《略论中国传统文化对人口迁移行为的影响》，《学术月刊》1998 年第 10 期。

[⑤] 邬沧萍：《人口学学科体系研究》，中国人民大学出版社 2006 年版，第 231 页。

[⑥] 李若建：《中国人口统计失实原因探讨》，《中山大学学报论丛》1994 年第 3 期。

[⑦] 段成荣：《利用出生地资料进行人口迁移分析》，《人口学刊》2000 年第 3 期。

[⑧] 杨云彦：《中国人口迁移的规模测算与强度分析》，《中国社会科学》2003 年第 6 期。

2. 迁移选择指数构建

李惠利用1990年人口普查10%抽样资料中人口迁移矩阵，采用迁移选择指数公式，计算出我国地区迁移选择指数，分析我国省际迁移偏好圈①；段成荣、韩荣炜、刘岚引入了迁移选择性的计算公式，根据人口普查或调查中获得的按各种社会经济特征划分的总人口数和迁移人口数计算了迁移者的年龄、教育水平、家庭结构和婚姻状况等迁移选择性系数②；王桂新根据1990年"四普"资料，从年龄对迁移选择的角度，分析研究我国20世纪80年代后半期省际迁移人口迁出选择过程的年龄模式及其特征③；李薇利用2005年全国1%人口抽样调查数据，采用人口迁移选择指数法确定我国省际人口迁移吸引中心及人口外迁中心，并归纳出人口迁移吸引中心吸引作用的空间模式及人口外迁中心的外迁空间模式④。

3. 其他定量方法

除了传统的人口学研究手段，学者们还兼采了经济学、地理学、社会学等学科的定量分析工具进行研究。

李树茁利用1987年全国1%人口抽样调查和1990年全国人口普查数据，求得1982—1987年和1985—1990年的中国省际间净迁移矩阵、构造了省际间净迁移的弹性分析模型，比较两个区域的经济变量和两个区域之间的净迁移的关系，探讨省际迁移水平和经济水平、省间净迁移和区域经济发展的关系⑤；严善平通过建立省际间迁移弹性分析模型，分析20世纪90年代前半期省际间人口迁移量的影响

---

① 李惠：《利用选择指数研究我国省际人口迁移偏好》，《人口研究》1994年第5期。
② 段成荣等：《人口迁移选择性及其度量》，《南京人口管理干部学院学报》2001年第2期。
③ 王桂新：《我国省际人口迁移迁出选择过程的年龄模式及其特征》，《人口研究》1994年第3期。
④ 李薇：《我国人口省际迁移空间模式分析》，《人口研究》2008年第4期。
⑤ 李树茁：《中国80年代的区域经济发展和人口迁移研究》，《人口与经济》1994年第3期。

因素①。

王桂新利用"四普"资料，应用空间相互作用模型，分别以人口规模和经济因素为主要说明变量，对中国20世纪80年代后半期的省际人口迁移规模进行探讨②；王桂新利用1990年人口普查的迁移数据，采用多变量分析的因子分析方法，定量考察中国20世纪80年代后半期省际人口迁移的地域结构③。

胡科林等通过对2000年和2010年人口普查数据采用Q分析方法考察区域结构模式，再通过回归模型，考察和分析各省份人口规模、收入水平及空间距离等因素对省际人口迁移流场分布区域模式的影响④。

Fan利用"四普"数据，建立了广东省人口迁移的回归模型，结果表明外资投入、地区间经济水平对人口迁移存在较强的吸引作用⑤，之后又利用重力模型对中国"四普""五普"各省份共812条迁移流进行了回归，结果表明，"四普"时期，距离因子是影响人口迁移的决定因素；而"五普"时期，距离的阻碍作用减弱，由移民存量所构成的网格关系成为影响迁移的首要因素。

肖周燕通过对人口迁移流动过程分析，在经典的人口迁移推—拉理论基础上，结合行为方程，将主客观原因结合起来，从宏观和微观的角度）入手，提出了人口转移势能转化假说，更全面地探讨了人口迁移的形成机制，一方面弥补了人口推—拉理论推拉力无明确定义的不足，另一方面使迁移推拉力测度成为可能⑥。

胡科林、郑新奇针对传统的人口迁移模型不能适用于多种省域人

---

① 严善平：《中国九十年代地区间人口迁移的实态及其机制》，《人口与经济》1998年第3期。

② 参见王桂新《我国省际人口迁移与距离关系之探讨》，《人口与经济》1993年第2期；王桂新《中国人口迁移与区域经济发展关系之分析》，《人口研究》1996年第6期。

③ 王桂新：《中国省际人口迁移地域结构探析》，《中国人口科学》1996年第1期。

④ 胡科林、郑新奇：《中国省域人口迁移模型构建》，《测绘科学》2015年第6期。

⑤ Fan, C. C., "Economic Opportunities and Internal Migration: A Case Study of Guangdong Province, China", *The Professional Geographer*, Vol. 48, No. 1, 1996, pp. 28-45.

⑥ 肖周燕：《人口迁移势能转化的理论假说——对人口迁移推—拉理论的重释》，《人口与经济》2010年第6期。

口迁移的影响要素的问题，在 GIS 平台上构建了一套研究省域人口迁移的新模型。采用重构引力模型，借鉴国土功能评价指标并与多种统计分析方法相结合，解决了以往简单模型指标单一的问题，实现了对各省份综合实力的准确评价[①]。

杨云彦等利用 1990 年"四普"资料，对 1985—1990 年我国省际迁移状况进行了多区域迁移模型分析，认为各类迁移均与收入或就业等经济变量呈显著相关[②]。

朱农利用 Logit 模型，结合 1990 年和 1995 年中国省际人口迁移数据，讨论了城市正规部门、城市非正规部门和农村非农业部门对中国农村剩余劳动力转移中的贡献，以及外向型经济、失业、收入、人口规模、人口密度、距离诸因素的作用及其演化过程[③]。

蔡昉和王德文采用"五普"微观数据和 1995 年 1% 人口抽样调查数据等，利用双对数模型考察了 1995—2000 年中国省际人口迁移的影响因素[④]。

Zhang 和 Song 利用时间序列和横截面分析，指出地区经济增长会促进迁移人口的增加，城乡之间的收入差距是省内迁移和省际迁移的主要因素，他们还构建了人口迁移量模型，揭示出 GDP 增长率与人口迁移规模具有强烈的正相关关系[⑤]。

Wu 和 Yao（2003）在人口无限供给的假设条件下，运用需求导向模型，对中国的省际迁移与省内迁移进行了研究，其结论是，城乡收入差距是迁移产生的原因，但除此之外，还存在着其他决定劳动力

---

① 胡科林、郑新奇：《中国省域人口迁移模型构建》，《测绘科学》2015 年第 6 期。
② 杨云彦等：《中国人口迁移：多区域模型及实证分析》，《中国人口科学》1999 年第 4 期。
③ 朱农：《中国四元经济下的人口迁移——理论、现状和实证分析》，《人口与经济》2001 年第 1 期。
④ 蔡昉、王德文：《作为市场化的人口流动——第五次人口普查数据分析》，《中国人口科学》2003 年第 5 期。
⑤ Zhang, K. H. & S. Song, "Rural-Urban Migration and Urbanization in China: Evidence from time-series and cross-section analyses", *China Economic Review*, Vol. 14, No. 4, 2003. pp. 386–400.

流动的因素①。

李培等通过建立计量模型，对1990年和2000年影响京津冀地区人口迁移的综合因素进行了比较分析。证明了以经济利益为主要动机是人口迁移的一般规律；迁移距离对人口迁移的影响逐渐减弱，前期移民对人口迁移的影响始终明显，传统的社会网络联系与规范的劳动力市场相比对迁入人口仍有较大影响②。

何圣等以推—拉理论建立多元线性模型并运用逐步回归的方法，分析改革开放后北京、上海、广州吸引流动人口流入的经济因素③。

李薇研究基于2005年全国人口1%抽样调查数据，对选定的9个社会经济因素与30种人口迁移流流量进行一元线性回归分析，得出各社会经济因素与不同人口迁移流流量之间的相关关系，并对这些相关关系进行分析和总结。研究发现我国秦岭—淮河以南地区以人口省际迁移为主要方式，而秦岭—淮河以北地区则以人口省内迁移为主要方式④。

逯进、郭志仪利用层次分析法讨论了2000—2009年我国省域人口迁移和经济增长的变动规律，在此基础上，从系统耦合观视角实证检验了人口迁移与经济增长两系统之间的协调关系之特征，并对二者耦合程度的演化规律做出了理论解析⑤。

四　研究评述及研究启发

（一）研究评述

近年来，关于人口迁移的研究可谓蓬勃发展。学者们对人口迁移

---

① Wu, Z. & S. Yao, "Intermigration and intramigration in China A Theoretical and empirical analysis", *China Economic Review*, Vol. 14, 2003, pp. 371–385.
② 李培、邓慧慧：《京津冀地区人口迁移特征及其影响因素分析》，《人口与经济》2007年第6期。
③ 何圣、王菊芬：《改革开放后北京、上海、广州对流动人口的经济拉力因素的分析》，《西北人口》2007年第3期。
④ 李薇：《我国流动人口空间分布特征分析》，硕士学位论文，同济大学，2008年，第150页。
⑤ 逯进、郭志仪：《中国省域人口迁移与经济增长耦合关系的演进》，《人口研究》2014年第6期。

概念、人口迁移理论等方面都展开了研究，从迁移人口属性、人口迁移的空间格局、人口迁移的影响因素、人口迁移对经济社会发展的影响等多角度进行了有价值的探讨，对人口迁移的数据开发和使用、研究方法等方面也作了多学科的有益尝试，研究的广度和深度都得到了迅速的拓展，认识也在不断丰富和深化。然而当前研究仍存在一些不足，具体表现如下：

第一，立足旧框架、需要新补充。现有研究理论体系基本仍停留在传统的经典人口迁移理论框架内，研究结论体现了经典人口迁移理论的重要性，但对于我国特殊政策制度下人口迁移的特殊性，缺乏理论的补充。少数涉及政策制度与迁移的研究中，或紧紧围绕某一政策制度本身展开，或仅把政策作为其中的一项影响因素来进行分析，或仅在一般意义上提及政策对迁移有影响，缺乏对政策与人口迁移的规模、方向、结构等关系的系统梳理和分析提炼。

第二，现实分析多，历史考察少。当前研究，对中国社会历史变迁中的特殊性及其对人口迁移的影响进行历史、系统的梳理者并不多见。"人口迁移"既是一个历史范畴，是一个社会经济现象，就有必要从历史的角度去探求其深刻内涵，总结人口发展的教训，更好地阐释现实，指导未来。

第三，对贵州人口迁移问题的研究较少。

(二) 研究启发

基于上述对当前研究不足之评述，本研究拟通过历史考察与现实分析并举、定性分析与定量分析结合的方法，着重以社会历史变迁为背景、政策变迁为视角，梳理新中国成立以来，伴随着相关政策对迁移个体自主性由控制到逐步放松的转变和对人口迁移的外部环境的营造，贵州人口迁移的规模、方向、结构、原因及个体特征等变迁的历程，并提出新时期迁移瓶颈（准不准迁）逐步突破后，人口迁移矛盾逐步朝迁移人口社会融合问题转变，新的迁移矛盾对迁移政策变迁的呼唤及相关政策对迁移人口诉求的回应成为政策与迁移二者关系演进的方向。

本研究同样认为，迁移行为的发生是迁移个体与外部环境的推拉力及中间障碍因素互动的结果。但不同之处在于，政策因素一直贯穿于我国人口迁移活动的始终，1949年之后很长一段时间里，迁移个体缺乏迁移自主性，迁或不迁、往哪里迁完全被纳入计划框架中，迁移个体与外部环境的互动十分缺乏。改革开放以后，这种对迁移进行控制的政策逐步被突破，个体迁移自主性逐步成长，个体与外部环境自主互动促成的迁移成为主流。

显然，就人口迁移实践而言，在迁移个体具备迁移的自主性的前提下，迁移个体与外部环境的互动促成迁移行为这一理论框架方能适用。同时，迁移外部环境对政策亦有很强的依赖，因此，政策既作为迁移系统启动的先决因素存在，又通过营造迁移外部环境培育迁移推拉力，故完整的迁移系统应将政策要素纳入其中。

第三节　相关概念界定、数据及数据来源

需要指出的是，由于中国独具特色的户籍制度和二元社会体制的影响，以及人口迁移本身的复杂性，使中国的迁移、流动主体以及他们的迁移、流动类型都相对比较复杂；由于中国人口迁移、流动的复杂性以及调查统计条件等的制约，又使中国关于人口迁移、流动的数据资料较为稀缺，而且口径不一，相互矛盾之处甚多。因此，需要首先对有关概念和本研究重点考察的对象及相关的数据资料等问题作以下界定和说明。

一　本研究关于人口迁移概念的界定和说明

如前述，关于"人口迁移"的概念问题，学界认识不一，主要争议在于时间、空间属性的界定和户籍是否变更这三方面。"根据户籍和'常住'的概念，中国的迁移、流动人口，主要包括以下三类：户籍迁移人口，即伴随户籍变更的迁移人口；非户籍迁移人口，即未伴随户籍变更的迁移、流动人口；而常住迁移人口，则是由于迁移、流动而改变常住地的人口，其中既包括户籍迁移人口也包括非户籍迁移

人口，既包括外来人口，又包括外出人口"①。

关于"常住"的概念，主要是根据因迁移、流动而改变居住地时间的长短定义的。改革开放以来，中国在人口普查或人口抽样调查时曾做过两种定义：1990年人口普查把因迁移、流动而改变居住地时间在1年以上的称为"常住"，2000年、2010年的人口普查，1987年、1995年、2005年和2015年的1%人口抽样调查则把因迁移、流动而改变居住地时间在半年以上的称为"常住"。

本研究认为，自20世纪90年代以来，大规模人口自发性迁移蓬勃发展的背景下，若强调户籍变更的概念，使用改变户籍登记常住地的人口移动这一定义显得狭窄，因而采用上述第三类常住迁移人口概念。需要进一步明确的是，从地理范围而言，本研究所指的常住迁移人口包括省际迁出，即贵州省外出到省辖行政区域之外的人口，省际迁入，即从贵州省辖行政区域之外流入到本省的人口，以及省内迁移，即在本省行政区域内流动居住半年（"四普"时期为1年）以上的人口。为比较之便，若无特别指明，本研究中所指省内迁移人口均指省内跨县（市、区）迁移的人口，在省辖区内同城居住的人户分离人口，则不在本研究之列。

因而，需要注意的是，其一，基于"四普"与之后其他历次普查或抽样调查中迁移时间统计口径的不一致性，本研究中，"四普"时期同其后的各个时期人口迁移的规模具有不可比性；其二，通过统一历次人口普查或抽样调查中迁移人口的空间统计口径，在本研究中，历次调查时期迁移人口中各类别迁移人口的比重具有可比意义；其三，在本书的第三、四、五章中，分别列有详细的数据使用说明。

二 本研究关于政策概念的界定和说明

（一）政策概念及其分类

"政策"一词是指，"国家或政党为实现一定历史时期的路线而制

---

① 路遇主编：《新中国人口五十年》，中国社会科学出版社2016年版，第509、510页。

定的行动准则"①。本书所指政策为自1949年以来，国家或地方政府制定的系列迁移相关政策，主要系指政府文件②。

根据政策作用的主体和方式，可分为直接政策和间接政策，前者指直接针对人口迁移制定的政策，包括对个体迁移自由及其迁移行为的规定，后者指间接影响人口迁移的政策，包括对迁移外部环境的营造。在本研究中，政策基本可以纳入此分类总目之下；根据对迁移作用的性质，可分为积极政策和消极政策，前者指促进迁移的政策，后者指抑制迁移的政策；从对迁移的影响层次看，可分为宏观政策和微观政策。宏观政策主要指具有指导意义的战略政策，如"让一部分人先富起来"的区域差别发展战略、"两个大局"战略、西部大开发战略、中部崛起计划、城镇化发展战略、乡村振兴战略等，微观政策即具体的操作性政策；从对迁移作用的地域范围，可分为异质性政策和同质性政策。前者指只针对某些地方实行的政策（如在贵州有"三线建设"、扶贫搬迁、西部开发），后者指全国统一实施的政策（如户籍、就业、统购制度、土地制度、城镇化战略、乡村振兴战略）。

（二）政策变迁、时代变迁、数据阶段性与本研究的时期划分

政策变迁主要体现在政策对迁移的作用变迁，即就迁移个体而言，是从改革开放以前的"控制"政策（不准迁移和计划迁移）经改革开放以来的"弱控制"政策（允许迁移），逐步向"回应"政策（回应个体要迁好的需求）方向转变。

如前述，"人口迁移和劳动力流动，离不开一定的社会经济背景。当代中国的经济体制和发展战略构成了中国人口迁移和劳动力的独特背景"③。回顾1949年以来贵州人口迁移的历程，亦无不与国家各阶段的发展战略及相应政策的施行密切关联。

因政策变迁与其实施的时代背景，即计划经济体制时期、改革开放以后由计划向市场的过渡时期（商品经济时期）、社会主义市场经

---

① 中国社会科学院语言研究所词典编辑室：《现代汉语词典》，商务印书馆1995年版。
② 详见本书附录3。
③ 杨云彦：《中国人口迁移与发展的长期战略》，武汉出版社1994年版。

济体制初步建立时期和社会主义市场经济逐步完善时期紧密结合，且时代背景变迁与本研究采用的历次普查数据对应的时期基本相应，故本研究拟据历次普查数据所涉时间对贵州人口迁移进行分阶段的描述分析。

三 数据及数据来源

1. 第三次至第六次贵州人口普查数据；
2. 2005年、2015年贵州1%人口抽样调查数据；
3. 贵州统计年鉴、贵州年鉴（历年）；
4. 国家统计局编：《全国各省、自治区、直辖市历史统计资料汇编1949—1989》，中国统计出版社1990年版；
5. 贵州省第三次人口普查领导小组、贵州省公安厅、贵州省统计局：《贵州省人口统计资料汇编（1949—1984）》，1986年版；
6. 国家统计局国民经济综合司编：《新中国55年统计资料汇编（1949—2004）》，中国统计出版社2005年版；
7. 国家统计局国民经济综合司编：《新中国60年统计资料汇编（1949—2009）》，中国统计出版社2010年版；
8. 国家统计局人口统计司、公安部三局：《中华人民共和国人口统计资料汇编（1949—1985年）》，中国财政经济出版社1988年版；
9. 地方志书类（包括方志和各类专志，如工业经济志、粮食志、城乡规划志、公安志、国民经济计划志、建制志等）。

第四节 研究方法及研究思路

一 研究方法

（一）历史分析

通过各类地方志书、历史档案、报纸、官方文件等文献资料，了解迁移相关政策及贵州人口迁移变迁的历程和历史，以更准确地理解数据背后的逻辑、更深入地挖掘贵州人口迁移的形成机制、更好地把握研究的方向。

(二) 比较研究

第一，对改革开放前后不同历史时期的人口迁移特征及迁移的形成机制进行比较；

第二，按迁移方向进行比较（省际迁出、省际迁入及省内迁移；东、中、西部迁移；邻省和非邻省迁移）；

第三，按迁移者个体特征进行比较（性别、年龄、文化程度、户籍性质）；

第四，按迁移原因进行比较。

(三) 定量研究

本研究主要利用了相关年份的统计资料以及自"三普"以来贵州历次人口普查资料和2005年、2015年贵州1%人口抽样调查数据、地方志书及相关历史文献资料，从省际和省内迁移、邻省和非邻省迁移、东中西部人口迁移几个层面，对1949—2015年不同历史阶段、不同政策空间作用下，贵州人口迁移的规模、方向、原因、迁移者特征等进行描述统计和时间序列的纵向梳理，继而以此为逻辑起点，构建贵州人口迁移的分析框架。

二 研究思路

政策对迁移的影响有两方面。第一，作为迁移的先决条件，只有在政策允许的前提下，方能产生迁移行为。这包含两层含义，其一，政策直接决定迁移规模、方向、结构、原因等，其二，政策给予个体迁移自主性；第二，个体迁移具备自主性时，政策进而通过对外部环境的营造，引导人口迁移。

本研究试图从省际和省内迁移、邻省和非邻省迁移、东中西部人口迁移几个层面，对新中国成立以来不同时期政策因素（包括国家政策和地方政策），对贵州人口迁移规模、方向、原因、迁移者特征等的影响作用进行时间序列的纵向梳理，考察不同历史阶段、不同政策空间作用下，迁移个体与外部环境之间何以相互作用，并最终结合促成迁移行为这一迁移选择过程。

继而，以此为逻辑起点，构建贵州人口迁移的分析框架，考察政策变迁对个体迁移自主性和迁移外部环境的影响，从而分析不同时期，在迁移个体自主性成长的前提下，迁移个体如何与同样受政策影响的外部环境进行互动，促成何种迁移行为，以期通过对人口迁移特殊规律的探讨，制定正确的迁移政策、回应迁移人口需求，合理地引导迁移行为，实现贵州工业化、城镇化的道路。具体研究步骤如下：

1. 历史考察

对改革开放以前的历史时期，结合方志、地方档案资料、官方文件等地方文献，以文献梳理、归纳为主，数据分析为辅，全面考察贵州社会历史变迁过程中人口迁移的概貌及政策因素的影响作用。

2. 现实分析

对改革开放以来的阶段，主要依据第四次、第五次和第六次人口普查资料，2005年1%人口抽样调查资料、2015年1%人口抽样调查资料，以及中央和地方制定的各类政策制度，结合改革以来的社会经济背景，从省际迁出、省际迁入和省内迁移，分邻省和非邻省，分东中西部对贵州人口迁移的概貌及其原因进行描述分析。

3. 人口迁移分析框架构建

基于以上对不同时空政策变迁过程中呈现出来的人口迁移概貌特征，归纳和分析政策对迁移个体及迁移外部环境的作用过程及其变迁如何促成不同类型的迁移行为，构建人口迁移的分析框架。

第二章

1949—1978年贵州省人口迁移

本章导言

本章主要结合新中国成立至改革开放前,各类迁移相关政策制度的建立、发展以及历史事件对该时期贵州省际、省内人口迁移的规模和方向、城乡人口迁移分布、各次产业人口结构变动等的影响展开研究,探索该时期政策与人口迁移之间的关系及由此导致的迁移主要矛盾和人口迁移机制。

该时期,国家实行重工业优先发展战略,农村的集体化制度及其后"政社合一"的人民公社,使得农村人口固化在土地上。严格的户籍制度,限制了农业人口的迁移,以户籍为前提建立的统购统销制度,则切断了城乡之间的自由贸易,农民进城就业被统包统配的劳动就业制度排斥。故此,该阶段个体迁移的自主性难以发挥,人口无论在产业、城乡、地区或省际之间的转移,无论迁移规模、强度或是方向乃至时间,均呈现出对政策的强依赖性,流动性不强、城市化不足。

就省际迁移而言,呈现出对国家政策迅疾回应的钟摆式状态。在迁移规模上,可立即高涨或跌落,在迁移方向上,可立时表现为迁出或迁入,如"一五"期间的小幅迁入、1958—1962年的大幅迁出、"三线建设"高涨期的持续迁入及其低潮期的迁出。此外,1950年代和1970年代分别出现的与全国宏观人口迁移态势不合拍的迁移高潮期时滞和迁移低潮期时滞,均体现了政策对贵州人口迁移的深度影响。前者因贵州未与全国同步被纳入国家重点开发建设之列[1]、迁移拉力不足所致,后者则与"三线建设"时期对贵州的计划人口输入相关。

就省内迁移而言,1958年至1961年曾短暂出现城乡人口交流的暴涨暴跌,但整体上,该时期迁移个体由乡至城的迁移,最终完全被置于国家政策主导的由城至乡迁移之下,乡村迁入人口规模甚至高于城镇。

综上,该时期由于政策对人口迁移的主导,使得迁移主要矛盾表现为"准不准迁"和"向哪里迁"。同时,在政策对个体迁移自主性的限制下,迁移个体与迁移外部环境二者的互动关系弱化甚至失效,从而使得人口迁移的机制表现为由政策直接决定迁移的政策主导型。

第一节 1949—1978年贵州人口迁移概述

"离开了人口在历史中的发展,单纯从地理空间去研究人口现状,就无法深刻地了解人口分布形成的原因,也不可能充分认识人口发展的历史规律"[2]。区域社会经济发展的历史,实际上就是人口迁移分布演化的历史。在不同的历史发展阶段,各个国家和民族都有过不同性质和规模的人口迁移。本章将重点剖析1949年至改革开放前贵州人口的空间演进和流动,探讨人口迁移的影响因素及背后的制度力量。

一 省际人口迁移及其阶段性描述

新中国成立以来很长的一段历史时期,政策因素和自然因素都是影响我国人口迁移量和迁移方向的重要因素,而其中,政策因素的影响则最为深刻。"政府所制定的与迁移有关的政策主导着民众的迁移

---

[1] 《贵州省情》编辑委员会:《贵州省情(1949—1984)》,贵州人民出版社1986年版,第73页。

[2] 柴剑锋:《主体功能区人口再分布实现机理与政策研究》,社会科学文献出版社、皮书出版社2015年版。

行为、迁移方式和迁移规模"①。如图 2.1 所示②，自 1950—1978 年的 29 年中，贵州人口的省际迁移规模也呈现同相关的制度和政策变动相应的阶段性波动的特征。

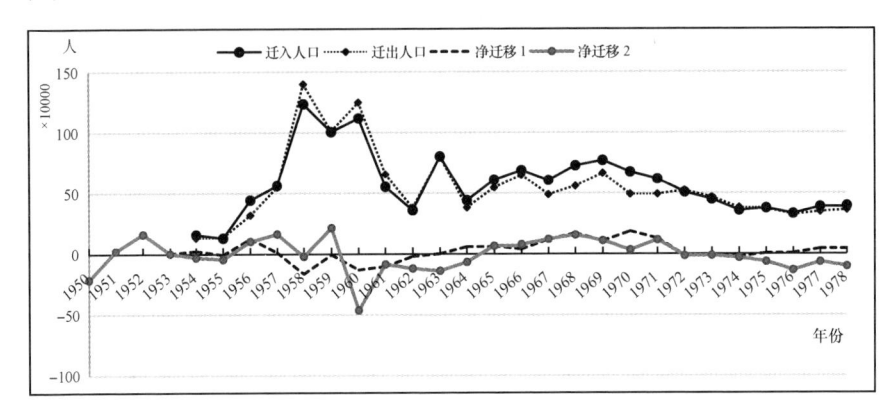

图 2.1　1949—1978 贵州省省际人口迁移状况

数据来源：国家统计局人口统计司、公安部三局：《中华人民共和国人口统计资料汇编（1949—1985 年）》，中国财政经济出版社 1988 年版，第 1001 页；沈益民、童乘珠：《中国人口迁移》，中国统计出版社 1992 年版，第 313 页；国家统计局国民经济综合司编：《新中国 55 年统计资料汇编 1949—2004》，中国统计出版社 2005 年版，第 878 页。

---

① 王跃生：《中国当代人口迁移政策演变考察——立足于 20 世纪 50—90 年代》，《中国人民大学学报》2013 年第 5 期。

② (1) 迁入人口、迁出人口及"净迁移 1"此三个系列中 1954—1978 年的数据来自：国家统计局人口统计司、公安部三局《中华人民共和国人口统计资料汇编（1949—1985 年）》第 1001 页（其中 1959 年净迁移数据计算错误，本文中使用庄亚儿《中国人口迁移数据集》中的矫正结果）；(2) 以上三个系列中 1967—1969 年的数据来自：沈益民、童乘珠《中国人口迁移》第 313 页；(3) "净迁移 1"系列中 1950—1953 年净迁移数据根据《新中国 55 年统计资料汇编 1949—2004》（该数据中的总人口数据为年末数据，《中华人民共和国人口统计资料汇编（1949—1985 年）》中则是平均人口，但缺 1949—1953 年的相关数据）估算得出；(4) "净迁移 2"系列的数据根据《新中国 55 年统计资料汇编 1949—2004》中总人口和人口自然增长率数据，通过"总人口－（出生人口－死亡人口）＝迁移人口"公式估算。需要说明的是，该资料中年末总人口数据与国家统计局综合司编《全国各省、自治区、直辖市历史统计资料汇编 1949—1989》中相同，但两份资料中的自然增长率数据差别较大，经查阅比对《中华人民共和国人口统计资料汇编（1949—1985 年）》中的数据，发现《新中国 55 年统计资料 1949—2004》中的数据与《中华人民共和国人口统计资料汇编（1949—1985 年）》中所载"调整后"的数据相同，该书"凡例"中对此专门作了如下说明："因为有些年份的出生、死亡统计人数不合理，部分省区后来根据人口普查资料发现有区划做了调整修正。现以附表形式列出，供使用者参考"；(5) 依据公安部门统计的"净迁移 1"系列数据与依据常住人口估算的"净迁移 2"系列的数据个别年份有较大差异，但基本趋势相近。为了与原始登记的人口迁入和迁出数据作比对，该处主要使用"净迁移 1"的数据。李若建（1994，1999）曾对 1954—1987 年中国人口迁移统计数据质量做过分析，认为大规模的迁移人口没有完全准确地在户籍统计上反映出来，指出由于户籍管理制度的落后与混乱，许多迁移人口没有及时落户是迁移统计数据质量不高的原因之一。

(一) 1949—1957 年，小规模净迁入为主、人口迁移尚有一定自主性，持续强劲的外部驱动力尚待形成[1]

1. 该阶段人口迁移的背景和类型

整体而言，由于人口基数大，中国的人口迁移历来都不够活跃，"除少数地区和少数时间外，人口变动一般均以自然变动占绝对优势"[2]，各地区人口自然增长率的差异一般都是人口分布格局变动的主导性因素。自 1949—1953 年，贵州人口迁移十分活跃，在 1950 年表现为大量迁出，而后在 1952 年土改完成后则是大量迁入，并以迁往乡村为主。

1953—1957 年发展国民经济的第一个五年计划期间，开始了中国历史上史无前例的大规模基本建设，同时由于该时期，严格控制人口迁移的政策尚未最终形成，因而人口迁移也相当活跃。而贵州因其自身人口发展的人文环境与全国存在差异，在"一五"计划时期，又尚未被列入国家重点发展区域，故期内，贵州省际人口总迁移率较全国低，省际迁移活跃度低于全国水平，但随着经济的恢复发展，依据净迁移数据判断，虽然规模不大，却基本以迁入为主，并于"一五"计划末期显著增长。

2. 1949—1952 年的人口迁移

尽管该时期，贵州也有部分南下和西进入黔的干部及其家属，同时还有各级学校从外省招收学生的迁入[3]，然而据估算[4]，在不考虑境内外迁移的情况下，处于国民经济恢复期的 1950—1952 年，贵州

---

[1] 该部分数据，除特别说明之外，均来源于或根据国家统计局人口统计司、公安部三局《中华人民共和国人口统计资料汇编（1949—1985 年）》，中国财政经济出版社 1988 年版，第 1001 页数据估算。
[2] 路遇主编：《新中国人口五十年》（上），中国社会科学出版社 2016 年版，第 402 页。
[3] 王桂新等：《迁移与发展——中国改革开放以来的实证》，科学出版社 2005 年版，第 33 页。
[4] 因国家统计局人口统计司、公安部三局所编《中华人民共和国人口统计资料汇编（1949—1985 年）》中缺 1950—1953 年数据，故该期间的省际迁移相关数据均根据国家统计局国民经济综合司编《新中国 55 年统计资料汇编 1949—2004》第 878 页中相关年份数据估算。

省际迁移人口从流向上看波动较大,1950年净迁出人口21.30万人,净迁移率为-15.04‰,1951年和1952年则逆转为净迁入。总量上略呈负增长(3年净迁出人口2.84万人),第一年迁出的人口基本在第三年迁回。

1950年6月30日,《中华人民共和国土地改革法》颁布,全国农村普遍进行了土地改革。贵州的土改工作于1951年5月—1952年12月(少数地区到1953年春)分四期进行①。土改使无地和少地农民分得了自己的土地,获得了生产资料,亦成为人口回流的动力。加之其时城镇失业问题的严峻,国务院也发出通知②,要求劝阻说服农民返乡,1951年,贵州省净迁入人口虽仅2.32万人,净迁移率也只有1.62‰,但人口迁移的流向逆转。1952年,随着土改的顺利实施及国民经济的恢复发展,贵州迎来了1949年以来人口迁移(迁入)的第一个高峰年份。是年,省际人口净迁入约16.15万人,净迁移率达11‰。且流向上以乡村流入为主,通过估算③,乡村人口净迁入16.19万人④。

3. 1953—1957年的人口迁移

1953年,"随着朝鲜战争的结束和土地改革进入尾声,全国的社会环境更趋稳定"⑤。是年冬,中共中央公布了过渡时期的总路线,并开始执行发展国民经济的"第一个五年建设计划"。贵州"一五"计划的编制是根据中央的统一安排和部署,通过不断调查研究,在逐步加深认识的基础上形成的,计划紧密结合了贵州实际,把农业作为

---

① 中国农业全书编委会:《中国农业全书》(贵州卷),中国农业出版社1995年版,第184页。
② 中央人民政府政务院:《关于劳动就业问题的决定》,《江西政报》1952年第8期。
③ 为了数据使用的一致性,该处的城乡人口迁移规模与"1950—1953年的总人口迁移规模"同样是根据国家统计局国民经济综合司编《新中国55年统计资料汇编(1949—2004)》第878页中的人口自然增长率(即调整过的数据)估算的结果。此处分城乡合计的迁移人口与净迁移的细微出入,应源自城乡人口自增率的差别。而这种出入的细微,也印证了这一时期以总人口自增率分别估算城乡人口自增率基本合理。详见附录表1.2.3。
④ 国家统计局国民经济综合司编:《新中国55年统计资料汇编1949—2004》第878页中相关年份总人口、市镇人口及乡村人口数估算。详见附录1表1.2.5。
⑤ 路遇主编:《新中国人口五十年》(上),中国社会科学出版社2016年版,第447页。

经济建设的重点，国民经济各部门得到了协调发展，取得了重大成就[①]。因此，1953—1957 年"第一个五年计划"期间，贵州人口迁移活跃度虽低于全国水平，5 年净迁入人口也仅 15.66 万人。但从迁移方向上看，除 1955 年人口少量迁出外（1955 年净迁移率为 -0.46‰），其余各年均为净迁入。

这一阶段，人口净迁入率最高的是 1956 年。该年"一五计划"的各项指标基本提前完成，工农业生产得到发展，城乡人民生活水平得到提高，稳定的社会经济环境吸引了人口的流入，贵州人口净迁入率达 7.66‰。1954 年和 1955 年，贵州人口迁移规模分别为 29.2 万人和 26.8 万人，而 1956 年则达 76.2 万人，约为 1955 年的 2.8 倍，人口总迁移率较 1955 年增长了 27.2 个千分点，达到 47.18‰，同全国人口总迁移率的差距缩小，到 1957 年，贵州人口迁移规模突破百万，为 111.07 万人，总迁移率进一步增至 66.81‰，与全国水平的差距缩小至 16.91 个百分点（见表 2.1）。

表 2.1　　1954—1957 年贵州省及全国人口迁移相关指标　　单位:‰

年份	省际净迁移率 全国	省际净迁移率 贵州	省际总迁移率 全国	省际总迁移率 贵州	总迁移率差
1954	2.35	1.64	73.23	19.08	-54.15
1955	1.80	-0.46	81.71	16.98	-64.73
1956	2.96	7.66	94.17	47.18	-46.99
1957	2.37	0.73	83.72	66.81	-16.91

数据来源：国家统计局人口统计司、公安部三局：《中华人民共和国人口统计资料汇编（1949—1985 年）》，中国财政经济出版社 1988 年版，第 978、1001 页。

4. 该阶段省际人口迁移状况小结

概言之，20 世纪 50 年代中前期贵州省际人口迁移的足迹是与新中国成立后社会经济形势的巨大变化、恢复发展国民经济的政策及贵

[①] 耿晓红主编：《贵州省发展国民经济的第一个五年计划草案》（草稿），载中共贵州省委党史研究室、贵州省档案局（馆）编《建国后贵州省重要文献选编（1955—1957）》，第 28 页。

州特殊的历史条件相生相伴、关联密切的，同时也与该时期政府相对自由的迁移政策密切相关①。

由于资料的欠缺，本研究只能从人口净迁移率来粗略判断省际人口迁移的方向。1949—1957年，从分年份的省际迁移流向看，9年中有7个年份净迁入量大于净迁出量，人口为净迁入。

就总迁移规模而言②，在有数据可考的1954—1957年即"一五计划"时期，虽然是"新中国成立以来第一个比较稳定的人口迁移活跃期"③，但就贵州而言，如前述，其人口的省际迁移规模直至该阶段的末期方有显著提高，且较全国水平，差距虽呈缩小趋势，却仍然较大（见表2.1），这也意味着贵州人口迁移的活跃期较全国而言有时间延迟，且落后于全国水平。

究其原因，其时，贵州地处偏远，历史基础差，恢复发展速度较慢，贵州当时也明确提出，"为了支援国家的经济建设，保证国家的社会主义工业化的顺利发展，我省的第一个五年计划应明确地以发展农业为重点，并在服务于农村经济和与农业经济密切相结合的原则下，积极地发展我省的工业和交通运输事业"④。

因而，该阶段，贵州由于未形成促成迁移活动（特别是人口迁入）之稳定驱动力的条件和环境，省际人口迁移活动虽确有表现出对国家政策、社会经济环境的反应的灵敏性，个别年份因此出现即时性较大规模迁移的现象，但相对于全国人口形势而言，人口迁移规模的稳定增长存在一定的时滞现象，人口迁移稳定的高潮期还有待酝酿。

---

① 路遇主编：《新中国人口五十年》（上），中国社会科学出版社2016年版，第465页。
② 由于数据的限制，故无法考察1949—1953年贵州省际人口的迁入、迁出及总迁移规模。
③ 路遇主编：《新中国人口五十年》（上），中国社会科学出版社2016年版，第518页；王桂新：《迁移与发展——中国改革开放以来的实证》，科学出版社2005年版，第10页。
④ 耿晓红主编：《贵州省发展国民经济的第一个五年计划草案（草稿）》，载中共贵州省委党史研究室、贵州省档案局（馆）编《建国后贵州省重要文献选编（1955—1957）》，第28页。

(二) 1958—1963 年人口对流规模空前、净迁出为主[①]

1. 该阶段人口迁移的背景和类型

1958—1961 年，大量人口因工作调动、招工进城。同期由于粮食巨幅减产，作为"粮食生产形势很差[②]"的省区之一，贵州粮食产量 1960 年较 1958 年下降了 39.8%，人均粮食产量则从 309.6 千克降至 186.7 千克，降低了 122.9 千克[③]。受此影响，贵州成为全国首推的人口负增长幅度最大的五省之一[④]。

在此期间，贵州人口无论在省际和省内均呈现大规模对流现象，人口净迁移的方向则主要呈由乡至城，由省内至省外的迁移流动，且人口迁移活跃，除 1962 年外，均高于全国水平[⑤]。

2. 1958—1960 年的人口迁移

从迁移人口规模来看，1958—1960 年，是贵州自 1949 年至改革开放期间人口迁移规模最盛的时期。期间，各年人口迁入和迁出的规模都达百万以上，依净迁移率粗略判断，省际迁移的方向逆转为由省内到省外。

1958 年贵州人口迁移规模空前膨胀，总迁移量较 1957 年增加 152.33 万人，高达 263.4 万人，总人口迁移率比全国水平高出 58.11‰，为 1949 年以来最高值。从迁移方向来看，净迁出人口 16.34 万人，净迁移率为 -9.59‰。

[①] 该部分数据，除特别说明之外，均来源于或根据国家统计局人口统计司、公安部三局《中华人民共和国人口统计资料汇编（1949—1985 年）》，中国财政经济出版社 1988 年版，第 1001 页数据估算。

[②] 路遇主编：《新中国人口五十年》（上），中国社会科学出版社 2016 年版，第 458 页。

[③] 路遇主编：《新中国人口五十年》（上），中国社会科学出版社 2016 年版，第 457 页。

[④] 据载，1959—1961 年，全国有 12 个省区人口总量减少，其中负增长幅度最大的首推安徽、四川、甘肃、青海和贵州。路遇主编：《新中国人口五十年》（上），中国社会科学出版社 2016 年版，第 464 页。

[⑤] "由于户籍登记管理体制的不完善（尤其是在边远的农村和山区）……（详见翟松天主编《中国人口丛书·青海分册》，中国财政经济出版社 1989 年版，第 179 页）因此有关该时期各省区人口迁移的现有统计数据是不准确的。然而，如果要按这种推断对各个省区的自然增长和迁移增长进行逐项的修正，在定量上又缺乏足够的依据。"（详见路遇主编《新中国人口五十年》（上），中国社会科学出版社 2016 年版，第 414 页。）

1958年冬,贵州开始出现粮食、油料、猪肉、蔬菜和其他一些主要副食品供应不足的情况。为改变这一局面,"1958年11月,省公安厅、省粮食厅、省劳动局联合下发通知,规定凡劳动部门在外县或外省统一调动支援工业、铁路等建设而没有户口和粮食转移证,或未按正规户口迁移手续登记办理的人员,一律由被支援单位按迁移规定项目造具名册转送原籍,公安、劳动部门审查属实后,补办户口迁移证和粮食转移手续"[①]。1959年,中共贵州省委又提出了系列调整措施,制止农村劳动力盲目流动,是年,人口迁移规模较1958年减少了61.85万人,为201.55万人;其中,迁出率降低了23.83%,迁入率降低了14.63%,迁出率递减幅度大,净迁出率因此大幅降至0.39‰。然而,1960年,各地招工情况的再度兴起,使得贵州总人口迁移规模又增至236.55万人,净迁出人口13.06万人,净迁出率再度升高,达7.65‰。

3. 1961—1963年的人口迁移

该阶段,国家作出了"调整、巩固、充实、提高"的八字方针和对国民经济进行调整的决定,贵州省亦从农村政策的调整开始,逐步展开对国民经济的调整[②],从省级层面到各地州都采取了相应的政策措施,使得总人口迁出规模再次回落,1961年和1962年分别降至120.79万人和73.62万人,净迁出率相应下降为6.25‰和1.25‰。1963年,贵州人口外流的形势改变,是年人口净迁移率为0.09‰。

4. 该阶段省际人口迁移状况小结

如前述,1958—1963年,贵州省际人口迁移变动激剧,就规模而言,人口迁移规模由之前的较低位于1958年忽以百万计骤然升至高位,维持了短短3年后,1961—1963年又以百万计的降幅下降。且1958—1963年,除了1962年外,贵州省际人口的总迁移率均高于全

---

① 贵州省地方志编纂委员会编:《贵州省志·公安志》,贵州人民出版社2003年版,第517页。

② 当代中国丛书编辑委员会:《当代中国的贵州》(上),中国社会科学出版社1989年版,第71页。

国水平（详见附录 1 表 1.2.2），也即迁移的活跃程度和强度较全国更甚。

就省际迁移的方向而言，根据人口净迁移率判断，该阶段贵州人口的净迁移流方向为由省内向省外，这与相关研究的结论一致①。尽管在"二五计划"的头两年，由于国家经济建设的需要，从东南沿海搬迁了一些厂矿企业到贵州②，但仍不足以逆转人口迁移的方向。自1958 年开始，贵州省际人口迁移持续了 5 年的净迁出态势，年均净迁出率达 5.97‰，直至 1963 年才改变。值得注意的是，1958—1962年贵州省际人口虽均表现为净迁出，但净迁出率波动较大，各年分别呈现高、低、高、高、低的大起大落状。1962 年，迁入率较 1958 年下降了 50.79%，而迁出率下降了 59.13%，递减幅度显著高于迁入率。这一定程度表明 1959 年和 1962 年存在人口回流现象。究其原因，该阶段的省际迁移亦与贵州较落后的历史经济基础、前述国家工业发展战略布局及贵州省内严峻的粮食形势密不可分，同时也反映了两次国民经济调整时期压缩城镇人口带来的即时影响，在本章第二节会对此进行详述。

（三）1964—1978 年③净迁入期最长，净迁入率较高、迁移人口规模较大、政策主导型迁移为主

1. 该阶段人口迁移的背景和类型

经过 1958—1961 年的迁移高潮之后，中国人口再分布的活力显著减小，自 1962—1978 年，人口迁移进入低潮期④。这与此期间，对

---

① 研究表明，"从 1957—1963 年整个时期来看，省际人口迁移的流向是从华北、中南、西南流向东北和西北"。（详见李若建《大跃进与困难时期人口迁移初步探讨》，《中山大学学报》1999 年第 1 期。）

② 王桂新等：《迁移与发展——中国改革开放以来的实证》，科学出版社 2005 年版，第 33 页。

③ 该部分数据，如无特别说明，均来源于或根据国家统计局人口统计司、公安部三局《中华人民共和国人口统计资料汇编（1949—1985 年）》第 1001 页相关数据估算。

④ 翟振武认为，"1962—1978 年是新中国人口迁移的低潮期"。详见翟振武《从人口变迁看民生发展》，中国社会科学出版社 2012 年版，第 261 页。

人口迁移流动的控制逐步强化密切关联[1]。但期内也进行了几次全国性的较大规模的、政策性和计划性都很强的人口迁移，即大小三线建设和知识青年上山下乡。

贵州的三线建设始于1964年，于1969—1970年达到高潮，并一直延续到改革开放之初。作为三线建设的重点省区之一，贵州在此期间迎来了1949年以来第一个稳定的持续的人口迁入期。根据《新中国人口五十年》中对1964—1982年全国各省区人口迁移态势所划分的三种类型，贵州属于净迁入率较高的第一类地区[2]。

2. 1964—1971年的人口迁移

1964—1966年，"仅1964—1965年接受内迁工厂的职工和家属即达8万多人"[3]。虽然该阶段总人口迁移规模较大，且依据人口净迁移判断，各年均为输入，但迁入人口与迁出人口相抵之后，净迁入人口为16.05万人，年均迁入人口仅为5.35万人，净迁移率并不高。

在1967—1971年，人口净迁入率显著提高，每年均在5‰以上，5年净迁入70.21万人，年均迁入人口14.04万人。其中1968年、1970年净迁移率分别达8.68‰和8.60‰，净迁入人口为16.8万人和18.48万人，为1949年至改革开放前人口净迁入最多的年份。

3. 1972—1978年的人口迁移

1972—1978年，贵州省际迁移人口的总迁移和净迁移规模均大幅下降，迁移活跃程度显著降低。从流向上看，1972—1974年人口出现净迁出，1975—1978年为小幅净迁入。

1972年，贵州省际人口迁移结束了长达9年的净迁入态势。据《贵州省情》载，"1972年，全省遭受旱涝风雹、虫、冻等自然灾害，

---

[1] 1962年4月和11月公安部先后发出《关于处理户口迁移问题的通知》《关于加强户口管理工作的意见》和1964年8月国务院批转的公安部《关于户口迁移政策规定》都明确提出控制城乡人口迁移。

[2] 第一类，净迁入率较高，明显地加快了人口总量的增长，包括西藏等11个省份；第二类，有少量的人口净迁入，包括陕西等9个省份；第三类，人口净迁出，包括江苏、四川等9个省份。路遇主编：《新中国人口五十年》（上），中国社会科学出版社2016年版，第472页。

[3] 路遇主编：《新中国人口五十年》（上），中国社会科学出版社2016年版，第424页。

特别是从 6 月下旬到 9 月上旬的持续干旱，为 50 年来所罕见。农作物受旱面积达 1471 万亩，其中禾苗干死的有 504 万亩"[1]。且 1973 年开始，贵州的三线建设进入低潮期，部分人员被陆续撤走，这与 1972—1974 年出现的小幅省际人口净迁出相对应，由此，贵州人口迁移也进入了低潮期。

4. 该阶段省际人口迁移状况小结

此期间，贵州省际人口迁移之势与全国再次出现了不一致。进入国民经济调整期后，其迁移高潮并未自此沉寂下来，反而由之前短暂的高迁出之势急速逆转为较高的迁入状态，且逐步进入了持续时间相对较长的稳定的高迁入期，其迁移低潮期的到来延至 20 世纪 70 年代初，晚于全国约 10 年。

由于大批人口迁入贵州，自 1961—1974 年，除了 1962 年之外，贵州人口省际迁移的水平都高于全国（详见附录 1 表 1.2.2），省际人口净迁出的局面开始扭转，从 1963 年直至 1971 年，贵州省际人口迁移实现了连续长达 9 年的净迁入局面，共计净迁入人口 86.41 万人，且人口对流活动也极为频繁，年均总迁移人口达 61.08 万，年均总迁移率高达 63.99‰。

（四）受政策牵引、对政策迅疾回应式的钟摆式迁移

综观这一阶段的省际人口迁移，较显著的特征有二：

其一，两次出现了与全国宏观人口迁移态势不合拍的迁移态势，主要体现为显著的时期性的迁移高（低）潮期的不同步性。也即 20 世纪 50 年代的第一次迁移高潮时滞和 20 世纪 70 年代的迁移低潮时滞。随着国内政治经济形势的稳定，"一五计划"期间，全国人口迁移步入第一个高潮期，而贵州人口迁移却延自 1956 年才呈现出高涨的端倪，与全国水平仍有较大差距（详见附录 1 表 1.2.2）。而 1962 年，当全国人口迁移进入低潮之时，贵州人口迁移潮仍方兴未艾，其低潮期较全国时间迟滞了 10 年，与三线建设低潮期基本重合。

---

[1]《贵州省情》编辑委员会编：《贵州省情（1949—1984）》，贵州人民出版社 1986 年版，第 1318 页。

需要说明的是，前已述及，20世纪50年代人口迁移高潮时滞的主要原因在于，该时期，人口迁移尚未被完全纳入国家计划框架中，贵州"一五计划"时期不属国家重点开发建设之列，加之其自身的自然历史发展基础较差，吸引人口迁移的内在拉力的成长亦需时日，具有相对自主性的人口的迁移动力无法被充分调动。这也从另一个侧面反映了贵州人口迁移对政策的依赖。而第二次迁移低潮时滞则是由于国家实行国民经济调整之后，贵州被纳入三线建设的重点区域，国家政策直接强有力地作用于此，因此，贵州人口迁移在1958—1961年的规模暴涨后非但未进入低潮，反而自1963年便开启了由外省至省外的反方向的、稳定期长达9年的人口迁入。

其二，该阶段贵州省际人口迁移，其无论规模、强度或是方向乃至时间，均深受国家政策、计划等因素的影响。其中，在迁移规模和方向上呈现出受国家各类间接或直接的迁移政策牵引、对国家政策迅疾回应式的钟摆式的发展状态。从迁移规模上看，可立即高涨或跌落；从迁移方向上看，同样可即时表现为净迁出或净迁入之势。

该时期，贵州人口迁移对政策反映有很强的灵敏性和敏感性，迁移态势几乎完全依赖于政策环境。然而，需要注意的是，一方面，三线建设此类具体的、有针对性的直接的政策无疑是人口迁移的显著牵引力，当然这种计划型政策主要是直接干预并组织人口迁移。另一方面，在全国性的具有普遍性和同质性的政策空间下，省际间自然环境和发展的历史基础的不同，是驱动省际人口迁移的基础要素。但不可忽略的是，迁移行为的发生由"迁移意愿"和"迁移可能"共同组成，因此，其中必也体现了迁移主体的自主性的作用。在充足的政策空间和吸引下，迁移个体的自主性便会发挥作用，形成对外部环境推拉力的回应。这便是贵州1958—1961年人口迁移远远高于全国平均水平且不断外输的原因所在。

尽管该期间，贵州省际人口迁移并不平淡，其受国家政策推动的敏感性表露无遗，但总体而言，这种主要由政策（外力）驱动的、欠缺自主性的迁移活动，尚不具备稳定恒长的驱动力，亦不会产生稳定可循的态势和轨迹。

二 省内人口迁移及分布变动

迁移变动带来了人口的地域空间变动，包括城乡变动、行政区域变动等，而人口地域空间变动的同时，往往伴随着人口的职业变动、文化教育水平变动等[①]。由于该时期人口资料的局限，为尽可能丰富地展示该时期贵州省内人口的迁移变动状况，本研究拟依据可得数据，进一步围绕贵州农业人口和非农业人口的迁移变动、城乡人口及城乡就业人口的规模变动等几个方面来初步探究贵州省内人口的迁移变动状况。

（一）城乡人口的迁移变动[②]

如前述，从一般意义而言，人口迁移与出生、死亡共同决定着一个地区的人口规模和人口增长的速度，并决定着该地区的人口结构特征，对一个国家或地区的人口分布和劳动力供给起着重要的影响作用[③]。人口迁移还是使工业化和城市化成为可能的主要人口学动因[④]。因而，本部分将基于可得数据，估算分城乡的人口净迁移量，进一步考察该时期城、乡人口迁移的方向及规模等状况。

这一时期，贵州城乡迁移人口的发展经历了两头平稳，中间起伏跌宕，且起伏阶段二者此消彼长的三阶段发展特征。

如图2.2所示，自1949年至改革开放前贵州省内的城乡人口迁移，虽然在多数年份起伏不大，但在1955—1963年，确是影响城乡人口规模和人口分布的决定性力量。在此期间，"城市工业生产迅速

---

① 柴剑锋：《主体功能区人口再分布实现机理与政策研究》，社会科学文献出版社、皮书出版社2015年版，第16页。

② 该部分数据，如无特别说明，均来源于或根据国家统计局国民经济综合司编：《新中国55年统计资料汇编1949—2004》第878页相关年份数据估算；该处迁移人口是以总人口的自然增长率作为城乡人口自然增长数量的估算基础，依据"迁移人口＝总人口－自然增长人口"估算得到。详见附录1表1.2.5；另该部分的城镇或城市人口均依据数据来源资料，使用"城镇人口"的概念。

③ 邬沧萍主编：《人口学学科体系研究》，中国人民大学出版社2006年版，第229页。

④ 参见王桂新《中国区域经济发展水平及差异与人口迁移之关系研究》，《人口与经济》1997年第1期；周毅《中国人口流动的现状和对策》，《社会学研究》1998年第3期。

扩张，劳动力需求急剧增长，由此诱发人口迁移高度活跃，并形成自新中国成立以来规模空前、声势浩大的农村人口涌向城市的乡—城迁移大潮"①。

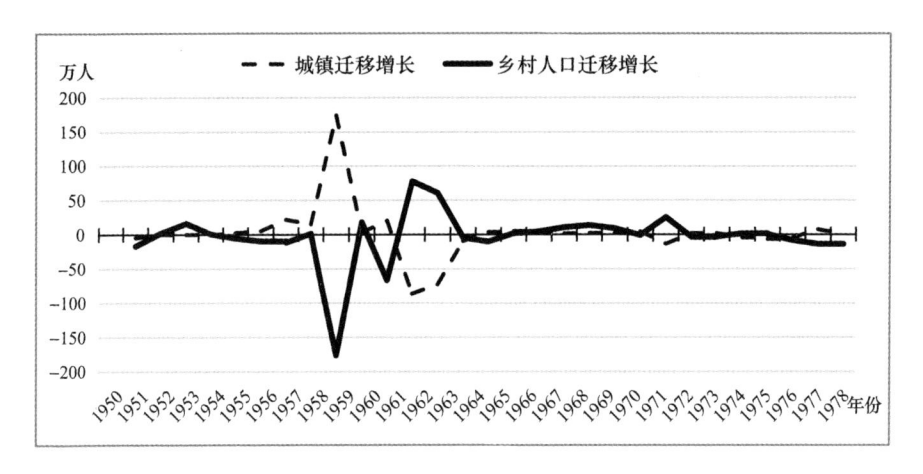

图 2.2　1950—1978 年贵州省分城乡的迁移人口

数据来源：根据国家统计局人口统计司、公安部三局：《中华人民共和国人口统计资料汇编（1949—1985 年）》，中国财政经济出版社 1988 年版中相关年份数据估算②。

1. 城镇人口的迁移

（1）迁移背景

首先，分城乡来看，尽管 1950 年代初，人民的迁徙权利既在法

---

① 路遇主编：《新中国人口五十年》（上），中国社会科学出版社 2016 年版，第 471 页。

② 该处的城镇和乡村迁移人口依据"迁移人口 = 总人口 − 自然增长人口"这一基本公式估算。其中分城乡的各年份的自然增长人口数据依据国家统计局人口统计司、公安部三局：《中华人民共和国人口统计资料汇编（1949—1985 年）》（中国财政经济出版社 1988 年版）中经调整修正的各年份总人口自然增长率的数据估算。根据 1960 年 4 月全国人大通过的《1956—1968 年全国农业发展纲要》第 29 条规定："除了少数民族的地区以外，在一切人口稠密的农村提倡节制生育。"[参见路遇主编《新中国人口五十年》（上），第 468 页。] 1971 年初，国务院发布了《关于做好计划生育工作的报告》，但由于多方面的原因，计划生育政策和措施在全国范围内未能得到全面落实（中国社会科学院人口研究中心编：《中国人口年鉴》1985 年版，第 922 页）。贵州虽从 1972 年开始选择性地局部开展计划生育试点，但直至 1975 年效果并不明显（"假如生二胎"特别报道之五．贵州计生政策 40 年，2013.11.19．贵州都市报数字报）。故本处不考虑计划生育政策对城乡人口出生率的差别影响。

律上得到确认,又未受到户籍等相关政策的严格干预束缚,但是,与全国其他地区相似,由于部分国民党军政人员和官僚资本家溃散逃离,加之城市经济暂处停滞状态,失业问题严重。而农村则实行了土地改革,人民政府有组织地遣散城区的无业和非正当职业的人回乡参加农业生产,加之学生参军、参干等原因[1],贵州城镇人口小幅缩减。然而,农村劳动力大量剩余、"农具的改良和当时农村副业、畜牧业、手工业等产业的欠开发"[2],加之"一五计划"的启动和当时业已凸显的城乡差别,导致农村劳动力开始以迁移或"盲流"形式由乡至城流动。

"随着计划经济体制的确立和'统购统销'政策的施行,人口不受控制的自由迁移流动产生了一系列不相协调的矛盾,政府于是逐步增大了控制力度"[3]。自1952年,国家便陆续出台了系列政策,拟对人口的乡城迁移流动进行调控。1952年8月,政务院批准实施了《关于劳动就业问题的决定》[4],1953年4月17日和1954年3月12日,中央人民政府政务院和中央人民政府内务部、劳动部先后颁布了《关于劝止农民盲目流入城市的指示》及《关于继续贯彻〈劝止农民盲目流入城市〉的指示》;1955年3月,内务部、公安部颁布了《关于办理户口迁移的注意事项的联合通知》;1957年3月2日,在《国务院关于防止农村人口盲目外流的补充指示》[5]中指出,"1956年12月30日,国务院发布的《关于防止农村人口盲目外流的指示》,各地正在贯彻,工作有了一定进展。但是目前还有不少地区没有引起应有的注意",并再次强调要"迅速制止农民盲目外流",防止农业生产受到更大的损失。1957年9月的党的八届三中全会上,周恩来作了

---

[1] 路遇主编:《新中国人口五十年》(上),中国社会科学出版社2016年版,第1024页。
[2] 赵文远:《20世纪50年代农民盲目外流与现代户籍制度的形成》,《首都师范大学学报》(社会科学版)2012年第1期。
[3] 张善余:《中国人口地理》,科学出版社2003年版,第203页。
[4] 中央人民政府政务院:《关于劳动就业问题的决定》,《江西政报》1952年第8期。
[5] 《国务院关于防止农村人口盲目外流的补充指示(1957年3月2日)》,《中华人民共和国国务院公报》,法律出版社,1957年第11期。

《关于劳动工资和劳保福利问题》的报告,指出要控制城市人口的增加[1]。1957年12月18日,国务院下发了《关于制止农村人口盲目外流的指示》[2],强调"我国社会主义建设的方针,是在优先发展重工业的基础上,发展工业和发展农业同时并举",指出"不能允许农村人口盲目流入城市"。最终,1958年1月9日,全国人大常委会通过了《中华人民共和国户口登记条例》,确立了我国城乡人口的二元户籍制度[3],开始严格限制农村人口进城。

但是1958—1962年,人口在城乡之间大量地、往复迁移,呈现突破城市人口的控制政策,复又被迅速打压回去的反复交替状态,直至1963年才恢复常态,之后又被1964年启动的三线建设之后的知识青年上山下乡所主导。

(2)1950—1953年的人口迁移

此阶段面临大量的失业人员问题。1950年和1952年城市经历了两次严重的失业危机。因而,在"包下来"和"统一介绍"的基础上,实行了偏向城市的就业政策,对城镇职工的招工调配都被纳入计划,而农村则实行土地改革,让广大农民分得自己的土地。1952—1953年城镇人口都呈净迁出状。

(3)1954—1957年的人口迁移

经过国民经济恢复期,自1954年,贵州城镇人口开始由净迁出转变为净迁入,且迁入人口渐次增多,如表2.2所示,1955年城镇人口迁移增长(迁入)量开始超过其自然增长量,占同期人口增长总量的67.39%。与1956年省际人口开始迁入并步入高位相对应,1956年、1957年,城镇迁移人口占同期各年增加人口总量的比例进一步提高,分别达89.36%和81.26%。人口盲目流入城市,给城镇的企业和粮食供应等带来巨大压力。

---

[1] 中共中央文献研究室:《建国以来重要文献选编》(第十册),中央文献出版社1994年版。

[2] 《关于制止农村人口盲目外流的指示(1957年12月18日)》,《劳动》1958年第1期。

[3] 任远等:《人口迁移流动与城镇(市)化发展》,上海人民出版社2013年版。

表 2.2　　　　　　　　1954—1957 年城镇人口增长

年份	总人口增长（万人）	自然增长（万人）	迁移增长（万人）	迁移增长占比（%）	净迁入率（‰）
1954	5.26	2.81	2.45	46.58	21.35
1955	7.88	2.57	5.31	67.39	43.30
1956	24.43	2.60	21.83	89.36	148.43
1957	18.41	3.45	14.96	81.26	90.4

数据来源：根据国家统计局国民经济综合司编：《新中国 55 年统计资料汇编 1949—2004》（中国统计出版社 2005 年版，第 878 页）数据估算。迁移增长估算方法：当年人口－上年人口；表中分类别（城镇/乡）的迁移增长量根据分类别（城镇/乡）的年均人口与自然增长量估算。详见附录 1 表 1.2.5。

（4）1958—1963 年的人口迁移

该阶段，贵州省内城乡人口迁移规模浩大，从迁移方向上看，俨然分为两个阶段。1958—1960 年，主要为乡—城的迁移，而 1961—1963 年主要是由城—乡的迁移。此期间，为 1949 年至改革开放前城镇化水平最高的时期，至第二阶段，因人口大量倒流回农村，城镇化率才随之降低。

1958 年，由于城市工业的急速扩张，进一步导致了由农业、农村涌向非农业和城市的非农化、城市化人口迁移大流。一方面，"农业劳动力大量减少、比例下降，而第二、三产业等非农业劳动力则迅速增加、比例提高，与此相应，城市人口猛增、城市化水平暴涨"[1]。在此背景下，贵州劳动力的供需矛盾凸显，各单位各部门为完成任务，纷纷扩大招工计划，大量从农村招收职工或学徒。

如表 2.3 所示，1958 年，贵州城镇迁入人口合计约 174.23 万人，占同期城镇增长人口的 97.37%。1959 年，"中共中央作出了全年精简职工 800 万人的决定"[2] 后，贵州响应号召，缩减基本建设，压缩

---

[1] 路遇主编：《新中国人口五十年》（上），中国社会科学出版社 2016 年版，第 471 页。
[2] 罗平汉：《大迁徙——1961—1963 年的城镇（市）人口精简》，广西人民出版社 2003 年版，第 4 页。

城镇人口。该年迁入城镇的人口骤然回落，仅3.33万人，占城镇人口增长总量的比例下降至56.73%。但1960年的新一轮工业大扩张，使得城镇人口出现回流，当年城镇人口自然增长虽减少11.48万人，但总人口却增长了8.76万人。

表2.3　　　　　　1958—1963年城市人口增长及城镇化率

年份	总人口增长（万人）	迁移增长（万人）	城镇化率（%）	净迁入率（‰）
1958	178.93	174.23	15.04	505.88
1959	5.87	3.33	20.11	9.51
1960	8.76	20.24	20.94	56.37
1961	−88.15	−86.04	19.28	−317.62
1962	−64.93	−72.58	14.50	−352.40
1963	−3.08	−9.53	12.14	−46.97

数据来源：同表2.2。

于是，一方面，在城镇，面临的是人口膨胀、大量劳动力浪费以及粮食供应紧缺，另一方面，在农村，面临的是劳动力不足，加上连年的自然灾害，粮食歉收、减产等，使得形势十分严峻。

1961年，国家开始进行国民经济调整，提出了"调整、巩固、充实、提高"的八字方针，大幅度压缩基本建设，对工业实行关停并转，精简职工和减少城镇人口[①]，乡村人口大规模地再次回流（见表2.4）。

表2.4　　　　　　1958—1963年城乡人口增长　　　　　　单位：万人

年份	城镇 总人口增长	城镇 迁移增长	乡村 总人口增长	乡村 迁移增长
1958—1960	193.56	197.8	−231.43	−311.37
1961—1963	−156.16	−168.15	216.73	133.77

数据来源：同表2.2。

---

① 任远等：《人口迁移流动与城镇化发展》，上海人民出版社2013年版，第21页。

自 1961—1963 年的国民经济调整期，城镇人口共计迁出168.15 万人，占 1958—1960 年迁入人口的 85%。其间，1961 年，城镇人口比 1960 年减少了 88.15 万人，减少人口中，迁出人口占97.61%。更为突出的是 1962 年，在城镇人口自然增长 7.65 万人的情况下，总人口规模却大幅下降 64.93 万人，这无疑是由人口大量迁出所致。

（5）1964—1978 年的人口迁移

该时期，省内人口的城乡迁移主要与知识青年上山下乡等有关。经过上一个阶段的乡—城、城—乡两个方向的反复迁移后，1964—1970 年，城镇人口恢复净迁入局面，进入相对平稳的低水平迁移期。1971—1978 年，在知识青年上山下乡的第二次高潮中，城镇人口于1971 年、1974—1976 年再次呈净迁出之态，而随着知青逐步返城，1977 年和 1978 年人口又再次向城镇迁移。

2. 乡村人口的迁移

（1）1949—1957 年的人口迁移

如前述，1951 年 5 月，贵州开展了土地改革，是年，农村人口开始回流，1952 年，贵州土改工作基本实施完成，无地少地农民分得了土地，获得了在农村安居乐业的条件，当年乡村迁入 16.19 万人，较 1951 年增长了 14.19 万人（1951 年净迁入人口 2 万人），迁移增长占乡村人口增长总量的 37.56%，净迁移率为 11.71‰。尽管推行了土地改革及农业合作化政策，"由于城乡、工农差别的存在，城市生活对于农民仍具有吸引力"[①]，渴望土地的农村人口并未就此被附着在土地上，自 1954 年开始，乡村人口逐渐外迁，与城镇吸纳人口的态势彼此相映。

（2）1958—1962 年的人口迁移

1958—1962 年，乡村人口净迁出 242.73 万人，净迁入 156.11万人，迁移强度和规模空前。从迁移形态、规模和流向上看，"大量

---

① 当代中国丛书编辑委员会：《当代中国的劳动力管理》，中国社会科学出版社 1990年版，第 8 页。

农村人口由农村涌入城市又被'挤出'城市、回归农村的'U'形迁移和被动迁移，为当时人口迁移的一大特征"[1]，贵州亦然。期间，1958年和1960年，乡村人口呈强迁出状态，而在精简职工和城镇人口的1959年，以及1961年后的国民经济调整期，乡村人口则呈净迁入状态。

1958年，城市吸纳人口达到峰值，乡村迁出人口176.32万人，净迁移率高达-122.4‰。而如前述，1959年，在《户口登记条例》及"第一次大精简"的压力下，城镇（市）迁入人口骤降，乡村人口回流达18万人，较同年人口自然增长数多了7.93万人，占当年乡村人口增长总量的64.13%。1960年，在新一轮工业扩张热潮的激发下，乡村人口再度净迁出，且规模高达66.41万人，乡村总人口较1959年减少了109.73万人。

于是，一方面城镇（市）职工队伍大量膨胀，另一方面农村劳动力大量流失，加上连年的自然灾害，"共和国面临严峻的粮食危机"[2]。国民经济进入了调整时期，精简职工和压缩城镇人口的工作不得不成为全党全国的中心任务。在这样的情势之下，1961年和1962年，乡村回流人口共计138.1万人，回流人口分别占相关年份乡村人口增长总量的112.84%和57.34%。1963年后，乡村人口迁移才摆脱大起大落的态势，进入相对稳定的低潮期。诚然，该时期，国家提高了设镇的标准，但就贵州而言，应不足以影响对总体迁移规模的判断。

（3）1963—1978年的人口迁移

该时期，在三线建设及知识青年上山下乡运动等的影响下，贵州农村人口呈现了与之密切关联的涨落之势。自1963—1971年，乡村人口连续7年呈净迁入。1972年，伴随三线建设低潮期的开启，乡村人口除1974年和1975年第二次知识青年上山下乡运动高潮期，自

---

[1] 路遇主编：《新中国人口五十年》（上），中国社会科学出版社2016年版，第508页。
[2] 罗平汉：《大迁徙——1961—1963年的城镇（市）人口精简》，广西人民出版社2003年版，第4页。

此亦基本呈现迁出之势,特别自末期知青返城开始,乡村人口迁出更为明显。

(二) 农业人口与非农业人口的迁移①

1. 基本概念及说明

"农业人口与非农业人口的比例是国民经济中最重要的比例之一,它是反映一个国家或地区工业化和农业现代化程度的重要标志"。②

"1955年11月,国务院颁发的《关于城乡划分标准的规定》,把'农业人口'和'非农业人口'所占比例列为划分市镇标准的内容,并确定'农业人口'和'非农业人口'作为人口统计指标"③。其中规定了农业人口的统计对象"系指从事农业生产的户和人,以及从事农业生产者所扶养的人数"④。因此,"凡从事农业生产(包括农林牧渔业)的人员及其抚养的人口,不论他们是居住在乡村或城镇,均属农业人口;反之,凡不从事农业生产的人员及其供养的人口,不论其居住在乡村或城镇,均属非农业人口"⑤。

1956年国务院批准公安部制定的《人口变动情况统计表》的填表说明中亦明确,"农业人口是指从事农业生产的人数和依靠从事农

---

① (1)因从国家统计局人口统计司、公安部三局:《中华人民共和国人口统计资料汇编(1949—1985年)》(中国财政经济出版社1988年版)、《中国人口年鉴》等资料中,无法获得改革开放前连续的相关数据,故该部分数据,如无特别说明,均来源于国家统计局综合司《全国各省、自治区、直辖市历史统计资料汇编1949—1989》(中国统计出版社1990年版,第721页)。详见附录1表1.2.3。(2)"农业人口"与"非农业人口"这对概念及其统计数据的疑义和讨论始自20世纪80年代中后期,主要是由于经济体制变化而引发的(黄凤岗,1986;夏桂祥、孟灿文,1988;晏森,2006;晏森、王高社,2007)。考虑本研究所处的历史时期并不在其内,因而不着墨考量引用的数据本身。(3)该资料中,使用"市镇人口"进行登记,但该项数据与其他资料中登记为"城镇人口"的数据相同(详见附录1表1.2.2),为了与其他部分统一,故均使用"城镇人口"概念。

② 晏森、王高社:《也谈农业人口与非农业人口的统计问题》,《统计与信息论坛》2006年第1期。

③ 殷志静、郁奇红:《中国户籍制度改革》,中国政法大学出版社1996年版,第5页。

④ 殷志静、郁奇红:《中国户籍制度改革》,第5页。

⑤ 晏森、王高社:《再谈农业人口与非农业人口的统计问题》,《陕西行政学院学报》2007年第1期。

业生产者抚养的人数。并且指出农业户的统计范围,是指当时参加农业生产合作社的农户和从事个体农业生产的农户"。"1963年以后,公安部在人口统计中把是否吃国家计划供应的商品粮作为划分户口性质的标准,吃国家供应定粮的户也即城镇居民户就划为非农业户口"①。

虽然,"1964年,经国务院批准由公安部制发的《人口变动情况统计表》填表说明指出,农业人口和非农业人口,主要依据其职业性质与供求关系区分,不应与吃商品粮和其他供应关系扯在一起",然而,"由于现实生活中的农业人口与非农业人口具体划分上的复杂性,对其他介乎农业与非农业之间不好区分的,从六十年代起,对这一问题作了'一般统计为农业人口'的规定"②。另据研究指出,我国的农业人口和非农业人口数据"确切的说法应是'农业户口的人口'和'非农业户口的人口'"③。

而"城镇人口"和"乡村人口"则是地域概念。根据《关于城乡划分标准的规定》④,凡是居住在城、镇范围内的一切人口都是"城镇人口"。因而,"城镇人口"既包括"在城市和建制镇居住、工作、劳动和生活,并取得正式户口的人口",又包括"在城市和建制镇长期居住、工作、劳动和生活,但尚无正式户口的人口"⑤。与之相对的概念是"乡村人口",也即居住在城镇(市)范围之外即"乡村的人口"(见图2.3)。

---

① 殷志静、郁奇红:《中国户籍制度改革》,第5页。
② 张庆五编:《户籍手册》,群众出版社1987年版,第141页。
③ 晏森:《再谈农业人口与非农业人口的统计问题》,《陕西行政学院学报》2007年第1期。
④ 该规定明确"市的郊区中,凡和市毗邻的近郊区,无论它的农业人口所占比例的大小,一律列为城镇区;郊区的其他地区,可按照情况,分别列为城镇、城镇型居民区和乡村"。(详见黄凤岗《关于我国城镇人口和乡村人口、农业人口和非农业人口的划分问题》,《统计》1986年第7期。)
⑤ 黄凤岗:《关于我国城镇人口和乡村人口、农业人口和非农业人口的划分问题》,《统计》1986年第7期。

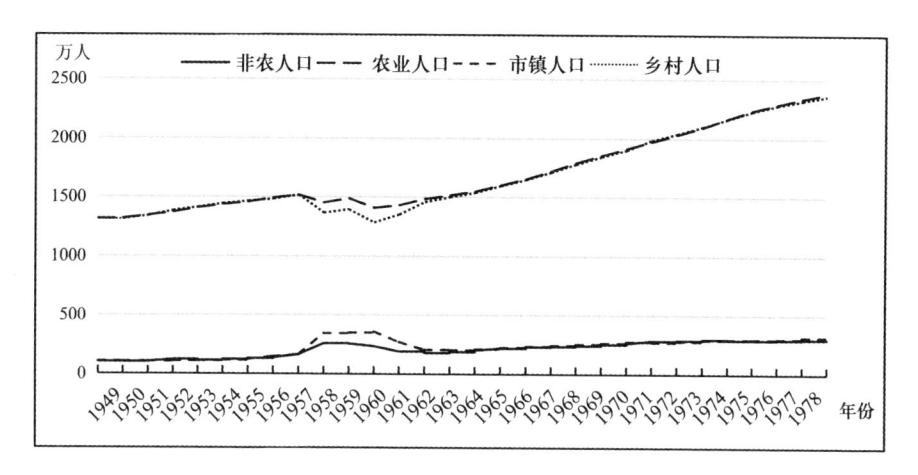

图 2.3　1949—1978 年贵州省分户籍及分城乡人口分布

数据来源：国家统计局综合司编：《全国各省、自治区、直辖市历史统计资料汇编 1949—1989》，中国统计出版社 1990 年版，第 721 页①。

2. "农业人口""非农业人口"迁移状况考察思路

综上，"农业人口"和"非农业人口"，"乡村人口"与"城镇人口"是两组性质和用途不同的指标②，目前所能获得的各类统计资料中只将以上两组指标、四组数据分别进行登记，并未对"城镇人口"中"非农业人口"的数量及"乡村人口"中"农业人口"的数量进行区分登记。由于"城镇人口"及"乡村人口"是地域概念，因此，其一，登记的"城镇人口"数据实际可能包含了部分"农业人口"，同时"乡村人口"登记中亦可能包含了部分"非农业人口"。其二，根据以上对两组概念的辨析，显然可知，"城镇人口"的构成主体是"非农业人口"，而"乡村人口"的构成主体是"农业人口"。该阶

---

① 本表数据为公安部门数据。按国家规定，早期我国户口性质只有农业户口和非农户口两种。农业户口比较庞大，也比较单一。而非农户口成分复杂，包括：城镇（市）户口（居民户口）、农村居民户口、集体户口等。因此，该数据中的市镇人口与非农业人口之差即为城镇（市）居住的农人口或乡村居住的非农人口。

② 晏森：《再谈农业人口与非农业人口的统计问题》，《陕西行政学院学报》2007 年第 1 期。

段,由于严格户籍制度的建立,户口性质基本上可以反映出我国城乡布局。

基于此,本研究可粗略地通过比较"城镇人口"与"非农业人口""乡村人口"与"农业人口"的规模变动(占比),概观城(镇)乡之间"农业人口"和"非农业人口"流动的状况。

具体思路如下,第一,若"乡村人口"小于"农业人口",显然表明乡村中"农业人口"溢出;若"城镇人口"大于"非农业人口",二者之差亦可代表登记的"城镇人口"中所包含的"农业人口"的规模;第二,反之,若"乡村人口"多于"农业人口",二者之差便是乡村中的"非农业人口"的数量,"市镇人口"少于"非农业人口",说明"非农业人口"从城镇溢出;第三,若出现"市镇人口"与"非农业人口"或"乡村人口"与"农业人口"规模基本一致的情况,则不对二者的迁移方向作判断。

需要说明的是,在20世纪50年代初,农村集体经济尚未建立,农民的流动受基层组织限制较小,城市又暂未建立严格的户籍控制制度,"为农村劳动力或以迁移形式或以'盲流'形式进入城市或非农行业就业提供了机会"[1],据研究,"流入者流入城市后,相当大部分都能被登记为市民并给予城镇户口"[2]。因而,"非农业人口"中实际上也不可避免地包含了发生了户籍变动的农业迁移人口,从而造成对该时期"非农业人口"的估计偏高,并低估了发生流动迁移的"农业人口"的规模。但考虑到自1958年后,严格的户籍制度开始施行,公民的农业、非农业身份的基本固化,虽一度因招工引起大量农业人口由乡至城的迁移,但多数并未变换户籍身份,因此,并不会对本研究的结果带来显著影响。

---

[1] 王跃生:《中国当代人口迁移政策演变考察——立足于20世纪50—90年代》,《中国人民大学学报》2013年第5期。

[2] 钟水映:《中国跨世纪的社会经济研究丛书·人口流动与社会经济发展》,武汉大学出版社2000年版,第100页。

3. "农业人口"和"非农业人口"的迁移变动

如图 2.3 根据公安部数据,自 1949—1978 年,贵州"城镇人口"[①] 数量与"非农业人口"数量、"乡村人口"数量与"农业人口"数量,也呈三阶段发展态势。

首、尾阶段除 1952 年"非农业人口"明显溢出外,即为上述第二种情况,表明"非农人口"发生了由城至乡的迁移,其他年份则这两组数据差距不大,只能归属上述第三种情况,不能武断地据此判断该时期"农业人口"和"非农业人口"的迁移状况。(1978 年后,"城镇人口"的增长规模开始大大超过"非农业人口","农业人口"的规模也超过"乡村人口"。可以认为,"农业人口"向城镇的流动趋势增强了。)

然而 1958—1961 年的中间阶段,贵州"乡村人口"显著少于"农业人口","市镇人口"则明显多于"非农业人口",属于上述第一种情况,即乡村中的"农业人口"溢出,同时城镇中的"农业人口"增加,"农业人口"往城镇迁移。如前所述,这种粗糙方法造成的数据误差在于,其很可能低估了"农业人口"的转移规模,但从反面更好地揭示了该阶段大规模"农业人口"向城镇流迁的现象。

(三) 城乡人口的规模变动[②]

特定时点人口在地理空间位置上的分布状态即人口分布是通过自然变动和迁移变动不断调整的人口再分布过程的瞬时表现,也是人口动态变化的静态映象。故本研究也拟通过梳理对该时期贵州城乡人口的变动情况,深化对该阶段城乡人口迁移的认识。

贵州是一个工业基础差、农业人口占比高的落后省份,如前所

---

① 此处使用市镇人口概念,因为本处的农业人口和非农业人口数据来源于国家统计局综合司编:《全国各省、自治区、直辖市历史统计资料汇编 1949—1989》,中国统计出版社 1990 年版,其中将城(市)镇人口登记为"市镇"人口。

② 该部分数据,如无特别说明,均来源于或根据国家统计局国民经济综合司编:《新中国 55 年统计资料汇编 1949—2004》第 878 页中相关年份总人口、城镇(市)人口及乡村人口数估算。

述，1949—1958年，城镇人口占总人口的比重一直低于10%[①]。与城乡迁移人口发展阶段相应，1949—1978年，整体而言，城乡人口的总量增长亦呈现两头平稳、中间起伏的三阶段发展特征。

不同之处在于，如前所述，乡村迁移人口与城镇迁移人口的发展在1958—1961年都经历了激烈的震荡式发展态势。而乡村人口和城镇人口的变动强度却有不同。乡村人口增长虽然在绝对数上远远高于城镇人口，但相对于其庞大的人口基数，其波动强度较城镇人口而言，显得较小、程度相对较低，乡村人口的整体发展基本呈现在高位中保持平稳之状。

在1949—1978年，贵州城镇人口增长约2.05倍，而乡村人口的增幅低于城镇人口，为78.6%[②]，城镇人口年均增长速度也较乡村人口高17.12个千分点[③]，但这基本得益于城镇人口总量较低而带来的分母效应。若从能在更为丰富的内涵上反映城乡人口分布的人口城市化指标来看，贵州人口城镇化率除了1958—1961年的非常态增高外，一直在低水平徘徊。

1. 城镇人口的规模变动

城镇人口的发展在1949—1955年，增长趋势相对稳定。从人口发展规模来看，此期间，城镇人口从1949年的106.3万人增长到1955年的122.64万人，增长了16.34万人，增幅为15.37%，年均增长率为23.83‰。

贵州城镇人口发展波动期的到来始于1956年，是年，随着"一五计划"的顺利实施，贵州社会经济也得到复苏，城镇先于乡村作为主要受益地，人口开始激剧增长，达到147.07万人，较1955年增长了181.16‰。1956—1958年贵州城镇人口年均增长率空前达到

[①] 城镇化率根据国家统计局国民经济综合司编：《新中国55年统计资料汇编1949—2004》第878页中的相关年份总人口和城镇（市）人口数估算。

[②] 据根国家统计局国民经济综合司编：《新中国55年统计资料汇编1949—2004》第878页中相关年份数据估算。详见附表1中表4。

[③] 据根国家统计局国民经济综合司编：《新中国55年统计资料汇编1949—2004》第878页中相关年份数据估算。详见附表1中表4。

333.6‰,增长速度为改革开放前之最。1958年各级各部门大力吸收劳动力,城镇人口从1957年的165.48万人增长到344.41万人,而据估算,同期城镇人口的自然增长人数仅为4.70万人。1960年,在人口自然增长率下降到-32.36‰的情况下,城镇人口仍增长了20‰,其规模达359.04万人,为改革开放前的峰值。与有关研究结果一致,这一时期我国城镇人口的增加,"主要得益于农村人口向城镇的流动"[①]。

1961年和1962年,在调整国民经济的形势下,短期之内增至高位的城镇人口经过了阶梯式的陡降,至1963年末,城镇人口较1960年减少了156.16万人(附录1 表1.2.5),降幅达43.5%。其中,迁出人口168.15万人,比例高达同期城镇人口的24.7%。直至1978年,城镇人口规模才恢复到323.97万人,但仍低于1958年。

2. 乡村人口的规模变动

(1) 1949—1957年的乡村人口

如图2.3所示,该时期,随着国民经济的恢复以及贵州土改工作的顺利完成,加之人民公社制度的建立,农村人地关系的固化,以及国家对城镇人口控制的逐步严格,贵州乡村人口的规模在平稳中逐步增加,至1957年,乡村人口较1949年增长了205.64万人,增幅为15.69%,年均增长率为18.4‰。若不计1950年乡村人口2.74‰的增长率,从1951—1957年,乡村人口年均增长率可达20.4‰。其间1952年增长最为突出。是年,土地改革基本完成,农民基本实现"耕者有其田",乡村人口涨幅较1951年高12.53个千分点,也比同期城镇人口的增长高出近12个千分点。

(2) 1958—1978年的乡村人口

该阶段的前期,即1958—1961年,继城镇人口发展波动之后,乡村人口亦陷入剧烈起伏波动的极不稳定发展状态,呈急剧降、升、降、升的"W"形锯齿状。乡村人口发展波动期较城市人口约晚两年。1958年,乡村人口较1957年陡降149.77万人,降幅达9.88%,

---

① 钟水映:《中国跨世纪的社会经济研究丛书·人口流动与社会经济发展》,第101页。

进入人口发展的波谷期,同年城镇(市)人口却骤然增长178.93万人。1959年,在国家精简职工和下放城镇(市)人口的政策下,乡村人口增长率开始反弹,但是,1960年,乡村人口规模再次下降并至谷底,其人口增长率较1959年降低了81.96‰。1961年,贵州进入国民经济调整阶段,坚决缩减基本建设,大量城镇(市)人口和职工回乡,乡村人口再次在规模上出现反弹。

1962年,乡村人口告别谷底,进入较前期阶段增速更快的较长期的稳定发展期直至1978年,此期间乡村人口年均增长率为32.68‰(见图2.4)。

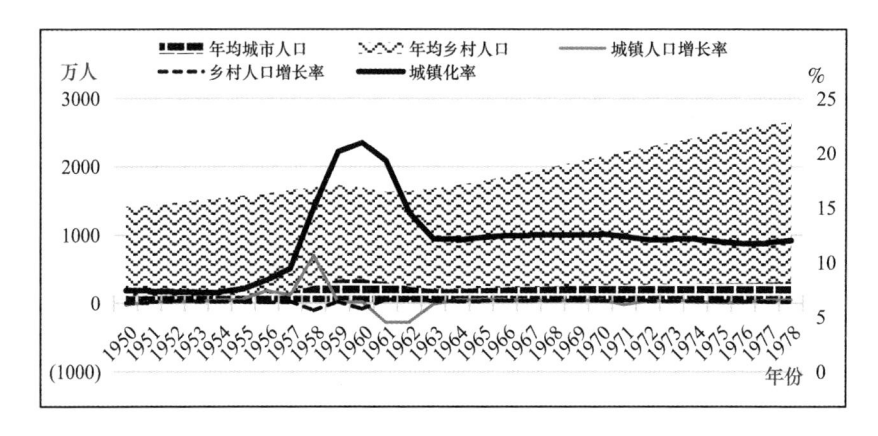

图2.4 1950—1978年贵州城镇及乡村人口

数据来源:1.城乡人口来源于国家统计局国民经济综合司编:《新中国55年统计资料汇编1949—2004》(中国统计出版社2005年版,第878页)中相关年份数据估算。2.城镇化率根据国家统计局国民经济综合司编:《新中国55年统计资料汇编1949—2004》(中国统计出版社2005年版,第878页)中的相关年份总人口和城镇人口数估算。

3. 城镇化水平发展状况[①]

如图2.3所示,自1949—1978年,贵州的城镇化发展轨迹呈

[①] 本研究中城镇化水平根据市镇人口在总人口中的比重来进行计算。因为,"城镇化水平在通常情况下,是以市镇人口在全国总人口中所占比重来表现的。1983年以前这个方法在中国也是适用的"。详见王维志《中国市镇建制与城镇化水平分析》,载国务院人口普查办公室、国家统计局人口统计司编《中国1990年人口普查——国际讨论会论文集》1993年版,第592页。

"几"字形。1950—1957 年的前期阶段，城市化水平一直低于 10%，且 6 个年份都在 7% 左右的低位徘徊，直至"一五计划"末期才达到 9.45%。

1958—1962 年的中期阶段则是暴涨暴跌的特异阶段，在乡村人口大量涌入城镇的情况下，城镇化率自 1958 年，在低位上连续两年以 5% 的水平递增，从 1957 年的 9.45% 跃至 1958 年的 15.05%，1959 年又再跃一个台阶，达到 20.11%。1958 年，贵州城镇化率只比全国[1]低了 1.21 个百分点，这是历史上贵州城镇化水平与全国差距最小的年份。

而这种由突发式人口迁移所致的高位城镇化水平仅仅维持到 1961 年。1962 年，贵州人口城镇化率又突然较 1961 年降低 4.78 个百分点，下跌至 12.38%。1963—1978 年的后期阶段，长达 16 年的时间，贵州城镇化水平一直在 12% 的水平上下波动。1978 年，贵州城镇人口的比重只有 12.06%，经过了 30 年的曲折发展，城市化水平最终只比 1949 年提高了 4.58 个百分点。

整体而言，1949—1978 年这三十年中，贵州人口的城乡分布仍以农村人口占绝对主体、城市化水平仅出现过短时期高增长，而更长的时期则在低位徘徊不前，与此相应，人口亦处于低度流动的状态。

(四) 城乡就业人口的分布变动

人口的迁移必然伴随着人口的职业流动。由于资料的不可得，无法细致呈现该历史时期贵州就业人口的迁移变动情况，本章拟通过贵州省内城乡就业人员的分布变动，侧面反映其时人口迁移的状况。

贵州作为一个经济文化落后的省份，农业人口一直占据就业人口的主导地位。如图 2.5 所示，自 1949—1955 年，农业人口占就业人口的比重一直在 90% 以上。自 1956 年，在城镇人口迁入进入高峰时期时，农业就业人口占全部就业人口的比例首次下降到 90% 以下 (89.88%)，表明农业就业人口向城市转移。

---

[1] 全国数据来自庄亚儿《中国人口迁移数据集》，中国社会科学出版社 1995 年版。

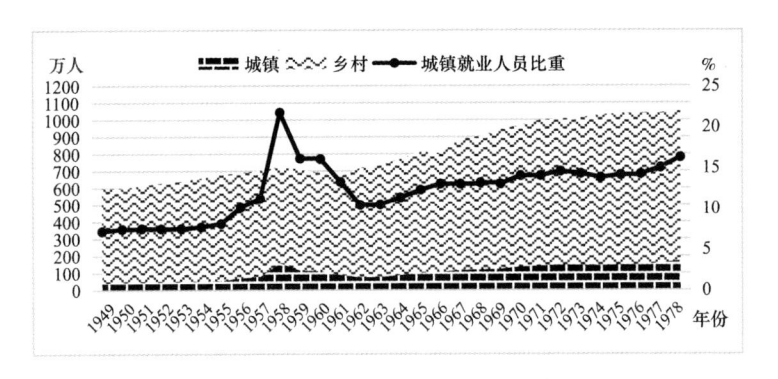

图 2.5　1949—1978 年城乡就业人员分布

数据来源：国家统计局国民经济综合司编：《新中国 55 年统计资料汇编 1949—2004》，中国统计出版社 2005 年版，第 879 页。

据载，1958 年，由于工业企业扩张，劳动力供应紧张，贵州向国家劳动部反映人员不足，提出要增加 12 万人（原计划只增加 1.2 万人），当年，仅工业干部就由 1957 年的 7000 人增加到 38000 人[①]。这一年，贵州城镇就业人口占全部就业人口的比重达 21.74%，是自 1949 年至改革开放期间的峰值。与之相应，1958 年乡村就业人员的比重降至 78.26%，是 1949 年至改革开放前唯一低于 80% 的年份[②]。无疑，这正是该年农业就业人口向城市其他就业部门大量转移的结果。国家自 1959 年开始大精简之后，农业就业人员的比重回升至 83.88%，1961 年，从中央到地方开始了国民经济调整，大批职工被精简，城镇人口被下放，农业就业人员的比重进一步回升到 86.75%，此阶段，由于三线建设的开展，由外省输入大量人口，使得该时期城镇人口在 1973 年以前仍呈净迁入态势，但同时知识青年下乡，农业就业人口一直保持在 80% 以上的高位。

（五）个体"乡—城迁移"需求与国家政策控制下的"城—乡迁移"的矛盾

总体而言，该时期随着国家对城镇人口规模控制日趋强化、相应地个

---

① 罗平汉：《大迁徙——1961—1963 年的城镇（市）人口精简》，广西人民出版社 2003 年版，第 32 页。

② 国家统计局国民经济综合司编：《新中国 55 年统计资料汇编 1949—2004》，中国统计出版社 2005 年版，第 879 页。

体迁移自主权逐步弱化，贵州省内人口迁移，也通过二者力量的消长，表现为由城至乡或由乡至城的特征。具体而言，各阶段略有不同。

第一，1949—1957年人口的迁徙权在法律上得到确认，户籍等相关政策的严格干预未最终形成，农村集体经济尚未建立，人口迁移具有一定的政策空间，因而也具备相应的自主性。根据中央的统一安排和部署，贵州在"一五计划"期间经济建设的重点是农业①，因此城镇对人口的拉力作用直至1956年"一五计划"末期方开始显著。因而，该时期贵州省内城乡人口迁移的特征可概括为城镇的迁移拉力尚不充分，人口迁移的自主性发挥不足，人口的乡城迁移不够活跃。

第二，1958—1961年及之后的经济调整期，贵州省内人口迁移呈现由乡至城复又返乡的"倒U形"迁移态势，且迁出迁入的规模较全国平均水平更甚。该阶段，尽管户籍管理制度已从法律上被予以确立，人口迁移已被严格控制，然而在该时期，由于城市工业生产急剧扩张，劳动力需求急剧增长，国家将劳动力招工权层层下放，诱发了人口迁移的高度活跃。大量人口通过招工或自发的形式由农业、农村向非农业和城镇迁移，形成了贵州自1949年到改革开放以前城市化水平的最高峰。1961年起开始国民经济的全面调整，精简职工和减少城镇人口便是其中的主要内容。在政策影响下，超常活跃的城乡人口迁移大潮迅疾逆转为由城返乡的人口倒流。该阶段，迁移个体的迁移愿望因国家经济过热的情势制造的强大拉力仍然得以顺利实现，然而，这种短暂的、非常态的乡城迁移，最终也必然停止并逆转。

第三，由于数据的限制，依据仅能估算获得的城乡净迁移人口数据，无法呈现多数年份城乡之间人口对流的状况。除1971年、1974—1976年外，城镇人口均为净迁入，乡村人口自1965—1975

---

① 耿晓红主编：《贵州省发展国民经济的第一个五年计划草案（草稿）》，载《建国后贵州省重要文献选编（1955—1957）》，第28页，"国家的第一个五年计划是以发展工业，特别是发展重工业为重点的，因为这是对整个国民经济实现社会主义改造的物质技术基础。为了支援国家的经济建设，保证国家的社会主义工业化的顺利发展，我省的第一个五年计划应明确地以发展农业为重点，并在服务于农村经济和与农业经济密切相结合的原则下，积极地发展我省的工业和交通运输事业"。

年,除却1970年、1972年和1973年微弱净迁出外,亦均以净迁入为主。如前述,除了前述数据的原因,部分应该是由三线建设导致的大量外来人口的注入,使得该时期,城镇人口同乡村人口在多数年份都呈净迁入状,但乡村迁入人口规模高于城镇。1976年后,随着知青返城规模的增加,人口复呈由乡至城的回流状。该阶段人口迁移的特征为,迁移的规模和方向完全由国家政策和计划主导,基本为由省外向省内,由城镇向乡村,多数年份乡村迁入高于城镇迁入,末期则大规模地返城。

该时期,贵州人口迁移的驱动因素由个体自主性与外部推拉力因素的合力转变为完全受政策和计划左右。迁移个体由乡至城的迁移行为,被完全含纳进国家政策主导的由城至乡迁移之下。

三 三线建设与人口迁移

(一) 三线建设

三线建设始于1964—1965年,于1969—1970年达到高潮,并一直延续到改革开放之初。"三线建设又称内地建设或后方战略基地建设"[1],最初是由毛泽东在1964年5月中共中央召开的"实现农业计划和第三个五年计划"会议上提出来的[2],是以备战为中心,以国防工业和重工业为重点而进行的大规模工业建设[3],也是"我国工业经济和工业生产力布局的一次重大战略性转移"[4],被称为"中国经济建设史上的空前壮举"[5]。

---

[1] 黄立、李百浩、孙应丹:《范型转变临界点下的三线建设城市规划实践》,《城市规划学刊》2013年第1期。

[2] 黄立、李百浩、孙应丹:《范型转变临界点下的三线建设城市规划实践》,《城市规划学刊》2013年第1期。

[3] 黄立、李百浩、孙应丹:《范型转变临界点下的三线建设城市规划实践》,《城市规划学刊》2013年第1期。

[4] 《贵州省情》编辑委员会编:《贵州省情(1949—1984)》,贵州人民出版社1986年版,第1314页。

[5] 中共中央党史研究室:《中国共产党历史(第二卷)(1949—1978)》下册,中国共产党党史出版社2011年版,第829页。

"'一、二、三线'是按我国地理区域划分的,沿海地区为一线,中部地区为二线,后方地区为三线。三线分为两大片:一是包括云南、贵州、四川三省的全部或大部分及湘西、晋西地区的西北三线;二是包括陕西、甘肃、宁夏、青海四省区的全部或大部分及豫西、晋西地区的西北三线。三线又分为大三线与小三线,西南、西北为大三线,中部和沿海各省区的腹地为小三线。"[1]

(二)贵州三线建设时期的人口迁移

贵州作为一个拥有丰富能源和原材料等矿产资源的内陆山区,是国家三线建设的重点省区之一。"1965年11月27日,中共贵州省委支援三线建设领导小组成立"[2],拉开了贵州三线建设的序幕。

三线建设期间,国家集中了大量的人力、物力、财力,在贵州进行了大规模的开发建设,贵州逐步发展成为全国重要的战略后方基地(见表2.5)。

表2.5　　"三线"建设时期外省迁入贵州职工人数表[3]　　单位:人

工业部门	迁入时间	从何省、市、区迁入贵州	迁入职工数
合计			约100000
冶金工业	1964—1965年	从辽宁鞍山迁入炼铁、炼钢设备和职工	1577
		从辽宁大连迁入炼铁、炼钢设备和职工	311
		从江西大吉山钨矿迁入采矿设备和随迁职工	200
		从辽宁鞍山耐火材料厂迁入设备和随迁职工	—
		从河北马家沟耐火材料厂迁入设备和职工	—
	1966年	从湖北、河南、郑州、辽宁、抚顺、鞍山等地迁入职工	2736
		从辽宁锦州、吉林迁入职工	136
		从湖南湘乡钢铁厂迁入职工	20

---

[1] 贵州省地方志编纂委员会编:《贵州省志·国民经济计划志》,贵州人民出版社2000年版,第355页。

[2] 《贵州省情》编辑委员会编:《贵州省情(1949—1984)》,贵州人民出版社1986年版,第1314页。

[3] 沈益民、童乘珠:《中国人口迁移》,中国统计出版社1992年版,第164页。

续表

工业部门	迁入时间	从何省、市、区迁入贵州	迁入职工数
机电工业	1964—1965年	从上海迁入光学仪器、轴承、电机、电表职工	3710
		从黑龙江哈尔滨轴承厂迁入职工	310
		从江苏无锡机床厂迁入职工	300
		从天津拖拉机厂迁入职工	900
军工	1964—1965年	从华北、华东、东北等地迁入设备建军工基地随迁职工	36000多
化学工业	1964—1965年	从上海迁入化肥、橡胶、制药等企业和职工	1871
		从辽宁大连化工公司迁入职工	60
煤炭工业	1965年	从辽宁抚顺矿务局等单位迁入职工	3300
		从黑龙江舒兰、双鸭山矿务局迁入职工	1800
		从河南鹤壁工程处迁入职工	550
		从华东煤炭公司迁入职工	2400
		从山东孔集建井工程处及各煤矿迁入职工	6000
		从北京建筑安装公司迁入职工	8000
		从基建工程兵迁入职工	6500
		从江苏徐州迁入煤机厂部分设备和工人	700
水电	1968—1970年	水电部从湖南拓溪工程局迁入职工	7000多
铁路交通	1970—1971年	从东北招收汽车驾驶及修理工	500多
		从辽宁迁入职工	1000多
基本建设	1965年	从四川迁入西南建筑三公司	4061
		从广西调入建筑五公司	2727
		从上海迁入建筑八公司	850
		从浙江迁入省建一公司	1932
		从四川渡口迁入华北建筑三公司	3179
		从上海迁入浦江家具厂	250

按照国家总体部署，贵州将建设航空、航天、电子三大基地，六盘水煤炭基地和有关一些重点骨干工程，并加快修建川黔、贵昆、湘黔铁路（贵州段）。从1965年开始，至1979年全部建成投产，进行了长达15年的大规模建设，航空、航天、电子三大基地共新建、迁

建企业 75 个①。

当时根据中央决定，以沿海和东北的老厂迁建、援建、包建、改建、扩建的形式对贵州进行支援。随之，上海、北京、天津、辽宁、黑龙江、山东、河南、四川、陕西、江苏、湖南、湖北、山西等省市的上百家企业先后迁入，"仅 1964—1965 年接受内迁工厂的职工和家属即达 8 万多人"②。1965—1972 年，仅机械电子行业的内迁职工就达 7 万多人，煤炭企业内迁 6 万多人③。同时，大批施工队伍入黔，1971 年高峰时，在黔基建职工总数达 28.87 万人④。其中，1970—1972 年，3 年净增职工 30.9 万人，年均增加 10.3 万人⑤，内迁贵州的机械工业职工到 1972 年底已累计达 1.3 万人⑥。短时间的密集招工，造成职工人数、工资总额、商品粮销量计划"三个突破"。1973 年、1974 年两年停止了补充自然减员⑦。

贵州三线建设呈现"两个高潮、两个低潮、一个配套扫尾"的特点⑧。该时期的人口迁移以省际迁移为主导，且以迁入为主。

1. 1965—1966 年，贵州三线建设的第一个高潮

1963—1965 年，随着国民经济的恢复和发展，同时由于三线建设的启动，部分厂矿迁入贵州，该期间贵州共增加职工 24.55 万人，其中内迁职工为 8.26 万人，占同期增加职工数的 33.65%。

1965 年，贵州的三线建设进入高潮。为响应中央"好人好马上

---

① 贵州省总工会编：《贵州工人运动简史（1886—1989）》1995 年版，第 161 页。
② 翟振武：《从人口变迁看民生发展》，中国人口出版社 2012 年版，第 261 页。
③ 贵州省总工会编：《贵州工人运动简史（1886—1989）》，第 162 页。
④ 贵州省地方志编撰委员会：《贵州省志·城乡建设志》，方志出版社 1998 年版，第 70 页。
⑤ 贵州省地方志编纂委员会编：《贵州省志·国民经济计划志》，贵州人民出版社 2000 年版，第 460 页。
⑥ 《贵州通史》编委会：《贵州通史 5·当代的贵州》，当代中国出版社 2003 年版，第 152 页。
⑦ 《贵州省情》情编辑委员会编：《贵州省情（1949—1984）》，贵州人民出版社 1986 年版，第 460 页。
⑧ 贵州省地方志编纂委员会编：《贵州省志·国民经济计划志》，贵州人民出版社 2000 年版，第 356 页。

三线"的号召，部分企业成建制地内迁贵州。贵州正式列入国家计划的民用建设项目共 52 项，其中，搬迁项目 26 项，新建、续建、改扩建项目 26 项。此外，还有国防科技工业的一批搬迁和新建项目。是年，川黔铁路已建成通车，六盘水煤炭基地建设完成了配套建设六枝矿井工程，取得很大进展。1965 年，全省完成基本建设投资 8.64 亿元[①]，虽然没有完成当年计划任务，却仍保持了上年的水平。

1966 年上半年，贵州全省列入年度计划的主要民用建设项目有 57 项，国防科技工业建设项目有 60 多项，基本建设计划投资额为 9.79 亿元，比 1965 年实际完成额增加 13.5%[②]。该年，贵昆铁路建成通车，六盘水煤炭基地的建设队伍扩大至近 10 万人。除却省外人口迁入外，省内亦有不少人口因三线建设而发生迁移。据《铜仁地方志》载，1965—1966 年，铜仁县因参加三线建设到贵阳、水城工作的有 2500 人[③]。

2. 1967—1969 年，贵州三线建设的第一个低潮期

1967 年，规模越来越大的"大串联"等，加剧了铁路运输的紧张局面，给企业搬迁和项目施工带来了极大的困难，一些建设项目所急需的原材料和设备，不得不采取"军运"的办法来保证。这种状况一直延续到 1969 年。该阶段，贵州的工业总产值呈逐步下降的趋势，从 1966 年的 12.98 亿元下降至 1967 年的 12.28 亿元，而 1968 年和 1969 年则分别只有 11.20 亿元和 10.12 亿元[④]。但是在三线建设的持续推动下，该时期贵州省际人口仍呈净迁入并增长的趋势。

3. 1970—1972 年贵州三线建设的第二个高潮时期

1970 年，国家提出"第四个五年计划"期间要狠抓备战，集中

[①] 《贵州通史》编委会：《贵州通史 5·当代的贵州》，当代中国出版社 2003 年版，第 142 页。

[②] 贵州省地方志编纂委员会编：《贵州省志·国民经济计划志》，贵州人民出版社 2000 年版，第 356 页。

[③] 铜仁地方志编纂委员会：《铜仁地方志》，贵州人民出版社 2003 年版，第 214 页。

[④] 国家统计局综合司编：《全国各省、自治区、直辖市历史统计资料汇编 1949—1989》，中国统计出版 1990 年版，第 735 页。

力量建设战略后方,建立不同水平、各有特点、各自备战、大力协同的经济协作区,初步建成我国独立的、比较完整的工业体系和国民经济体系的总要求。根据这个总要求,煤炭工业部门提出"大干3年,扭转北煤南运状况",冶金工业部门提出1975年要基本建成内地钢铁基地,全国钢产量达到4000万吨的奋斗目标,电力工业部门也表示要在1972年实现发电能力翻一番,做到全国县县都有电,等等。这些要求和奋斗目标虽然是完全脱离实际的,却在一定程度上促进了贵州三线建设的开展。这3年除了继续完善搬迁企业的工作外,重点是续建和改、扩建国防科技工业、煤炭工业、冶金工业、电力工业的大中型项目和进行铁路建设。1972年末,工建交部门职工人数的比重又上升到65.2%[1]。

4.1973年贵州三线建设再次进入低潮

1972年,国家调整三线建设部署,贵州建设规模压缩,1973年,贵州省基本建设投资计划削减了6.76亿元,比上年实际减少了33.7%,同时,有关部门开始撤走建设人员,7月,国家建委一次性从六盘水煤炭基地调走正在施工的13个工程处和基建工程兵7个大队的全部人员和设备;随后,又调走了8个勘探队中的6个;冶金工业部将第八冶金建设公司的大部分人员撤走,使水城钢铁厂的建设被迫停建。1973年全年贵州省实际完成基本建设投资7.54亿元(中央直属项目完成5.39亿元,占71.6%),虽然突破了年度计划,却比上年实际减少34.3%[2]。

1974年贵州省基本建设规模继续收缩。1975年,各部门进行整顿,生产建设情况有所好转,但实际完成的基本建设投资额也只有6.85亿元[3]。在1977—1978年,部分三线建设项目完成了扫尾、配

---

[1] 《贵州省情》编辑委员会编:《贵州省情(1949—1984)》,贵州人民出版社1986年版,第76页。
[2] 贵州省地方志编纂委员会编:《贵州省志·国民经济计划志》,贵州人民出版社2000年版,第358页。
[3] 贵州省地方志编纂委员会编:《贵州省志·国民经济计划志》,贵州人民出版社2000年版,第357页。

套建设，实际上，到1978年年底，贵州的三线建设基本结束。其时，基建职工总数为17.36万人，较1971年减少39.9%[①]。从省际迁移来看，1972—1974年为净迁出，而之后也仅有微弱的净迁入率。

（三）该阶段人口迁移的反思

这种全国范围内的工业布局实际上是以工业为主体的地区建设综合规划，是区域规划的一种实践形式（崔功豪）。具体表现为在全国范围内均衡配置资源和调整生产力布局，是区域生产力布局的调查研究，以保证工业建设在空间上的合理、有序开展，包括大规模资源的开发，工业基地的建设，科研单位的布局等。[②]

"由此可见，毛泽东和党中央是从战略的高度出发搞三线建设，这既是为了备战，更是为了改变我国工业布局的不合理状况，提高整个国家的经济综合实力，促进全国经济的长远协调发展。"[③]

该阶段人口迁移主要以省际人口迁入为主，且如前述，呈现长达9年的稳定态势。该阶段的省内迁移的特点主要表现为，一是自发性的迁移减少，迁移规模有所降低；二是因在三线建设中，省外人员的输入所起到的平衡作用（也由于数据的局限，无法展示人口对流的状况），仅据净迁移数据看，该时期城镇人口迁移除却1971年、1974—1976年，仍以迁入为主。由于知识青年上山下乡运动，乡村人口自1965—1975年（除却1970年、1972年和1973年微弱净迁出外）亦均以净迁入为主；三是促成了六盘水等中小城镇的生成、发育和发展。此外，该阶段迁移人口中的科技人员和技术熟练工人多，对贵州地方的发展亦有举足轻重的意义。据载，航天工业基地所属各企业、电子工业基地中，科技人员占职工总数的比重分别达23%、25.37%和12%。而在航空工业基地中有不少是负责尖端技术重任的高科技技

[①] 贵州省地方志编撰委员会：《贵州省志·城乡建设志》，方志出版社1998年版，第70页。

[②] 黄立等：《范型转变临界点下的三线建设城市规划实践》，《城市规划学刊》2013年第1期。

[③] 黄立等：《范型转变临界点下的三线建设城市规划实践》，《城市规划学刊》2013年第1期。

术人员[1]。

第二节　1949—1978年迁移相关政策与人口迁移

一　社会经济背景

众所周知，1949年至改革开放前，基于当时错综复杂的国内外环境，中国长期推行重工业优先的发展战略。"一五"期间，苏联帮助设计和建设的156项重点工程全部是重工业。为实现这一经济发展战略目标，"必须上靠相应经济体制来支撑，下靠相应政策措施来维系和配合"[2]。在实行"轻税政策"的情况下，通过"剪刀差"方式从农业中汲取剩余，成为当时工业化资本积累的主要方式[3]，也是解决农业国工业化问题作出的一种战略选择。并为此，进行了一系列变革，建立起相应的制度[4]。一是建立了农村的集体化制度，并最终发展为"政社合一"的人民公社，作为为工业化得以实现的组织载体和制度保障[5]，实现了对农村社会的控制力，确保农业生产及农产品统购统销的顺利进行；二是建立了统购统销制度，确保对资源的低价垄断；三是建立了严格的户籍制度，防止农业人口流失，以保证城市的低失业率。由此也控制了乡—城流动，加剧了工农差别，尤其是城乡

---

[1]　贵州省总工会编：《贵州工人运动简史（1886—1989）》，第162页。
[2]　周永：《略论我国农产品价格政策的演进》，《上海大学学报》（社会科学版）2000年第2期。
[3]　李溦：《试论我国工业化汲取农业剩余的"剪刀差"方式》，《经济纵横》1995年第5期。
[4]　李溦：《试论我国工业化汲取农业剩余的"剪刀差"方式》，《经济纵横》1995年第5期，第48—50页。
[5]　基于当时的国情，唯有"通过农业农村积累资金发展工业"，这就要求建立相应的组织制度保障，"同时将基层政权和合作社合二为一，以避免二者矛盾"。详见王立胜《人民公社化运动与中国农村社会基础再造》，《中国共产党党史研究》2007年第3期，第29页；为了实现工业化的战略目标，保证城市粮食和原料的供给，也需要相应的组织制度；最后，当然，一大二公的人民公社也是与国家工业化战略相适应的产物。详见王家驯《中国农村组织制度变迁（1958—1985）》，吉林大学出版社2013年版，第65页。

差别,从而也使城乡二元格局固化。

由于本研究的主旨在于考察政策制度对人口迁移产生的影响,故对于其时各种政策制度产生的根源及其他影响均不着墨探究,只在文中为说明情况对制度产生发展的历程等进行必要提及。从对人口迁移的影响出发,本部分拟重点关注户籍制度、粮食统购统销制度和劳动就业制度的发展变迁轨迹。

二 与迁移相关的政策制度

(一)户籍制度

在我国,人口迁移受各种制度和政策的影响,其中,与之关联最直接、最密切的是户籍制度。户籍管理制度"实质上是限制农民自由进入城市(镇)的制度"[1],这一结论已是目前学界的一般共识。本部分拟主要围绕户籍制度的建立及其变迁轨迹,展开该时期对个体迁移行为进行直接规定的相关政策的梳理,以一窥其对人口迁移的影响。

1. 基本概念

"户籍制度是对人和户实施管理的重要手段和措施"[2]。尽管目前的不少研究都从"与户籍密切联系的一系列社会管理制度的总称"[3],或"计划经济时代为推行重工业优先发展的赶超战略而建立起来的一套社会经济管理制度"[4]的广义视角进行户籍制度的研究。为了厘清各项制度的发展脉络,本研究所指称的户籍制度仅为狭义视角的户籍制度,即主要"指以 1958 年颁布的《中华人民共和国户口登记条例》为核心的限制农村人口流入城市的规定以及配套的具体措施,其内容主要包括户口登记制度和户口迁移制度"[5],是与迁移最直接相

---

[1] 李澂:《试论我国工业化汲取农业剩余的"剪刀差"方式》,《经济纵横》1995 年第 5 期。

[2] 殷志静、郁奇虹:《中国户籍制度改革》,中国政法大学出版社 1996 年版,第 2 页。

[3] 张帆:《户籍制度束缚下的中国人口流动模型研究及政策建议》,硕士学位论文,首都经贸大学,2012 年,第 9 页。

[4] 蔡昉、林毅夫:《中国经济》,中国财政经济出版社 2003 年版,第 50、51 页。

[5] 张帆:《户籍制度束缚下的中国人口流动模型研究及政策建议》,第 9 页。

关的政策制度。

2. 户籍制度的建立和发展历程

（1）1949—1956年户籍管理政策初创

其间，户籍管理方面"最紧迫的任务是广泛开展调查研究，发动群众，肃清反革命分子和国民党反动派的残余势力"[1]，因而，户籍制度的建立是基于"镇压反革命、维护公共秩序和社会管理的需要"[2]，其内涵和功用只是"了解人口基本情况，维护社会治安"[3]。

1950年8月，公安部《特种人口管理暂行办法（草案）》[4]出台，"标志着新中国户籍制度开始的起点"[5]。同年10月，公安部召开第一次全国治安行政工作会议，规定户籍管理工作"先在城市做起，农村户口工作，可从集镇试办，然后逐渐推广"[6]。1951年7月，中央政府出台了《城市户口管理暂行条例》，全国统一的城市户口管理制度由此建立[7]。水上户口管理工作则在1952年10月18日第五次全国公安会议决议后初步展开[8]，而农村则是在1953年第一次全国人口普查的基础上始建立简易户口登记制度，至1954年12月20日，内务部、公安部、国家统计局颁发的《关于共同配合建立户口登记制度的联合通知》中要求普遍建立农村户口登记制度，自此方形成了全国户籍管理的格局[9]。

1955年3月，针对"农村在正式建立户口登记制度后，迁移证如

---

[1] 殷志静、郁奇虹：《中国户籍制度改革》，第2页。
[2] 王文录：《人口城镇化背景下的户籍制度变迁研究》，博士学位论文，吉林大学，2010年，第32页。
[3] 路遇主编：《新中国人口五十年》（下），中国社会科学出版社2016年版，第1023页。
[4] 殷志静、郁奇虹：《中国户籍制度改革》，第2页。
[5] 王文录：《人口城镇化背景下的户籍制度变迁研究》，第32页。
[6] 罗瑞卿：《在全国治安工作会议上的总结报告》，载公安部三局《户口管理资料汇编第一册》1964年版，第5页。转引自路遇主编《新中国人口五十年》（下），第1022页。
[7]《城市户口管理暂行条例》（政务院批准，中央人民政府公安部1951年7月16日公布），天津市政，1951/Z1。
[8] 路遇主编：《新中国人口五十年》（下），第1022页。
[9] 路遇主编：《新中国人口五十年》（下），第1024页。

何使用、填发以及有关城乡户口迁移等方面的一些问题",内务部、公安部下发了《关于办理户口迁移的注意事项的联合通知》(以下简称《通知》),规定"必须对要求迁出的居民的具体情况进行审查,不论在县境内迁移或迁出县境以外,仍一律使用公安部门规定的迁移证","对不安心农业生产、盲目要求迁往城市的农民(包括复员回乡军人和烈属、军属),应积极耐心地进行劝止,不应随便开给迁移证"①,该《通知》开始表现出对由乡至城的人口迁移的限制,但仍强调"既要防止农民盲目流入城市和控制坏分子的活动,同时也要便利人民的正当迁移"②。

同年 6 月 22 日,国务院发出《关于建立经常户口登记制度的指示》③,规定全国城市、集镇、乡村都要建立户口登记制度,其中关于户口迁移的规定,明确了"原乡镇、地区以内""县境内跨乡镇地区""跨县境"三种空间属性,但并未对乡城迁移进行专门规定,因此,"至于农村向城市迁移,更有可能执行内务部、公安部通知的要求"④,"当然,那些不办迁移手续盲目进城者则另当别论"⑤。

1956 年 2 月,国务院发出指示要求把全国的户口登记管理工作及人口资料的统计汇总业务,移交给公安机关⑥,全国统一的城乡户籍管理机构形成。同年 3 月,全国第一次户口工作会议明确规定户籍管理的基本任务为"证明公民身份,便利公民行使权利和履行义务;统计人口数字,为国家经济、文化、国防建设提供人口资料;发现和防范反革命和各种犯罪分子活动,密切配合斗争"⑦。

---

① 《关于办理户口迁移的注意事项的联合通知》,《山西政报》1955 年第 8 期。
② 《关于办理户口迁移的注意事项的联合通知》,《山西政报》1955 年第 8 期。
③ 新华通讯社:《新华社新闻稿》,新华通讯社 1955 年第 1856 期。
④ 即 1955 年 3 月内务部、公安部下发的《关于办理户口迁移的注意事项的联合通知》。
⑤ 王跃生:《中国当代人口迁移政策演变考察——立足于 20 世纪 50—90 年代》,《中国人民大学学报》2013 年第 5 期。
⑥ 殷志静、郁奇虹:《中国户籍制度改革》,第 3 页。
⑦ 殷志静、郁奇虹:《中国户籍制度改革》,第 3 页。

综上，20 世纪 50 年代初期，国家对人口迁移实行的政策相对宽松。第一，全国户籍管理制度的建立并非齐头并进，而是城市、水上、农村逐步建立的，农村尚处于试建阶段；第二，在户口管理制度建立较早的城市地区，依据前述《城市户口管理暂行条例》，居民户口变动时只需持户口簿即可办理手续，且申报入户时迁移证亦非必需[1]。显然，"处在草创阶段"的"户籍登记和管理制度"，"不仅客观上难以控制人口的迁移流动，主观上也只有管理而没有控制的要求"[2]；第三，公民的迁徙自由权在 1949 年《中国人民政治协商会议共同纲领》和 1954 年《中华人民共和国宪法》中已被给予明确保障[3]，加之其时农村集体经济尚未建立，农民的流动受基层组织限制较小，城市则处于工业扩张时期，"基本上不存在迁移入户的控制问题"[4]。

显然，由于该阶段的户籍管理政策的主要功能是人口登记和社会治安管理，尚不具备对迁移行为的引导性（或束缚性）功用，因此就政策本身而言，并不必然起到推动促进（或控制）人口迁移的作用。就贵州来看，该阶段省际迁移人口除 1950 年和 1952 年规模较大外，其余年份都远低于全国水平，且迁移活跃期较全国迟两年，至 1956

---

[1] 详见《城市户口管理暂行条例》（政务院批准，中央人民政府公安部 1951 年 7 月 16 日公布，天津市政，1951/Z1），该条例第 5 条规定，"凡迁出者，须于事前向当地人民公安机关申报迁移，注销户口，发给迁移证"；而对迁入者申报入户则规定"有迁移证者，应呈启迁移证；无迁移证者，应补交其他适当证件"。
[2] 路遇主编：《新中国人口五十年》（上），第 403 页。
[3] 1949 年 9 月 29 日，中国人民政治协商会议第一届全体会议通过的《中国人民政治协商会议共同纲领》第 5 条就明确规定中华人民共和国人民有居住及迁徙的自由权。1954 年《中华人民共和国宪法》第 90 条中进一步重申了这一规定：中华人民共和国公民有居住和迁徙的自由。
[4] 路遇主编：《新中国人口五十年》（上），第 1046 页。杨云彦认为"1949—1957 年属于自由迁移时期"（杨云彦：《中国人口迁移与发展的长期战略》，武汉出版社 1994 年版，第 129 页）；王跃生认为该阶段，"我国的自由迁徙原则基本得到贯彻"（王跃生：《中国当代人口迁移政策演变考察——立足于 20 世纪 50—90 年代》，《中国人民大学学报》2013 年第 5 期）。

年才来临①。省内乡城间大规模的人口迁移亦未发生，自1954年，城镇人口始由净迁出态势转变为净迁入，1956年末，城市化水平方突破自1949年以来一直保持的7%的低位徘徊状况，达到8.39%②。据载，该年仅从职工人口来看，是"历年来人员增加最多的一年"，"较上年增加41583人，比计划超过约5千多人"③。

（2）户籍管理纳入法制轨道

随着经济的发展，全国而言，相对自由的迁移制度为"农村劳动力或以迁移形式或以'盲流'形式进入城市或非农行业就业提供了机会"④，"在1952—1957年的'一五'计划时期内，大约有2000多万农民工已经自由流动进入城市"⑤，研究表明，这一时期，由于"户口迁移相对容易，由农村流入到城市的农民在被招为国家职工之后也就在城市落户"⑥。

20世纪50年代初期本已经历了两次失业危机的城市，一方面实行重工业优先发展的战略，另一方面各项建设又尚在起步的阶段，无法创造足够的就业机会吸纳迁往城市的农村人口。而此时，大量人口却不断由农村迁往城市，加剧了城市失业人口、粮食及副食供应问题，产生了一系列不相协调的矛盾，⑦农村的农业生产也因此受到影响，加之农村正在进行农业集体化运动，也需要大量劳动力。

---

① 省际迁移的数据见第一节相关部分的内容（1. 因国家统计局人口统计司、公安部三局：《中华人民共和国人口统计资料汇编（1949—1985年）》中缺1950—1953年数据，故该期间的省际迁移相关数据均根据国家统计局国民经济综合司编：《新中国55年统计资料汇编1949—2004》第878页中，相关年份数据估算。2. 根据本研究"第一手数据优先原则"，该阶段的其余年份的数据来源于国家统计局人口统计司、公安部三局：《中华人民共和国人口统计资料汇编（1949—1985年）》第978、1001页）。

② 城镇化率根据国家统计局国民经济综合司编：《新中国55年统计资料汇编1949—2004》中第878页中的相关年份总人口和城镇人口数估算。

③ 耿晓红主编：《贵州省发展国民经济的第一个五年计划草案（草稿）》，载《建国后贵州省重要文献选编（1955—1957）》，第370页。

④ 王跃生：《中国当代人口迁移政策演变考察——立足于20世纪50—90年代》，《中国人民大学学报》2013年第5期。

⑤ 温铁军：《我们是怎样失去迁徙自由的》，《中国改革》2002年第4期。

⑥ 陆学艺、李培林：《中国社会发展报告》，辽宁人民出版社1991年版，第284页。

⑦ 路遇主编：《新中国人口五十年》（上），第403页。

为此，中央政府数次发文，要求各地政府劝阻和制止农民盲目流入城市。在1953年4月17日和1954年3月12日，中央人民政府政务院和中央人民政府内务部、劳动部就先后颁布了《关于劝止农民盲目流入城市的指示》[1]及《关于继续贯彻〈劝止农民盲目流入城市〉的指示》[2]，指出由于城市建设尚在开始，劳动力需用有限，农民盲目入城增加了城市失业人口，影响城市社会秩序和农村的春耕播种，号召农民安心农业生产，要求城市招工通过当地劳动行政部门进行有组织有计划的介绍和调配，动员流入城市的农民还乡。

前述1955年3月，内务部、公安部颁布的《关于办理户口迁移的注意事项的联合通知》[3]中，将没有城市单位和学校录用、录取证明的农村劳动力排除在迁移进城之列，户籍制度对人口乡城迁移控制的端倪由是显现。"从1956年12月开始到次年12月，中央政府及有关部门连续发布了9个限制农民进城的文件，文件的内容和措辞越来越严厉"[4]。户籍制度限制人口迁移的功能日渐显现，并随着计划经济体制的逐步完善日益得到强化[5]，并最终于1958年1月9日，在第一届全国人民代表大会常务委员会第九十一次会议上通过，并于同日以中华人民共和国主席令公布了《中华人民共和国户口登记条例》（以下简称《条例》），将户籍管理制度纳入法制轨道，"正式确立了户口迁移审批制度和凭证落户制度"[6]，"乡—城人口迁移被完全纳入国家的计划渠道，成为国民经济计划体制的一个

---

[1] 中央人民政府政务院：《关于劝止农民盲目流入城市的指示（1953.4.17）》，《安徽省人民政府公报》1953年第5期。
[2] 中央人民政府内务部、劳务部：《关于继续贯彻〈劝止农民盲目流入城市〉的指示（1954.3.12）》，《山西政报》1954年第6期。
[3] 详见《中华人民共和国内务部公安部关于办理户口迁移的注意事项的联合通知》，《山西政报》1955年第8期。
[4] 王文录：《人口城镇化背景下的户籍制度变迁研究》，第34页。
[5] 王文录：《人口城镇化背景下的户籍制度变迁研究》，第33页。
[6] 该条例第10条规定："公民由农村迁往城市，必须持有城市劳动部门的录用证明，学校的录取证明，或者城市户口登记机关的准予迁入的证明，向常住地户口登记机关申请办理迁出手续。"详见殷志静、郁奇虹《中国户籍制度改革》，第6页。

部分"①,"政府限制农民进城的二元户籍制度开始以立法形式被正式确定下来"②。同年4月15日,公安部三局又下发了《关于执行户口登记条例的初步意见》,全国城乡统一户籍管理制度正式形成③,其中对农村人口向城镇的迁移作了非常严格的限制。

无疑,"就我国20世纪50年代后期以来的迁移实践看,控制人口迁移政策的核心是限制农村人口向城市迁移,对逆向人口迁移则较少约束,其目的是抑制非农业人口增加"④。虽然如此,由于以上政策还处在制定和执行的初期,作用还不像20世纪60—70年代那样大。加之"大跃进"的影响,使得贵州人口迁移规模达到改革开放前最盛,省际人口迁移规模各年均在百万以上,乡城人口迁移活跃,城市化率突破20%⑤,城镇人口膨胀,农村则劳动力严重不足。

1961年,国家开始进行国民经济调整,在"调整、巩固、充实、提高"的八字方针的指导下,大幅度压缩基本建设,精简职工和减少城镇人口。1961年12月,公安部转发《关于当前户口工作情况的报告》,要求对户口进行彻底检查,健全户口管理机构。

为了配合精简城市人口的工作,1962年4月和11月,公安部先后出台了《关于处理户口迁移问题的通知》⑥和《关于加强户口管理工作的意见》⑦。后者明确规定,严格执行中央和国务院有关户口迁移问题的规定,控制农村人口向城市迁移,应当准许城市间必要的正常迁移,但要适当控制中、小城市迁往大城市,尤其是到北京、上海、天津、武汉、广州五大城市的人口迁移。

---

① 吕昭和:《制度变迁与人口发展——兼论当代中国人口发展的制度约束》,中国社会科学出版社1999年版,第224页。
② 姚秀兰:《论中国户籍制度的演变与改革》,《法学》2004年第5期。
③ 路遇主编:《新中国人口五十年》(下),第1027—1028页。
④ 王跃生:《中国当代人口迁移政策演变考察——立足于20世纪50—90年代》,《中国人民大学学报》2013年第5期。
⑤ 城镇化率根据国家统计局国民经济综合司编《新中国55年统计资料汇编1949—2004》第878页中的相关年份总人口和城镇人口数估算。
⑥ 翟振武:《从人口变迁看民生发展》,中国人口出版社2012年版,第260页。
⑦ 公安部治安管理局编:《户口管理法律法规章政策汇编》,中国人民公安大学出版社2001年版,第36页。

1963年后，公安部开始用是否吃国家计划供应的商品粮作为户口性质的划分标准①，即"农业户口"针对不能吃国家供应的商品粮的农村居民户，"非农业户口"则针对可以吃国家供应的商品粮的城镇居民户，这标志着我国公民因自身户籍而被划分为两种不同身份。

1975年，"修正后的《宪法》取消了关于公民迁移自由的条文"②。1977年11月，国务院批转了公安部《关于处理户口迁移的规定》，确立了处理户口迁移的主要原则，"从农村迁往市、镇，由农业人口转为非农业人口，以及从其他城市迁往北京、天津、上海三市的，要严格控制"③。作为补充，公安部又出台了"农转非"的控制指标措施，规定各市镇每年批准迁入该市镇并转为非农业户口的人数，不得超过该市镇现有非农业人口数的1.5‰，对'农转非'实行政策与指标双重管理体制④。这一时期，以指标控制隔断城市间、城乡间人口自由迁徙的户籍管理制度完全形成⑤。

该时期的户口迁移制度，总体而言是依据《中华人民共和国户口登记条例》的基本精神和国务院先后下发的有关户口迁移政策的具体规定，贯彻严格控制城镇人口的方针，将限制农村户口迁入城镇的原则，包括"农业人口转为非农业人口"即通常说的"农转非"户口纳入法制的轨道。

3. 该阶段的户籍制度与贵州人口迁移

就全国而言，以户籍制度为核心的各种限制迁移的政策的完全落地对人口迁移产生了抑制，1958—1961年，户口迁移制度曾一度约束失灵，但很快便再度发挥出遏制力量。如本章第一节提到，1962—

---

① 殷志静、郁奇虹：《中国户籍制度改革》，第7页。
② 殷志静、郁奇虹：《中国户籍制度改革》，第7页。
③ 殷志静、郁奇虹：《中国户籍制度改革》，第7页。
④ 张英红、雷晨晖：《户籍制度的历史回溯与改革前瞻》，《湖南公安高等学校学报》2002年第1期。
⑤ 班茂盛、祝成生：《户籍改革的研究状况及实际进展》，《人口与经济》2000年第1期。

1977年是中国人口迁移水平较低的阶段。

但是，贵州人口迁移的高潮并未沉寂下来，并由此进入了持续时间相对较长的稳定的高迁入期。自1958—1974年，贵州总人口迁移率除1962年外均高于全国水平，迁移低潮期的到来延至1970年代初，较全国迟滞了10年。显然，贵州人口迁移的这种态势并非逆户籍制度而行，而是与国家三线建设战略的实施紧密关联。从迁移水平上看，1962年，贵州省展开了对国民经济的全面调整，精简职工和减少城镇人口①，人口迁移的高涨态势确受到短暂遏制，但随着三线建设的开启，又复活跃，其低潮期也与三线建设低潮期同步。

从迁移方向看，1958—1962年间，除1959年外，贵州省际人口均呈净迁出态势，自1963—1971年三线建设期间，贵州省际人口迁移从之前的净迁出态势转为净迁入态势，1972年随着三线建设进入尾声，依据净迁移率判断，至1974年，省际人口呈迁出态势，之后直至1978年，省际人口虽呈净迁入，但迁入率极低；从省内城乡人口迁移来看，则随着"一五计划"的展开，城市自1954年开始逆转为微弱的净迁入态势，1958年城市净迁入人口骤然增至174.23万人，但随着控制乡城迁移政策的施行，1961—1963年城市人口迁移转为净迁出状态，乡村人口迁移的方向则与城市相对。但自1965—1969年的三线建设高潮期，则无论城乡，人口迁移均以净迁入为主②。

综上，户口登记制度建立之初是以重建社会秩序为目标的，并没有限制迁移的意图，此时人口迁移的发生，既需要外部推拉力的作用，也有迁移个体自主性的发挥空间，是内因和外因共同作用的结果。就贵州而言，该时期的人口迁移所以未如同全国其他地区一样活跃，主要原因在于拉动人口迁移的外部要素发育不充分，未能激发迁移的内在动力，也即与贵州此时以农业为经济建设重点及其相对落后的自然历史发展状况相关。

---

① 《贵州通史》编委会：《贵州通史5. 当代的贵州》，第114、115页。
② 该处数据来源详见第一章第一节。

但自高度集中的计划经济体制确立并将户口管理体系作为实施有关人口、经济、社会管理的基本手段之后,户口登记制度便成为限制人口迁移的重要工具,引导或抑制迁移的力量发生改变,个体的迁移自主性无法得以伸张,迁移的发生完全只能依靠外部的推拉力即国家计划。因而,在此情况下,贵州人口迁移之所以未因此立即陷入低谷,不过是由于在户籍制度之外,国家另行实施了更具针对性的、更直接的、强有力的、对人口再分布具有引导作用的政策,为贵州人口迁移的活跃赢得了十年的发展期。此后,当这一政策外力逐渐消失,这种被置于严格的户籍制度下的、完全不允许内在驱动力的、靠外部计划指令拉动的被动式迁移活动随即陷入低潮。

(二) 粮食统购统销制度

1. 基本概念

统购统销指在国家利用其强有力的行政力量关闭粮食市场的情况下,通过政府定价定额强制性地从农民那里收购粮食(统购),继之采取定量的办法在城镇实行配给(统销)[1]。该制度于1953年自粮食流通和分配领域开始确立和实施,并逐步演变为包括粮食、油料、棉花等农产品在内的一整套农产品统购派购制度体系[2],到1985年改行合同定购制度为止,持续时间长达32年之久。它是计划经济的一个重要组成部分,并与"稳定物价""统一全国财经工作和三大改造"被并称为其时财经战线上的"三大战役"。

2. 背景概述

1952年下半年,随着大规模工业化建设的逐步展开,工业化发展的需要与落后农业之间的矛盾开始显露。如前述,其时,为了保证有限的资金和物资的使用符合重工业优先发展的目标,必然需要用资源计划配置的方式去代替市场调节的职能,确保对稀缺资源实行垄断。因而,粮食统购统销顺理成章地成为"为我国工业化提供积累的一个

---

[1] 张晓涛:《中国粮食政策演变的制度经济学分析》,《经济体制改革》2005年第1期。

[2] 田锡全等:《演进与运行——粮食统购统销制度研究(1953—1985)》,上海人民出版社2014年版,第1页。

方法"①，一个重要支柱。

1953 年，全国开始实施第一个五年计划，以重工业为中心的工业化使得大规模的基本建设和大型工业项目建设全面展开，导致大量农村人口被城市工矿企业所吸收。迅速扩大的职工队伍，促进了城市化的发展，但又招致大量农村人口盲目涌入城市，致使城市粮食短缺、市场供应紧张的情况尖锐凸显，当时的供求缺口达 43 亿千克②。

尽管国家出台了前述《关于劝止农民盲目流入城市的指示》等系列旨在抑制城市人口过量迅速增长、减轻城镇粮食供应压力的方针政策，但收效并不显著。1953 年 10 月 16 日，中共中央政治局扩大会议通过了《中共中央关于粮食统购统销的决议》，同年 11 月 19 日，政务院第 194 次政务会议通过了《中共中央政务院关于实行粮食计划收购和计划供应的命令》③以及《粮食市场管理暂行办法》④，"并于 12 月 23 日发布后在全国城乡（不包括西藏和台湾省）开始施行⑤"粮食统购统销，结束了粮食市场的自由购销制度。也正是在这种情况下，加速农业互助合作的步伐，把农民组织起来，确保统购统销政策的实施显得十分必要。

3. 粮食统购统销制度的建立和发展历程

粮食统购统销制度自建立至完全瓦解长达四十余年。当前的研究者对其历程的划分主要有"三段论"⑥"四段论"⑦"五段论"⑧等。

---

① 张晓涛：《中国粮食政策演变的制度经济学分析》，《经济体制改革》2005 年第 1 期。
② 李溦：《试论我国工业化汲取农业剩余的"剪刀差"方式》，《经济纵横》1995 年第 5 期。
③ 《中共中央政务院关于实行粮食计划收购和计划供应的命令》，《山西政报》1953 年第 24 期。
④ 《粮食市场管理暂行办法》，《安徽政报》1954 年第 1 期。
⑤ 秦程节：《粮食统购统销视域下国家与农民关系（1953—1956）》，《北京工业大学学报》（社会科学版）2015 年第 6 期。
⑥ 吴硕：《粮食的计划收购和计划供应———统购统销》，《中国粮食经济》2004 年第 2 期。
⑦ 张培刚、廖丹青：《二十世纪中国粮食经济》，华中科技大学出版社 2002 年版，第 58 页。
⑧ 杨乙丹：《粮食统购统销制度研究》，硕士学位论文，西北农林科技大学，2006 年，第 18 页。

本章拟对之进行简要概述，以便与人口迁移各阶段的状况相比对。

（1）1953—1957年粮食统购统销建立并制度化

1955年春，部分地区出现了"家家谈粮食，户户要统销"的情况。促使"中央政府加快出台了使粮食统购统销工作走上制度化的'三定'制度和市镇粮食定量供应制度"①。

1955年3月3日，中共中央、国务院发出《关于迅速布置粮食购销工作安定农民生产情绪的紧急指示》②，采纳了陈云提出的粮食"三定"即定产、定购、定销办法，并对该年度的粮食征购任务相应地进行了调整。

1955年6月上旬，全国粮食工作会议在北京召开，讨论了农村粮食统购统销办法和城市粮食定量供应办法，同年8月25日，国务院以法令形式发布了《农村粮食统购统销暂行办法》③和《市镇粮食定量供应暂行办法》④。前者对"三定"政策作了明确细致的规定。其中，"定产"是"自1955年起，三年不变，增产不增购"。后者则对用粮对象进行了具体规定，并实行了"四证、三票"⑤制度，明确了粮票适用和供应范围。随着粮票正式进入流通领域，粮食供应开始计划化和制度化，并与户口关系紧密挂钩。这两个法令是粮食统购统销政策逐步走上制度化的决定性步骤⑥。

（2）1958—1978年粮食统购统销制度巩固和持续运行

国民经济调整期，国家对粮食统购统销制度也进行了调整。1961

---

① 田锡全等：《演进与运行——粮食统购统销制度研究（1953—1985）》，上海人民出版社2014年版，第44页。
② 秦程节：《粮食统购统销视域下国家与农民关系（1953—1956）》，《北京工业大学学报》（社会科学版）2015年第6期。
③ 中华人民共和国国务院命令《市镇粮食定量供应暂行办法（1955—08—25）》，《中华人民共和国国务院公报》1955年第14期。
④ 中华人民共和国国务院命令《市镇粮食定量供应暂行办法（1955—08—25）》，《中华人民共和国国务院公报》1955年第14期。
⑤ 即实行市镇居民粮食供应证、工商行业用粮供应证、市镇饲料供应证、市镇居民粮食供应转移证、全国通用粮票、地方粮票、地方饲料票。
⑥ 田锡全等：《演进与运行——粮食统购统销制度研究（1953—1985）》，第35页。

年9月8日，中共中央下发了《关于一九六一至一九六二年度粮食工作的几项规定》，明确在粮食购销政策上实行少购少销的方针①。为了兼顾国家、集体、社员三者利益，稳定农民负担，1965年10月，中共中央还批转了国务院财贸办公室《关于稳定农民负担，下苦功夫进一步做好粮食工作的意见》，决定实行粮食征购"一定三年"的办法②，同时还注意到解决各地区社队之间负担公平问题，避免了同一生产队"又购又销"的不合理现象。

1971年，粮食征购基数被调整为"一定五年"不变。上述系列政策的推行，继续巩固了统购统销制度，使之得以持续运行。

（3）1978年后粮食统购统销制度的终结

1978年党的十一届三中全会以后，农村家庭联产承包责任制的推行，促进了生产力的提高，粮食产量也随之持续提高，从而缓解了粮食短缺问题，为统购统销制度的松动提供了有利条件。1983年1月2日，中共中央关于印发《当前农村经济政策的若干问题》（1983年中央一号文件）的通知中规定，对统购派购外的产品，"允许多渠道经营"③，到1984年1月1日，中共中央《关于一九八四年农村工作的通知》（1984年一号文件）中规定"继续减少统派统购的品种和数量"，1985年1月1日，中共中央国务院发布了《关于进一步活跃农村经济的十项政策》（1985年一号文件），明确规定对农产品实行合同定购和市场收购，合同定购以外的粮食，可自由上市。自此，粮食统购制度逐步被国家合同订购和价格双轨制取代④，农民进入市场的权利得到放宽。1993年，全国95%以上的市县完成了放开粮价的改革，统购统销彻底退出了历史舞台⑤，粮票制度也走向解体并消亡。

---

① 田锡全等：《演进与运行——粮食统购统销制度研究（1953—1985）》，第190页。
② 田锡全等：《演进与运行——粮食统购统销制度研究（1953—1985）》，第196页。
③ 《中共中央关于印发当前农村经济政策的若干问题的通知》，中发〔1983〕1号，http://www.china.com.cn/guoqing/2012-09/12/content_26747641.htm，2012年9月12日。
④ 《中共中央、国务院关于加紧整顿粮食统销工作的指示（1985—01—01）》，《中华人民共和国国务院公报》1985年第9号。
⑤ 杨乙丹：《粮食统购统销制度研究》，第1页。

4. 该阶段的粮食统购统销制度与贵州人口迁移

（1）粮食统购统销制度和户口制度挂钩

如前所述，在当时的历史条件下，基于重工业优先的工业化战略目标，国家制定的系列政策制度都必然为之服务、与之相适应。粮食统购统销制度是为保障此战略的实施以及城镇居民的粮食供应而建立的，控制农村人口迁往城市也必然成为粮食统购统销制度的题中之义，户籍制度"以控制城市人口为要务"①的功能也正是在此条件下逐步凸显并形成的。由此，这两项制度挂钩也成为必然。

1953年10月29日，在《中共中央关于粮食统购统销的决议》中就已对粮食供应对象作了规定。县以上城市、农村集镇、缺粮的经济作物产区人口、一般地区缺粮户、灾区的灾民属于计划供应粮食的范围，而其余人口吃粮则实行自给②。

1953年11月19日，政务院发布《中共中央政务院关于实行粮食计划收购和计划供应的命令》，规定对市镇居民实行粮食定量供应制度，"对一般市民，可发给购粮证，凭证购买，或暂凭户口簿购买"③，也即非城市户口者不能在城市买到粮食。粮食部门签发的《市镇居民粮食供应证》以《户口簿》为法定依据④，本户人口如有增减变动或年老变更时，须凭户口及有关证明方能办理粮食关系。但在执行初期，由于管理不力，也出现了居民重复购买、套购国家粮食、将剩余粮食返销农村的情况。1955年4月，中共中央、国务院发布《国务院、中共中央委员会关于加紧整顿粮食统销工作的指示》⑤，进一步将凭证买粮，改为"按户核实"供应。

1955年8月，国务院同时发布了《农村粮食统购统销暂行办法》

---

① 路遇主编：《新中国人口五十年》（下），第1046页。
② 殷志静、郁奇虹：《中国户籍制度改革》，第4页。
③ 《中共中央政务院关于实行粮食计划收购和计划供应的命令》，《山西政报》1953年第24期。
④ 路遇主编：《新中国人口五十年》（下），第1046页。
⑤ 中华人民共和国国务院命令《市镇粮食定量供应暂行办法（1955—08—25）》，《中华人民共和国国务院公报》1955年第6期。

和《市镇粮食定量供应暂行办法》。其中,《农村粮食统购统销暂行办法》中规定"农民吃自产粮","农村居民迁居外地的,应凭户口转移证件至国家粮站办理粮食供应的转移手续。如系缺粮户,应凭农村缺粮供应证向国家粮站换取粮食供应转移证;如系余粮户或自足户,可将剩余粮食卖给国家粮站,领取粮食供应转移证"[①]。

在《市镇粮食定量供应暂行办法》中则明确了"对非农业人口一律实施居民口粮分等定量","市镇居民以户为单位""编造名册,连同户口证件,送当地人民委员会或其指定机关核发市镇居民粮食供应证","市镇居民婚嫁、出生、死亡、分居、并居的,均应在办理户口手续后,凭户口证件办理粮食供应的增减转移手续"[②]。

显然,粮食供应与户口性质密切联系。由于粮食供应制度的建立是以城乡户籍分立为前提的[③],因此,只有正式办理户口迁移手续的城镇居民,方可办理粮食供应关系的转移证明,才能在迁入地凭证取得粮食供应。从而,粮食供应制度又反过来促进了户籍制度朝着更为严格的二元分立方向发展。这种双重的管理制度,对于控制农村人口自由流入城镇、维持城镇居民的粮食及其他方面的供应,起到了重要的作用,有研究将之称为户粮关系的"双轨制"[④]。

(2)粮食统购统销与贵州的人口迁移

统购统销政策实施确立后,国家经过了一系列调整,最终牢牢地控制住了粮食价格和市场,缓和了粮食危机,为"一五计划"的顺利实施甚至是以后的国民经济发展带来了深远的影响。但是由于在这一政策之下,对农村余粮户实行粮食统购,对城镇居民和农村缺粮户则实行统销,国营粮食商业基本上占据了粮食交易市场的绝对主导地位甚至是垄断地位,且粮食与户口挂钩,禁止私人自由经营,地区之

[①] 《农村粮食统购统销暂行办法》,《湖南政报》1955年第14期。
[②] 中华人民共和国国务院命令《市镇粮食定量供应暂行办法(1955—08—25)》,《中华人民共和国国务院公报》1955年第14期。
[③] 汤水清:《论新中国城乡二元社会制度的形成———从粮食计划供应制度的视角》,《江西社会科学》2006年第8期。
[④] 路遇主编:《新中国人口五十年》(下),第1047页。

间、城乡之间以及生产者与消费者之间的有机联系被割裂开来，阻碍了农村人口向城市迁移。

正如之前的分析，在一个高度计划的时期，在农村实行人民公社制度，并通过统购统销制度和户籍制度逐步挂钩，隔断了城乡之间的市场、对迁移活动造成了极大的束缚和障碍的制度条件下，个体的能动性微弱，迁移也就不是迁移个体的内在驱动与外部吸引的一拍即合的行为，迁移活动表现为国家主导的、计划性的人口迁移。因而，迁移的方向、规模、时间均依赖于拉动人口迁移的外部要素。而这种外部要素则是体现国家建设需要的相关政策，也即国家计划。因此，1963年以后，贵州省际人口迁移所以表现出与全国其他地方的不同（迁移高潮持续、迁移低潮滞后），亦是完全取决于来自外部的国家政策即三线建设政策的作用。

值得注意的是，由于当时对人口迁移的控制主要是对农村人口向城市迁移的控制，也使得该时期的人口迁移，特别是省内人口迁移时常表现为动员农民回乡或鼓励"面向"农村就业的乡城迁移形式。

（三）计划劳动就业制度

众所周知，人口迁移的主体一般而言是劳动就业人口。自1949年以来的很长一段历史时期，我国在劳动经济领域实行的是计划就业制度，这也是重工业优先发展战略的必然选择。基于这一制度安排，就业政策的变动对人口迁移产生着深刻的影响。这种影响既体现在通过计划和行政手段干预劳动力的录用或精简，及其在各部门、各地区间的调配而直接引起的人口迁移，又体现在就业与福利挂钩，使得城镇职工形成了对单位的强依赖，从而提高了劳动力的流动成本、削弱了城镇职工的流动意愿，还更深层地表现在其依赖于户籍制度和粮食配给制度，将农业人口与非农人口，临时工、合同工与固定工割裂开来，形成了城乡分割的二元就业体制，从而排斥了劳动力在产业间、城乡间的自由流动。

1. 基本概念

劳动就业制度广义上泛指"与劳动者就业相关的一系列制度安

排体系",狭义而言主要是指"劳动者如何实现就业的机制体制,指的是劳动力资源的配置和利用问题"[1]。改革开放之前,中国劳动就业实行计划管理体制,即依靠计划和行政手段来实现劳动者就业。在城乡分割的劳动力就业制度下,农村基于人民公社的组织基础和制度保障,采取农业劳动力自然就业即农村人口与集体经济性质的生产队所使用的土地自然结合的方式,城市则实行统包统配的固定工制度。

2. 背景概述

该阶段客观而言,其一,20世纪50年代初,城市失业问题非常严重,先后出现两次失业危机;其二,国家的工业化处于起步期,在重工业优先的发展战略下,为满足和保证重工业发展所需要的高投资,被迫采取了高积累和低工资、低消费的政策,第三产业迅速萎缩,城市对劳动力的需用下降;其三,在农村,耕地不足加以"可能的农具改良带来的剩余劳动力大量盲目地往城镇流动"[2];其四,由于"人口迁移的主体是劳动年龄人口,而劳动年龄人口的迁移,涉及劳动就业安排以及其本人连同其随迁家属的口粮、住房、医疗、就学等项条件的物质保证"[3];其五,生产资料所有制的改造,为统一的就业体系全面建立奠定了基础,使与重工业导向相一致的就业制度得到强化。

在此背景之下,对劳动力就业进行有计划调配,优先考虑城镇人口的就业,通过"政社合一"的组织形式限制农村劳动力流动,对之采取自然就业等城市偏向的就业政策便成为必然。一则可以缓解城镇失业问题,避免打乱国家重工业化的发展步骤,二则可通过工农产品的价格剪刀差为重工业的发展提供经济剩余,取得积累来源。无疑,

---

[1] 宋玉军:《中国劳动就业制度改革与发展》,合肥工业大学出版社2012年版,第41、42页。
[2] 《中央人民政府政务院关于劳动就业问题的决定》,《江西政报》1952年第8期。
[3] 这里所指的是改变了定居地、变更了户口,在居住类型上实现了农村人口向城市人口的转变,并且在职业构成上实现了农业人口向非农业人口转变的人口。盲目流入城市的农村人口并不在本处所指迁移人口之列。参见《当代中国》,第249页。

农村集体化自然就业和城乡隔绝的户籍制度在控制农村劳动力自由流动上完全一致①。

3. 计划劳动就业制度的建立和发展

（1）"包下来"和"统一介绍"的就业制度

20世纪50年代初期实行的是"包下来"和"统一介绍"的就业政策。人民政府在接管旧中国的失业人员时，"采取了全部包下来的政策"，1950年5月20日，中央劳动部颁发的《失业技术员工登记介绍办法》②中规定，公营、私营企业需要雇用技术员工，都要向劳动介绍所申请，由劳动介绍所统一介绍。"截至1951年12月，失业工人重新就业者已达一百二十万余人"③。至1951年，"包下来"的范围已扩大到高等院校和中专技校的毕业生、复员军人等，并逐步成为国家的常规性做法，事实上也造成了城乡二元劳动力市场④。

1952年7月，中央劳动就业委员会第一次就业工作会议中通过的《关于劳动就业问题的决定》（以下简称《决定》)⑤指出，"城市中伴随着经济改组而来的新的失业半失业问题及因生产改革、社会改革、土地改革、组织起来而显现出来的城乡剩余劳动力"仍不可避免。为此，《决定》再次重申国营或私营工商业工人职员的雇佣须由劳动局所属劳动力调配机构统一介绍，在登记失业人员中选择，"制止从农村招工、私招乱雇"；但规定职工大批调动外地，"要征得地方劳动部门的同意"；新建工矿企业增加职工，则需提出劳动计划，由劳动力调配机关按计划调配供应。为了劳动力的余缺调价和加强对失业人员的管理，该次会议还决定，自1952年9月由劳动部统一组织全国就业，取消了过去三年实行的介绍就业与自行就业相结合以扩大

---

① 袁志刚、方颖：《中国就业制度的变迁（1978—1998）》，山西经济出版社1998年版，第74页。
② 参见《失业技术员工登记介绍办法》，《福建政报》1950年第5期。
③ 《中央人民政府政务院关于劳动就业问题的决定》，《江西政报》1952年第8期。
④ 苏树厚、段玉恩、张福明：《新中国劳动制度发展与创新研究》，山东人民出版社2006年版，第38页。
⑤ 《中央人民政府政务院关于劳动就业问题的决定》，《江西政报》1952年第8期。

就业的方针。

但总体而言，该阶段的统一介绍政策并未严格执行，企业职工在相当程度上仍然有灵活进出的权限①，而根据1953年8月中央批准的劳动就业委员会、内务部、劳动部《关于劳动就业的报告》的规定，企事业单位也有相当程度的自行招工权②。

（2）统包统配和固定工制度

"统包统配"是国家用行政手段对城镇劳动力实行统一计划、统一招收、统一调配的一种劳动力就业制度③，是严格控制全社会经济资源、优先发展重工业的既定选择。其基本特征是，城镇劳动者就业由政府包揽，劳动力配置靠行政调配，职工不能自主流动，工资、福利、保障与就业密切配合，并全部由国家承担④。

①始于建筑业的统包统配制度

在"统一介绍"的就业方针定立之初，1952年8月，经政务院批准并于当年开始实施的《关于处理失业工人办法》中就已提出"为配合国家建设计划，逐步解决失业、半失业和剩余劳动力问题并争取逐步实现合理使用劳动力起见，应从统一介绍就业开始并逐步达到统一调配劳动力"⑤。

1953年，随着"一五计划"的实施，国家展开了大规模经济建设，且实行多种经济成分并存的政策，劳动力吸纳能力强。如何保障大规模基本建设所需的劳动力成为其时劳动就业工作的重点。1954年5月，中央人民政府劳动部制定《建筑工人调配暂行办法》，在建

---

① 苏树厚、段玉恩、张福明：《新中国劳动制度发展与创新研究》，山东人民出版社2006年版，第38页。
② 该规定指出，"各单位招用数量较大的工人、职员时，应申请劳动部门介绍，选择录用；招用少数人员时，可自行在当地失业人员中选用或另行招用"。参见苏树厚、段玉恩、张福明《新中国劳动制度发展与创新研究》，第34页。
③ 袁志刚、方颖：《中国就业制度的变迁（1978—1998）》，山西经济出版社1998年版，第78页。
④ 刘素华、苏志霞：《劳动就业制度改革三十年回顾与展望》，《河北师范大学学报》（哲学社会科学版）2009年第3期。
⑤ 宋玉军：《中国劳动就业制度改革与发展》，合肥工业大学出版社2012年版，第70页。

筑业领域首先对劳动力实行了统一招收、计划调配①。

②统包统配制度的全面推行

1955年以后，随着经济建设的迅速发展，各个部门都需要大量补充劳动力，基于劳动力分布不平衡的现象，在各部门、各地区间建立统一的劳动力招收和调配制度对保证重点项目顺利进行显得十分必要。1955年4月，中共中央在《关于第二次全国省、市计划会议总结报告》②中批示，"一切部门的劳动调配必须纳入计划，增加人员必须通过劳动部门统一调配"。在1955年5月劳动部召开的第二次全国劳动局局长会议上，进一步明确了对劳动力调配实行"统一管理、分工负责"的基本原则、并对具体执行办法和劳动部门的管理权限作了规定。由是，劳动力的统一招收和调配制度就从建筑业迅速扩大到了工矿企业和交通运输业等国民经济各部门。劳动力资源的使用、配置的权利愈益集中在政府手中，通过计划行政手段调配和控制劳动力资源的流向成为劳动就业的主要方式③。

国家还要求各单位积极设法安置多余的正式职工和学员、学徒，不得裁减，对不按规定私招或随便辞退人员的，要予以适当处理④，"最终在微观层次上形成了企业用工中的固定工制度"⑤。

（3）计划劳动就业制度的调整和最终确立

①用人单位招工权的下放与上收

1955年国务院曾先后发文，要求各单位实行之前未经常化的劳动定员制度，精简机构、缩减人员⑥。然而，随着"一五计划"的顺利

---

① 参见《建筑工人调配暂行办法》，《山西政报》1954年第21期。
② 《中共中央关于第二次全国省市计划会议总结报告的批示（1955年4月12）》，http://www.china.com.cn/guoqing/2012-09/07/content_26746597.htm，2012年9月7日。
③ 宋玉军：《中国劳动就业制度改革与发展》，合肥工业大学出版社2012年版，第72页。
④ 《国务院关于劳动力调剂工作中的几个问题的通知（1957年4月4日）》，《湖南政报》1957年第2期。
⑤ 苏树厚、段玉恩、张福明：《新中国劳动制度发展与创新研究》，第38页。
⑥ 1955年8月和12月，国务院分别发出《关于控制企业、事业单位人员增长和加强劳动力管理问题的指示》和《关于进一步作好国家机关精简工作的指示》，提出要实行劳动定员制度。参见袁志刚、方颖《中国就业制度的变迁》，第107页。

实施，1956年全国形势发生变化，各部门对劳动力的需求开始增加，为了适应这种需要，实施不久的劳动定员制度被取消，劳动部下放了招工审批权，放宽了招工政策，却造成了1949年以来的"第一次招工失控"①。

1956年8月，中共中央下发劳动部党组报送的《关于解决城市失业问题的意见》，提出各企业事业单位招收人员时，应遵守"先城市后农村"的原则。1957年1月，国务院颁布了《有效地控制企业、事业单位人员增加，制止盲目招收工人和职员现象的通知》②，严格限制计划外用工，再次将招工权限集中到劳动部门。1957年12月，国务院在《关于各单位从农村中招用临时工的暂行规定》③中对招用临时工也提出了限制，要求各企事业单位所需临时工应首先从本单位、本地其他单位调剂解决，之后方可通过劳动部门布置招用，招工亦遵循先当地城市后农村的原则，不得私自从农村招工和私自录用盲目流入城市的农民。系列规定的实施，将农村劳动力逐步排斥在城市就业的大门之外，凭户口安排就业的就业制度由此被确立起来。

但是，1958年出台的《劳动部党组关于招工调剂工作的报告》④《关于实行企业留成制度的几项规定》《关于加强劳动计划工作问题的若干初步规定》⑤均强调将招工权下放，职工的人数节节攀升，而农业生产则因农业劳动力的大量减少遭受影响，尤其粮食大幅度减产，城市就业、粮食和物资供给十分紧张⑥。

为此，1959年1月5日，中共中央发出《关于立即停止招收新职

---

① 苏树厚、段玉恩、张福明：《新中国劳动制度发展与创新研究》，第38页。
② 参见《关于有效地控制企业、事业单位人员增加，制止盲目招收工人和职员现象的通知》，《江西政报》1957年第3期。
③ 《国务院关于各单位从农村中招用临时工的暂行规定（1957年12月13日）》，《中华人民共和国国务院报》1957年第54期。
④ 《劳动部党组关于招工调剂工作的报告》，《中国劳动报》1993年1月9日，第4版，转引自路遇主编《新中国人口五十年》（下），第1048页。
⑤ 宋玉军：《中国劳动就业制度改革与发展》，第74页。
⑥ 田锡全等：《演进与运行——粮食统购统销制度研究（1953—1985）》，第182页。

工和固定临时工的通知》，5月还正式批准了精简职工800万人的建议，开始精简工作。同年3月26日，中共贵州省委发出的《关于制止城乡劳动力盲目流动的紧急通知》中，明确要"坚决贯彻工农业同时并举和全国一盘棋的方针，劳动力必须统一调配"。

1960年初劳动部颁发了《关于加强企业编制定员工作的几项规定（草案）》，强调建立健全编制定员制度，并对之进行了详细规定①。1961年1月召开的党的八届九中全会通过了调整经济的"八字方针"，决定大力缩短基本建设战线，调整严重失调的国民经济结构，减少城镇人口和精简城镇企业的冗员。1961年，中共中央颁布了《关于调整管理体制的若干暂行规定》②，再次收回管理大权。

②劳动就业制度的最终确立

国家对就业工作的调整不仅表现在对招工权的下放和上收，更为重要的是在20世纪50—60年代，还对之进行过改革和理论的探索。在大规模基本建设投资的情况下，确实存在补充临时劳动力的必要，为了避免盲目招工及清退等工作的无序，曾提出了固定工和灵活弹性的"亦工亦农"并存的劳动制度，即对于临时工和合同工作为进可谓单位招用，退可为农业社员的制度。1965年3月10日，国务院颁发《关于改进对临时工的使用和管理的暂行规定》③，要求各地遵照执行。1971年，在《关于改革临时工、轮换工制度的通知》中，要求将大量使用的临时工、轮换工转为全民所有制单位固定工。"固定工制度从根本上得以建立起来，也标志着计划就业制度建立"④。

（4）计划就业制度的终结

1980年8月2—7日，中共中央召开了全国劳动就业工作会议，提出"解放思想，放宽政策，发展生产，广开就业门路，实行在政

---

① 袁志刚、方颖：《中国就业制度的变迁》，第109页。
② 《中共中央关于调整国家管理体制的暂行规定（1961年1月20日）》，http://www.wenming.cn/ziliao/today/201701/t20170120_4021845.shtml，2017年1月20日。
③ 《关于改进对临时工的使用和管理的暂行规定》，《江西政报》1965年第6期。
④ 宋玉军：《中国劳动就业制度改革与发展》，第76页。

府统筹规划和指导下，劳动部门介绍就业、自愿组织起来就业和自谋职业相结合"的"三结合"就业方针，逐步改革统包统配的就业政策。1992年，中国共产党第十四次全国代表大会召开，明确提出了建立市场经济体制的目标。民工潮的兴起要求对劳动就业制度作出相应的深刻改革，该时期实行的是"劳动者自主择业、市场调节就业、政府促进就业"的就业方针，统包统配的就业政策逐渐被更加灵活、具有契约性质的劳动合同制所代替，市场导向的就业机制逐步建立。党的十八大提出了"劳动者自主就业、市场调节就业、政府促进就业和鼓励创业"的新时代就业方针，市场导向的就业机制逐步完善。

4. 劳动力就业制度与贵州人口迁移

在优先发展重工业的战略导向下，劳动力就业制度必然也与户籍制度、粮食制度等交织在一起，共同构成控制城市人口、分割城乡劳动力群体及其就业的重要制度因素，并也在此意义上，对人口迁移产生深刻的影响。

其时采取的城市偏向的就业政策，一方面在城市，注重扩大就业和救济失业，同时严格把持劳动力的招收和调配权限；另一方面在农村则通过人民公社这一基层组织掌握农村的生产、就业和分配，强调自然就业；另外，认为农业生产容纳劳动力弹性较大，将"面向农村"作为解决城镇就业压力的一个选择。

基于该时期的劳动就业政策城乡分割的性质，其影响也主要体现于省内城乡人口迁移方面[①]。1952年8月，政务院批准实施的《关于劳动就业问题的决定》中，提出对盲目流入城市的农民，要劝阻说服，遣送还乡[②]，加之农村土地改革的进行，是年，贵州掀起了一个由城至乡的人口迁移高潮。

1956—1963年，因劳动招工权的交替下放和上收，贵州城乡人口数表现为往复循环的迁出又迁入。

---

① 省内迁移相关数据及使用说明参见附录1表1.2.4。
② 《中央人民政府政务院关于劳动就业问题的决定》，《江西政报》1952年第8期。

1956年,"一五计划"的顺利实施,使得城市对劳动力的需求增加,此时的就业政策也顺应其势相对宽松,招工审批权限被层层下放。该年,迁往城镇的人口首次突破10万人,达到21.83万人,较过去发生了小幅跳跃增长,乡村人口则相应呈净迁出态势。1957年,由于对计划招工的严格限制,城镇迁移人口下降到14.96万人,而乡村人口则显示小幅净迁入。

1958年和1959年的大招工和第一次大精简,贵州城镇迁入人口呈现暴涨暴跌,与乡村人口迁出迁入相应。1960年城镇迁入人口复又增长,而乡村则迁出人口66.41万人。自1961—1963年,贵州的经济调整期,贵州省内人口迁移再次发生了由城到乡的迁移,城镇人口减少了168.15万人,而乡村人口却增加了133.77万人[①]。

三线建设时期,大批计划性迁移的人口由省外向省内迁入,这种政府组织的迁移,多以"建制"形式进行[②]。同期,知识青年上山下乡则主要表现为人口由城至乡的迁移。该阶段前期,即1964—1969年,由于三线建设引起大量职工内迁,使得贵州城乡人口都处在净迁入状态。该阶段末期,随着三线建设的结束以及知青返城,城乡人口迁移开始表现为乡村人口迁出而城镇人口迁入的态势。如前所述,惜于数据的缺乏,本研究只能估算城乡净迁移人口,而二者的对流现象则无法体现。

就省内迁移[③]而言,1956—1963年,贵州人口迁移无论是迁移的方向或是迁移规模的涨落,与当时各项就业政策的变动无不高度相关。自1964年,三线建设启动至其末期以及知青返城阶段,国家计划性的、直接的引导人口再分布的政策主导着贵州人口迁移,贵州省际人口迁移的方向和规模的变动亦与之密切合拍。

综上,就业问题始终是与城市吸纳劳动力的能力紧密联系的。

---

① 根据国家统计局国民经济综合司编《新中国55年统计资料汇编1949—2004》2005年版第878页数据估算。
② 翟振武主编:《从人口变迁看民生发展》,第299页。
③ 省际迁移的数据及使用说明参见附录1表1.2.1。

三 相关政策制度与人口迁移的反思

（一）政策主导迁移的必然性

回溯前文分析，该阶段，贵州人口迁移和分布呈现如下特征：其一，除却1958—1961年以及三线建设期间，其余时期均呈低度流动性，而城市化不足更是贯穿始终；其二，人口在产业、城乡之间、省际或地区之间转移、人口迁移方向和迁移轨迹，同政策和制度的规定密切关联。

如前所述，客观上，在重工业优先发展战略下，国家基于支持工业积累的考虑，通过农业集体化及后来的人民公社将农村人口固化在土地上；通过户籍分立，造就了农村人口与城镇人口，并以户籍作为前提，对农业人口和非农业人口分别实行统购和统销，取代了城乡之间的自由市场；通过统包统配和固定工制度，集中对劳动力资源的使用、配置权，并强调先本单位后本地其他单位、先城后乡等招工原则，排斥自由流入城市的农民就业。同样，产业之间、部门之间、城镇之间、地区之间的迁移也因此受限。就个体而言，其迁移的意愿也必然降低。总之，经济动机在该阶段未能成为个体迁移的驱动。

（二）迁移自主性、迁移行为与迁移的相关政策制度

这里必须要强调，该部分讨论的背景是1949年自改革开放前这一历史时期。与迁移相关的政策制度，可分为直接对个体迁移行为进行规定的政策（包括计划型迁移）、间接对个体迁移行为进行规定的政策和宏观层面的制度政策。

根据西方经典的推拉理论，两地经济、社会、自然环境的差异对迁移者形成相应的推力和拉力促成了迁移行为。迁移行为是迁移个体对外部驱动的感应并反馈。基于此，从迁移个体的角度，其迁移行为的发生是个体迁移的自主性和外部推拉力相结合的结果。

该阶段，贵州人口迁移多数时期被政策束缚和控制，个体在迁移行动中的能动性仅在较短期内得到发挥，因而相当有限，故迁移行为基本体现了国家政策、国家计划的主导，而并非由迁移个体对外部环境的排斥或吸引所驱动。

在此条件之下，迁移个体的自主性和外部环境的二元互动关系发生变化，国家的政策制度要素成长并独立于社会经济自然等其他环境要素之外成为一极，并通过调剂，约束迁移个体自主性，影响迁移个体与外部环境推拉力之间的互动关系。

但是必须指出，在人均粮食占有量和工业化水平都较低的情况下，大规模的人口再分布是缺乏物质基础的[1]，上述系列旨在控制人口迁移和人口再分布的政策，虽然也产生了人口再分布活力过小等问题，但总的来说"是从当时的国情出发，为适应国民经济发展的需要而决定的"[2]，这实际上是对当时落后生产力和生产方式的一种适应，还是利大于弊的[3]。

---

[1] 路遇主编：《新中国人口五十年》（上），第432页。
[2] 路遇主编：《新中国人口五十年》（上），第1047页。
[3] 路遇主编：《新中国人口五十年》（上），第432页。

第 三 章

20 世纪 80 年代贵州省人口迁移

本章导言

本章结合 20 世纪 80 年代的社会经济背景以及相关迁移政策制度，分析该时期，贵州人口迁移的规模、方向、原因和特征如何在政策变迁中发生变化，提炼出该时期政策之于人口迁移的关系变化、迁移矛盾的变化，及由此导致的迁移机制的变化。

自 1978 年 12 月党的十一届三中全会召开至 1992 年党的十四大召开之前，是传统的计划经济体制开始向市场经济体制转化的双轨制阶段。该阶段，农村和城市相继展开的经济体制改革，使得二元社会结构下的城乡壁垒开始松动，重工业优先发展战略下的中国城乡人口和劳动力的配置格局被逐步打破。

随着农村人民公社制度解体，限制农村人口向城市流动的组织和制度基础瓦解；联产承包责任制的施行使得家庭在农业生产经营中的主体地位得到恢复，推动农村经济快速发展的同时，也使得农村的隐性失业开始显化；乡镇企业异军突起，为农业人口的产业转移提供了重要的空间载体；以"自理口粮"和集镇暂住人口登记制度为开端的户籍制度改革，为农业人口打开了向小城镇自主迁移的大门；农产品统购统派制度改革启动、商品流通体制和资源配置体制的改革、城乡集贸市场逐步恢复，为农业人口迁移提供了物资便利；城镇集体经济和个体经济的发展为劳动力的乡城迁移提供了就业空间；以"三结合"方针为发端的计划劳动就业制度改革，为劳动力的转移打开了枷锁；区域发展历史基础的不同及区域差异发展政策的施行，开始激发人口的跨区域流动。

但此时，城乡二元壁垒仍较坚实，城乡经济体制的各项改革尚待深化，城市的吸纳能力甚为有限，"控制大城市规模"[1]的城市发展方针最直接地限制了人口向大城市的迁移。政策力主下的乡镇企业的发展，引导农村剩余劳动力通过"离土不离乡"的方式实现产业转移、缓解了该时期剩余劳动力转移的压力，但客观上也成为削弱其跨地区、跨城乡迁移快速增长的制度性原因[2]。

基于改革初期的政策放松，该时期贵州人口迁移规模增长，并开始突破距离因素，以省际迁移特别是省际迁出为主。但迁移目的地以邻省为主导，其次才是苏浙，再次是粤鲁等其时经济发展较快的东部沿海地区。此外，省际迁入人口目的地的选择以省会贵阳市为主，因三线建设兴起的六盘水市吸纳省际迁入人口的位序跌出"三普"时期的前三甲。就省内迁移而言，乡城迁移在1984年一度达到高峰，之后随着乡镇企业的发展进入平缓增长状态，乡—乡迁移成为省内迁移的主导模式。

户籍人口仍是迁移主体，但非户籍迁移有了较大增长。农业人口迁移规模虽大，但其迁移的可能性低于非农业人口，迁移人口的职业构成以"第一产业"占绝对多数，女性多于男性，文化程度高者跨省迁出倾向高，年龄上则以低龄劳动年龄人口为主。"婚迁"是省际迁出的首要原因，婚迁人口主要是女性和农业人口。劳动就业型迁移中，"务工经商"为代表的体制外迁移开始增长。

综上，该时期无论从迁移规模、迁移距离、迁移方向、迁移者的构成特征、迁移原因等都体现了政策对人口迁移的控制开始解绑、个体迁移自主性初步具备的阶段性特征，也反映了迁移外部拉力初步释放、外部承载空间仍然有限，迁移外部环境尚待政策进一步推动营

---

[1]《全国城市规划工作会议国务院批转全国城市规划工作纪要》，《中华人民共和国国务院公报》1980年第20期，第646—652页。

[2] 钟水映：《中国跨世纪的社会经济研究丛书·人口流动与社会经济发展》，第171页。

造。此时，改革之前那种"迁移自由缺失"的迁移矛盾开始弱化，迁移个体与迁移外部环境二者的互动关系开始成长，并成为影响迁移的直接因素。迁移者的个体特征也在此过程中开始发挥作用，并作为二者互动筛选的结果被呈现。

第一节　社会经济背景概述

第二章中业已提及，在优先发展重工业的战略目标下，我国建立了诸如户籍、统购统销、就业等城乡区隔的政策制度，农村政社合一的人民公社则作为相应的组织载体和制度保障[①]。一方面城乡之间的粮食和商品流通被切断，另一方面将农民即社员组织在人民公社内部，甚至不能在公社之间流动[②]。农民被严格束缚在农业和农村。

在改革开放之初，由农村向城市的人口迁移仍被严格控制。基于前述城镇就业压力，一方面积极推动城镇灵活就业、提出"三结合"就业方针，另一方面仍将"控制大城市规模、合理发展中等城市，积极发展小城市"[③]作为城市发展方针，还"严格控制农村劳动力流入城镇"[④]。1981年12月，国务院又颁布《关于严格控制农村劳动力进城做工和农业人口转为非农业人口的通知》（国发〔1981〕181号），仍然强调"要严格控制从农村招工"。

随着改革开放的推进和由计划经济体制向商品经济的转变，农村集体经济体制解散、统购统派制度终结、就业制度改革[⑤]、城乡集市

[①]　王家驯：《中国农村组织制度变迁（1958—1985）》，吉林大学出版社2013年版，第65页。
[②]　王家驯：《中国农村组织制度变迁（1958—1985）》，第43页。
[③]　《国务院批转全国城市规划工作纪要》，《中华人民共和国国务院公报》1980年第20期。
[④]　《关于广开门路，搞活经济，解决城镇就业问题的若干决定（摘要）》，《劳动工作》1981年第12期。
[⑤]　1986年7月12日，国务院同时发布了关于劳动制度改革的四个重要规定（《国营企业实行劳动合同制暂行规定》《国营企业招用工人暂行规定》《国营企业辞退违纪职工暂行规定》和《国营企业职工待业保险暂行规定》），指出企业招工，除国家另有特别规定者外，统一实行劳动合同制，开始了较全面深刻的劳动就业制度改革。详见《中华人民共和国国务院公报》1986年第25期。

贸易恢复。因着乡镇企业兴起①、小城镇的发展，相当数量的农村剩余劳动力开始向非农产业转移并迫切要求在集镇落户。1984年《中共中央关于1984年农村工作的通知》（1984年一号文件）提出对务工、经商、办服务业的农民自理口粮到集镇落户进行试点②，打响了小城镇户籍改革的先声，1984年10月13日国务院颁发《关于农民进入集镇落户问题的通知》③，准许有条件的农民迁入集镇，对施行了26年的乡城迁移控制政策进行了调整，乡城人口迁移的体制开始有所突破、社会控制力度渐趋减弱，大量农村剩余劳动力被非农业特别是乡镇企业吸纳。

同时，1984年10月党的十二届三中全会通过了《关于经济体制改革的决定》，提出有计划的商品经济，拉开了城市全面改革的序幕。因此，尽管二元社会结构的坚冰仍未彻底打破，但社会结构的开放性和流动性已经使人口迁移逐步活跃。这一时期，农村农业人口一方面通过乡镇企业这一载体实现了"进厂不进城""离土不离乡"的产业转移，之后随着经济的发展逐步成为"离土又离乡"的跨地域迁移者。在贵州等经济不发达省区，大量农村劳动力开始通过城乡之间和区域之间的"离土又离乡"的产业和地域转移，寻找新的发展空间。

---

① 乡镇企业发端于计划体制下公社和大队开办的社队企业。1978年12月，中国共产党十一届三中全会作出了《关于加快农业发展若干问题的决定》，首次把发展社队企业提到了全党的议事日程，明确指出："社队企业要有一个大发展。"1979年7月和1981年5月，国务院相继颁布了《关于发展社队企业若干问题的规定》和《关于社队企业贯彻国民经济调整方针的若干规定》，阐述了发展社队企业的重大意义，并从贷款、税收、资金等多方面采取扶持政策。1984年，中央相继发布了《1984年农村工作的通知》和《转发农牧渔业部〈关于开创社队企业新局面的报告〉的通知》，充分肯定了农村工业在我国国民经济中的重要性，同意将社队企业改为乡镇企业，其范围从过去只限于公社、大队两级，扩大到乡、村、组、部分社员联办的企业和个体企业。其发展黄金时期为1984—1988年，之后由于国家开始调控经济增长中的过热问题，而进入调整期。参见陈吉元、虞德昌《中国农业劳动力转移》，人民出版社1993年版，第272、273页。

② 《中共中央关于1984年农村工作的通知（1984年1月1日）》（1984年一号文件），http://www.china.com.cn/guoqing/2012-09/12/content_26747632.htm，2012年9月12日。

③ 《国务院关于农民进入集镇落户问题的通知》，《中华人民共和国国务院公报》1984年第26期。

一 贵州的经济体制改革

在党的十一届三中全会以后,贵州亦从实际出发,认真贯彻执行了"调整、巩固、整顿、提高"和"对内搞活经济、对外实行开放"的方针,对国民经济进行调整,对农业、工业、流通、计划等方面的管理体制进行了改革尝试。

(一)农村经济体制改革

1978年3月,关岭县顶云公社16个生产队率先试行"定产到组、超产奖励"的生产责任制,到1980年贵州全省实行了"包干到户"①。自1982—1986年,中共中央连续5年发布了以农业、农村和农民为主题的中央"一号文件"②,部署农村改革和农业发展。根据中央关于加快农业发展、搞活农村经济的这一系列指示、方针、政策,贵州结合自身农业生产力水平低、农民居住分散、经营管理落后的实际情况,逐步展开了农村经济管理体制改革。

1. 实行家庭联产承包责任和政社分设

根据中共中央1983年一号文件精神与中共中央和国务院《关于实行政社分开建立乡政府的通知》③,贵州对人民公社体制进行了以家庭联产承包责任制和政社分设、建立乡政府为主的第一步改革。1984年,贵州省完成了农村政社分开、建立乡政府的工作,结束了

---

① 贵州省统计局、国家统计局贵州调查总队:《贵州六十年(1949—2009)》,中国统计出版社2009年版,第6页。

② 分别是(1)1982.1.1《全国农村工作会议纪要》(突破了"三级所有、队为基础"的体制,明确指出包产到户、包干到户或大包干"都是社会主义生产责任制");(2)1983.1《当前农村经济政策的若干问题》(从理论上说明了家庭联产承包责任制是伟大创造);(3)1984.1.1《中共中央关于1984年农村工作的通知》(强调继续稳定和完善联产承包责任制,规定土地承包期15年不变);(4)1985.1.1《中共中央、国务院关于进一步活跃农村经济的十项政策》(扩大市场调节力度);(5)1986.1.1《关于一九八六年农村工作的部署》(农业是国民经济的基础、深化农村改革)。详见百度文库《改革开放以来中央关于农村工作的"一号文件"》,https://wenku.baidu.com/view/4e3d865a312b3169a451a4f4.html,2012年3月13日。

③ 《中共中央、国务院关于实行政社分开建立乡政府的通知》,《中华人民共和国国务院公报》1983年第23期。

农村人民公社制度的历史。到1984年底,在农村集体经济中,在经营形式上实行联产承包责任制的生产队已有21.33万个,占生产队总数的97.5%;实行联产承包责任制的农户达510.4万户,占农村总户数的99.5%,并建立乡(镇)3915个①。这一改革,赋予了农民生产经营的自主权,包括自愿择业的自主权。在实现了土地所有权和使用权分离后,贵州又在家庭联产承包责任制的框架下,探索出"增人不增地、减人不减地"②的农地制度,实现了进一步的制度创新。

2. 农产品统派制度改革

1983—1985年中央下发的三个关于农村的"一号文件"中,从"允许多渠道经营"③,到"继续减少统派统购的品种和数量",再到明确对农产品实行合同定购和市场收购,合同定购以外的粮食,可自由上市,逐步实现了对统派制度的改革(详见第二章第二节)。

贵州也继上述第一步改革之后,开启了对农产品统派制度的改革。1985年初,在中共中央、国务院《关于进一步活跃农村经济的十项政策》(第4个一号文件)和中共贵州省委、贵州省人民政府《关于继续改革农村经济管理体制,促进农村经济翻番的意见》下达后,贵州开始对农产品统派统购制度进行改革,结束了长达30余年的农产品统购统派制度④,农民进入市场的权利得到放宽,同时也为农民自由流动提供了保障。

3. 乡镇企业的发展

贵州农村在全面实行家庭联产承包责任制后,生产力得到极大提高,农村中隐性的剩余劳动力逐步显性化,大批剩余劳动力的出现亟

---

① 贵州省情编辑委员会编:《贵州省情(1949—1984)》,第83页。

② 1987年4月,按照中央〔1987〕5号文件和中办〔1987〕8号文件关于建立农村改革试验区的精神,贵州湄潭被列为全国10个农村改革试验区之一,进行"土地制度建设与农产品商品基地建设"为主题的改革,并探索出"增人不增地、减人不减地"的农地制度。该制度被纳入1989年11月25日第七届人大常委会第十次会议通过的《贵州省实施〈中华人民共和国土地管理法〉办法》中,还被写入中共中央1993年第11号文件中。

③ 《中共中央关于印发〈当前农村经济政策的若干问题〉的通知》,http://www.china.com.cn/cpc/2011-04/12/content_22343762.htm,2011年4月12日。

④ 贵州省情编辑委员会编:《贵州省情(1949—1984)》,第90页。

待其他产业的吸纳。其时，城市的改革刚刚起步，国家实行"控制大城市规模，合理发展中等城市，积极发展小城市"[1]的城市发展方针，大城市对剩余劳动力的吸纳有限。

为解决农村剩余劳动力转移的出路，国家鼓励兴办乡镇企业。1984年，根据中共中央、国务院中发〔1984〕4号文件和省委、省政府关于大力发展乡镇企业的决定，贵州的乡镇企业突破了社队企业的旧模式，实行国家、集体、个人一起上，大中小一起上，乡、村、联户、家庭一起办的方针，使得乡镇企业得到较快发展。尽管，贵州乡镇企业经济效益较其他地方相对低，还受到运输条件的制约，但该年，贵州工农业总产值较1983年增长18.2%，而其中1/5的增长额来自乡镇企业的贡献[2]。乡镇企业的发展，客观上承接了无法顺利迁往城市的农村剩余劳动力，使得其可以通过"离土不离乡"的方式实现产业转移。

4. 自理口粮和集镇暂住人口登记管理制度

1984年中一号文件提出，"各省、自治区、直辖市可选若干集镇进行试点，允许务工、经商、办服务业的农民自理口粮到集镇落户"[3]。同年10月13日，国务院颁发了《关于农民进入集镇落户问题的通知》，首次对自主流入城镇的农村流动人口给予正式肯定和认可。其中规定："凡申请到集镇务工、经商、办服务业的农民和家属，在集镇有固定住所，有经营能力，或在乡镇企事业单位长期务工的，公安部门应准予落实常住户口，集市办理入户手续，发给自理口粮户口簿，统计为非农业户口，粮食部门要做好加价粮油的供应工作，可发给加价粮油供应证"[4]，这可以说是我国乡城人口流动管理制度上

---

[1] 《全国城市规划工作会议国务院批转全国城市规划工作纪要》，《中华人民共和国国务院公报》1980年第20期。
[2] 贵州省情编辑委员会编：《贵州省情（1949—1984）》，第168页。
[3] 《中共中央关于1984年农村工作的通知（1984年1月1日）》（1984年一号文件），http://www.china.com.cn/guoqing/2012-09/12/content_26747632.htm，2012年9月12日。
[4] 《国务院关于农民进入集镇落户问题的通知（1984.10.13）》（国发〔1984〕141号），《中华人民共和国国务院公报》1984年第26期。

的一次重大突破①。

1985年7月，根据《公安部关于城镇暂住人口管理的暂行规定》，对暂住拟超过三个月的人口申领暂住证，对暂住时间较长者由单位负责人登记造册，报送公安派出所或户籍办公室登记为寄住户口，发寄住证②。农业人口可以进城打工或经商，解决了农村富余劳动力的出路问题，繁荣了城乡经济，尽管向大城市迁移仍限制严格，但通过小城镇的突破，户口在人们心目中已开始淡化。

(二) 城市经济体制改革

在农村经济改革的推动下，城市的经济改革也围绕搞活企业进行了局部试验和探索。1984年10月，党的十二届三中全会作出了《中共中央关于经济体制改革的决定》③，此后，贵州以城市为重点的经济体制改革由此逐步地全面展开。

在所有制结构方面，保证全民所有制经济占主导地位的前提下，集体经济和个体经济都得到了一定的发展，在国家与企业关系方面，企业自主权扩大，活力增强；在流通方面，通过初步改革，改变了国营商业独家经营和流通渠道单一化的状况。商品流通体制朝多渠道、少环节、开放式的方向发展。集市贸易也有了较大发展，集市由1980年的1900个增加到1984年的2245个，增长18.2%，集市贸易成交额由6.22亿元增加到11.71亿元，增长88.3%④；"在管理体制方面，通过简政放权、下放企业、逐步改变条块分割和城乡分割的状况，开始以城市为依托，组织经济活动。此外，还在计划管理体制、财政管理、劳动工资和物价等方面，进行了初步改革"⑤。

在劳动就业制度方面，改革初期农村劳动力招工仍受限制。尽管

---

① 钟水映：《中国跨世纪的社会经济研究丛书·人口流动与社会经济发展》，第130页。
② 《公安部关于城镇暂住人口管理的暂行规定》，《中华人民共和国国务院公报》1985年第26期。
③ 《中共中央关于经济体制改革的决定》，《中华人民共和国国务院公报》1984年第26期。
④ 贵州省情编辑委员会编：《贵州省情 (1949—1984)》，第81页。
⑤ 贵州省情编辑委员会编：《贵州省情 (1949—1984)》，第79页。

1980年8月2—7日，中共中央召开的全国劳动就业工作会议上提出"三结合"就业方针，启动改革统包统配的就业政策，但1981年12月，国务院又颁布《关于严格控制农村劳动力进城做工和农业人口转为非农业人口的通知》（国发〔1981〕181号），仍然强调"要严格控制从农村招工"。

至1986年7月12日，国务院同时发布了关于劳动制度改革的四个重要规定（《国营企业实行劳动合同制暂行规定》、《国营企业招用工人暂行规定》、《国营企业辞退违纪职工暂行规定》和《国营企业职工待业保险暂行规定》），指出企业招工，除国家另有特别规定者外，统一实行劳动合同制，还规定企业招工要"面向社会、公开招收"，开始了较全面深刻的劳动就业制度改革[1]。

在经济改革的同时，贵州逐步实行对外开放且初见成效。经济技术合作从兄弟省、区、市开始，逐步拓展到西南地区各省、区、市，进而与我国港澳台地区及外国也逐步建立了贸易往来关系。自1980年，贵州省人民政府便开始组织一些跨省、跨地区的经济联合体。如川、云、贵、桂、渝四省（区）五方［后又增加西藏，成为五省（区）六方］全国一级经济区网络（由经济逐步拓展至政治、文化、教育、体育等领域的协作）[2]，一、三线城市经济技术协作等。1985年9月16日，经国家经济委员会批复，除原确定与河北省结成的对口支援关系不变外，同意贵州省与广东省结成对口支援省[3]。

二 城镇化政策的调整改革

前述研究指出，1978年以前，国家遵循"工业化带动城镇化"

---

[1] 《中华人民共和国国务院公报》1986年第25期，第739—750页。

[2] 1984年4月，在贵阳首次召开四省（区）五方经济协调会议，议定了131项协作和意向性协作项目。详见贵州省地方志编撰委员会、贵州年鉴编辑部《贵州年鉴（1985）》，贵州人民出版社1985年版，第116页；1985年4月，四省（区）五方经济协调会第二次会议又在重庆召开，先后同各方签订230多项合作协议。详见贵州省地方志编辑委员会、贵州年鉴编辑部《贵州年鉴（1986）》，贵州新华印刷厂1986年版，第77页。

[3] 贵州省地方志编辑委员会、贵州年鉴编辑部：《贵州年鉴（1986）》，贵州新华印刷厂1986年版，第315页。

的方针，我国的城镇化由于遭遇挫折，一直在低水平徘徊。自改革开放以来，在乡镇企业的推动下，小城镇迅速兴起和发展，在大量剩余农业劳动力迫切需要寻找新的就业渠道，而城市尚难以立即消化众多就业人口压力的情况下，承担了剩余劳动力"蓄水池"的重要功能。

1980年，国务院批转《全国城市规划工作会议纪要》，认为会议提出的"控制大城市规模，合理发展中等城市，积极发展小城市"的方针是好的，要求各地区、各有关部门认真执行[1]。在此方针的推动下，该时期小城镇如火如荼地发展起来。

三 交通及通信业基础设施改善

通过运输体制改革，1984年交通部门客、货运量较1983年有较大增长。其中货运量增长了10.4%，客运量增长了20.4%。

在交通基础设施方面，由于受自然、地理和历史等因素的影响，贵州以交通通信为重点的基础设施建设滞后。新中国成立以来，贵州逐步改变了这一面貌，到1984年，贵州省县县通公路，83%以上的乡通了汽车。铁路通车里程达到1467.7千米，公路通车里程达到27872千米，内河通行里程1746千米。开通了直达北京、郑州、西安、成都、昆明、上海、桂林、广州8条航线。形成了以省会贵阳为中心，连接川、滇、湘、桂和省内各州、市、地、县（市、特区、市辖区）的交通运输网。在通信业建设方面，至1984年，贵州已有航空邮路7条，火车邮路9条，汽车邮路25条，邮电局、所达1265个，形成了以贵阳为中心，逐级辐射到州、市、地、县（市、特区、市辖区）、区、乡的邮电通信网络[2]，贵州人口迁移的交通条件得到了极大改善。

---

[1]《全国城市规划工作会议纪要》，《中华人民共和国国务院公报》1980年第20期。
[2] 贵州省情编辑委员会编：《贵州省情（1949—1984）》，第85页。

四 政策制度变迁对人口迁移的影响

综上,该时期经济体制的改革逐步打破了优先发展重工业这一传统发展战略下中国城乡人口和劳动力的配置格局,从制度上和物质上为人口迁移提供了前提、保障和便利。

其一,人民公社对农村劳动力迁移的束缚被打破,农村生产责任制的施行也使得农村中隐性失业问题浮现,农业剩余劳动力显现;其二,农村人口自主迁移通过自理口粮和暂住证、寄住证政策的实施得到正式认可和肯定;其三,在统购统派制度被取消的同时,通过流通体制的改革,城乡集市贸易得到恢复和发展,流动到城镇的农村人口无须依赖定量供应系统,通过开放市场便能获得所需的日常用品;其四,重工业优先发展战略的转变,使得城市吸纳农业剩余劳动力的能力增强,增加了就业机会,城镇的初步开放、东西部发展的梯度效应吸引了农村人口流动[1];其五,计划配置劳动力的体制对劳动力在产业间和区域间转移设置的樊篱逐步打开;其六,农村非农业生产经营及其比较利益刺激了农民流动,该时期乡镇企业兴起,为农村剩余劳动力转移提供了重要条件,成为农民非农就业的主要方式;其七,交通及通信设施的改善无疑也为人口向他处的迁移提供了便利。

这一时期,"市场取向的经济改革从体制上和产业机会上为人口、劳动力迁移提供了可能性"[2],城市打开"城门",乡村敞开"寨门",城乡之间正朝着互相促进、协调发展的方向前进,也为贵州城乡之间、地区之间、省际之间的人口迁移和流动奠定了重要的基础。当然,该时期实行的系列控制城市人口规模和农村劳动力进城做工的政策尚有待于进一步的改革和调整,且在未来将对人口迁移产生很大的影响。

---

[1] 钟水映:《中国跨世纪的社会经济研究丛书·人口流动与社会经济发展》,第127页。

[2] 蔡昉:《人口迁移和流动的成因、趋势与政策》,《中国人口科学》1995年第6期。

第二节 20世纪80年代贵州人口迁移描述性分析

一 数据来源及使用说明

（一）数据来源

本章使用的迁移人口数据包括直接数据和间接数据两部分。直接数据主要来自国家统计局1990年第四次人口普查微观数据和《贵州省1990年人口普查资料》。间接数据主要是指20世纪80年代各年份的人口迁移率、城乡人口分布情况等数据，均根据《新中国六十年统计资料汇编》中的相关人口数据计算获得。具体计算过程和结果详见附录。

（二）数据使用说明

"四普"是我国人口普查第一次收集调查前五年的迁移数据，根据该次普查采用的口径，迁移人口是指1985年7月1日的常住地与1990年7月1日的常住地比较发生了跨县市变动的人。本章主要从"省际迁移和省内迁移"两类别来进行研究。其中，省际迁移部分，还结合相邻省区和非相邻省区、"东、中、西部"三个经济带等空间方位进行描述性分析[1]。由于户口迁移和非户口迁移体现了计划时代和市场经济时期对人口迁移的不同政策和制度安排，因此，通过非户

---

[1] "东、中、西部"三个经济带的概念，以1986年全国人大通过的"国民经济和社会发展第七个五年计划"中提出的标准为依据。即东部地区：北京、天津、河北、辽宁、上海、江苏、浙江、福建、山东、广东、广西、海南；中部地区：山西、内蒙古、吉林、黑龙江、安徽、江西、河南、湖北、湖南；西部地区：四川、贵州、云南、西藏、陕西、甘肃、青海、宁夏、新疆。[详见国务院发展研究中心、中国企业评价协会、国家统计综合司《西部大开发指南·统计信息专辑·编辑说明》，中国社会出版社2000年版；1997年八届全国人大五次会议通过了设立重庆直辖市的决定，西部地区增加为10个省（自治区、直辖市）。详见国家统计局《中国西部统计年鉴2001》，中国统计出版社2002年版，第3页]；2000年10月26日，根据《国务院关于实施西部大开发若干政策措施的通知》（国发〔2000〕33号），综合考虑经济发展水平、地理区位和民族地区发展因素，西部开发的范围增加了内蒙古和广西，为12个省（自治区、直辖市）。故考虑到本章所研究的历史发展阶段，且后续调整仅涉及内蒙古和广西两省份，内蒙古与贵州的人口对流十分少，因而本章沿用"七五"计划中的标准，2000年以后则使用新标准。

口迁移人口规模的比重可以窥探相关政策和制度变迁的轨迹。故本章中，还将根据户口登记地是否发生变动，将全部迁移者分为户口迁移和非户口迁移两类进行比较分析。

需要说明的是，目前学界对迁移研究的数据使用主要有三类。一是调查时点数据，即通过调查时点迁移者的个体特征来进行研究；二是通过局部倒推法，还原迁移人口发生迁移时的人口数据。这种方法主要由段成荣[1]提出，目的是避免因为时变性因素带来的"同时性偏差"问题；三是通过全面倒推法，或称人年分解法，将全部人口数据倒推至迁移发生年，获得期间每一年的迁移者信息。国内的唐家龙等曾根据这种方法，基于"五普"数据进行相关的迁移研究。

但目前国内的研究基本使用的是调查时点数据，这主要是基于研究资料的可得性而作出的"不得已的选择"[2]。同样，本章所使用的"四普"数据的结构，除了年龄外，其他数据均不具备消除时变性特征影响的结构，无法通过倒推获得迁移发生时的数据。另外，考虑到数据的一致性和匹配性，本章中所使用的数据，若无特殊说明，均使用的是调查时点数据。

二 20世纪80年代贵州人口迁移概况

（一）省际迁移

1. 省际迁移人口规模、方向概述

20世纪70年代末80年代初，我国的省际人口迁移方处于乍起之时。1982年第三次人口普查中，尚未对此进行记录。但整个20世纪80年代，相继出现了几次大规模的人口迁移浪潮，至1990年全国第四次人口普查时，以"百万民工下广东"为代表事件的全国省际人口迁移为国内外所瞩目。在人口迁移自主性增强的情况下，人口迁移的流向也由过去通过计划调配、向边疆和内地地区为主转为向沿海地区

---

[1] 段成荣：《影响我国省际人口迁移的个人特征分析——兼论"时间"因素在人口迁移研究中的重要性》，《人口研究》2000年第4期。

[2] 唐家龙：《论时变性因素对人口迁移选择性的影响——基于数据处理方法的视角》，《中国人口科学》2008年第2期。

为主。

（1）省际迁移概述

据《新中国六十年统计资料汇编》中相关人口资料进行估算，20世纪80年代贵州省的省际迁移除在1981年小幅净迁入4.7万人，1987年有0.37万人的微弱净迁入外，其余年份均显示为净迁出，1979—1989年，共计净迁出23.5万人。尽管从净迁移率分布来看（见图3.1—图3.3），相对于改革开放以前，整个20世纪80年代人口迁移平缓得多，起伏波动相对较小，省际人口迁移仍处于萌芽状态，但如图仍可见，1990年，贵州人口省际迁移凸显迁入高峰，迁入率达14.79‰，仅就迁入数据而言，据1982年第三次全国人口普查数据[①]，贵阳市作为贵州省的省会城市，吸纳的外来常住人口占各地、州、市的比例最高，遵义市占比居第2位，但其人口迁入率在常住人口分母的化解下，仅排第4位，迁入六盘水市的人口在全部迁入人口中的比重中排第3位，但人口迁入率则仅次于贵阳市，安顺地区外来迁入人口的比重紧随其后，位居第四（见表3.1）。

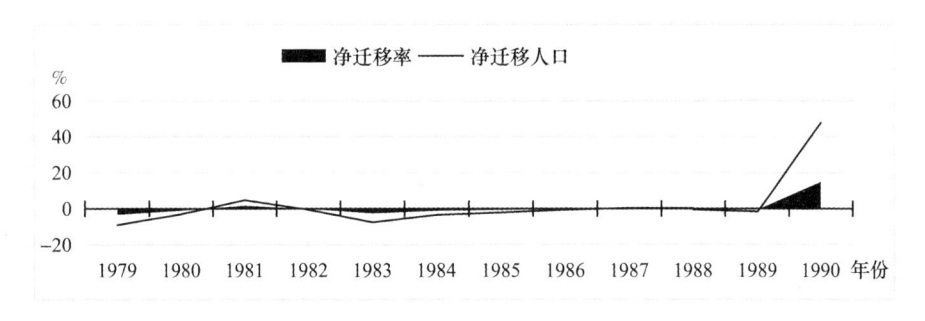

图3.1　1979—1990年贵州省际人口迁移

[①] 1982年的第三次人口普查未登记迁移人口项目，但其中将"常住人口的户口登记状况"区分为以下五种类型：常住本地（指本县、市、区，下同），户口在本地；常住本地一年以上，户口在外地；人住本地不满一年，离开户口登记地一年以上；人住本地，户口待定；原住本地，现在国外工作或学习，暂无户口。因而，根据此种划分方法，一个地区的第二种和第三种人口可视为该地的流入人口。遗憾的是，通过该数据，不能区分迁入者是省内迁入还是省际迁入，也无法了解各地、州、市的人口迁出情况。

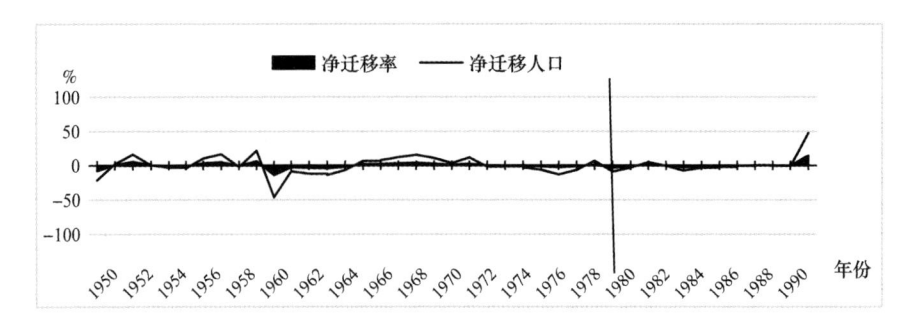

图 3.2　1950—1990 年贵州省际人口迁移

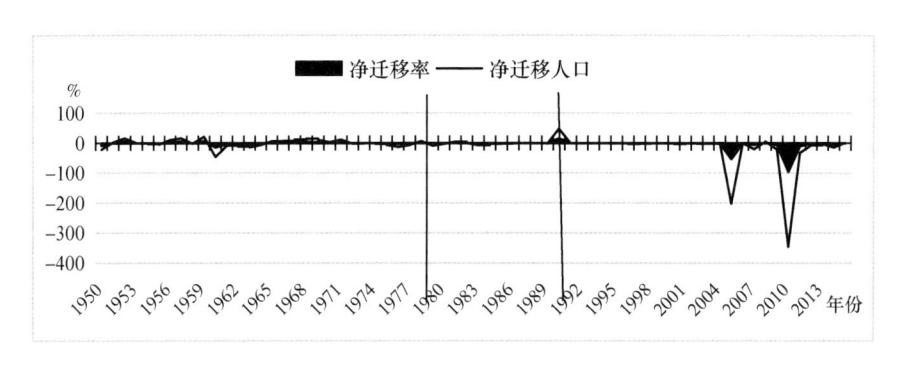

图 3.3　1950—2015 年贵州省际人口迁移

表 3.1　"三普"时期贵州省各地区常住人口及迁入人口　　单位：人

地区	常住人口	常住人口位序	常住人口百分比(%)	迁入人口	迁入率(‰)	迁入率位序	迁入人口比重(%)	迁入人口比重位序
贵阳市	1319428	9	4.6	20901	15.84	1	19.6	1
六盘水市	2089552	8	7.3	17530	8.39	2	16.5	3
遵义地区	5551649	1	19.4	20114	3.62	4	18.9	2
铜仁地区	2922482	6	10.2	5010	1.71	8	4.7	8
黔西南州	2166365	7	7.6	4200	1.94	7	3.9	9
毕节地区	5216885	2	18.3	6240	1.20	9	5.9	7
安顺地区	3098313	4	10.9	16540	5.34	3	15.5	4
黔东南州	3237878	3	11.3	6498	2.01	6	6.1	6

续表

地区	常住人口	常住人口位序	常住人口百分比（%）	迁入人口	迁入率（‰）	迁入率位序	迁入人口比重（%）	迁入人口比重位序
黔南州	2950445	5	10.3	9413	3.19	5	8.8	5
合计	28552997		4.6	106446	3.73			

数据来源：《贵州省第三次人口普查手工汇总数据》，第150—157页。

据"四普"资料显示，1985—1990年，按省际迁移（省际迁出即贵州迁往外省、省际迁入即由外省迁往贵州）和省内迁移①进行划分，贵州省际迁移人口规模合计39.63万人，占全部迁移者的59.6%，为迁移人口的主体。其中自贵州省迁至外省的人口最多，为29.08万人，占三类迁移总人口的43.7%；自他省迁入贵州的人口为10.55万人，占三类迁移人口总和的比例最低，为15.9%；省际净迁出人口合计18.52万人，省际净迁移率为-5.94‰。而该时期贵州省内迁移的人口为26.84万人，占迁移人口总和的40.4%，排序第二。

（2）户籍迁移和非户籍迁移

若按户籍迁移和非户籍迁移分，在全部迁移人口中，非户籍类的迁移有了很大的增长，但仍居于次位。户籍迁移人口共计36.04万人，占全部迁移人口的55.0%，非户籍人口共计29.5万人，占全部迁移人口的45.0%。其中省际迁出和省内迁移都以户籍人口为主，这两个类别中，户籍人口占比都高达6成，省际迁入人口中，非户籍人口的规模开始超过户籍人口，占全部省际迁入人口的70.0%。基于户籍迁移和非户籍迁移代表的两种意涵，加之历史和社会的原因，贵州属于欠发达省份，因而，非户籍迁移的兴起滞后于以户籍迁移为主导的代表正规就业或就学等的迁移（见表3.2）。

---

① 该时期还有0.01万外国人迁入贵州，其所占比例为0.1%。另外"四普"资料中的省内迁移，在空间上是指跨县市（区）迁移者。

表 3.2　　　　1985—1990 年贵州户籍与非户籍人口迁移　　单位：万人，%

	省际迁出	省际迁入	省内迁移	全部迁移者
户籍迁移	17.11（60）	3.11（30）	15.82（60.5）	36.04（55）
非户籍迁移	11.45（40）	7.26（70）	10.75（39.5）	29.46（45）
合计	28.56（100）	10.37（100）	26.57（100）	65.50（100）

注：括号内为百分比。

（3）邻省迁移与非邻省迁移

就邻省与非邻省而论，贵州与邻省间的迁移总人口规模达19.02万人，占全部省际迁移人口的48.0%，相邻四省既是贵州人口迁移的主要目的地，更是贵州省际迁入人口的主要来源地。该时期，贵州迁至相邻四省的人口达10.82万人，占全部省际迁出人口的37.2%，另有18.26万人迁往其他22个省（市、自治区），占比62.8%，邻省迁移的指向性十分显著。自省外迁至贵州的人口中，来自邻省的共计8.2万人，占省际迁入人口的比重高达77.8%。

（4）东中西部人口迁移

若将省际迁移人口按东、中、西部分，贵州省际迁入人口来源地共计26个，其中东部11个，中部9个，西部7个。东部、中部、西部迁移总人口规模占比由高到低分别为东部16.56万人（41.8%），西部15.15万人（38.2%），中部7.92万人（20.0%）。其中，迁出人口规模由高至低为东部14.93万人（51.3%）、西部8.05万人（27.7%）、中部6.1万人（21.0%），迁入人口规模则正好相反，为西部7.1万人（67.3%）、中部1.82万人（17.3%）、东部1.63万人（15.5%）。省际人口无论哪个方向均呈净迁出，由高至低则为东部（13.3万人）、中部（4.28万人）、西部（0.95万人）。

显然，就迁移规模而言，贵州省际间的人口交流主要以东部和西部为主、中部较少，但从净迁移视角，则贵州省际迁移人口往东部大量输出，自东部迁入人口与迁往东部的人口比重为1∶9.2，典型的"八成不回来"，基本可描述为"有去无回"型；自中部迁入者和迁至中部者的比例为1∶3.4，属于"来者无多"型，西部地区迁入人口与迁出人口的比重为1∶1.1,较为平衡,是典型的"常来常往""有去有回"型人口迁移(见表3.3)。

表3.3　　　　　1985—1990年贵州东、中、西部人口迁移　　单位:万人,%

	东部		中部		西部		合计	
迁入	1.63	(15.5)	1.82	(17.3)	7.10	(67.3)	10.55	100
迁出	14.93	(51.3)	6.10	(21.0)	8.05	(27.7)	29.08	100
总迁移	16.56	(41.8)	7.92	(20.0)	15.15	(38.2)	39.63	100
净迁出	-13.30	(71.8)	-4.28	(23.0)	-0.95	(5.1)	18.53	100

注:括号内为百分比。

2. 省际迁入——邻省为主

该时期,迁入贵州的省外人口的来源地(不包含国际迁入者)亦突出表现为邻省主导的特征。

从各省(自治区、直辖市)迁入人口占贵州省际迁入人口的比重来看,排序前五者或为贵州邻省(四川、湖南、云南)或为东部沿海(江苏、浙江),共计向贵州输入人口达9.12万人,占全部贵州省际迁入人口总数的86.5%。邻省迁入人口8.2万,占全部省际迁入人口总数的77.8%。贵州省际迁入人口输入总量排序前6—10位的来源地分别为湖北(1.8%)、广东(1.5%)、山东(1.4%)、广西(1.4%)、河南(1.1%),除湖北和河南外,亦均分布在沿海,属于东部地区。

四川作为贵州的邻省,是贵州省际迁入人口的最大来源地。该时期,由四川迁入贵州的人口共5.77万人,占贵州省际迁入人口的54.7%。其次为湖南(11.7%)、云南(11.4%)、浙江(4.5%)、江苏(4.2%),该四省共计迁入3.35万人,占省际迁入人口总数的31.8%,其余19个省(市、自治区)迁入人口占比则仅有13.5%。

若以东、中、西部来论,迁出人口指向最多的东部,来源人口却最少,中部和东部迁入合计仅占省际迁入贵州全部人口三成左右。西部迁入人口最多,共计7.1万人,占省际迁入人口之比达67.3%。

如表3.4所示,再从省际迁入的目的地分布来看,迁入贵州各地州市的人口占全部省际迁入人口的比重与"三普"时期相比有共同之处，即分布位序排在前面和末位的市（州）相对稳定，省会贵阳（27.9%）和"黔北粮仓"遵义（18.8%）仍稳居省际迁入人口的目的地第1位和第2位的位置，两地吸收的省际迁入人口约占全部省际迁入人口的一半（46.7%）。但该时期，贵阳市迁入人口占比增长了8.26个百分点，开始与遵义拉开差距，人口集聚效应更趋显著。迁往铜仁地区和黔西南州的人口排序与"三普"时期同，仍位居末位。

表3.4　　　　　1985—1990年贵州省际迁入人口迁入目的地分布　　　　单位：万人，%

来源地	省际迁入目的地									合计
	贵阳市	六盘水市	遵义地区	铜仁地区	黔西南州	毕节地区	安顺地区	黔东南州	黔南州	
东部	0.6	0.04	0.06	0.11	0.06	0.07	0.19	0.3	0.2	1.63
中部	0.26	0.06	0.1	0.22	0	0.04	0.1	0.89	0.15	1.82
西部	2.08	0.44	1.82	0.17	0.16	1.2	0.75	0.38	0.1	7.1
合计	2.94	0.54	1.98	0.5	0.22	1.31	1.04	1.57	0.45	10.55
	27.9%	5.1%	18.8%	4.74%	2.1%	12.4%	9.9%	14.9%	4.3%	100%
排序	1（1）	6（3）	2（2）	7（8）	9（9）	4（7）	5（4）	3（6）	8（5）	

注：括号内为"三普"时期该地区省际迁入人口占全部省际迁入人口的比重排序。

之前排序第3位的六盘水市（5.1%）骤降了3个位序，而黔东南州（14.9%）的省际迁入人口则较"三普"时期提高了3个位序，取而代之。迁往毕节地区（12.4%）的人口也提高了3个位序，上升至第4位。排第5位的是迁往安顺地区的人口，共计1.04万人（9.9%），迁往黔南州（4.3%）的人口亦同六盘水一样降低了3个位序，位列倒数第二。

可以看出，该时期，自省外迁入贵州的人口在迁入的第一级（即省级）目的地选择上虽有明显的邻省选择指向，但对迁入地的第二级[即地（州、市）级]的选择上则无明显的相邻指向性。与四川、湖南均相邻的铜仁地区，与云南和广西相邻的黔西南州，与广西相邻的黔南州，与云南相邻的六盘水市，其省际迁入人口远远不及与各省并不相邻的省会贵阳市以及经济较发达的遵义地区。对于省际迁入第二级目的地的选择将在后面进一步探讨。

3. 省际迁出——邻省为主、东部沿海为辅

从跨省迁移来看，贵州人口省际迁出具有邻省指向和趋东部沿海指向的特征。如前述，四川既是贵州省际迁入人口的主要来源地，同时还是跨省迁出人口的主要目的地，迁往相邻四省的人口占全部迁出者的37.2%，其中仅是迁往邻省四川者，便达6.1万人，占迁往外省人口总数的21.0%。此外，东部沿海的江苏省则是贵州省际人口迁出的次主要目的地，迁往江苏的人口共计4.0万人，占省际迁出人口的13.8%。众所周知，江苏在改革开放以来，率先在全国促生了"苏南模式"，乡镇企业的发展走在全国前列，成为拉动人口迁入的强大引擎，自贵州迁往江苏的人口中，从事非农产业的比重高达76.2%，高于贵州全部迁移人口中从事非农产业的水平近14个百分点。

再依"东中西部"而论，贵州省际迁出人口的东部沿海指向亦十分清晰。与自东部迁入的人口规模形成巨大反差，迁至东部的人口规模占全部省际迁出人口的一半（51.3%），按净迁出来看，往东部净迁出人口为13.3万人，占全部净迁出人口的71.78%，至中部和西部的净迁出人口分别为4.28万人（23.1%）和0.95万人（5.13%）。

迁出人口排前十的省区共计迁出22.85万人，占贵州全部省际迁出人口约八成（78.9%）。而这十个主要迁出目的地或与贵州毗邻（四川、云南、湖南），或位居东部沿海（山东、江苏、浙江、福建、广东），或既与贵州相邻又沿海（广西），或地处长江中下游的产粮区（江西）。

（二）省内迁移

1. 各地州市迁入人口分布

该时期，贵州省内迁移人口规模虽较省际迁移人口少，但仅略低于省际迁出人口2.24万人，总计达26.84万人，占全部迁移人口的40.4%。如图3.4所示，从省内人口的迁入目地分布来看，迁往黔南州的最多，共计7.87万人，占全部省内人口迁移总数的29.3%，迁

往安顺地区的人口为5.38万人，占比20.0%，迁至省会贵阳的人口是4.05万，占比15.1%，排序第3位，迁往黔东南州和遵义地区的人口分别排序第4位和第5位，占省内迁移总人口的10.4%和9.6%。迁往黔西北部的六盘水市（5.8%）、毕节地区（4.2%）、黔东北部的铜仁地区（3.7%）和黔西南州（1.8%）的人口则较少。

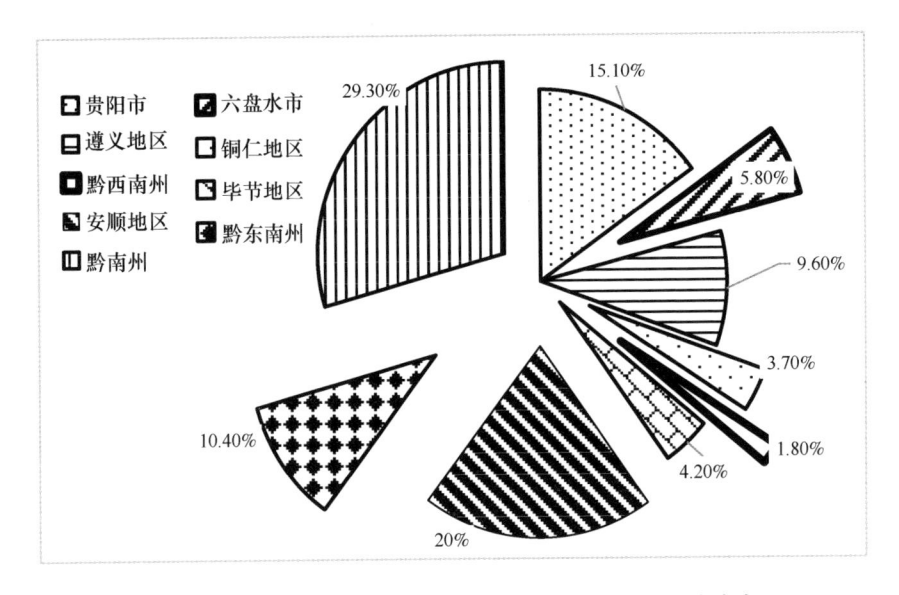

图3.4　1985—1990年贵州省内迁移人口迁入目的地分布

值得注意的是，无论是省际迁移还是省内迁移，迁至黔西南州的人口都是最少的，迁往铜仁地区的人口则居倒数第2位或第3位。

同时，如表3.5所示，从迁入率来看，省会贵阳人口迁入强度最高，黔南州和安顺地区分别位居第二、三位。

表3.5　贵州省常住人口、省内迁移人口分布

地区	常住人口（万人）	常住人口位序	常住人口百分比（%）	省内迁入人口（万人）	迁入率（‰）	迁入率位序	省内迁入占比（%）	省内迁入占比位序
贵阳	109.6	9	3.5	4.1	37.0	1	15.1	3
六盘水	240.4	7	7.7	1.6	6.4	5	5.8	6

续表

地区	常住人口（万人）	常住人口位序	常住人口百分比（%）	省内迁入人口（万人）	迁入率（‰）	迁入率位序	省内迁入占比（%）	省内迁入占比位序
遵义	618.7	1	19.9	2.6	4.2	6	9.6	5
铜仁	343.7	5	11	0.99	2.9	7	3.7	8
黔西南州	231.5	8	7.4	0.5	2.1	9	1.8	9
毕节	520.2	2	16.7	1.1	2.2	8	4.2	7
安顺	356.4	4	11.1	5.4	15.1	3	20	2
黔东南州	368.2	3	11.8	2.8	7.6	4	10.4	4
黔南州	327.0	6	10.5	7.9	24.1	2	29.3	1
合计	3115.7		100	26.8	8.6		100	

2. 城、镇、乡人口迁移

该时期乡村人口构成了贵州省内迁移的主体，如表3.6所示，从迁出地类型来看，乡村迁出人口最多，共计15.6万人，占全部迁移人口的58.1%。镇人口次之，共计迁移8.32万人，占省内迁移者的31.0%，市迁出人口仅2.92万人（10.9%）。而从迁入目的地来看，则同样以迁至乡村的人口为主体，共计16.78万人，占全部省内迁移者的62.5%，迁往市的人口为3.78万人，占全部迁移人口的14.1%，迁往镇的人口有6.28万人，占比23.4%。市和乡为人口净迁入地，而镇为人口净迁出地。

表3.6　　　　贵州省内各类别居住地的迁出、迁入人口　单位：万人，%

居住地类型	城市街道			镇			乡		
	迁出地	迁入地	净迁移	迁出地	迁入地	净迁移	迁出地	迁入地	净迁移
人数	2.92	3.78	0.86	8.32	6.28	-2.04	15.6	16.78	1.18
占相应类别比	10.9	14.1		31.0	23.4		58.1	62.5	

三 20世纪80年代贵州迁移人口基本特征描述①

(一) 迁移人口的性别构成

1985—1990年,贵州总的迁移人口中,女性人口居多,共计37.58万人,占全部迁移人口的56.5%。分迁移方向看(见图3.5),贵州省际迁出人口与迁入人口两个类别群体中,男女两性比例正好相反。省际迁入人口"男多女少",男性比例较高,约占该群体的六成(61.2%),性别比(以女性为100,下同)为158;迁往省外的人口则"男少女多",男性比例仅为三成(31.3%),性别比为46。省内迁移人口的男女性别分布则十分均衡,分别占该迁移类别的49.7%和50.3%,性别比为99。

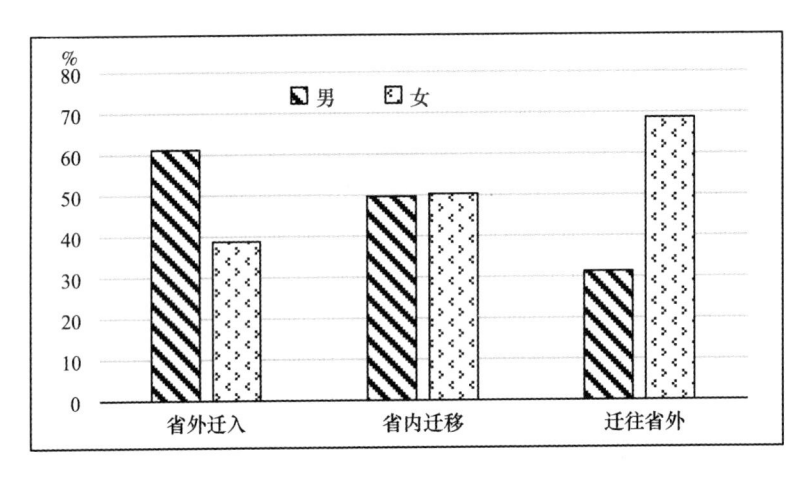

图3.5 1985—1990年贵州分性别的省际迁移、省内迁移

分东部、中部、西部三大经济带而言,迁至东部、中部、西部的人口性别比十分低,分别为35、46和70,依次递增。而与此相反,自东部、中部、西部迁入贵州的人口则以男性居多,性别比分别为220、139和151(见表3.7)。

---

① 尽管考虑到同时性偏差(simultaneity bias)现象,但由于数据的局限性,本章迁移个体特征描述时使用的各项指标,除在本处对年龄进行了局部倒推外,其余均使用调查时点指标。

表 3.7　　　　　　　分东中西部的省际人口迁移性别　　　　　单位:%

性别 \ 目的地	东部 迁入东部	东部 迁自东部	中部 迁入中部	中部 迁自中部	西部 迁入西部	西部 迁自西部
男	25.9	68.7	31.5	58.2	41.2	60.1
女	74.2	31.3	68.5	41.8	58.8	39.9
性别比（男性为100）	35	220	46	139	70	151

分户口性质来看，则户籍迁移者的性别比偏高，为128，而非户籍迁移者的性别比偏低，为82。究其原因，改革开放初期，随着沿海对外开放城市的兴起和发展，沿海城市的制造业和服务业也随之兴起，对非户籍类的迁移产生了强大的虹吸效应，从该两种类别的迁移者迁移原因和从事的工作，详见后面的描述分析。

（二）迁移人口的年龄构成[①]

如图3.6所示，该时期，迁移者的年龄结构呈两头少中间多、年龄结构轻的特征，其平均年龄为20.1岁，年龄中位值为22岁，而非迁移者无论是平均年龄（29.2岁），还是中位年龄（24.0岁）都远高于迁移者。各方向的迁移者均以15—19岁者为主体，该年龄组人口分别占省际迁入、省内迁移和省际迁出者的31.8%，37.1%和43.2%。其中，在省内迁移和省际迁出两组中，占比次高的为10—14岁组，分别占相应组别迁移者的25.5%和16.4%，20—24岁组占比排列第3位。省际迁入者略有不同，该组迁移者中，占比次高的为25—29岁组（22.2%），15—19岁组排列第3位，为11.1%。

省际迁入者的平均年龄为27.6岁，中位值为25.0岁，省际迁出者的平均年龄为25.1岁，中位值为22.0岁，省内迁移者的平均年龄为24.1岁，中位值为22.0岁。省内迁移者的年龄最轻，省际迁出者

[①] 本章中，对迁移人口年龄采用的是迁移时点年龄。原因在于"四普"中关于迁移人口的界定，明确规定为5年前居住地与现住地不同者，而其后的历次普查和调查中对则对近五年的迁移者均有调查。但在其后的各章中，凡涉及年龄比较的，均用的是调查时点年龄。

次之，而省际迁入者的平均年龄相对最高。

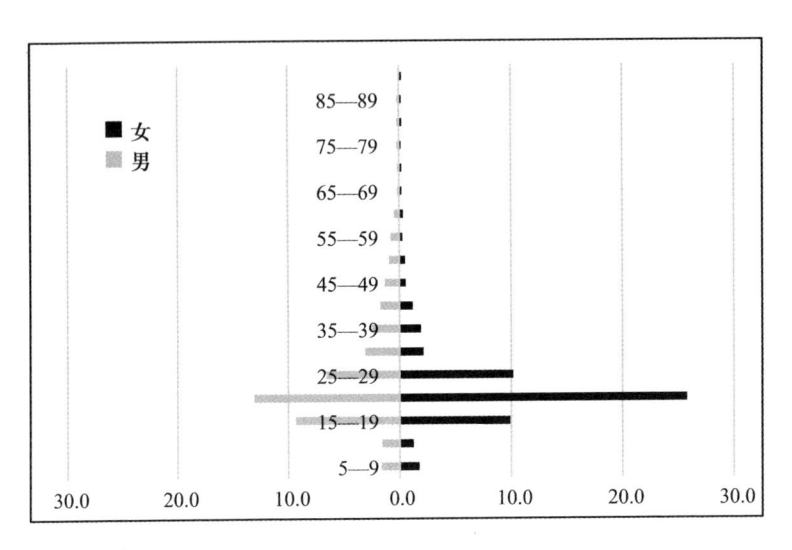

图 3.6　1985—1990 年贵州迁移人口年龄结构（单位：%）

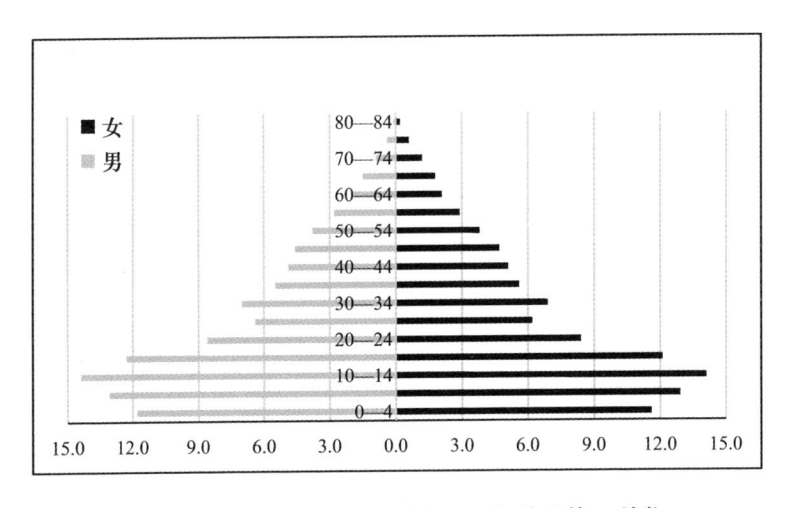

图 3.7　1985—1990 年贵州非迁移人口年龄结构（单位：%）

通过迁移群体年龄与性别的交叉发现，迁移者中，男性人口的平均年龄为 26.1 岁，中位值为 23 岁，女性人口的平均年龄为 24.3 岁，中位值年龄为 22.0 岁。非迁移者中，男性和女性人口的平均年龄分别为 28.9 岁和 29.6 岁，中位值均为 24.0 岁。

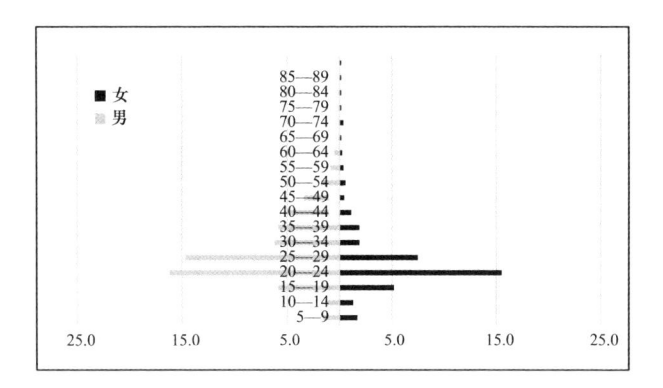

图 3.8　1985—1990 年贵州省际迁入人口年龄结构（单位：%）

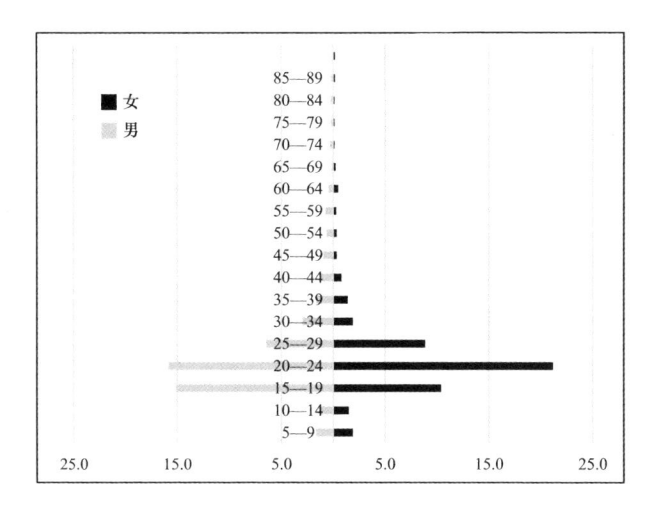

图 3.9　1985—1990 年贵州省内迁移人口年龄结构（单位：%）

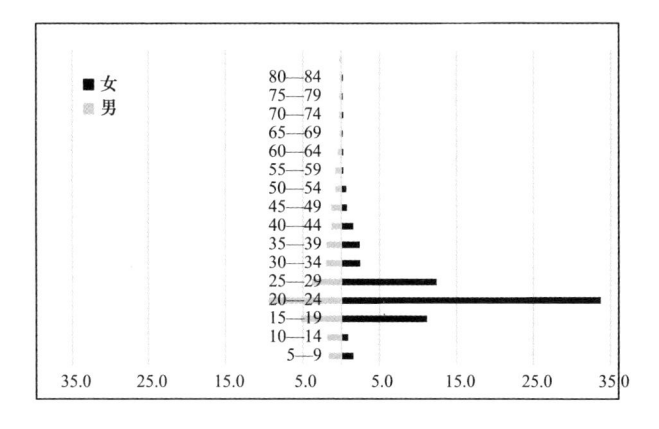

图 3.10　1985—1990 年贵州省际迁出人口年龄结构（单位：%）

(三) 迁移人口的户口性质

如表 3.8 所示,从迁移人口的户口性质看,进入 20 世纪 80 年代,农村人民公社制度解体、家庭联产承包责任制实施,而与迁移相关的粮食制度等统购制度逐步解锁,流通体制的改革,交通和通信的发展,都为农村人口迁移提供了制度基础、物质基础和硬件基础,使得农村户籍者构成迁移人口的主体。

表3.8　　1985—1990 年贵州分户口类别的省际迁移、省内迁移　　单位:%

户口性质	全国	贵州	省际迁入	省内迁移	省际迁出	迁移	非迁移	户籍迁移	非户籍迁移
农业户口	79.8	90.5	84.6	50.3	65.3	62.3	90.4	41.8	87.4
非农业户口	20.2	9.5	15.4	49.7	34.6	37.7	9.6	58.2	12.6
合计	100	100	100	100	100	100	100	100	100

值得注意的是,无论哪个方向的迁移人口,其农业户口的比重都低于该时期贵州常住人口中农业户口的比重 (90.5%),而非农业户口迁移者的比重都高于该时期贵州常住人口中非农业户口者的比重 (9.5%)。无疑,农业户口者发生迁移的概率较非农业户口者低,然而因迁移方向不同也有一定差别。农业户口者迁移的可能性由高至低分别为省际迁入者、省际迁出者和省内迁移者(见图 3.8—图 3.10)。

同时户籍迁移者中,农业户口者的比重最低,而非户籍迁移者中,87.4% 的都为农业户口。这说明:其一,户口性质作为制度因素,对人口迁移仍有重要的影响,农业人口迁移的势能尚未充分打开,因而农业户口者迁移的可能性整体上低于非农业户口者。其二,农业人口和非农业人口突破迁移距离的特征不同。农业人口的迁移,以突破空间距离的远距离省际迁移为主,且以省际迁入最高,显然,地区间市场发育程度的不同,也导致了农业人口迁移可能性的高低不同;非农业人口的迁移可能性虽高于农业人口,但仍受制度壁垒的约束,以近距离的省内迁移为主,且省际迁入者最低。其三,该时期乡镇企业的兴起和发展，一定程度上刺激了农业劳动力的产业转移，如前述，乡镇企业发展充分的江苏，成为贵州人口迁移的次主要目的地。稍后的分析中会对此作进一步说明。

(四) 迁移人口的文化程度

1. 省际迁移和省内迁移

如图 3.11 所示，在有文化程度登记的、6 岁及以上迁移人口中，无论何种迁移方向，文化程度的分布均以"小学"文化程度者居多，"初中"文化程度者次之，排第 3 位的是"不识字或识字很少"者。

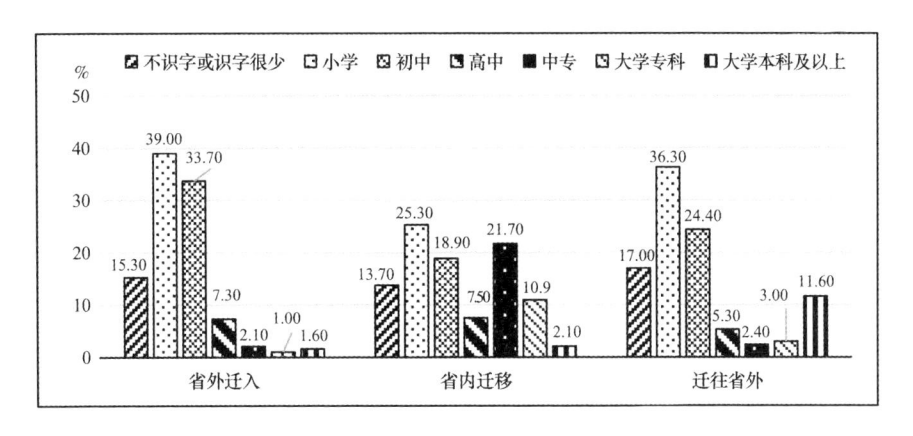

图 3.11 1985—1990 年不同类别迁移人口文化程度

但不同迁移方向中，迁移者的文化程度分布又各有特点。省外迁入群体文化程度最低，平均受教育年限为 6.83 年，相当于初中一年级，文化程度分布呈低学历一边倒状况，以小学和初中文化程度者为主体，二者合计占省际迁入人口的 72.7%。不识字或识字很少者占 15.3%，高中及以上文化程度者仅为 12.0%；省内迁移者的平均受教育年限为 9.23 年，略高于初中文化水平，其文化程度的分布则呈多极倾向，以"小学""初中"和"中专"文化程度者为主体，三者共占 65.9%，"中专"文化程度者占比较"小学"文化程度者略低 5.6 个百分点，位列第二，高中及以上文化程度者占比42.2%；而迁往省外者的平均受教育年限为7.55年，文化程度的分布呈两极分化，以低学历群体为主，小学和初中文化程度者占60.7%，不识字或识字很少者占17%，此外，较突出的是"大学及本科"以上文化程度者在该组人口中的比例，为各类型迁移人口之最，达11.6%。

就迁移者文化程度特征而言，体现了：其一，迁移人口中，以低文化程度者为主体；其二，依据不同迁移方向迁移者文化程度的比例来看，以"中专"为拐点，"中专"文化程度以下者，随着文化程度的提高，迁移可能性也提高，"中专"文化程度者迁移的可能性较"高中"有所下降，但又形成另一阶段文化程度与迁移可能性之间正相关关系的起点；其三，"中专"及以上文化程度者，其迁移更具有明显的发展指向性，而这种指向性首先与对迁移距离的突破密切关联。如"中专"及"大学专科"文化程度者，其迁移十分活跃，但仍主要体现在省内迁移上，而"大学本科及以上"文化程度者，则较前者更有可能跨越省际，同时在迁移方向的选择上更多地体现为往经济发展更好的地方迁移，在本研究中则更突出地体现为由贵州至省外的省际迁出。在三类不同方向的迁移中，"大学本科及以上"文化程度者在其相应类别迁移人口中所占的比例由高至低分别为"省际迁出"（11.6%）、"省内迁移"（2.1%）和"省际迁入"（1.6%）。而其时，贵州各级受教育程度者的比例中，"大学本科及以上"者仅占全部人口的0.3%，全国该指标也仅为0.8%。

2. 东中西部迁移

迁移人口文化程度的差异不仅体现在省际迁移和省内迁移之间，省际迁移内部，迁至东中西部的人口文化程度也有差异。此差异主要体现在"大学专科"及以上高文化程度迁移者的不同。省际迁出人口中，"大学专科"及以上者的比重，按迁移目的地分，东部最高，西部次之，中部最低，而省际迁入人口，按来源地呈中、西部低，东部高的状况。省际迁出者中，教育水平较高者，其东部迁移倾向最显著，其次为邻省指向（见表3.9）。

表 3.9　　　　　　东中西部迁移人口文化程度比较　　　　　单位:%

地区		不识字或识字很少	小学	初中	高中	中专	大学专科	大学本科及以上	合计
东部	目的地	12.5	12.5	25.0	25.0	0	0	25.0	100
	来源地	8.9	35.4	34.8	12.0	1.3	3.2	4.4	100
中部	目的地	20.9	38.2	23.4	4.8	3.3	2.5	6.9	100
	来源地	10.6	38.6	31.3	11.2	6.7	0.6	1.1	100
西部	目的地	17.0	36.3	24.4	5.3	2.4	3.0	11.6	100
	来源地	17.7	40.1	34.0	5.3	1.1	0.6	1.1	100
全国		20.6	42.1	26.6	7.4	1.7	1.0	0.7	100
贵州		35.7	43.2	16.5	2.6	1.3	0.5	0.2	100

分迁移方向而论则有所差别。迁入东部的人口受教育程度呈两极分化,而自东部迁来的人口受教育程度则在初中及以下文化程度者中呈单极化状;中部迁移人口中,也表现出迁出人口较迁入人口受教育程度高的特点,迁往西部的人口中,初中及以下受教育者是主体,同时大学本科及以上高学历者的比重居于东部和中部之间。若论各类受教育程度者的迁移概率风险,整体而言,高学历者迁出概率高于迁入概率,且大学专科以上学历者最有可能迁往东部,其次为西部,最后是中部。

3. 户籍与非户籍迁移

诚然,如表 3.10 所示,无论从全国来看,还是就贵州而言,彼时人口的文化教育程度普遍偏低,初中及以下文化程度者的比重十分高,故迁移人口中也呈现低受教育程度者占主要组成部分的状况。然而,较非迁移者,迁移者中,初中及以下文化程度者的比重低了 24.5 个百分点,为 71.3%,迁移者文化程度较高,其平均受教育年限为 7.9 年,高于非迁移者 3.4 年。同时迁移者中的户籍迁移者其高中及以上文化程度各组的比重高于其他类别。

表 3.10　　　　各类别 6 岁及以上人口受教育程度　　　单位：%，年

	不识字或识字很少	小学	初中	高中	中专	大学专科	大学本科及以上	合计	平均受教育年限
迁移者	15.4	32.3	23.6	6.5	10.1	5.9	6.2	100	7.9
非迁移者	36.0	43.4	16.4	2.5	1.1	0.4	0.2	100	4.5
户籍迁移者	11.8	23.9	18.3	7.9	17.5	9.4	11.2	100	9.3
非户籍迁移	19.6	42.4	30.3	4.7	1.3	1.6	0.1	100	6.2
全国	20.6	42.1	26.6	7.4	1.7	1.0	0.7	100	5.5
贵州	35.7	43.2	16.5	2.6	1.3	0.5	0.2	100	4.0

注：本研究中，将现行学制年数视为受教育年数。受教育人口只要进入了某一教育等级，就以完成这一教育等级所需要的年数作为已经受教育的年数。文盲＝0，小学＝6，初中＝9，高中（中专）＝12，大专＝15，大学本科及以上＝16。

由于改革开放以来，家庭联产承包责任制的施行，粮食制度等的逐步放开，使得迁移自主权首先在农村人口中逐步回归，且在"一部分人、一部分地区先富起来"[1]的政策下，地区发展的差距进一步成为人口迁移的驱动。"六五"期间（1981—1985 年），贵州农民纯收入虽连年增加，但较全国平均水平，差距呈拉大趋势，1980 年居第

---

[1] 1978 年，邓小平同志提出"在经济政策上，我认为要允许一部分地区、一部分企业、一部分工人农民，由于辛勤努力成绩大而收入先多一些，生活先好起来"，参见《解放思想，实事求是，团结一致向前看》（1978 年 12 月 13 日），详见中共中央文献编辑委员会编《邓小平文选》第二卷，人民出版社 1983 年版，第 152 页；1983 年，邓小平同志又提出"农村、城市都要允许一部分人先富裕起来，勤劳致富是正当的。一部分人先富裕起来，一部分地区先富裕起来，是大家都拥护的新办法，新办法比老办法好"。参见《各项工作都要有助于建设有中国特色的社会主义》（1983 年 1 月 12 日），载中共中央文献编辑委员会编《邓小平文选》第三卷，人民出版社 1993 年版，第 23 页；1984 年，提到"要让一部分地区先富裕起来，搞平均主义不行"，参见《办好经济特区，增加对外开放城市》（1984 年 2 月 24 日），载《邓小平文选》第三卷，第 52 页；1986 年，提出"我们的政策是让一部分人、一部分地区先富起来，以带动和帮助落后的地区，先进地区帮助落后地区是一个义务"，参见《拿事实来说话》（1986 年 3 月 28 日），载《邓小平文选》第三卷，第 155 页。1986 年 8 月 19—21 日，在《视察天津时的谈话》中提出"我的一贯主张是，让一部分人、一部分地区先富起来，大原则是共同富裕"，参见《邓小平文选》第三卷，第 166 页。

22位、1981年升至第20位,1982年降至第24位,比全国平均数低17.39%,1983年和1984年分别为第27位和第26位,至1985年已降至全国第28位,比全国平均数低了24.01个百分点[①]。因此,作为当时经济落后的穷省,贵州的省际迁移呈净迁出状。

4. 分性别的迁移

各类迁移者中,女性迁移者的文化程度普遍低于男性迁移者,男女两性迁移者平均受教育年限的差距略高于非迁移者。一定程度上,男性迁移者在脑力劳动部门就业的比重高于女性迁移者,显然这种文化程度的差异与男女两性从事的职业相关(见表3.11)。

表3.11　　　　　　　　分性别文化程度　　　　　　单位:%,年

		不识字或识字很少	小学	初中	高中	中专	大学专科	大学本科及以上	合计	平均受教育年限
迁移者	男性	6.7	25.7	26.6	9.0	16.6	7.9	7.6	100	9.3
	女性	22.1	37.5	21.4	4.6	5.2	4.2	5.0	100	6.7
非迁移者	男性	21.8	50.3	22.5	3.4	1.3	0.5	0.3	100	5.6
	女性	51.2	36.1	9.9	1.7	0.8	0.2	0.1	100	3.3

(五)迁移人口的就业状况[②]

根据国际通行的劳动年龄(15—64岁)计算,该时期迁移人口中,劳动年龄人口的比重大。"四普"中职业包括8个大类。除"不便分类的其他劳动者"外,属于物质生产领域的有"农林牧渔劳动者""生产、运输工人和有关人员""商业工作人员""服务性工作人

---

① 贵州省地方志编辑委员会、贵州年鉴编辑部:《贵州年鉴(1986)》,贵州新华印刷厂1986年版,第77页。
② 普查采用联合国建议的年龄起点,从15岁开始计算在业人口,而经常性统计采用中国传统的标准,从16岁开始计算。详见李成瑞《中国人口普查和结果分析》,中国财政经济出版社1987年版,第68页。

员",非物质生产领域的有"国家机关、党群组织、企业、事业单位负责人""办事人员和有关人员"及"各类专业、技术人员"。前者是体力劳动者为主,后者是脑力劳动者为主。

1. 不在业人口状况

据第四次人口普查数据,贵州省常住人口中,不在业者共计355.7万人,占比11.6%,迁移人口中,不在业人口共计18.4万人,占全部迁移者的27.7%。如表3.12所示,迁移者中在不业者的比重高于非迁移者和常住者。

表3.12　　　　　各类别人口在业不在业状况　　　　单位:万人,%

	省际迁入		省内迁移		省际迁出		迁移者		非迁移者		户籍迁移者		非户籍迁移者	
	在业	不在业	在业	不在业	在业	不在业	在业	不在业	在业	不在业	在业	不在业	在业	不在业
人数	9.3	1.2	16.3	10.6	22.5	6.6	48.1	18.4	2383.9	343.9	22.4	8.7	24.9	4.60
比重	88.2	11.8	60.7	39.3	77.2	22.8	72.3	27.7	87.4	12.6	72.1	27.9	84.4	15.6

但在各类别的迁移者中也有差别,其中省际迁入者中,不在业者的比重与非迁移者和常住人口相当,都在12%左右,省内迁移者和省际迁出者中,不在业人口的比重则较高,分别为27.7%和22.8%。分性别而言,男性迁移者不在业的比重(32%)高于女性(24.4%),而在非迁移者中,男性(11.5%)不在业的比重则低于女性(13.5%)。

进一步分析迁移者中不在业者的状况发现,其构成主要以在校学生为主,达65.7%,其次为料理家务(16.4%),两者占了迁移人口中不在业者的82.1%。而非迁移者中的不在业人口的主要构成为料理家务(28.2%)、在校学生(27.8%)和丧失劳动能力者(25.5%)三者(见表3.13)。

表 3.13　　　　　迁移者和非迁移者分性别的不在业状况

		在校学生	料理家务	待升学	市、镇待业	离休、退休、退职	丧失劳动能力	其他	合计
迁移者	男性（万人）	7.28	0.07	0.13	0.18	0.91	0.17	0.51	9.25 (50.2)
	%	78.7	0.8	1.4	1.9	9.8	1.8	5.5	100
	女性（万人）	4.82	2.95	0.06	0.32	0.31	0.32	0.38	9.16 (49.8)
	%	52.6	32.2	0.7	3.5	3.4	3.5	4.1	100
	合计（万人）	12.10	3.02	0.19	0.50	1.22	0.49	0.89	18.41
	%	65.7	16.4	1.0	2.7	6.6	2.7	4.8	100
非迁移者	男性（万人）	63.2	19.31	11.26	8.33	17.15	39.88	28.5	161.98 (47.1)
	%	39.0	11.9	7.0	5.1	10.6	24.6	1.8	100
	女性（万人）	32.56	77.74	5.63	6.78	9.71	47.94	1.60	181.96 (52.9)
	%	17.9	42.7	3.1	3.7	5.3	26.3	0.9	100
	合计	95.76	97.05	16.89	15.11	26.86	87.82	4.45	343.94
	%	27.8	28.2	4.9	4.4	7.8	25.5	1.3	100
常住人口	男性（万人）	68.40	19.37	11.37	8.45	17.61	39.99	3.16	168.35
	%	40.6	11.5	6.8	5.0	10.5	23.8	1.9	100
	女性（万人）	35.50	79.47	5.69	6.88	9.82	48.16	1.86	187.38
	%	18.9	42.4	3.0	3.7	5.2	25.7	1.0	100
	合计	103.90	98.84	17.06	15.33	27.43	88.15	5.02	355.73
	%	29.2	27.8	4.8	4.3	7.7	24.8	1.4	100

注：括号内为各类别男性和女性的比例。

其中，男性迁移者中不在业者以在校学生为主，比重达 78.7%，其次为离退休、退职者，占比为 9.8%。女性迁移不在业人口中，在校学生（52.6%）的比重虽已过半，但低于男性 26.1 个百分点，女性迁移不在业人口中，料理家务者比重次高，为32.2%，而男性迁移者中这一比重仅为0.8%。

非迁移人口中不在业的男性，在校学生的比重亦最高，为39.0%，次高的是丧失劳动能力者（24.6%），离退休和退职者排第3位；女性非迁移者中，则以料理家务者比重最高（42.7%），丧失劳动能力者的比重也高达26.3%，在校学生的比重居第3位（17.9%）。

迁移和非迁移者中，不在业人口状况的差异说明，其一，迁移者中"不在业"人口的比重大大高于非迁移者，尤其是男性迁移者的"不在业"者比重高于女性。究其原因，迁移者，尤其是男性迁移者在校学生的比重高，男性迁移"不在业"人口中，"在校学生"的比重高达78.7%；其二，丧失劳动能力者迁移的可能性很低；其三，迁移人口中从事料理家务者的比重显著低于常住人口，但分性别而言，仍有约三成的女性不在业迁移人口承担着传统意义上"主内"的家庭劳动角色，男性不在业迁移者中该比例则仅有0.8%；其四，户籍迁移者较非户籍迁移者，不在业人口的比重低12.3个百分点，且户籍迁移者类在校学生，占不在业人口的比重高达82.4%，在非户籍迁移类不在业人口者中的比重则只有18.3%。非户籍迁移者中的不在业人口主要以料理家务者为主（47.6%）。显然，户籍迁移以劳动就业和学习发展为主体，非户籍迁移就业就学的比重低于户籍迁移者。

2. 在业人口的职业分布

（1）省际迁移和省内迁移

该时期，贵州省常住人口中，在业者共计1734.5万人，占比55.7%。在迁移人口中，在业人口共计43.9万人，占全部迁移者的66.2%。从迁移人口所属职业大类来看，迁移者以"农林牧渔劳动者"和"生产工人、运输工人和有关人员"两类为主体，"国家机关、党群组织、企业、事业单位负责人""专业技术人员""办事人员和有关人员"的比重最低（见图3.12）。

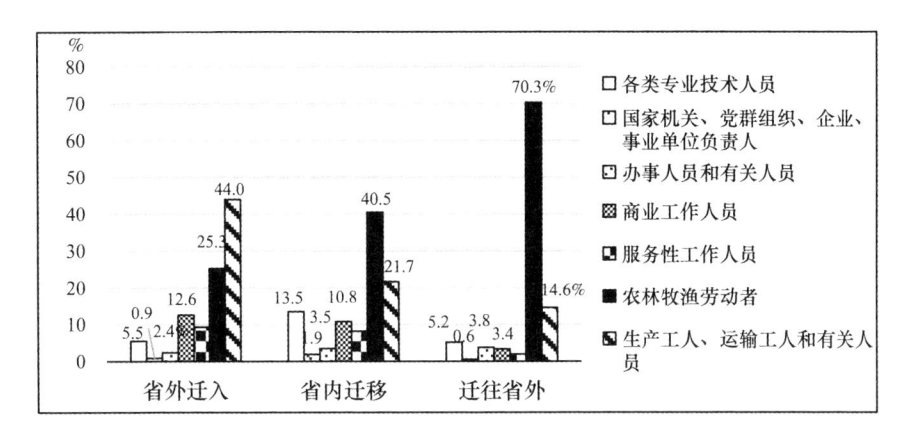

图 3.12 1985—1990 年贵州省际、省内迁移人口职业结构

具体而言，省际迁出人口中，"农林牧渔劳动者"一枝独秀，比例高达 70.3%，其余职业大类中，除"生产工人、运输工人和有关人员"的比例超过 10%（14.3%）以外，均低于 5.5%。

省外迁入者的职业类别在该组中的比例呈三个梯队，其中以"生产工人、运输工人和有关人员"所占比重最高，为 44.0%，"农林牧渔劳动者"次之，但也超过了 1/4，为 25.3%，其他职业类别的分布比例均较低，属第三级。

省内迁移者的职业分布形态与省际迁入者类似，亦呈三级。其中"农林牧渔劳动者"在该组人口中占比为 40.5%，其次为"生产工人、运输工人和有关人员""商业工作人员""服务性工作人员"和"各类专业、技术人员"，而"办事人员和有关人员"及"国家机关、党群组织、企业、事业单位负责人"比例最低，处在第三级。

（2）不同户籍性质职业分布

户籍迁移者和非户籍迁移者、农业户籍和非农业户籍迁移者在职业分布上差异显著。户籍迁移者和非农业户籍迁移者以体制内的劳动者为主体，而非户籍迁移者和农业户籍迁移者中体制内就业者较少。

从迁移者和非迁移者中"农林牧渔、水利生产人员"的比重来看，非迁移者低了 37.9 个百分点。以农村劳动力为主体的迁移者中，从事"农林牧渔、水利生产人员"的比重低，反映了从业人口中，部分人口通过迁移，从第一产业中转移出来，转而从事第二、三产业（见表3.14）。

表3.14　　　　　户籍迁移和非户籍迁移职业分布　　　　　单位：%

职业分布 类别	各类专业技术人员	国家机关、党群组织、企业、事业单位负责人	办事人员和有关人员	商业工作人员	服务性工作人员	农林牧渔、水利生产人员	生产运输设备操作人员及有关人员
户籍迁移	14.6	1.7	5.8	2.2	25.4	39.8	10.5
非户籍迁移	1.5	0.5	1.1	12.7	9.2	40.9	34.1
农业户籍	0.7	0.1	0.7	7.5	5.5	62.7	22.8
非农业户籍	37.2	5.1	14.4	8.2	5.9	5.6	23.5
迁移者	8.0	1.1	3.4	7.7	5.5	51.5	22.8
非迁移者	3.1	0.9	0.8	1.6	0.7	89.4	3.5

（3）不同类别迁移者分性别的职业分布

如表3.15所示，在各类迁移者中，省际迁入和省内迁移者中，"生产工人、运输工人和有关人员"的比重最高，而省际迁出中以"农林牧渔劳动者"比重最高。同样，在各类别迁移中，女性从事第一、三产业的比重高于男性。

表3.15　　　　　　不同性别迁移者职业分布　　　　　　单位：%

类别	性别	各类专业技术人员	国家机关、党群组织、企业、事业单位负责人	办事人员和有关人员	商业工作人员	服务性工作人员	农林牧渔、水利生产人员	生产运输设备操作人员及有关人员	合计
省际迁入	男性	5.7	1.2	3.3	12.7	7.2	11.0	58.9	100
	女性	5.2	0.3	0.7	12.4	13.4	53.8	14.1	100
	合计	5.5	0.9	2.4	12.6	9.3	25.3	44.0	100

续表

类别	性别	各类专业技术人员	国家机关、党群组织、企业、事业单位负责人	办事人员和有关人员	商业工作人员	服务性工作人员	农林牧渔、水利生产人员	生产运输设备操作人员及有关人员	合计
省内迁移	男性	5.7	1.2	3.3	12.7	7.2	11.0	58.9	100
	女性	5.2	0.3	0.7	12.4	13.4	53.8	14.1	100
	合计	5.5	0.9	2.4	12.6	9.3	25.3	44.0	100
省际迁出	男性	10.6	2.5	13.1	7.7	3.5	25.5	37.1	100
	女性	3.4	0	0.7	1.9	1.5	85.3	7.1	100
	合计	5.2	0.6	3.8	3.4	2.0	70.3	14.6	100
迁移者	男性	12.2	2.6	7.5	10.5	5.5	16.7	45.0	100
	女性	5.2	0.1	0.8	5.8	5.5	74.5	8.1	100
	合计	8.0	1.1	3.4	7.7	5.5	51.5	22.8	100
非迁移者	男性	3.8	1.4	1.3	1.4	0.6	87.0	4.6	100
	女性	2.4	0.2	0.4	1.7	0.8	92.1	2.4	100
	合计	3.1	0.9	0.8	1.6	0.7	89.4	3.5	100

（六）迁移人口的婚姻状况

"四普"中的婚姻状况分为四类，由15岁及以上人口填报。通过对比发现，包含在校学生的各类人口中，未婚者的比重都显著提高，考虑到在我国，严格意义上在校学生是被排除在结婚群体之外的，因此，为更真实地反映各类人口的婚姻状况，本部分对婚姻状况的分析汇总，剔除了在校学生群体。同时，由于离婚和丧偶的比重在迁移者中的比重较低，因而着重讨论的是未婚者和有配偶者两类。

如表3.16所示，迁移人口婚姻状况可归纳为如下几点：其一，迁移人口中结婚有配偶者的比重高于非迁移者；其二，女性较男性结婚有配偶比例更高；其三，结婚有配偶比重由高至低依次是省际迁出者、省内迁移者、省际迁入者。就本研究而言，通过迁出地和迁入目的地的社会文化经济发展水平比较，省际迁出目的地经济社会发展水平高于贵州，对婚迁的拉动必然更强，使得婚迁至省外的比重更高，从而迁出人口中未婚比例低。

表 3.16　　　　　迁移人口中非在校学习者婚姻状况　　　单位：万人，%

类别	性别	未婚	有配偶	丧偶	离婚	合计
省际迁入	男性	12(38.7)	16(51.6)	3(9.7)	0(0)	31(100)
	女性	13(16.0)	59(72.8)	8(9.9)	1(1.2)	81(100)
	合计	25(22.3)	75(67.0)	11(9.8)	1(0.9)	112(100)
省内迁移	男性	27(31.4)	51(59.3)	6(7.0)	2(2.3)	86(100)
	女性	26(15.6)	115(68.9)	25(15.0)	1(0.6)	167(100)
	合计	53(20.9)	166(65.6)	31(12.3)	3(1.2)	253(100)
省际迁出	男性	21(26.3)	50(62.5)	8(10.0)	1(1.3)	80(100)
	女性	18(9.7)	148(79.6)	18(9.7)	2(1.1)	186(100)
	合计	39(14.7)	198(74.4)	26(9.8)	3(1.1)	266(100)
迁移者	男性	60(30.5)	117(59.4)	17(8.6)	3(1.5)	197(100)
	女性	57(13.1)	322(74.2)	51(11.8)	4(0.9)	434(100)
	合计	117(18.5)	439(69.6)	68(10.8)	7(1.1)	631(100)
非迁移	男性	232.9(32.5)	500.2(64.4)	18.3(2.4)	5.5(0.7)	776.5(100)
	女性	142.8(36.5)	257.5(60.6)	6.4(2.5)	1.92(0.4)	432.1(100)
	合计	375.7(32.7)	757.8(63.7)	246.9(2.0)	7.4(0.6)	1208.6(100)

注：括号内为百分比。

第三节　迁移原因的描述性分析

"四普"中，将人口迁移的原因分为 8 个类别。其中，"务工经商""工作调动""分配录用"属于劳动就业型迁移，"随迁家属""婚姻迁入"和"退休退职"属于生活型迁移，此外还有去外地从事各种文化、科技学习的学习型迁移，被归为"学习培训"类，"其他"类型的迁移是指"从迁移原因上看，不能包括在上述各类型中的其他各种迁移"①。

总体而言，"工作调动""分配录用"和"学习培训"都是由计划调配的，随迁、婚迁、投亲靠友、离退休、寄养都是由计划按限额批准迁入的，务工经商大致可以归为自发选择性的迁移②。本部分拟依据1990年的"四普"数据，对20世纪80年代（1985—1990年）贵州省人口迁移的原因作描述性分析。

一　不同迁移方向的迁移原因比较

（一）省际迁移和省内迁移比较

从迁移原因来看，整体而言，该时期贵州的迁移人口以"婚姻迁入""务工经商"和"学习培训"为主。"婚姻迁入"者有23.3万人，占比35%，其次是"务工经商"类迁移，有12.64万人，占比19.0%，这时期，社会经济稳定发展，个人深造型的人口迁移也有了很大的提升，"学习培训"迁移者达11.72万人，占比17.6%，其余类型迁移者在迁移总人口中的比重不到1/3，占比28.3%。

如图3.13所示，分迁移方向而言，省际迁出、省际迁入和省内迁移三个方向的迁移呈现不同的特点。省际迁移人口迁移原因单极化的倾向明显，其中省际迁出人口以"婚姻迁入"居高，且占该组迁移人口的比例达49.9%，居第2位的"学习培训"比例远远低于前者，仅为12.6%，第3梯级的"务工经商"和"工作调动"也分别只有9.5%和9.1%。

省际迁入原因中，居首位的是"务工经商"，其比例亦高达49.7%，"婚姻迁入"的比例次之，但较排序第1位的"务工经商"低近30个百分点，为20.7%，"投亲靠友""随迁家属"和"工作调动"三者比例十分接近，且均不到7%。

而省内迁移者的迁移原因排序中，各类原因的分布则呈一高一低

---

① 迁移类别的划分参见张庆五、魏津生《五十年代以来中国国内人口迁移的基本格局和特点》，载中国社会科学院人口研究中心、中国人口年鉴编辑部《中国人口年鉴》，社会科学文献出版社1987年版，第152页。
② 马侠：《中国人口迁移模式及其转变》，《中国社会科学》1990年第5期。

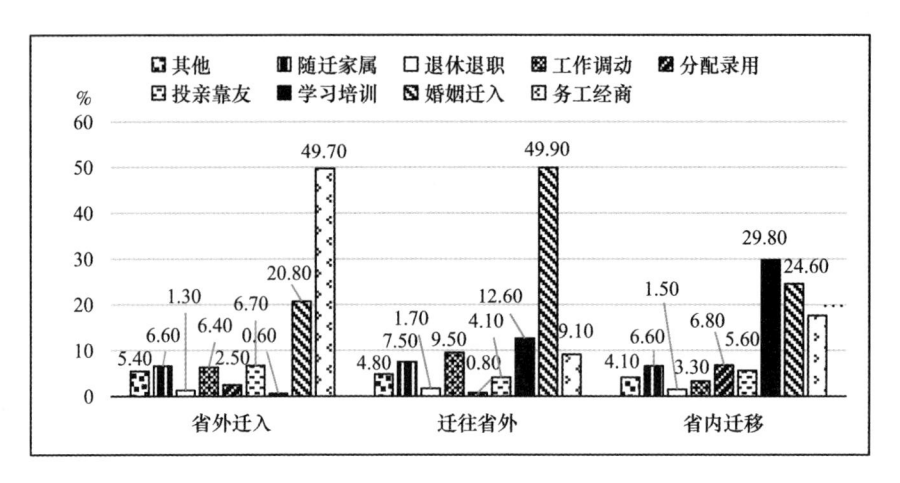

图 3.13　1985—1990 贵州省际迁入、省际迁出、省内迁移原因分布

两极倾向，比例最高的"学习培训"占比不到三成，为 29.8%，"婚姻迁入"和"务工经商"紧随其后，比例分别为 24.6% 和 17.6%。选择因其他原因而发生迁移的人口在低占比上分布相对均衡，均在 7% 以下。

（二）省际迁出不同迁移目的地人口迁移原因比较

现拟进一步从两个视角，对贵州省际迁出人口及其迁移原因进行分析。一是对贵州省际迁出人口中，分迁移原因的各类迁出人口的迁移目的地及相应规模进行描述，以此考察因各类原因迁移的贵州省际迁出人口对迁移方向的选择和偏好；二是以各迁移目的地为视角，比较迁至各省（市、自治区）的贵州人口中，持各类迁移原因的比重，考察各地吸引的迁移者类别。

如表 3.17 所示，贵州省际迁出主要呈显著的邻省指向和沿海指向，此外"学习培训"类迁出人口还呈现文化中心指向。数据显示，贵州迁至相邻四省的人口达 10.82 万人，占该时期总迁出人口的 37.2%，其中迁往四川的人口最多，为 6.11 万人，占总迁出人口的 21.0%。其次是沿海经济发达省区指向。江苏是贵州人口省际迁出的次迁出地，贵州迁入该省人口 4 万人，占贵州省际总迁出人口的

13.8%，贵州省际迁出还主要指向广东（6.8%）、福建（5.9%）、浙江（5.7%）、山东（5.4%）等地。因各类原因迁移的人口指向的目的地既有共性也有不同，不同迁入目的地吸纳的因各类原因迁移的人口也有所不同，主要呈如下几个特点：

表3.17　　　　1985—1990年按迁移原因计的贵州省际迁出
主要目的地人口分布　　　　单位:%

现住地	工作调动	分配录用	务工经商	学习培训	投亲靠友	退休退职	随迁家属	婚姻迁入	其他	迁移人口占比（按目的地）
北京		8.7		6.3						1.2
天津				8.2						1.6
上海	7.6			10.1	6					2.2
江苏			14.7		5.0	18.0	6.8		21.6	13.8
浙江								8.5		5.7
福建			9.0					9.1		5.9
江西						17.4			8.6	4.1
山东	8.0	21.7				14.0		7.3		5.4
湖北				9.6						2.0
湖南		8.7			10.9	6	14.2		16.4	6.2
广东			26.1	18.0	5.0	6.0	9.1			6.8
广西	17.5								13.6	4.2
四川	8.7	17.4	9.8	65.5	32.8	42	6.8	14.9	19.3	21.0
云南	12.7		16.5		11.8		8.7	11.4		5.8
陕西				4.7						0.6
合计	54.5	82.6	68.0	94.3	75.6	92.0	63.0	61.4	69.3	86.5
迁出人口占比（按迁移原因）	9.5	0.8	9.1	12.6	4.1	1.7	7.5	49.9	4.8	100.0

注：该表中，仅列出按迁移原因计，占比排序前五位的迁移目的地。其中投亲靠友、退休退职和随迁家属因占比有并列，故列出前六位迁移目的地。

第一，婚姻迁移是该时期贵州省际迁出人口的主体，占比高达49.9%，共计14.51万人婚迁至他省，且具有显著的沿海指向和邻省指向。

如前述，该时期，贵州人口的省际迁出，约一半为婚姻迁出。婚迁人口波及全国21个省份，按婚迁人口迁入各地的比例高低排序，贵州婚迁人口的目的地排名前十的是江苏（21.6%）、四川（14.9%）、福建（9.1%）、浙江（8.5%）、山东（7.3%）、广东（6.4%）、河北（6%）、安徽（5.3%）、湖南（5%）、河南（4.6%），共计吸纳了贵州全部婚迁人口的88.8%。

再就各迁入目的地而言，全国26个有贵州人口迁入的省份中，11个省份①的数据显示，自贵州迁入人口中，婚姻迁移是主要类型，占比最高。按婚迁者占比高低排列分别是安徽（87.5%）、江苏（78.3%）、河北（77%）、福建（76.3%）、浙江（74.5%）、山西（71.4%）、山东（67.1%）、河南（67%）、广东（46.7%）、湖南（40.2%）。

迁至相邻四川、云南、湖南、广西四省的人口中，迁往湖南者以"婚姻迁移"为最，占比40.2%，其余三省中，"婚姻迁移"者的比重均排第2位。

第二，"学习培训"是该时期贵州人口省际迁出的次重要原因，但因"学习培训"迁出的人口仅3.65万人，占12.6%，其比重远远低于"婚姻迁出"，即具有邻省指向、沿海指向和文化中心指向。

因"学习培训"外迁者的迁入目的地有14个省份，由高到低分别为四川（65.5%）、湖北（9.6%）、天津（8.2%）、北京（6.3%）、陕西（4.7%）、江西（2.5%）、上海（1.1%）、广东（0.5%），江苏、浙江、福建、河南、湖南、云南并列，为0.3%。

从迁移目的地来看，自贵州迁入各地的人口中，持"学习培训"原因者占比最高的是北京（67.6%）和天津（65.2%）。这两地来自

---

① 贵州迁往吉林和内蒙古的人口分别仅有0.02万人和0.03万人，且均为婚姻迁入，故此处不列出。

贵州的人口仅占贵州迁出人口的1.2%和1.6%，但因学习培训迁往此两地的人口占迁出的"学习培训"者的6.3%和8.2%，其时，这两地也是全国高中以上文化受教育程度者比重最高的地方。

第三，在省际迁出人口中，因"工作调动"共计迁出2.75万人，排第三位，占比9.5%，邻省指向和沿海指向也十分显著。

在贵州，因"工作调动"迁出的人口，主要迁往广西（17.5%）、云南（12.7%）、四川（8.7%）、湖南（7.3%）、山东（8%）、上海（7.6%）、浙江（6.2%）、江苏（4.7%）、广东（4.4%）、河南、河北和安徽（3.3%）。

就各迁入地而言，辽宁（40%）、上海（39.3%）、广西（39.3%）三省市吸纳的自贵州迁入人口的类型主要是"工作调动"。其余各省市自治区来自贵州的迁移人口中，"工作调动"迁入占比超过10%的有海南（25%）、云南（20.6%）、黑龙江（16.7%）、江西（14.4%）、山东（13.9%）、湖南（11.2%）、浙江（10.3%）、安徽（10.2%）等。辽宁、黑龙江虽然并非贵州迁移人口因"工作调动"迁出的主要目的地，但迁入该地的人口，涉及迁移调动的比重也较高，根据前一章的研究可知，涉及工作调动的多为三线建设和上山下乡的返迁人口。

第四，贵州省际迁出人口中，因"务工经商"迁入各省的人口共计2.66万人（9.1%），比重排序前十位的省，由高至低分别是广东（18%）、云南（16.5%）、江苏（14.7%）、福建（9%）、四川（9.8%）、江西（7.5%）、山西（5.6%）、湖南（5.3%）、广西和上海（3%）、河北（1.1%），同样呈沿海指向和邻省指向。

但就各省而言，自贵州迁入人口中，"务工经商"排序首位的有海南[①]（50%）和云南（20%）两省，"务工经商"者比重在10%以上，且在迁入该目的地的贵州人口中占比排在次位的分别有山西（26.8%）、广东（24.1%）、江西（16.9%）、新疆（16.7%）、黑龙江（16.7%）、福建（13.9%）、江苏（9.8%）、福建（8.6%）

---

① 迁入海南的人口较少。

各省。

第五，作为"随迁家属"而自贵州迁出的人口较少，仅有2.19万，占省际总迁出人口的7.5%，持该迁移原因者的主要迁入目的地是江西（17.4%）、湖南（14.2%）、广东（9.1%）、云南（8.7%）、江苏（6.8%）、山东和河南（5.9%）、浙江（4.6%）、福建（3.2%）、湖北（1.8%）、黑龙江（1.4%）。

具体就各迁入地而言，"随迁家属"比重排第一的是黑龙江（50%）和江西（32.2%）。值得注意的是，与贵州相邻的四省中，随迁家属的占比除湖南省排在第二位，四川、云南两省的比重位序都靠后，自贵州迁至广西者，无随迁家属。通过比较带眷系数，考察贵州省际迁出人口中，随迁家属的状况，发现贵州省际迁出人口的带眷系数[①]仅为0.18，其中，黑龙江的带眷系数最高，为1，其余各省市自治区由高到低依次为河北（0.73）、河南（0.65）、江西（0.62）、湖南（0.41）、海南（0.33）、山东（0.33）、浙江（0.31）、广东（0.23）、辽宁（0.22）、福建、上海和江苏（0.21）、新疆（0.2）、云南（0.17）、湖北（0.08）、山西（0.07）、天津（0.06）、四川（0.04）、北京（0.03），内蒙古、吉林、安徽、广西、陕西、宁夏6省区的带眷系数为0。

第六，"投亲靠友"体现的是迁移的网络效应，仅0.5万人，占比为4.1%，且主要为邻省指向。因"投亲靠友"外迁的人口，主要目的地分四级，主要在四川（32.8%），其次是云南（11.8%）、上海（10.1%）、湖南（10.9%），之后是广东和江苏（5%）、河南和湖北（4.2%）、新疆（3.4%）、北京（2.5%）、浙江、福建和河北（1.7%）等地，其余为第四级。

第七，因"退休退职"迁移的比例，在贵州省际迁出中位列倒数第二，为1.7%。其迁移目的地仅分布于8个省市，分别是四川

---

① 本研究中，将随迁家属人口数与各类迁移人口中婚姻迁移和随迁家属之外的人口数的比重界定为带眷系数。该系数表明每一个迁移人口相应地有多少家属跟随迁移。甲地带眷系数的计算方式为：甲地迁往乙地的随迁家属人口数与甲地迁往乙地的婚迁和随迁以外的迁出人口之比。

(42%)、江苏（18%）、山东（14%）、上海、湖南、广东（6%）、江西和云南（4%）。也主要体现了邻省和沿海指向。

第八，因"分配录用"迁往省外的人口仅0.23万人，仅占迁出总人口的0.8%。

（三）省际迁入不同迁移来源地人口迁移原因比较

就省际迁入，也同样从两个视角，对贵州省际迁入人口及其迁移原因进行分析。一是描述贵州省际迁入人口中，分迁移原因的各类迁入人口的迁移来源地及相应规模；二是以各迁移来源地为视角，比较自各省（市、自治区）迁入贵州的人口中，持各类迁移原因迁入者的比重，考察各地迁移者的类别。

该时期贵州的省际迁入人口来自全国共计24个省份（境外迁入未包含其中）。如前述，与省际迁出以婚迁人口占多数不同，在贵州省际迁入的人口中，约一半的人口因"务工经商"而迁入。

从迁入来源地看，主要来自邻省，其中来自四川的人口最多，共5.77万人，占比54.6%，来自湖南和云南的分别有1.23万人和1.2万人，占迁入人口的11.6%和11.5%，同时，来自苏浙的人口也较多，分别有0.44万人和0.48万人，占比分别为4.2%和4.5%，且来自苏浙的人口八成以上为"务工经商人口"。各迁移来源地，人口迁入的原因也各不同。具体如下：

第一，迁入贵州的"务工经商"人口计5.25万人，主要来自四川（65.9%），其次为湖南（14.3%）、江苏和浙江（7.4%），来自湖北的约占1.7%，来自其他10个省市的比重均不到1%。广西（0.8%）、河南（0.6%）、云南和河北（0.4%）、广东和山西、辽宁、吉林、山东、陕西（0.2%）。

"婚姻迁入"贵州的比例在省际迁入人口中次高，但比重明显降低，为20.7%。婚姻迁入涉及全国15个省份，呈显著的邻省指向，排名居前四的是邻省四川（57.1%）、云南（29.2%）、湖南（6.4%）和广西（1.4%）。其余11个省份的迁入者比重均不到1%（见表3.18）。

表 3.18　　1985—1990 年按迁移原因计的贵州省际迁入
主要来源地人口分布　　单位:%

来源地	工作调动	分配录用	务工经商	学习培训	投亲靠友	退休退职	随迁家属	婚姻迁入	其他	迁移人口占比（按来源地）
北京		19.2		66.7						0.9
黑龙江						14.3		0.9		0.9
江苏			7.4							4.2
浙江			7.4		4.2		7.1			4.5
安徽	4.5					21.4				0.9
山东	6.0					14.3	5.7			1.4
河南					7.0			0.9		1.1
湖北		11.5	1.7	16.7					7.0	1.8
湖南	4.5	7.7	14.3		18.3	14.3	14.3	6.4	7.0	11.6
广东	6.0					28.6			10.5	1.5
广西					7.0			1.4		1.4
四川	6.0	23.1	65.9	16.7	46.5		41.4	57.1	57.9	54.6
云南	50.7	19.2			4.2		8.6	29.2	10.5	11.4
陕西										0.3
新疆	4.5						5.7			0.8
合计	82.2	80.7	96.7	100	87.2	92.9	82.8	95.9	92.9	97.3
迁入人口占比（按迁移原因）	6.3	2.5	49.7	0.6	6.7	1.3	6.6	20.7	5.5	100

注：该表中，仅列出按迁移原因计，占比排序前五位的迁移目的地。其中随迁家属和婚姻迁入因占比有并列，故列出前六位迁移目的地。

第二，因"投亲靠友"迁入贵州的人口共 0.71 万人，来自全国 12 个省份，占迁入总人口的 6.7%，排序第 3 位。同样来自四川的最多，为 46.5%，湖南（18.3%）其次，广西和河南（7%）、云南和浙江（4.2%）、山东、江苏和湖北（2.8%）、新疆、海南和上海（1.4%）。"投亲靠友"也以邻省指向为主。

第三，进入贵州的"随迁家属"来自全国12个省份，占全国省际迁入人口的6.6%，共0.7万人，其中四川最多，占比41.4%，其次分别为湖南（14.3%）、云南（8.6%）、浙江（7.1%）、山东和新疆（5.7%）、黑龙江和山西（4.3%）、辽宁和安徽（2.9%）、广西和陕西（1.4%）。

第四，但若从带眷系数来看，贵州省际迁入人口的带眷系数只有0.08，低于省际迁出带眷系数0.1个百分点。山西、陕西和新疆（0.5）、黑龙江（0.43）、辽宁（0.4）、山东（0.29）、安徽（0.25）、云南和浙江（0.11）、湖南（0.09）、广西（0.08）、四川（0.06），省际迁入人口带眷系数的高低与迁移距离的远近呈反比。

第五，因"工作调动"迁入贵州的人口来自全国15个省份，占省际迁入人口的第五位，为6.3%，其中云南比例最高，达50.7%，山东、广东和四川（6%）、安徽、新疆和湖南（4.5%）、海南、广西、黑龙江和内蒙古（3.0%）、甘肃、江苏、辽宁和山西（1.5%），工作调动的邻省指向和西部指向较显著。

第六，因"退休退职"迁往贵州的人口共计0.14万人，占比省际迁入人口的1.3%，且集中于6个省，其中，广东最多，为28.6%，其次为湖南、山东和黑龙江（14.3%）、安徽（21.4%）、河南（7.1%）。

第七，"分配录用"迁往贵州的人口来自全国10个省，共计0.26万人，占比仅2.5%，且其中一半的人口来自邻省川、滇、鄂和北京。四川（23.1%）、云南和北京（19.2%）、湖北（11.5%）、湖南（7.7%）、河北、山西、辽宁、江苏和河南均为3.8%。既体现了邻省指向也体现了北京作为高等教育人口集中地所起到的人才培育和输送作用。

第八，因"学习培训"迁入贵州的人口仅涉及北京（66.7%）、四川和湖北（16.7%）3个省市，占比0.6%。

（四）省际迁入和迁出比较

通过省际之间的两两比较发现，尽管婚姻迁移是贵州省际人口迁出的主要方式，但除贵州迁至湖南外，贵州至相邻四川、广西、云南三省的迁移人口却主要分别是"学习培训""工作调动"和"务工经商",婚迁则次之。贵州与邻省的迁移同样呈净迁出模式,共计净迁出2.47万人,其中东部省区广西迁入贵州的人口仅1500人,净迁出达1.07万人。

(五)省内迁移原因比较

该时期,贵州各地州市迁入人口迁移原因的分布各不相同。其中,贵阳、六盘水、毕节的迁入人口均以"务工经商"者比重最高、"婚姻迁入"位列第二,遵义则是"婚姻迁入"和"务工经商"并重,铜仁、黔西南、安顺、黔东南迁入者以"婚姻迁入"为主,迁往黔南者以"学习培训"为主(见表3.19、表3.20)。

表3.19　　　1985—1990年贵州与邻省迁移人口原因分布　　　单位:%

迁移方向	工作调动	分配录用	务工经商	学习培训	投亲靠友	退休退职	随迁家属	婚姻迁入	其他	合计
广西—贵州	13.3	0	26.7	0	33.3	0	6.7	20.0	0	100
贵州—广西	39.3	0.8	6.6	0	0.8	0	0	36.9	15.6	100
湖南—贵州	2.4	1.6	61.0	0	10.6	1.6	8.1	11.4	3.3	100
贵州—湖南	11.2	1.1	7.8	0.6	7.3	1.7	17.3	40.2	12.8	100
四川—贵州	0.7	1.0	60.0	0.2	5.7	0	5.0	21.7	5.7	100
贵州—四川	3.9	0.7	4.3	39.1	6.4	3.4	2.5	35.4	4.4	100
云南—贵州	28.3	4.2	1.7	0	2.5	0	5.0	53.3	5.0	100
贵州—云南	20.6	0	25.9	0.6	8.2	1.2	11.2	22.9	9.4	100

表3.20　　　1985—1990年贵州省内迁移人口迁移原因分布　　　单位:%

	工作调动	分配录用	务工经商	学习培训	投亲靠友	退休退职	随迁家属	婚姻迁入	其他	合计
贵阳	3.0	0	45.2	0	7.9	1.2	7.2	30.4	5.2	100
六盘水	1.3	3.9	36.8	0	10.3	1.3	20.0	24.5	1.9	100
遵义	2.3	1.2	36.4	1.2	7.0	2.3	5.4	38.8	5.4	100
铜仁	3.0	23.2	6.1	1.0	3.0	5.1	0	52.5	6.1	100
黔西南州	12.2	28.6	4.1	2.0	6.1	2.0	6.1	34.7	4.1	100

续表

	工作调动	分配录用	务工经商	学习培训	投亲靠友	退休退职	随迁家属	婚姻迁入	其他	
毕节	6.2	8.8	30.1	0	9.7	4.4	10.6	23.0	7.1	100
安顺	5.0	6.9	8.7	19.5	8.0	2.4	7.8	33.3	8.4	100
黔东南州	8.6	24.6	10.0	1.4	6.4	1.4	15.4	30.0	2.1	100
黔南州	0.3	2.5	2.8	87.3	0.9	0	0.4	5.2	0.6	100
合计	100	100	100	100	100	100	100	100	100	

二 不同性别的迁移原因比较

如表3.21所示，男性和女性人口的迁移原因有显著差异。在省际迁入人口中，男性人口"务工经商"的比例最高，为65.0%，其次为"工作调动"（9.3%），"婚姻迁入"者占7.0%，其余各类迁移比重较低；女性人口中，则以"婚姻迁入"最高，达42.4%，其次是"务工经商"，约1/4，"投亲靠友"和"随迁家属"的比例分别为11.5%和11.00%，其余各类原因迁入者较少。

表3.21　　　1985—1990年各类迁移中分性别的迁移原因比较　　　单位：%

	省际迁入		省际迁出		省内迁移		全部迁移人口	
迁移原因	男	女	男	女	男	女	男	女
工作调动	9.30	1.7	21.4	4.0	5.0	1.6	11.1	2.9
分配录用	2.80	2.0	1.3	0.6	9.7	3.9	5.5	1.9
务工经商	65.0	25.6	21.1	3.7	23.3	12.0	31.9	9.1
学习培训	0.50	0.7	20.9	8.8	38.7	21.1	24.5	12.3
投亲靠友	3.7	11.5	5.1	3.7	5.6	5.6	5.0	5.2
退休退职	2.0	0.2	4.1	0.7	2.5	0.6	2.9	0.6
随迁家属	3.9	11.0	12.1	5.5	4.8	8.4	6.9	7.1
婚姻迁入	7.0	42.4	3.1	71.2	5.6	43.3	5.1	58.1
其他	5.9	4.9	11.0	2.0	4.8	3.4	7.0	2.8
合计	100	100	100	100	100	100	100	100

省际迁出者中,男性人口因"工作调动"(21.4%)、"务工经商"(21.1%)和"学习培训"(20.9%)等劳动就业和学习发展型迁移的人口最多,且比重接近,相应地,"随迁家属"的比重也较高,为11%,其余各类原因迁移者则较少;女性省际迁出人口呈婚迁"单极化"的特征,且比重高达71.2%,学习培训次高,但仅占8.8%,其余各类迁出者较少。

省内迁移中,男性"学习培训"和"务工经商"是主要原因,二者合计62%,因"分配录用"迁移者的比重也接近10%,其余各类迁移者均较少;女性迁移者中,同样以婚迁为主要原因,占比43.3%,其次是"学习培训"(21%),"务工经商者"的比重为12%,其他各类原因迁移者的比重合计不到三成。

可见,该时期,分性别而言,女性以"婚姻迁入"为主体,尤在省际迁出中表现为盛,而男性迁移的原因集中于"务工经商""工作调动"和"学习培训"三项,基本属于"劳动就业型"迁移。

三 不同年龄的迁移原因比较

(一)概述

如表 3.22 所示,分年龄而言,15 岁以下人口主要是以"随迁家属"的方式迁移,随迁的比重省际迁出最高(72.7%),省际迁入次之(60.0%),省内迁移最低(56.3%),此外该年龄段"投亲靠友"的比重也较高。

表 3.22　1985—1990 年贵州分年龄的迁移人口迁移原因比较　　单位:%

年龄(岁) 迁移原因	0—9	10—14	15—19	20—29	30—39	40—49	50—59	60—64	65+
工作调动	0 (0)	0 (0)	1.0 (3.0)	4.7 (40.1)	20.1 (29.7)	28.0 (20.4)	16.9 (6.5)	1.7 (0.2)	0 (0)
分配录用	0 (0)	0 (0)	0.3 (1.7)	5.9 (95.2)	0.9 (2.6)	0.3 (0.4)	0 (0)	0 (0)	0 (0)

续表

年龄（岁）迁移原因	0—9	10—14	15—19	20—29	30—39	40—49	50—59	60—64	65+
务工经商	0 (0)	0 (0)	18.2 (18.4)	18.0 (52.8)	36.1 (18.2)	28.0 (7.0)	21.1 (2.8)	10.0 (0.5)	6.0 (0.4)
学习培训	0.4 (0.1)	6.5 (1.0)	48.5 (52.8)	14.3 (45.2)	0.9 (0.5)	1.3 (0.3)	0 (0)	0 (0)	0 (0)
投亲靠友	14.7 (9.7)	23.2 (12.6)	5.7 (21.4)	1.9 (21.1)	2.8 (5.3)	6.1 (5.6)	9.6 (4.7)	28.3 (5.0)	60.2 (14.7)
退休退职	0.4 (1.0)	0 (0)	0 (0)	0 (1.0)	0.3 (1.9)	5.7 (17.1)	28.9 (45.7)	36.7 (21.0)	15.7 (12.4)
随迁家属	68.0 (32.8)	58.9 (23.4)	6.0 (16.5)	1.5 (11.6)	4.6 (6.2)	4.8 (3.2)	7.8 (2.8)	11.7 (1.5)	10.8 (1.9)
婚姻迁入	0 (0)	0 (0)	17.8 (9.7)	50.5 (80.3)	27.5 (7.5)	13.7 (1.8)	6.6 (0.5)	1.7 (0)	3.6 (0.1)
其他	16.4 (12.0)	11.4 (6.8)	2.5 (10.4)	3.1 (36.7)	6.8 (14.0)	12.1 (12.3)	9.0 (4.9)	10.0 (1.9)	3.6 (1.0)
合计	6.2 (3.4)	19.2 (2.8)	38.9 (19.2)	22.0 (55.7)	7.2 (9.6)	3.3 (4.7)	1.9 (2.5)	0.4 (0.9)	0.9 (1.2)

注：括号外为按年龄计各类迁移原因的分布，括号内为按迁移原因计各年龄段迁移人口的分布。

15—19岁组主要以"学习培训"为主（48.5%），20—29岁组是婚迁人口的高峰年龄段，其中省际迁出为最，占比为66.1%和62%，30—39岁组则以"务工经商"为主，"婚姻迁入"和"工作调动"为辅，40—49岁组中，"工作调动"和"务工经商"两足并重，50—59岁组则以"退休退职"为主，"务工经商"为辅，60岁以上的人口则主要通过"退休退职"迁移，"投亲靠友"者占比次高。

分年龄来看，各年龄段人口迁移原因分布大致如下。15岁以下年龄段的迁移者中"随迁家属"的占六成左右，"投亲靠友"其次，但两类迁移占比差距十分大。15—19岁年龄段以"学习培训"

(48.5%)的比重最高,而自20—29岁年龄段中"婚姻迁入"的比重最高,约1/2。30—39岁年龄段中"务工经商"和"婚姻迁入"并重,各约占1/3,"工作调动"型迁移也升至1/5左右。40—49岁组中婚迁的比重下降,"务工经商"和"工作调动"型迁移并居首位,50—54岁组中,"退休退职"已开始成为主要的迁移原因,迁移原因的两足并立变为三足鼎立。而55—64岁以上者,"退休退职"成为最主要的迁移原因,65岁以上者则主要因"投亲靠友"发生迁移。

(二) 省际迁入

分迁移方向来看,省际迁入人口中,15—59岁处在劳动年龄期的人口,其主要的迁移原因是"务工经商",其中15—19岁组人口"务工经商"的比重最高,15—19岁组中,婚迁的比重相对上升,约占1/3,为31.9%,但仍低于"务工经商"近20个百分点。20—29岁开始,婚迁的比重相对下降,但仍超过1/5的人口因该原因迁入,30—39岁组婚迁比重较20—29岁组进一步降低,"务工经商"的比重则复上升。40—49岁组"务工经商"仍居首位,而"退休退职"的比重上升至第2位,50—59岁组"务工经商"的比重再次下降,且低于30%,但"投亲靠友"的比重上升至23.8%,排第2位。

(三) 省际迁出

省际迁出人口中,劳动年龄段人口主要的迁移原因以"婚姻迁入"为主,"工作调动"为辅。15—29岁组人口的迁移原因中,"婚姻迁入"占的比重超过60%。但具体而言,15—19岁组中位居次高的"学习培训",约占1/3,而20—29岁组中婚迁之外,"工作调动"和"务工经商"者增多,30—39岁组是该类迁移人口迁移原因由"婚姻迁入"转向"工作调动"的转折点。"婚姻迁入"的比重在该年龄段陡然下降为26.1%,"工作调动"的比重大幅上升,呈两足鼎立;40—49岁组中,"工作调动"者最多,占比45.6%,50—59岁组中,"退休退职"(52.9%)的比重上升至第1位,而投亲靠友则位居第二(17.6%),60岁以上组中,基本的迁移原因为"投亲靠友"和"退休退职"。也即,在劳动年龄的相对低龄段,以婚迁为主轴,辅以"工作调动""学习培训",随着迁移者年龄的提高,40岁后逐步转变为"工作调动"为主轴,辅以"退职退休"并逐步过渡到"退职退休"和"投亲靠友"。

(四)省内迁移

省内迁移中,10—14 岁组以"学习培训"为主,占该组人口的七成,15—19 岁组以"婚迁"和"学习培训"两者并重,20—29 岁组的人口中,仍以婚迁为主,且比重提高,"务工经商"次之,30—49 岁组以"务工经商"为主,该组的婚迁人口虽较 20—29 岁组相对下降,但居于次高,显然,30—39 岁组也是该组迁移人口中婚迁向"务工经商"转变的转折点。而 40—49 岁开始,"务工经商"比重下降,"退休退职"比重开始上升,成为退休的拐点,50—59 岁组则主要以"退休退职"和"投亲靠友"为主,60 岁以上的人口主要是"投亲靠友"。

从迁移者整体而言,如上分年龄的迁移原因比较中可知,求学谋职、缔结婚姻、事业发展或归家养老几类迁移原因均与迁移人口的生命周期密切关联。在因"退休退职"迁移的人口中,平均年龄最高,是 50.6 岁,中位值为 51 岁,"工作调动"平均年龄次高,是 28.1 岁。因"分配录用"迁移的人口中,平均年龄和中位值年龄均是 19 岁,"务工经商"平均年龄是 22.1 岁,中位值为 19 岁,投亲靠友平均年龄是 26.6 岁,中位值为 16 岁,但标准差为 23.1,显然因该原因迁移者的年龄差距非常大。婚姻迁入平均年龄是 19.2 岁,中位值为 18 岁。随迁家属平均年龄最低,是 13.1 岁,中位值为 8 岁,但该组的标准差高达 15.1,说明随迁家属主要集中在老幼两头。"学习培训"平均年龄是 14.4 岁,中位值为 14 岁,其他平均年龄是 22.1 岁,中位值为 19 岁。

年幼者必然以随迁为主,劳动年龄者则必然经历求学谋职、事业发展、退职退休等求职谋生的阶段,其间与之并行的婚姻历程也得以体现。随着年龄的增长,婚迁的比重在 20—29 岁开始逐渐下降,"学习培训"则集中在 10—14 岁组,之后,劳动者的迁移中"务工经商"便逐步上升,到了 40—49 岁年龄组,代表事业提升型和稳定型的"工作调动"达到顶峰。到 50—59 岁组逐步开启以"退休退职"为主的迁移，60岁及以上者则主要"投亲靠友"归家养老。然而，在各个迁移方向上仍略有不同，主要体现在：第一，14岁以上者，无论哪个年龄段，省际迁入的调节主轴均是"务工经商"；省际迁入中，14—30岁以下者，以婚迁为主轴，30—39岁组是"婚姻迁入"和"工作调动"的分水岭，之后至60岁以前，迁移主因转换为"工作调动"；第二，劳动年龄迁移者中，省际迁入者以"务工经商"为主，而省际迁出者则以"务工经商"和"工作调动"为主，省内迁移以婚迁和"务工经商"为主；第三，省际迁移者的婚迁主要年龄段集中在15—19岁，低于省内迁移；第四，分年龄和性别来考察各个方向的迁移原因发现，与之前描述的基本一致。

四 不同文化程度者迁移原因比较

如表3.23所示，不同文化程度者迁移的原因亦有所不同，迁移者的文化程度与婚迁人口的比重成反比，文化程度越低，婚迁比重越高；而文化程度越高者，"学习培训"的比重越高。"务工经商"型迁移主要集中在"小学""初中"和"高中"三个较低文化程度的受教育者中，"分配录用"型迁移则主要集中在"中专"及以上较高文化程度者中。分迁移方向来看，文化程度分布趋势也趋同。

表3.23　　　　1985—1990年不同文化程度者迁移原因分布　　　　单位：%

文化程度	工作调动	分配录用	务工经商	学习培训	投亲靠友	退休退职	随迁家属	婚姻迁入	其他	合计
不识字或识字很少	0.2	0.1	15.4	0	8.8	2.2	9.5	59.0	4.9	100
小学	1.5	0	23.0	0.3	5.4	2.2	9.8	51.8	5.9	100
初中	10.7	0.3	33.7	0.3	6.6	1.4	4.9	36.3	5.8	100
高中	21.7	0.9	18.7	25.0	4.0	1.4	10.0	12.9	5.4	100
中专	9.9	16.9	1.2	69.0	0.4	0.7	0.9	0.6	0.3	100
大学专科	10.9	11.1	0.3	74.9	0.5	0.3	0.5	0.5	1.0	100
大学本科及以上	7.1	15.8	0.5	74.9	0.2	0.2	0.5	0	0.7	100

通过分性别来对不同文化程度者迁移原因进行比较发现，男女两性在初中及以下文化程度者中差异较大，然而在高中以上文化程度者中却十分一致。具体而言，初中及以下文化程度者中，男性的迁移原因主要是"务工经商"，而女性则是"婚姻迁入"。高中阶段是男女两性因文化程度差异体现的迁移原因差异的一个过渡阶段，也是男女两性自身迁移原因改变的分水岭。高中文化程度的男性中，"务工经商"的比重开始下降，"工作调动"的比重上升，并与之相齐，高中文化程度的女性中，"婚姻迁入"的比重（24.0%）下降，"学习培训"的比重（30.4%）上升，甚至超过"婚姻迁入"者6.4个百分点。自"中专"及以上文化程度者，男女两性的迁移原因趋同，"学习培训"成为所有迁移者迁移的共同主因。

五 不同户籍者迁移原因比较

通过不同户籍的比较可以发现：其一，农业户籍迁移者中，婚迁的比重最高，达54.4%，分迁移方向看亦然，但比重按省际迁出、省内迁移、省际迁入三个类别呈梯度递减。其二，非农业户籍者迁移的首因为"学习培训"。其中省内非农业户籍迁移者中，因"学习培训"迁移者的比重最高，为60.0%，其次为省际迁出者，亦高达36.9%，但省际非农业户籍者迁入的主因则是"工作调动"，因"学习培训"迁入的比重却为该组的最低值。这反映了贵州与其他各省在文化教育水平上的差距。其三，与正规渠道就业相关的"工作调动""分配录用""学习培训""退休退职"的规模同非农业户籍者规模显著正相关，而"务工经商"这种非正规的就业渠道的迁移者规模则与农业户籍规模显著正相关。这在一定程度反映了因户籍身份导致的城乡人口的就业隔离，显然，户籍身份此时仍与劳动就业分配密切关联（见表3.24）。

表 3.24　　　　1985—1990 年不同户籍类型迁移原因比较　　　单位:%

	户口性质	工作调动	分配录用	务工经商	学习培训	投亲靠友	退休退职	随迁家属	婚姻迁入	其他	合计
全部迁移者	农业	1.1	0.1	28.9	0.3	5.3	0.2	5.2	54.4	4.5	100
	非农业	15.6	9.2	3.4	47.1	4.5	3.8	8.7	3.6	4.2	100
省际迁入	农业	2.6	0	58.4	0.1	6.2	0.2	4.4	23.4	4.6	100
	非农业	27.7	15.1	6.9	3.1	7.5	6.9	17.0	8.8	6.9	100
省际迁出	农业	1.1	0.1	12.6	0.1	3.0	0.2	4.5	74.5	3.9	100
	非农业	25.8	2.2	3.2	36.9	5.8	4.4	11.8	3.5	6.4	100
省内迁移	农业	0.2	0.2	32.4	0.7	7.9	0.1	6.7	46.5	5.4	100
	非农业	6.4	13.6	3.1	60.0	3.1	3.0	5.4	3.0	2.3	100

六　户籍迁移者和非户籍迁移者的迁移原因比较

如表 3.25 所示，户籍迁移中"婚姻迁入""学习培训""工作调动""分配录用"等的比重较非户籍迁移高，而非户籍迁移者迁移原因的构成以"务工经商"和"婚姻迁入"为主。户籍迁移者中，省际迁移随迁家属的比例高于省内迁移，非户籍迁移者中，省内迁移随迁家属的比例高于省际迁移。显然，该时期因户籍制度形成的体制内外分化依然很显著。不同户籍性质的迁移者，其随迁可能性与迁移距离显著相关。远距离迁移中，户籍迁移的可能性高于非户籍迁移，而非户籍迁移者的随迁家属在省内迁移的比重较高。

表 3.25　　　1985—1990 年户籍迁移和非户籍迁移原因比较　　　单位:%

迁移原因	户籍迁移				非户籍迁移			
	省际迁出	省内迁移	省际迁入	合计	省际迁出	省内迁移	省际迁入	合计
工作调动	15.70	4.7	20.6	11.3	0.6	1.3	0.4	0.8
分配录用	1.30	11.3	7.4	6.2	0.1	0.3	0.1	0.2
务工经商	0.8	1.4	1.6	1.1	22.1	41.7	70.7	41.2
学习培训	20	47.6	1.6	30.5	1.9	4.5	0.1	2.4
投亲靠友	2.5	2	3.5	2.4	6.3	10.9	8	8.4

续表

迁移原因	户籍迁移				非户籍迁移			
	省际迁出	省内迁移	省际迁入	合计	省际迁出	省内迁移	省际迁入	合计
退休退职	2.2	1.5	2.3	1.9	0.9	1.5	0.8	1.1
随迁家属	8.7	4.2	8.4	6.7	5.3	9.4	5.9	7.0
婚姻迁入	43.6	25	50.5	36.0	58.6	24.2	8.3	33.6
其他	5.3	2.4	4.2	3.9	4.2	6.3	5.6	5.3
合计	100	100	100	100	100	100	100	100

第四节 该阶段人口迁移的总结

一 政策变迁使迁移有了可能、成为必然

改革开放以来，人口的迁移流动与政策变迁有着密切的关联，政策变迁使人口迁移有了可能、成为必然，并影响人口迁移的规模、方向、原因等。

其一，如前所述，该时期农村集体经济瓦解、农产品统购统派制度的改革，一方面使得农民不再像过去那样被束缚在人民公社内部不能流动，另一方面也打开了商品流通的渠道。同时，由此带来的农业生产力的解放和农民的生产热情的提高，推动农村经济快速发展，粮油产量也大幅提高。自1982年起，贵州粮食生产连续3年丰收，1984年产量达到757.8万吨，比1980年增长16.9%[1]。农民向城市的迁移既具备了制度基础，也有了物质基础。

其二，客观上，农村经济体制的改革也使得长期被掩盖在低效益的集体经济中的大批潜在的剩余劳动力成为显性的剩余劳动力[2]，成为农村人口外迁的重要推力。

其三，"三结合"方针的提出及1986年系列劳动制度改革政策的

---

[1] 《贵州省情》编辑委员会编：《贵州省情（1949—1984）》，贵州人民出版社1986年版，第80页。

[2] 段成荣：《人口迁移研究·原理与方法》，重庆出版社1998年版，第23页。

出台，使计划就业的劳动制度被突破，劳动力在产业和城乡之间的流动有了可能。

其四，1984年中央一号文件以及同年10月发布的《国务院关于农民进入集镇落户问题的通知》（国发〔1984〕141号）①，和1985年7月《公安部关于城镇暂住人口管理的暂行规定》②，相继提出自理口粮、办理暂住证或寄住证等方式，解决开放进入集镇（不含县城关镇）农民的落户问题。显然，户口这一制度性因素的束缚作用虽未打破，但一定程度上有了松动。

其五，鼓励兴办乡镇企业与控制大城市规模的政策并举，促成了该时期农村剩余劳动力转移"离土不离乡""进厂不进城"的模式。但同时，东西部差距和城乡差距已开始成为农村人口、西部人口迁出的驱动。作为经济发展落后的省区，贵州与全国其他省区形成的经济落差，成为人口外迁的势能，推动人口大量外迁。农业剩余劳动力在实现产业转移的同时，也开始具备其地域转移的条件。

二 人口迁移的特征

基于上述原因的影响，该时期，贵州人口迁移主要呈如下特征：

（一）省际迁移多于省内迁移、省际迁出大于省际迁入

从规模上看，以省际迁移为主、省内迁移为辅，省际迁移中又以省际迁出为主体。由于前述贵州与全国其他各省份的差异，贵州迁出人口较多，人口呈净迁出。迁移人口中，"三普"时期迁入贵阳、遵义和六盘水的人口占比相当接近，分别居第1位、第2位和第3位。至"四普"时期，省际迁入目的地前二甲的排序仍未改变，但贵阳市的占比上升了8.3个百分点，"三普"时期位于前三甲的六盘水市则下降了11.4个百分点。显然，三线建设对省际迁入人口的拉动至20世纪80年代末期已逐步褪去。

---

① 《国务院关于农民进入集镇落户问题的通知》，《中华人民共和国政务院公报》1984年第6期。

② 《公安部关于城镇暂住人口管理的暂行规定》，《中华人民共和国国务院公报》1985年第6期。

(二) 邻省指向为主、东部沿海指向为辅

省际迁移有明显的邻省指向和东部沿海指向。邻省迁移规模最大，迁移者对流最强，比重达48.0%，迁移人口略呈净迁出，但基本持平，为"有来有往"型迁移，邻省中，贵州和四川的人口迁移规模最大，四川作为中国西部综合实力最强的省份，中国重要的粮食和副食品生产基地，又是1978年全国率先实行家庭联产承包责任制的省份，西部最大的市场和物资集散地，西部工业优势产品较多的省份[1]，吸引了大量的贵州人口迁入；往东部迁移的规模其次，但为"有去无回"型，东部的江苏是除四川外，贵州人口跨省迁出最主要的目的地；中部迁移的规模最小，净迁出人口高于西部邻省，为"往者无多"型迁移。

(三) 非户籍迁移开始活跃，但仍少于户籍迁移

户籍迁移多于非户籍迁移，特别是在省际迁出和省内迁移两类群体中，户籍迁移占比达60%。同时户籍迁移者与非户籍迁移者在迁移者特征上存在显著差别。户籍迁移者中男性偏多，而非户籍迁移者则与之相反，性别比仅有82（以女性为100）；户籍迁移者主要集中于体制内就业，而非户籍迁移者的就业形式主要是非体制内就业，户籍迁移者中，非在业者的比重较高，然而其构成却与非户籍迁移者显著不同。前者中"在校学生"的比例高达八成以上，而后者中"料理家务"者的比重却占了约一半。

迁移原因的比较中，户籍迁移者中因"工作调动""学习培训"等迁移的比重显著高于后者，后者则主要集中在"务工经商"。显然，二者的分化主要由户籍、劳动等与迁移密切相关的制度所致，体现了体制内外的壁垒。该时期，我国的迁移人口中，非户籍迁移已经开始活跃，约占全部迁移者的45%，特别是"务工经商"和"婚姻迁入"两种类型的非户籍迁移已经具备了脱离户籍制度的可能，但户籍型的迁移仍是该时期人口迁移的主流。

---

[1] 国务院发展研究中心中国企业评价协会：《西部大开发指南》，中国社会出版社2000年版，第346页。

（四）农业人口规模上多于非农业人口，迁移概率低于非农业人口，以从事第一产业为主，与非农业迁移者职业分化显著

迁移者以农业人口为主体，但是农业人口迁移的可能性较非农业人口低。这一方面说明20世纪80年代末期，人口迁移较之改革开放以前有了较大的自主性，但另一方面也说明，户籍身份作为捆绑农村人口的重要制度性因素，对农村剩余劳动力迁移仍发挥着顽强的作用。

从迁移农业人口的职业结构看，从事"农林牧渔、水利生产人员"的比重高达62.7%，而非农业户籍人口则以体制内就业为主，劳动就业体制的壁垒造成了农业户籍人口和非农业户籍人口的就业区隔。

（五）文化程度与迁移规模成正比，文化程度高者倾向于省际迁出

迁移人口以"中专"文化程度为界限，迁移规模在此略有下降，迁移规模曲线在中专文化程度上略呈凹陷。在此之前随着文化程度的提升，迁移人口规模增长，之后以中专文化程度为另一个起点，开始另一段更显著的增长。从迁移方向看，文化程度高者更倾向于迁出贵州，呈智力型劳动者流失的状况。

（六）迁移人口总体女性多于男性，各方向迁移者性别比差异较大

迁移者总体中，女性迁移人口多于男性，性别比仅为77。其中，省内迁移的性别比较均衡，为99，省际迁移的两个方向则完全相反，省际迁出性别比十分低，为46，省际迁入则十分高，达158。通过进一步的分析发现，全部迁移人口中，女性迁移人口以婚迁者为主要特征（58.1%），省际迁出女性中，婚迁者的比重更高达71.2%，婚迁既是该时期女性改变自身经济地位的重要方式。女性迁移人口中不在业者的比例表面虽低于男性，但其构成却大相径庭。78.7%的男性不在业原因是"在校学习"，而女性不在业者的主要原因排序中，"料理家务"（32.2%）紧随"在校学习"（52.6%）位居第二。

（七）迁移人口总体以婚迁为主，各类别迁移者略有不同

该时期人口迁移的主要原因是"婚姻迁入"（35.0%）。分性别

而言，女性迁移人口中婚迁的比重达58.1%，而男性仅有5.1%是婚迁人口。若论农业人口与非农业人口，则农业人口中，婚迁的比重高达54.4%，非农业人口中这一比重仅为3.6%。分迁移方向而言，则省际迁出人口的主体是婚迁人口，省际迁入和省内迁移中婚迁比重仅位列第二，务工经商和学习培训分别位列第一。总体而言，该时期，"务工经商"尚未成长为拉动人们迁移的主要外部动力，农村冗余的男性剩余劳动力的迁移尚未被激发，这就使得以女性为主体的、以婚迁为主要动因的迁移成为该时期人口迁移的鲜明特色。

（八）迁移人口的来源地类型以乡村为主，乡—城迁移的势能逐步打开

仅就省内迁移而言，从迁移规模来看，乡村既是人口迁出的主要来源地又是人口迁入的主要目的地，乡村人口净迁入1.18万人，城市人口净迁入0.86万人，镇人口则净迁出2.04万人，市和乡为人口净迁入地，而镇为人口净迁出地。

另据估算数据[①]，该时期贵州城乡人口迁移增长基本呈乡村人口净迁出、城镇人口净迁入的模式。因此，可以视为人口迁移的流向为由乡至城。

同时，该时期不同户籍性质人口的婚迁比重差距缩小，农业人口中，婚迁的比重下降了34.2个百分点，为20.2%，而婚迁者在非农业人口中的比重则上升了10.7个百分点，为14.1%。

三 该时期人口迁移的反思

（一）相关政策制度的变迁与人口迁移变迁

贵州的人口迁移与其所处的制度和政策环境的影响是分不开的。该时期，贵州人口迁移亦是"由于长期对迁移流动的政策阻碍和改革以来的政策放松所诱发并形成规模的"[②]。

[①] 贵州省统计局、国家统计局贵州省调查总队：《贵州统计年鉴2017》，中国统计出版社2018年版，其中净迁移率根据相关年份数据估算，估算方法详见附表。

[②] 蔡昉：《山东省的人口流动：原因、趋势以及与全国的比较》，《山东经济》1996年第2期。

1978年以来，农村经济体制改革和城市经济体制改革相继展开，乡城迁移积蓄已久的势能被逐步打开，但一方面，城乡壁垒尚未完全突破、城市的吸纳能力尚未发育成熟，人口向大城市的迁移仍受限制，城乡相互促进发展局面的形成尚有待时日。另一方面，乡镇企业在国家政策扶持下，得到了较快发展，承载了不少从农业剩余中转移出来的劳动力，使其实现了"离土不离乡"形式的向非农产业的转移，一定意义上起到了缓解了城市人口压力的作用。该时期的人口迁移因此带有鲜明的时代特点，迁移规模、迁移方向、迁移原因等都与改革开放前不同。

国家政策直接安排下的计划迁移只存在于该阶段前期，主要体现为上山下乡知青的返城迁移，更多时候，影响该时期人口迁移的是户籍制度、统购制度、就业制度等间接政策。随着改革的推行推进，该时期的人口迁移体现了其一点点地脱离政策束缚，开始具备自主性的阶段性特征，但有序稳定的大规模人口自主迁移的到来尚需假以时日。

（二）政策、外部环境、迁移自主性与迁移行为

如第二章指出，一定历史时期，政策是影响个体迁移自主性与外部环境，从而影响迁移个体与外部环境的互动、影响迁移行为是否发生及如何发生的关键因素。

该时期，人口迁移逐步获得一定的政策空间，1984年中央一号文件允许农民进集镇务工经商，个体迁移的自主性开始释放，从外部环境来看，1984年党的十二届三中全会通过的《关于经济体制改革的决定》，推进了以城市为重点的经济体制改革，流通领域和资源配置制度的改革成为重点，同时，劳动力的计划配置逐渐被突破。1985年前后，乡镇企业异军突起，迁移个体开始与外部环境发生互动，大量农村农业人口开始脱离土地，实现产业转移。

但是，通过对迁移规模、迁移主体、迁移目的地、迁移原因的分析可知，一方面，该时期的政策制度框并非完全虚化，其对人口迁移的限制仍然存在，个体迁移自主性并未得以完全释放；另一方面，迁移外部拉力初步释放、外部承载空间仍然有限，庞大的待迁群体尚需

更强大的拉力刺激、更广阔充足的空间才能得以消化。而基于前述我国特殊的城乡二元壁垒，无论承载迁移者的地域空间还是刺激迁移者的外部拉力，都只有在限制迁移的政策制度框进一步虚化时才能成长发育。因此，进一步改革束缚和影响迁移的政策，才能促使迁移的外部拉力逐步增强，个体迁移的自主性方能更好地回应外部驱动，促成迁移行动。

（三）政策、外部环境与该时期贵州人口迁移

1. 迁移规模、迁移方向和距离

首先，该时期政策的松动为人口迁移提供了较大的自主性，使得人口迁移成为可能，人口迁移开始突破距离因素，省际迁移尤其是省际迁出人口成为该时期人口迁移的主体。

（1）省际迁移

跨省迁移仍以邻省之间的交流居多，其次才是长江三角洲、珠江三角洲、山东半岛及其时经济发展较快的沿海地区，这些地区自然地理环境优越、教育发展也较快，经济区位上属于较发达的东部地区，其乡镇工业企业的规模和资金装备水平都优于中西部地区，1986年，东部、中部西部地区企业规模分别为12.56、5.5和4.8[①]（人/每个企业），显然，这体现了在政策对个体的束缚松绑并培育外部经济拉力的条件下，贵州人口省际迁移开始逐步突破了空间距离。贵州人口省际迁移对空间距离的突破还有政策直接作用的效应，数据显示，除却邻省和东部沿海，贵州省际迁出人口较多的地区当属河北，据前面的研究可知，贵州与河北建立了对口支援关系。

（2）省内迁移

从省内迁移来看，这一时期，"由于劳动就业制度改革还刚刚起步，还存在户籍制度和城镇用工制度等一些因素的限制，在当时的情况下还不可能出现农村剩余劳动力大规模流向城市的情况。大力发展的乡镇企业成为吸纳农村剩余劳动力的主要渠道，'进厂不进城'

[①] 农牧渔业部乡镇企业局编：《1987年全国乡镇企业统计摘要》，1987年版，第26—27页。

'离土不离乡'成为农民非农就业的主要方式。[①]"这也通过前述省内迁移中乡—乡迁移为主导的模式得以证实。

此外,从省际迁入各地州市人口规模和比重来看,贵阳市排序恒定,位列第一,规模大幅上升,而"三普"时期排第3位的六盘水市,在"四普"时期位序下降,显然与六盘水市三线建设城市的地位和功能改变相关。

2. 迁移类别和迁移原因

(1) 户籍迁移占主导

在计划时代,贵州人口迁移基本是户籍迁移,改革开放以来,随着户籍制度及相应的劳动就业制度、统购制度的改革,非户籍迁移方开始逐步成长。从该时期迁移人口中户籍迁移与非户籍迁移的比重来看,人口迁移仍以户籍迁移为主,但非户籍迁移有了较大的发展,对总人口迁移规模的贡献有较大增长。

(2) 各类别迁移人口的迁移原因

计划时代的劳动就业制度下,劳动者只能通过计划安排实现劳动就业,因而劳动就业型迁移也必然只能通过工作调动或分配录用来实现。故通过迁移原因的结构性分布,亦可考察该时期政策制度变迁对劳动者迁移的影响。

该时期户籍迁移以婚迁和体制内就业为主,非户籍迁移则以体制外的"务工经商"型迁移和婚迁为主,非农业人口的迁移动机主要是学习发展(47.1%)和工作调动和分配录用(合计24.8%),以婚迁(54.4%)和务工经商(28.9%)为迁移动机的农业人口,虽然迁移规模大,但其迁移的可能性仍低于非农业人口。显然,无论从迁移规模体现的迁移可能性还是迁移动机上看,农业人口的迁移势能尚未充分打开,农业人口迁移的外部拉力有待进一步提升、制度约束有待进一步释放。从迁移类别、迁移原因的结构性分布可以说明,政策对迁移的束缚已然减少但仍然存在。

[①] 宋玉军:《中国劳动就业制度改革与发展》,第114页。

（3）迁移人口特征

该时期的迁移人口中女性多于男性，文化程度与迁移规模呈正相关关系，文化程度高者跨省迁出倾向高，迁移者以劳动年龄人口为主，且年轻化，这些丰富的个体特征的呈现表明，由于个体迁移自主性的唤起，个体社会经济特征开始对迁移发生影响，从过去受各种迁移政策限制而处于完全不自主、无选择状态，发展到在回应外部推拉力过程中，对迁移个体社会经济特征的选择。

第四章

20世纪90年代以来贵州的人口迁移

本章导言

本章结合20世纪90年代的社会经济背景以及相关迁移政策制度,分析该时期,贵州人口迁移的规模、方向、原因和特征如何在政策变迁中发生变化,提炼该时期政策之于人口迁移的关系变化、迁移矛盾的变化,及由此导致的迁移机制的变化。

1992年中国共产党第十四次全国代表大会召开,明确了建立社会主义市场经济的目标,开始全面市场经济的改革。伴随着改革开放的进一步深化,城乡二元结构弱化,贵州的人口迁移经历了内在机制和外在形态的深刻变革,引发了由农村向城镇、由内陆向沿海、由西部向东部进行的"离土又离乡"的"民工潮"。

该阶段,启动了以小城镇为重点的户籍制度改革,各地还通过"地方城镇户口""蓝印户口"等途径解决"农转非"指标有限的矛盾,对随迁家属等的特殊规定,打开了中大城市的户籍缺口,户籍改革的方向从前一阶段的落实"暂住"朝推进"常住"突破;劳动就业制度从"三结合"方针向"劳动者自主择业、市场调节就业、政府促进就业"的市场调剂方向迈进,贵州将合理有序地引导劳动力跨地区迁移作为脱贫和促进再就业的重要举措;粮食统购统销制度的彻底终结以及商品流通体制的进一步改革,为劳动力的迁移提供了切实保障;乡镇企业在20世纪90年代中后期增速下降、开始改制裁员,对剩余劳动力的吸纳能力降低,同时东西部地区差距进一步扩大。

但城乡二元壁垒仍有待突破，以"严格控制大城市规模，合理发展中等城市和小城市"①为指针的城镇化方针，使得中小城市和小城镇为重点的城镇化快速推进，人口向大城市迁移仍然受限。20世纪90年代中后期为解决城镇失业构建了城市职工社会保险体系，但农民工未在其中，使其后续面临的社会融合问题初显。

此阶段，贵州人口迁移规模大幅增长，且愈益突破空间距离，省际迁移的比重提高至50.4%，但省际迁入大幅下降。跨省迁移从邻省主导转向东部主导，省际迁出的首要目的地由邻省四川更替为广东，原东部第一迁移目的地江苏退至广东和浙江之后，东部迁移"有去无回"现象加剧。此外，省际迁入人口仍主要迁往贵阳和遵义，迁至六盘水的人口占全部省际迁入人口的比重从第6位继续降至第8位，而迁至毕节的人口上升至第3位。省内迁入人口中，迁入贵阳和遵义的占比均上升至第1位和第2位，分市镇乡而言，一半的人口迁往镇，迁往城市的人口约四成，城和镇为人口净迁入地，而乡为人口净迁出地。

该阶段，户籍迁移和非户籍迁移者的比重较"四普"时期发生了根本性的逆转，非户籍迁移者其占全部迁移人口的比重已增至72.5%。农业人口迁移的可能性较"四普"时期有了提高，但仍低于非农业人口，且二者的就业区隔显著。迁移人口职业构成中，"二产"已增至半数以上。农业生产力的发展使得更多的男性劳动力有了外迁条件，迁移人口性别比升高，但女性仍多于男性。迁移者文化程度提高，但在"民工潮"的稀释下，高学历的比重有所下降。劳动人口年龄提高，低龄偏集现象改善。"务工经商"取代"婚姻迁入"成为人口迁移的主要原因，女性迁移者仍以婚迁居首，但比重大幅下降。随迁型人口的比重提高显著。

综上，该时期无论从迁移规模、迁移距离、迁移方向、迁移者的构成特征、迁移原因等都体现了政策对个体迁移自主性的控制弱化、个体迁移自主性成长的特征。此时，迁移者对发展的诉求已开始突破

---

① 《中华人民共和国城市规划法》，《中华人民共和国国务院公报》1990年第2期。

单纯"进城"需要的满足阶段，相应地，迁移矛盾开始出现从"迁移受限"朝迁移者社会融合诉求转向的端倪。迁移个体与迁移外部环境二者的互动关系进一步成长并更多地影响迁移，迁移者个体特征在此过程中作为参与要素进一步凸显。

第一节　社会经济背景概述

1992年初，邓小平同志发表了重要的南方谈话，同年召开的中国共产党第十四次全国代表大会上明确了建立社会主义市场经济体制的经济体制改革目标。随着中国的经济体制逐渐由计划经济向社会主义市场经济转变，国民经济高速增长，沿海地区以劳动密集型制造业为主的外向型经济蓬勃发展，产生了对农村劳动力的巨大需求。顺应劳动力市场发展的态势，一系列阻碍农村劳动力流动的制度性障碍也在逐步被突破，如粮食统购统销制度的解体、劳动就业制度的改革等，城乡分割的户籍制度也作了相应的调整与改革，市场化、工业化、城市化驶入快速车道，城市的劳动力市场进一步开放，为农村劳动力在全国范围内大规模流动创造了条件。

一　户籍制度的调整改革

该时期，户籍制度仍保留着保护城镇居民获得优先就业权以及享有农村移民无法享受的社会福利和公共服务的功能，成为实质上阻碍人口迁移、人才流动的重要制度因素。但同期，为适应人口迁移的新形势，对户籍制度也进行了一系列以小城镇为重点，从"暂住"向"常住"过渡的调整和改革。

（一）农转非

改革开放以来，国家调整、制定了一些"农转非"政策[①]，起到

[①] 公安部、粮食部、国家人事局：《关于解决部分专业技术干部的农村家属迁往城镇由国家供应粮食问题的规定》（1980年9月30日），《中国劳动》1984年第3S期；《劳动人事部、公安部、商业部关于做好1984年部分专业技术干部农村家属迁往城镇工作的通知》（劳人科〔1984〕10），《中国劳动》1984年第3S期。

了一定的积极作用。但 20 世纪 80 年代末 90 年代初，在当时经济调整形势的影响下，1989 年 10 月 31 日，国务院发布《关于严格控制"农转非"过快增长的通知》①，指出由于缺乏规划，"农转非"人口增长过快，"必须把'农转非'的规模压下来"。1990 年国务院办公厅转发国家计委等部门《关于"农转非"政策管理工作分工意见报告的通知》②中规定，由中央出台"农转非"政策，大量减少"农转非"指标。

（二）地方城镇户口

由于国家每年下达的"农转非"指标有限，对外来务工人员造成不便，也带来了城市人口管理的新问题。为此，1992 年 8 月，公安部发出《关于实行当地有效城镇居民户口制度的通知》，决定在小城镇、经济特区、经济开发区、高新技术产业开发区实行当地有效的城镇户口制度。如河北省《河北省人民政府关于实行"河北省地方城镇户口"的通知》（冀政〔1995〕14）中就规定在河北全省试行"河北省地方城镇户口"，该户口与正式非农业户口待遇相同③，山东也试行过该政策，但大部分地方实行的是蓝印户口政策（李若建）④，如上海、天津、深圳、广州、厦门、海南等一些改革开放的前沿地区，都较早地实行了"蓝印户口"。尽管该制度在各地发展不平衡，但作为户籍制度改革的过渡性措施，总体而言对于农村剩余劳动力的转移和人才流动具有积极意义。

（三）小城镇为重点的户籍改革

20 世纪 90 年代初，全国各地掀起了买户口热，对此，一方面公安部下发了《关于坚决制止公开出卖非农业户口的错误做法的紧急通

---

① 《国务院关于严格控制"农转非"过快增长的通知》（国发〔1989〕76 号），http://www.gov.cn/zhengce/content/2011-09/07/content_5972.htm，2011 年 9 月 7 日。
② 《关于"农转非"政策管理工作分工意见报告的通知》，《中华人民共和国国务院公报》1990 年第 16 期。
③ 《河北省人民政府关于实行"河北省地方城镇户口"的通知》，《河北政报》1995 年第 4 期。
④ 李若建：《城镇户籍价值的显化与淡化过程分析》，《社会科学》2001 年第 9 期。

知》(公明发〔1992〕880号),清理整顿"农转非"中存在的问题,另一方面,努力回应人民的迁移诉求,调整户籍制度。

该时期,户籍制度由全面改革朝小城镇户籍制度改革的方向转变。1993年11月,中共中央十四届三中全会通过《中共中央关于建立社会主义市场经济体制若干问题的决定》,其中指出要逐步改革小城镇的户籍管理制度,允许农民进入小城镇务工经商,发展农村第三产业,促进农村剩余劳动力的转移。

1997年6月10日,国务院批准了公安部《小城镇管理制度改革试点方案》,规定农村户口人员"凡在小城镇已有合法稳定的非农职业,或者已有稳定的生活来源,而且在有了合法稳定的住所后,居住已满两年的,可以办理城镇常住户口。经批准在小城镇落户的农民,享有与当地原有城镇居民同等待遇"[1]。

1999年,贵州省人民政府作出《关于加快城镇化进程的决定》,省公安厅下发通知,取消非农指标控制,放宽进入小城镇入户条件,明确规定,凡在小城镇有合法稳定的职业、有稳定的生活来源、有合法固定的住所且居住已满两年者,都可办理城镇户口[2]。

(四) 大中城市迁移缺口

1998年《国务院批转公安部关于解决当前户口管理工作中几个突出问题意见的通知》[3] 提出对婴儿落户、夫妻分居、投靠子女的优先解决城市户口,还规定:"在城市投资、兴办实业、购买商品房的公民及直系亲属,凡在城市有合法固定的住所、合法稳定的职业或者生活来源,已居住一定年限并符合当地政府有关规定的,可允许在该城市落户。"这个文件的颁布,实则是"为大中城市的户籍迁移限制

---

[1] 《国务院批转公安部小城镇户籍管理制度改革试点方案和关于完善农村户籍管理制度意见的通知》,《中华人民共和国国务院公报》1997年第6期。

[2] 贵州省地方志编纂委员会编:《贵州省志·公安志》,贵州人民出版社2003年版,第517页。

[3] 《国务院批转公安部关于解决当前户口管理工作中几个突出问题意见的通知》,《陕西政报》1998年第15期。

打开了出口"①,全国各地公安厅纷纷出台了相应的通知,但是各地的政策有明显的差异。

如 2000 年 6 月贵州省公安厅《关于调整部分户口政策的意见》②中,对农业人口与城市、城镇常住人口结婚后的落户问题实行差别政策。贵阳市南明、云岩两城区须婚后 5 年才可落户,其他城市、城镇则只要有合法婚姻登记证明,已在城市、城镇一方生活,有固定收入和固定住所和稳定生活来源,可在该居民所在城镇落户。"2000 年贵州省六盘水市公安局《关于改革现行户籍制度加快城镇化进程的意见》中规定,在市中心投资 5 万元以上可以入户","以西部地区为先驱的城镇户籍制度改革,正在对户口制度产生根本上的冲击"③。

20 世纪 90 年代户籍政策变迁的轨迹体现了计划型的户籍管理逐步松绑,迁移者身份的限制逐渐有了市场因素的渗透,且逐步从暂住朝常住方向转变。

二 劳动就业制度与农村劳动力转移政策的调整改革

该时期,"劳动就业制度的改革重点主要集中在不断推动传统的劳动就业体制向市场导向的就业机制和体制转变"④,具体表现在就业方针上则是从"三结合"进一步向"劳动者自主择业、市场调节就业、政府促进就业"转变,为农村剩余劳动力的转移提供了更广的可能和空间。

(一) 市场调节就业与政府促进就业——农村劳动力合理有序的流动

针对农村劳动力转移问题,1993 年起,劳动部开始实施"农村

---

① 王文录:《人口城镇化背景下的户籍制度变迁研究》,博士学位论文,第 39 页。
② 《贵州省人民政府批转省公安厅关于调整部分户口政策意见的通知》(黔府发〔2000〕18 号),《贵州政报》2000 年第 14 期。
③ 李若建:《城镇户籍价值的显化与淡化过程分析》,《社会科学》2001 年第 9 期。
④ 宋玉军:《中国劳动就业制度改革发展的三个重要趋向》,《经济界》2012 年第 6 期。

劳动力跨地区流动有序化工程"，正式提出建立针对农村劳动力流动就业的用工管理、监察、权益保障、管理服务基本制度，发展各种服务组织，完善信息网络和监测手段，强化区域协作和部门配合。

1993年党的十四届三中全会通过的《中共中央关于农业和农村工作若干重大问题的决定》指出，"发展多种就业形式，运用经济手段调节就业结构，形成用人单位和劳动者双向选择、合理流动的就业机制"。"广开就业门路，更多地吸纳城镇劳动力就业。鼓励和引导农村剩余劳动力逐步向非农产业转移和地区间的有序流动。"[1]

1994年，劳动部颁布了国家关于农村劳动力跨地区流动就业的第一个规范性文件《农村劳动力跨省流动就业管理暂行规定》，开始实施以就业证卡管理为中心的农村劳动力跨地区流动就业制度[2]。

1995年，中共中央办公厅颁发《关于加强流动人口管理工作的意见》，决定实行统一的流动人口就业证和暂住证制度，以提高流动的组织化、有序化程度。1998年党的十五届三中全会通过的《中共中央关于农业和农村工作若干重大问题的决定》中指出，"开拓农村广阔的就业门路，同时适应城镇和发达地区的客观需要，引导农村劳动力合理有序流动"。

系列政策的施行，为农村劳动力转移指明了方向、提供了制度保障，促进了其合理有序的流动。20世纪90年代末期，在城镇面临国企改革攻坚阶段下岗职工再就业问题之时，农村大量剩余劳动力的合理有序流动更显得重要。该阶段，贵州也开始通过积极组织有序的劳务输出，解决再就业和农村贫困问题。

(二) 贵州省劳动力转移政策

1997年，贵州在《省人民政府关于进一步做好国有困难企业解困工作和实施再就业工程的通知》中指出，"各地要充分利用大连、

---

[1] 《中共中央关于建立社会主义市场经济体制若干问题的决定》（1993年11月14日中国共产党第十四届中央委员会第三次全体会议通过），http://sxgz.shaanxi.gov.cn/newstyle/pub_newsshow.asp?id=1000309&chid=100127，2007年10月25日。

[2] 《农村劳动力跨省流动就业管理暂行规定》，《四川政报》1994年第36期。

宁波、深圳、青岛4个对口扶贫城市的有利条件，积极组织下岗、失业职工参加4城市的劳务输出"①。

在《中共贵州省委、贵州省人民政府关于贯彻落实中央扶贫开发工作会议精神尽快解决农村贫困人口温饱问题的决定》②中提出，劳务输出是增加贫困地区农民收入、解决温饱的一项重要产业，要着力抓好劳务输出，"力争户均向非农产业转移一个劳动力""送走一人，致富一家，输出百人，脱贫一村"。

三　城镇化政策的调整改革

人口迁移与城镇化是密切关联的。人口城镇化本身就是人口由农村向城镇、由农业向非农产业转移的动态过程，是"人口的流动和重新分布，并由此带来社会、经济、文化和人们生活方式等的变迁过程"③，既是人口迁移的结果也是拉动人口迁移的重要动力。

前述研究指出，1949—1978年，我国的城镇化由于遭遇挫折，一直在低水平徘徊。改革开放以来，在乡镇企业的推动下，小城镇迅速兴起和发展，在大量剩余农业劳动力迫切需要寻找新的就业渠道，而城市尚难以立即消化众多就业人口压力的情况下，承担了剩余劳动力"蓄水池"的重要功能。

20世纪90年代，我国的城镇化方针由"控制大城市规模，合理发展中等城市，积极发展小城市"④调整为"严格控制大城市规模，合理发展中等城市和小城市"⑤方针，我国的城镇化进入到以中小城市和小城镇为重点的快速推进阶段。1993年，建设部等6个部委联

---

① 《省人民政府关于进一步做好国有困难企业解困工作和实施再就业工程的通知》，（黔府发〔1997〕48号），《贵州政报》1997年第11期。
② 《中共贵州省委、贵州省人民政府关于贯彻落实中央扶贫开发工作会议精神尽快解决农村贫困人口温饱问题的决定》，《贵州政报》1997年第3期。
③ 吴志明、赵伦：《人口流迁与城市化：理解费孝通与霍德华》，《城市发展》2010年第9期。
④ 《国务院批转全国城市规划工作会议纪要》，《中华人民共和国国务院公报》1980年第20期。
⑤ 《中华人民共和国城市规划法》，《中华人民共和国国务院公报》1990年第2期。

合颁布了《关于加强小城镇建设的若干意见》①，确立了小城镇作为我国城镇化战略重点的地位。1995年4月，国家体改委、建设部、公安部等11个部委联合下发了《小城镇综合改革试点指导意见》，并在全国选择了57个镇作为综合改革试点。1998年10月，党的十五届三中全会通过的《中共中央关于农业和农村工作若干重大问题的决定》提出，"发展小城镇，是带动农村经济和社会发展的一个大战略"，进一步提升了发展小城镇的重要地位。

由于小城镇规模小、吸纳能力小，国家还提出在发展小城镇的同时要积极发展小城市。自1986年国家民政部修订建市标准至1996年，11年间我国县级市数量净增286个。政策层面的重视和撤县设市行政区划改革的推动，使得20世纪90年代我国的小城市也获得较快发展。1992—2000年，我国的城镇化进入到以中小城市和小城镇为重点的快速推进阶段，其间，贵州的县级市也从7个增至10个。无疑，该阶段小城镇和中小城市的发展为人口的乡城迁移提供了重要的空间载体和动力。

四 开放带动战略

该时期，贵州认真贯彻党的十四大和十五大精神，进一步解放思想，制定和实施了"科教兴黔、开放带动、可持续发展"三大战略。1994年12月，中共贵州省委和省人民政府作出《关于实施开放带动战略打好扩大开放总体战的决定》，对外要求按照"以南下为重点的全方位开放"战略，着力抓好南下出海通道建设，积极发展与港澳台地区和世界各国的联系及合作，走向世界市场。同时抓紧抓好北上入江通道建设，加强与浦东为龙头的长江流域开发带的经济联系，在全方位开放中形成南北两翼齐飞；对内则要求加快贵阳市建设现代化内陆开放城市的步伐，进而抓好包括贵阳、遵义、安顺在内的黔中产业带，发挥对全省的带动和辐射作用。

---

① 《建设部、国家计委、国家体改委、国家科委、公安部、民政部关于印发关于加强小城镇建设的若干意见的通知》，《江西政报》1995年第1期。

此外，贵州的交通基础设施建设在"八五"期间取得了丰硕的成果，为人口迁移和对外开放奠定了基础。贵阳龙洞堡机场建成通航，贵遵公路和南昆铁路贵州段建成开通，新修县乡公路2918千米，实现了乡乡通公路，公路里程逾3.39万千米。

五 政策制度变迁对人口迁移的影响

综上，这一时期，社会主义市场经济体制的建立，为人口和劳动力的迁移提供了政策上的空间，积极发展小城镇和中小城市的方针为农村剩余劳动力提供了较广阔的就业渠道，统购制度的彻底终结和劳动力就业市场进一步的开启，使得迁移个体的自主性进一步得到提高，迁移个体与外部环境之间的自主互动开始共同形塑该时期贵州人口迁移的规模、方向、动机，也因此，迁移个体特征得以体现。

其一，该时期户籍改革的特征主要是"农转非"的限制与各地自主突破相结合，小城镇重点调整与中大城市入迁的政策缺口相结合，且逐步进行了从暂住朝常住方向过渡的调整和改革，激发了农村劳动力的迁移积极性；其二，该时期的劳动就业制度从20世纪80年代的"三结合"方针进一步向市场调剂方向转变，"劳动者自主择业、市场调节就业、政府促进就业"成为该时期主导的就业方针；其三，该时期注重推动城镇化建设，自小城镇到中小城市，逐步推进农村劳动力转移工作；其四，粮食统购统销制度的终结以及商品流通体制的改革，为劳动力的迁移提供了切实的保障；其五，该时期，由于历史的原因及区域发展差别战略的影响，东西差距进一步拉大，为劳动力跨区域迁移提供了重要的驱动。

该时期束缚迁移的系列政策逐步被改革或解体，农村剩余劳动力迁移的大门进一步打开，人口迁移的可能性和自主性进一步提高，加之如前述，由于历史原因，贵州社会经济的发展基础较差，贵州与外省尤其是东南沿海地区的发展差距较大，这就决定了贵州人口迁移必然步入东进大潮，非户籍型人口迁移迅猛增长并构成迁移人口的主体，省际迁移人口大幅增长，人口迁移呈乡→城及西→东方向的"离土又离乡"特征。

第二节 20世纪90年代贵州人口迁移描述性分析

一　数据来源及使用说明

（一）数据来源

本章使用的迁移人口数据包括直接数据和间接数据两部分。直接数据主要来自国家统计局2000年"五普"微观数据和《贵州省2000年人口普查资料》。间接数据主要是指20世纪90年代各个年份的人口迁移率、城乡人口分布情况等数据，均根据《新中国六十年统计资料汇编》中的相关人口数据计算获得。具体计算过程和结果详见附录。

（二）数据使用说明

"五普"资料中，根据"户口登记状况"，将全体人口分为"人户一致人口""人户分离人口"和"暂无户口人员"三类。第一类指的是"居住在本乡镇街道，户口也在本乡镇街道"的人口；第二类指的是"居住在本乡镇街道半年以上，户口在外乡镇街道"以及"在本乡镇街道居住不满半年，离开户口登记地半年以上"两种人口；第三类"暂无户口人员"指"居住在本乡镇街道，户口待定"和"原住本乡镇街道，现在国外工作学习，暂无户口"人员。

根据2000年人口普查资料，迁移人口（在此主要指常住迁移人口，包含非户籍迁移和户籍迁移人口）在时间上以半年为判别标准，同时在空间上可以识别跨越乡（镇、街道）的迁移人口，即上述第二类人。因而无论从时间概念还是空间概念（主要涉及省内人口迁移）的差异上而言，"五普"的迁移数据与"四普"资料不具可比性。但若在空间上控制迁移人口的概念，将"五普"省内迁移者以空间上跨县市的标准进行界定，则对"四普"或"五普"各自相应时期内的各类迁移人口的比重进行比较，基本可行。

因而，对本章所使用的"迁移人口"概念作如下说明，其一，若非具体指明为户籍迁移和非户籍迁移，则"迁移人口"包含此两类人口；其二，若非具体指明省内跨县市（区）迁移或省内跨乡镇街道迁移，则"省内迁移"指的是跨县市人口迁移。此外，本章同样着重围绕省际迁入、省际迁出和省内迁移，户籍迁移和非户籍迁移，迁移者和非迁移者，迁移原因构成、职业构成、行业类别构成等几组变量来探讨该时期政策变迁对迁移者及其迁移行为的影响。其中，省际迁移部分，也结合相邻省区和非相邻省区、"东、中、西部"三个经济带等空间方位进行描述性分析，对省内县、市（区）内的人口迁移也有所涉及。

二　20世纪90年代贵州人口迁移概况

（一）省际迁移

1. 省际迁移人口规模、方向概述

（1）省际迁移概述

据《新中国六十年》人口资料进行估算，20世纪90年代，贵州人口省际迁移除1990年凸显迁入高峰，之后直至2000年，均波动较小。若按净迁移率来判断迁移方向，10年中有3个年份人口从省外呈微弱净迁入，其余6年微弱净迁出，但从总量上看，各个年份迁入和迁出基本持平，略有外溢。也即，1990—2000年，贵州省际人口净迁入38.42万人，但若除去1990年迁入的47.6万人，此后的1991—2000年，10年共计净迁出人口9.18万人（见图4.1）。

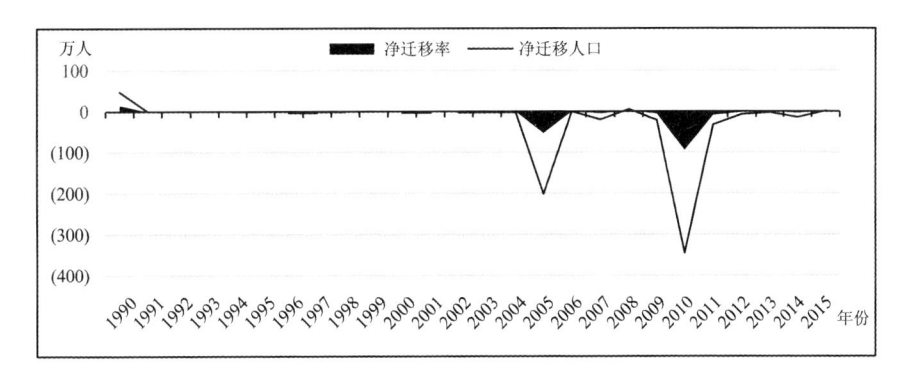

图4.1　1990—2015年贵州省际人口迁移

据"五普"资料，1995—2000年，贵州省迁移人口总规模达246万人（若含县内跨乡镇街道迁移，则达355.6万人），按省际迁移（省际迁出即贵州迁往外省、省际迁入即由外省迁往贵州）和省内迁移进行划分，贵州省际迁移人口规模合计155.5万人，占全部迁移者（不含县内跨乡镇街道）的63.2%（若含县内跨乡镇街道迁移者在内，则省际迁移人口占比则为43.7%。），较"四普"时期上升了3.6个百分点，为迁移人口的主体。其中自贵州省迁至外省的人口最多，为123.9万人，占三类迁移总人口的50.4%（若含县内迁移，则占比为34.8%），较20世纪80年代高了6.7个百分点；自他省迁入贵州的人口为31.6万人，占三类迁移人口总和的比例则降低了3.1个百分点，为12.8%；省际净迁出人口合计92.3万人，净迁移率为-27.1‰。该时期贵州省内迁移的人口为90.5万人，占迁移人口总体的36.8%，排序第2位，但较20世纪80年代降低了3.6个百分点。省际迁出成为三类迁移中唯一的增长极，在该时期人口迁移中占据主体。

（2）户籍迁移和非户籍迁移

如表4.1所示，20世纪90年代末期，迁移人口中户籍迁移和非户籍迁移者的比重较80年代末期发生了根本性的变化。该时期，非户籍迁移者的比重显著提高，而户籍迁移者的比重大幅下降，非户籍迁移共计177万人，占全部迁移人口的72.5%，户籍人口共计67.1万人，占全部迁移人口的27.5%。其中省际迁出中，非户籍迁移的比重高达84%，户籍人口的比重最低、降幅最大，仅占16%，显然该

表4.1　　　　1995—2000年贵州省户籍迁移和非户籍迁移　单位：万人，%

	省际迁出	省际迁入	省内迁移	全部迁移
户籍迁移	19.8（16.0）	8.5（27.2）	38.8（43.6）	67.1（27.5）
非户籍迁移	104.1（84.0）	22.8（72.8）	50.1（56.4）	177.0（72.5）
合计	123.9（100）	31.3（100）	88.9（100）	244.1（100）

注：括号外为人口数，括号内为各类别迁移者中，户籍迁移和非户籍迁移的比重。

时期非户籍省际迁出人口增长更快。省际迁入者中，户籍人口的比重也不到3成（27.2%），省内迁移者中，户籍人口的比重高于其他类别，但也不到该类别迁移人口的一半（43.6%）。这是该时期人口迁移较显著的一个变化。

（3）邻省迁移与非邻省迁移

分邻省与非邻省而论，贵州与邻省间的迁移总人口规模达48.1万人，占全部省际迁移人口约三成（30.9%），比重较20世纪80年代显著降低，迁移人口的邻省交流倾向弱化。尤其是作为迁移目的地，相邻五省①吸纳的贵州迁移人口占贵州全部省际迁出人口的比重，较80年代下降了17个百分点（21.3%）。贵州人口省际迁出的邻省指向性，随着东中西部差距的拉大，逐步降低。同样，作为贵州省际迁入人口的主要来源地，来自邻省的迁入者占全部省际迁入人口的比重也较80年代低了9.4个百分点（68.4%）。

（4）东部、中部、西部人口迁移

若将省际迁移人口分东部、中部、西部而论，贵州省际迁入人口的来源地个数下降为18个（其中东部7个，中部5个，西部6个），省际迁出人口则遍布26个省市自治区（东部和中部各9个，西部8个）（见表4.2）。

表4.2　　1995—2000年贵州省东部、中部、西部人口迁移　　单位：万人

	东部		中部		西部		合计	
	人口数	%	人口数	%	人口数	%	人口数	%
迁入	7.0	22.2	8.1	25.6	16.5	52.2	31.6	100
迁出	89.8	72.5	9.4	7.7	24.7	19.9	123.9	100.1
总迁移	96.8	62.3	17.5	11.3	41.2	26.5	155.5	100.1
净迁出	-82.8	89.7	-1.3	1.4	-8.2	8.9	92.3	100

东部、中部、西部迁移总人口规模，由高到低的排序与20世纪

---

① 1997年，设立重庆直辖市。详见第三章。

80年代相同，分别为东部96.8万人（62.3%），西部41.2万人（26.5%），中部17.5万人（11.3%）。但较80年代，贵州与东部地区的人口迁移规模在省际迁移人口规模中的比重上涨了20.5个百分点，贵州与外省的人口迁移对流愈益向东部集中，西部、中部人口比重逐步降低。

其中，省际迁出人口规模，按迁入目的地分，由高至低为东部89.8万人（72.5%）、西部24.7万人（19.9%）、中部9.4万人（7.7%）。从省际迁入人口看，作为贵州省际迁入人口的来源地，东部、中部、西部迁入人口的格局较20世纪80年代也有所变化。迁入人口规模仍是来自西部的最多，达16.5万人（52.2%），但来自中部（25.6%）和东部（22.2%）的比重有了大幅上升。西部地区迁入人口"独重"的局面有所改变，该时期，西部虽仍是贵州省际人口迁入的主要来源地，但来自该地迁入人口的比重下降，东部和中部都有上升，迁入人口的来源地相对分散化。

从净迁移视角看，省际人口迁移无论至哪个方向均呈净迁出，与20世纪80年代相同，净迁出目的地占比最高的仍然是东部（89.7%），且向东部集中的趋势更进一步增强。自中部迁入者和迁至中部者的比例上升为1∶1.2，东部人口交流的模式转变为与西部类似的"有来有往"（有去有回）型，西部地区迁入人口与迁出人口的比重为1∶1.5，仍较平衡。但东部迁入人口的规模虽较80年代有了很大的提升，但较之迁出人口，其相对比重更低，自东部迁入贵州的人口与贵州迁往东部的人口比重进一步降低为1∶12.8，"有去无回"现象加剧，该时期贵州人口城乡向东部流走的特征。

2. 省际迁入——邻省主导、东部沿海次之

20世纪90年代，省际迁入贵州人口的来源地仍以邻省主导、东部沿海次之，但已呈分散化的倾向。从各省（自治区、直辖市）迁入人口占贵州省际迁入人口的比重来看，排序前五者或为贵州邻省（四川、湖南、云南、重庆），或为东部沿海（广东、浙江并列第五），共计向贵州输入人口达24.8万人，占全部贵州省际迁入人口总数的78.5%，但较80年代低了8个百分点。其中邻省迁入

20.0 万人，占全部省际迁入人口总数的 63.3%，较 80 年代下降 14.4 个百分点。

四川省在 20 世纪 90 年代仍是贵州省际迁入人口的最大来源地，但比重已较"四普"时期降低。该时期，由四川迁入贵州的人口共 8.4 万人，若加上重庆，二者占贵州省际迁入人口的 36.1%，规模虽然增加，但比例下降了 18.6 个百分点。其次为湖南（16.8%）、云南（10.4%）、浙江（7.6%）、广东（7.6%），该四省共计迁入 13.4 万人，占省际迁入人口总数的 42.4%，其余 12 个省（市、自治区）迁入人口占比则仅有 21.5%。

若以东部、中部、西部来论，较 20 世纪 80 年代，中部和东部迁入人口的占比有了较大的提高，约占省际迁入贵州总人口的一半（47.8%），省际迁入人口来源地相对分散化。

如表 4.3 所示，再从省际迁入的目的地分布来看，自"三普"时期至"五普"时期，贵阳市（39.2%）和遵义地区（19.0%）一直

表 4.3　　　　　　1995—2000 年贵州省际迁入人口迁入
目的地分布　　　　　　单位：万人，%

来源地	贵阳市	六盘水市	遵义地区	铜仁地区	黔西南州	毕节地区	安顺地区	黔东南州	黔南州	合计
东部	2.5		1.8	0.2	0.8	0.5	0.3	0.5	0.3	6.9
中部	2.7		0.9	0.2	0.2	0.5	0.8	1.5	1.2	8.0
西部	7.2	1.3	3.3	0.4	0.9	1.9	0.7	0.8	0.2	16.7
合计	12.4	1.3	6.0	0.8	1.9	2.9	1.8	2.8	1.7	31.6
各地州占比	39.2	4.1	19.0	2.5	6.0	9.2	5.7	8.9	5.4	100.4
排序	1 (1—1)	8 (3—6)	2 (2—2)	9 (8—7)	5 (9—9)	3 (7—4)	6 (4—5)	4 (6—3)	7 (5—8)	

注：括号内为"三普"至"四普"时期，该地区省际迁入人口占全部省际迁入人口的比重排序。

稳居省际迁入人口目的地占比第 1 位和第 2 位的位置，两地吸纳的外省入迁人口共计 58.2%，且贵阳市迁入人口占比较"四普"时期又增长了 11.3 个百分点，其人口集聚效应更为显著。迁往铜仁地区的人口占全部迁入人口的比重仍位居末位。

六盘水市（4.1%）和安顺地区（5.7%）的位序进一步下降至第 8 位和第 6 位，黔西南州（6.0%）则提高了 4 个位序，排第 5 位。迁往毕节地区（9.2%）的人口也继续上升，位列第三。六盘水市省际迁入人口主要目的地的地位正逐步下降。

3. 省际迁出——东部为主、邻省为辅

从跨省迁移来看，20 世纪 90 年代，贵州人口省际迁出的邻省指向减弱、东部沿海指向更趋增强，迁入目的地呈集中化趋势。

具体而言，省际迁出的 5 个主要目的地除云南与贵州毗邻，其余均位于东部地区（广东、浙江、江苏、福建）。其余 22 个省（市、自治区）迁入人口占比则仅有 22.3%。广东（35.3%）和浙江（18.6%）崛起，取代原居首位的江苏，成为贵州省际人口迁移的主要目的地。四川已不再是贵州人口跨省迁出的主要目的地，迁至四川和重庆的人口，占全部省际迁出人口的 6.4%，较"四普"时期大幅下降，邻省主要省际迁入目的地更替为云南（10.2%）。

来源人口最少的东部，迁出人口指向最多，与省际迁入来源地分散化的趋势相反，省际迁出人口目的地较 20 世纪 80 年代进一步集中化，主要体现在，以迁入目的地看，省际迁出人口规模排前五的省区共计迁出 96.3 万人，占贵州全部省际迁出人口约八成（77.7%）。而在 80 年代，10 个省份方承载了贵州省际迁出八成的人口。

（二）省内迁移

1. 各地州市迁入人口分布

该时期，贵州省内迁移人口（跨县市区街道）规模较省际迁移人口少 33.4 万人，占全部迁移人口的比重低于 20 世纪 80 年代末 3.6 个百分点，为 36.8%。如图 4.2 所示，从省内人口的迁入目的地分布来看，省内迁入人口中，迁往贵阳的最多，共计 47.2 万人，占全部省内人口迁移总数的 52.5%，迁往遵义地区的人口为 9.6 万人

（10.6%），迁至六盘水市的人口是6.2万人（6.9%），排序第3位，迁往黔东南州和黔西南州的人口分别排序第4位和第5位，占省内迁移总人口的6.5%和5.4%。迁往黔南州（4.9%）、毕节地区（3.4%）和黔东北部的铜仁地区（3.3%）的最少。

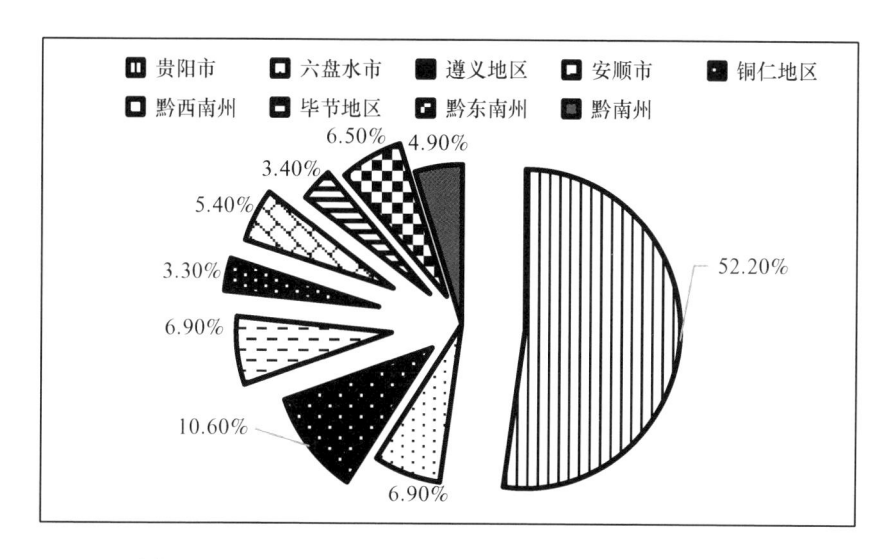

图4.2　1995—2000年贵州省内迁移人口迁入目的地分布

无论是省际迁移还是省内迁移，无论迁入人口规模还是迁入人口强度，省会贵阳均位居第一，且较排序第二的遵义高许多（见表4.4）。

表4.4　　1995—2000年贵州省常住人口省内迁移分布

地区	常住人口（万人）	常住人口位序	常住人口百分比（%）	省内迁入（万人）	迁入率（‰）	迁入率位序	省内迁入分布（%）	省内迁入分布位序
贵阳市	352.7	4（9）	10.3	47.2	133.8	1（1）	52.2	1（3）
六盘水市	262.7	8（7）	7.7	6.2	23.6	3（5）	6.9	3（6）
遵义地区	628.1	2（1）	18.4	9.6	15.3	6（6）	10.6	2（5）
铜仁地区	223.3	9（5）	6.5	6.2	27.8	2（7）	6.9	3（8）
黔西南州	321.1	7（8）	9.4	3.0	9.3	8（9）	3.3	8（9）

续表

地区	常住人口（万人）	常住人口位序	常住人口百分比（%）	省内迁入（万人）	迁入率（‰）	迁入率位序	省内迁入分布（%）	省内迁入分布位序
毕节地区	281.5	6（2）	8.2	4.9	17.4	4（8）	5.4	5（7）
安顺地区	629.3	1（4）	18.4	3.1	4.9	9（3）	3.4	7（2）
黔东南州	372.9	3（3）	10.9	5.9	15.8	5（4）	6.5	4（4）
黔南州	341.4	5（6）	10	4.4	12.9	7（2）	4.9	6（1）
合计	3413.0		100	90.5	100		100.0	

2. 城、镇、乡人口迁移

该时期贵州省内人口迁移主要以乡—城迁移为主，如表4.5所示，从迁出地类型来看，城镇迁出人口最多，乡村迁出人口最少，共计27.9万人，占全部迁移人口的1/4（24.0%）而从迁入目的地来看，该时期迁移人口主要以城、镇为目的地，其中迁往镇的人口最多，共计58.1万人，占全部省内迁移者的50.0%，迁往市的人口为45.3万人，占全部迁移人口的38.1%，迁往乡的人口最少，为12.8万人，占比11.0%。市和镇为人口净迁入地，而乡为人口净迁出地。

表4.5　　　　省内各类别居住地的迁出、迁入人口　　单位：万人，%

居住地类型	城			镇			乡		
	迁出地	迁入地	净迁移	迁出地	迁入地	净迁移	迁出地	迁入地	净迁移
人数	44.3	45.3	1.0	44.0	58.1	14.1	27.9	12.8	−15.1
占相应类别比	38.1	38.9		37.9	50.0		24.0	11.0	

三　20世纪90年代贵州迁移人口基本特征描述

（一）迁移人口的性别构成

1995—2000年，女性人口在迁移人口中的比重较20世纪80年代末期略有下降，但仍是贵州迁移人口的主体，共计132.9万人，占全部迁移人口的54.02%。分迁移方向看（见图4.3），贵州省际迁入人口与其他两个类别迁移者的男女两性比重相反，但较80年代，两者都朝着向正常值靠近的方向发展。省际迁入人口的性别比虽大幅下降，但仍偏高，为114，省际迁出者的性别比虽有提升，但仍低于正常值，为80。省内迁移人口的男女性别比较80年代进一步降低为82（见表4.6）。

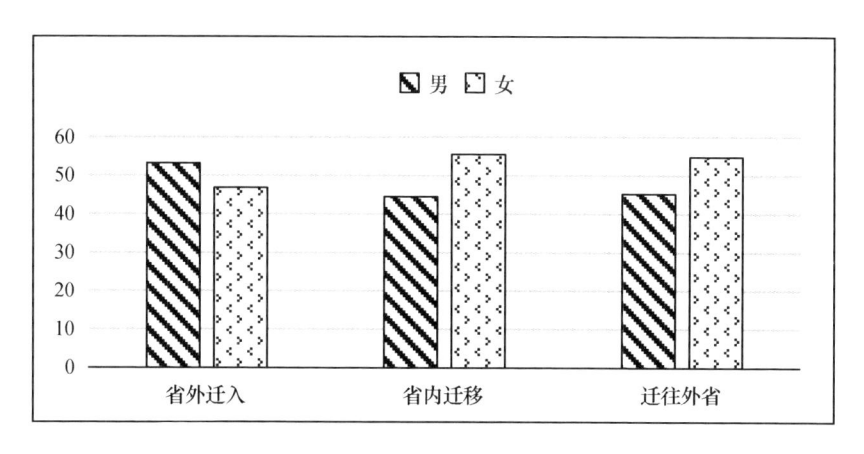

图4.3 1995—2000年贵州分性别的省际迁移和省内迁移

表4.6　　　　　　分东中西部的省际人口迁移性别　　　　单位:%

性别	东部 迁至东部	东部 东部迁出	中部 迁至中部	中部 中部迁出	西部 迁至西部	西部 西部迁出
男	40.7	56.5	35.9	53.7	46.8	51.5
女	59.3	43.5	64.1	46.3	53.2	48.5
性别比（男性为100）	68	130	56	115	88	106

分东、中、西三大经济带而言，迁至东部、中部和西部的人口性别比仍十分低，分别为68、56和88，依次递增。而与此相反，自东部、中部和西部迁入贵州的人口则以男性居多，性别比分别为130、115和106。整体而言，省际迁移中，性别比失衡的现象较20世纪80年代虽有所改善，但仍然存在。主要表现为迁出人口以女性为主体，

而迁入人口以男性为主体，省际迁出人口性别比严重低于省际迁入。

分户口类别来看，则户籍迁移者的性别比仅为52，而"四普"时期为128，非户籍迁移者的性别比较"四普"时期升高了，为98。这与户籍迁移者婚迁的比重较高有关。

（二）迁移人口的年龄构成

该时期，迁移者的年龄选择性仍十分突出，主要集中在劳动年龄人口，较20世纪80年代，迁移者的平均年龄增长了0.5岁，为25.6岁，年龄中位值增加了2岁，为24岁。非迁移者的年龄分布曲线相对平滑，且平均年龄（29.3岁）及中位年龄（27岁）都远高于迁移者。各方向的迁移者均以20—24岁者为主体。非户籍迁移者的年龄均值为26.1，中位值为25.5，而户籍迁移者的平均年龄低于非户籍迁移者1.5岁，为24.5岁，中位值为23岁。这是由于户籍迁移者中"在校学生"比重较高的原因（见图4.4—图4.8）。

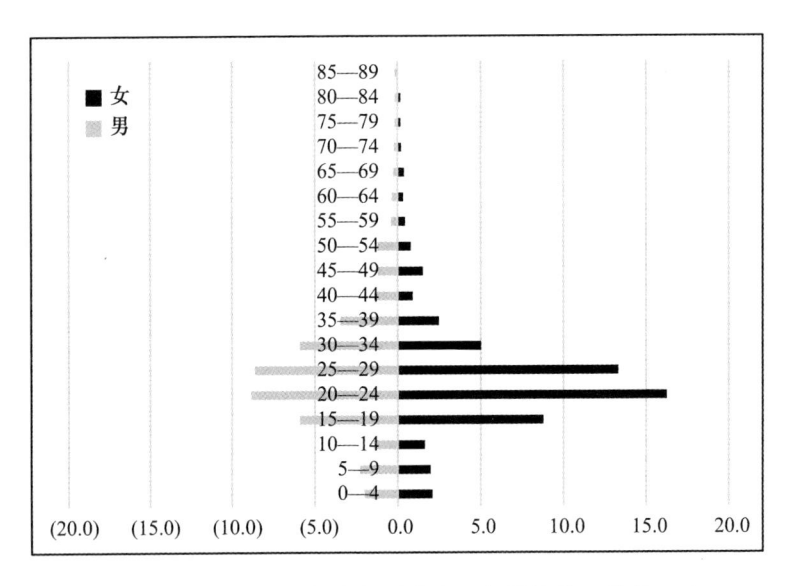

图4.4 1995—2000年贵州迁移人口年龄结构（单位:%）

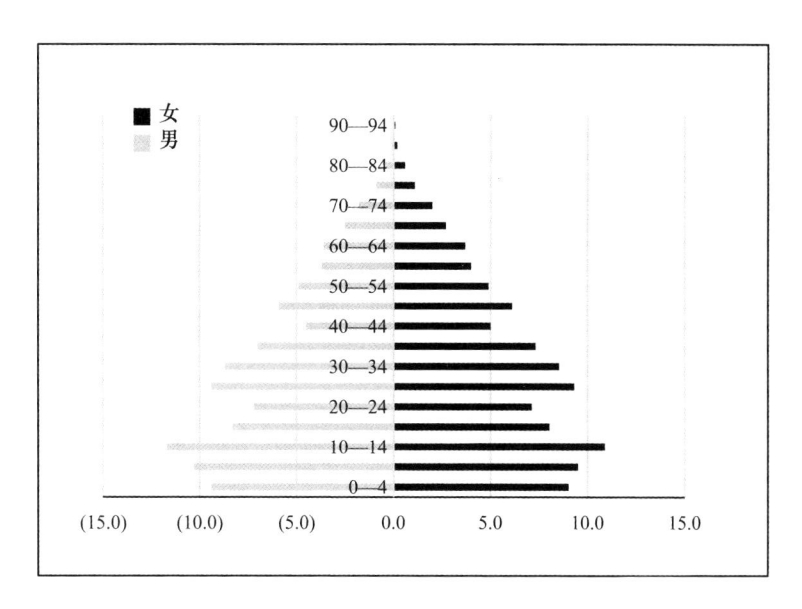

第四章　20世纪90年代以来贵州的人口迁移　/　193

图 4.5　1995—2000 年贵州非迁移人口年龄结构（单位:%）

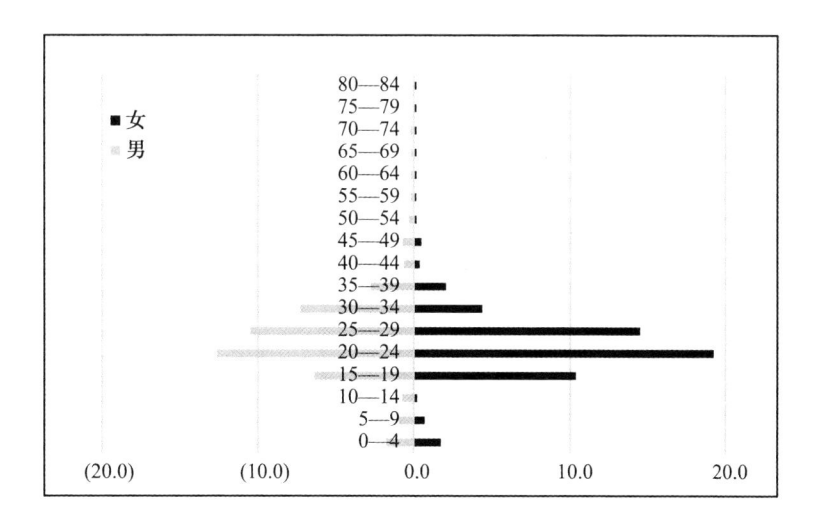

图 4.6　1995—2000 年贵州省际迁出人口年龄结构（单位:%）

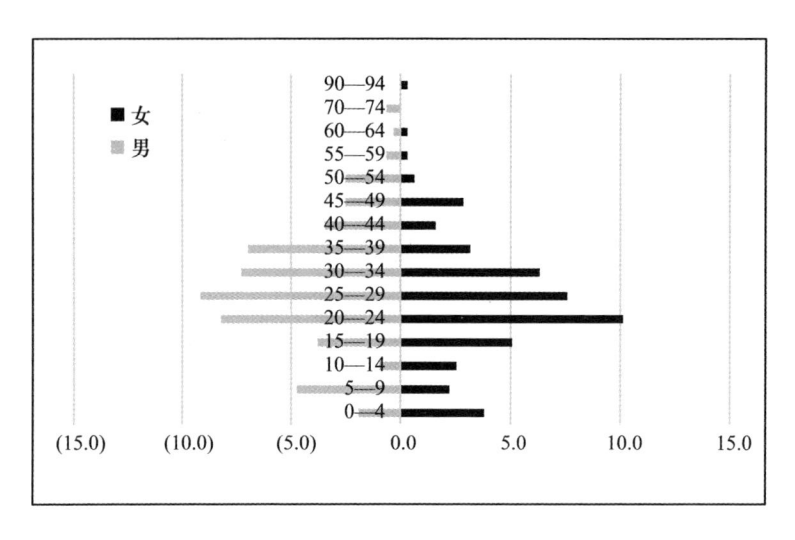

图 4.7　1985—1990 年贵州省际迁入人口年龄结构（单位：%）

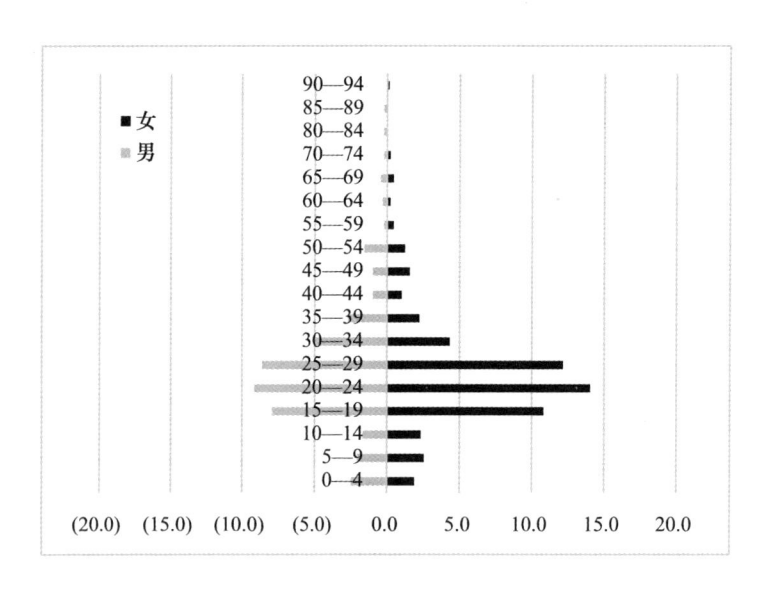

图 4.8　1995—2000 年贵州省内迁移人口年龄结构（单位：%）

分迁移方向看，与 20 世纪 80 年代一样，省际迁入者的平均年龄相对最高，省际迁出者的年龄最小，省际迁入者的平均年龄为 27.2 岁，中位值为 26.5 岁，省际迁出者的平均年龄为 24.4 岁，中位值为

24 岁，省内迁移者的平均年龄为 25 岁，中位值为 23 岁。

通过迁移群体年龄与性别的交叉发现，迁移者中，男性人口的平均年龄高于女性 1.2 岁。男性人口的平均年龄为 22.4 岁，中位值为 25 岁，女性人口的平均年龄为 25.1 岁，中位值年龄为 24 岁。各类别的迁移者中，男性的平均年龄都高于女性，其中省际迁入组，男性平均年龄比女性高 3.4 岁，省际迁出组高 1.2 岁，省内迁移组也要高 0.9 岁。从平均年龄来看，迁移男性的年龄较女性高。

（三）迁移人口的户口性质

如表 4.7 所示，从迁移人口的户口性质看，进入 20 世纪 90 年代，我国的经济社会发展进入全新时期，经济得到快速增长，产业结构得到优化，农业人口的比重开始下降。自由迁徙有了坚实的物质基础，在比较利益的驱动下，更多的人口从农村迁往城市，庞大的民工大军成为该时期人口迁移的主要特征。

表 4.7　1995—2000 贵州分户口类别的省际迁移、省内迁移　　单位：%

户口性质	全国	贵州	省际迁入	省内迁移	省际迁出	户籍迁移	非户籍迁移
农业户口	75.2	84.7	69.0	52.0	88.7	46.1	87.2
非农业户口	24.8	14.4	31.0	48.0	11.3	53.9	12.8
合计	100	99.1	100	100	100	100	100

该时期，农业户籍者迁移的可能性较 20 世纪 80 年代提高。这主要体现在省际迁出者（88.7%）和非户籍迁移者（87.2%）中，这两类迁移者中农业户籍的比重都超过了贵州常住人口的比重（84.7%）。

无疑，该阶段，户口性质作为制度因素，对人口迁移的束缚进一步减弱，农业人口的迁移较前一个时期更为活跃，尤体现在省际迁出人口以及非户籍迁移者中。但非农业户籍者迁移的可能性仍高于农业户口者，也即户籍制度的羁绊仍然制约着人口迁移活动。

(四) 迁移人口的文化程度

1. 概述

如图 4.9 所示，迁移人口中，文化程度的分布以"初中"和"小学"文化程度者为主，较 20 世纪 80 年代，"初中"文化程度者排第一，略高于"小学"文化程度者。其余文化程度者占比较低，这尤在省际迁出人口中表现突出。省际迁出人口的文化程度分布演变为单极化状，"初中"及以下文化程度者的比重较 1980 年代提高了 15.8 个百分点，为 83.5%。大学专科及以上者的受教育比重较 1980 年代则大幅下降。省内迁移者的文化程度也较 1980 年代降低，以"小学"和"初中"文化程度者为主体，二者共占 52.1%，高中及以上文化程度者占比 38.8%，较 1980 年代下降了 3.4 个百分点。省际迁入者的文化程度则较 1980 年代有所提高，高中及以上文化程度者的比重达 22.2%，较 1980 年代提高了 10.2 个百分点。这本身与该时期各地人口的受教育文化水平差异有关。贵州人口的文化教育水平此时远低于全国水平，较之常住人口和非迁移者，迁移人口的文化水平更高。

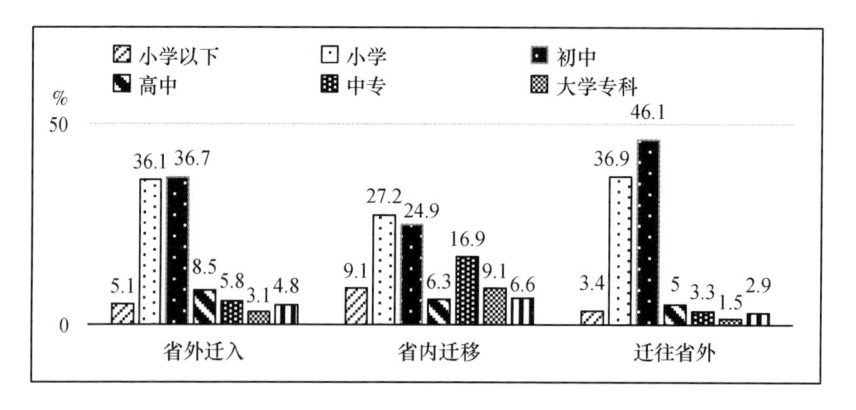

图 4.9　1995—2000 年迁移人口文化程度

如表 4.8 所示，该时期，人口的文化教育程度较 20 世纪 80 年代有了很大提高，但从分布特征上看，与 1980 年代相同，仍主要集中在"小学"和"初中"阶段，故迁移人口中仍以低文化程度者为主体。虽然较1980年代迁移者中,高中以上各类文化程度高者的比重均有下降,但较非迁移者,迁移者整体文化程度较高。非迁移者中,初中及以下较低文化程度者的比重(92.6%)仍比迁移者(76.5%)高,而高中及以上文化程度者的比重比迁移者低16.3个百分点,为7.4%。同样,迁移者中的户籍迁移者其文化程度高者的比重高于其他组别。

表4.8　　1995—2000年各类别6岁及以上人口受教育程度　　单位:%

	小学以下	小学	初中	高中	中专	大学专科	大学本科及以上	合计
迁移者	6.0	33.3	37.2	6.0	8.6	4.5	4.6	100.2
非迁移者	21.8	48.8	22.0	3.0	2.4	1.4	0.6	100
户籍迁移者	4.6	25.0	21.4	4.6	19.7	12.4	12.6	100.3
非户籍迁移	19.6	42.2	30.3	4.7	1.3	1.6	0.1	100
全国	10.3	38.2	35.8	8.3	3.5	2.6	1.4	100.1
贵州	20.9	47.9	22.8	3.6	2.6	1.6	0.7	100.1

2. 不同文化程度迁移可能性比较

通过以上研究发现:其一,低文化程度者的迁移仍是迁移者的主体,但整体而言,迁移者中初中以下文化程度者的比重低于非迁移者,该部分人口迁移的可能性较20世纪80年代进一步降低;其二,将各类迁移者中各级文化程度者的比重与非迁移者中各级文化程度者的比重进行比较,计算不同文化程度者迁移的可能性指数[①],发现,这一特征在省际迁移中体现得尤为突出,省际迁移者中"初中"以下文化程度者迁移的可能性低于该类别的"高中"及以上文化程度者以及省内迁移者;其三,省际人口迁移的第一个峰值位于"初中"阶段,之后略有下降,直至"大学专科"以上文化程度,迁移的可能性

---

① 可能性指数的计算方法:迁移人口中某一文化程度的人口数,除以非迁移人口中该文化程度的人口数。

达到第二个峰值；其四，省内迁移者迁移的可能性随着文化程度的提高而增加，但其第一个拐点出现在"高中"时期，"中专"阶段达到高峰，之后"大学专科"时期有所下降，"大学本科"达到顶峰；其五，从不同迁移方向中，各级文化程度迁移者的比重来看，与1980年代相同，省内迁移者中，初中以下文化程度的比重最低，高中及以上文化程度者的比重最高。不同之处在于省际迁移人口中，迁入和迁出者文化程度发生逆转，省际迁入者的文化程度在该时期低于省际迁出者（见图4.10）。

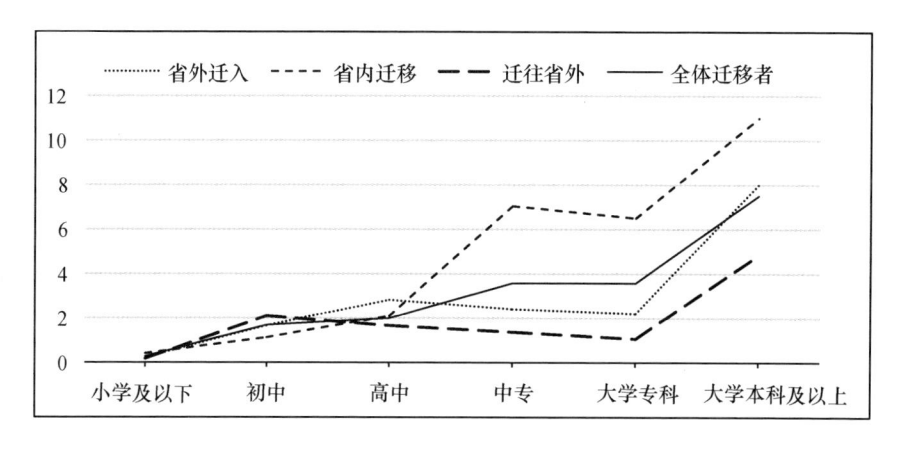

图4.10 1995—2000年各类迁移者中不同文化程度者迁移的可能性指数

迁移人口文化程度的差异不仅体现在省际迁移和省内迁移之间，省际迁移内部，迁至东中西部的人口文化程度也有差异。按迁入目的地分，"大学专科"及以上受教育程度迁移者在各类迁移者中的比重，与20世纪80年代正好相反，由高至低分别是中部、西部和东部。而省际迁入人口，按来源地，文化程度由高至低亦是中部、西部和东部。迁移者的文化程度与迁移人口规模成反比，迁移规模最大的东部地区，迁移人口受教育程度最低，中部则最高（见表4.9）。

表 4.9　　　　　东中西部迁移人口文化程度比较　　　　单位:%

地区		不识字或识字很少	小学	初中	高中	中专	大学专科	大学本科及以上	合计
东部	迁入	6.5	25.8	48.4	12.9	1.6	1.6	3.2	100
	迁出	2.2	34.2	53.8	5.7	1.4	1.4	1.4	100
中部	迁入	1.3	35.9	35.9	14.1	5.1	3.9	5.1	100
	迁出	8.0	43.2	21.6	3.4	12.5	1.1	10.2	100
西部	迁入	5.1	36.1	36.7	8.5	5.8	3.1	4.8	100
	迁出	9.8	45.1	25.5	3.2	7.1	2.2	7.1	100
全国		10.3	38.2	35.8	8.3	3.5	2.6	1.4	100
贵州		20.9	47.9	22.8	3.6	2.6	1.6	0.7	100

这显然与1990年代的民工潮有关。该时期迁移人口对迁移距离的突破相对于1980年代更加容易，跨省迁移中对文化程度的选择性发生了改变，导致了文化程度与迁移可能性正向互动的起点从"中专"降低至"初中"，同时，在低文化程度劳动者的稀释下，外迁人口中高文化程度者的比重降低。

（五）迁移人口的就业状况

根据国际通行的劳动年龄（15—64岁）计算，该时期迁移人口中，劳动年龄人口的比重大。"五普"中职业包括8个大类。除"不便分类的其他劳动者"外，属于物质生产领域的有"农林牧渔劳动者""生产、运输工人和有关人员""商业工作人员""服务性工作人员"，非物质生产领域的有"国家机关、党群组织、企业、事业单位负责人""办事人员和有关人员"及"各类专业、技术人员"。前者是以体力劳动者为主，后者是以脑力劳动者为主。

1. 不在业人口状况

该时期，贵州省常住人口中，不在业者共计473.9万人，占比13.9%，比1980年代高2.3个百分点。全部迁移人口中，不在业人口共计55.5万人，占全部迁移者的27.5%，与1980年代相当。如表4.10所示，迁移者中在业者的比重，较非迁移者和常住者中的比重低，相应地，迁移者中在校学生的比重也远远高于非迁移者。

但各类别的迁移者也有差别，省际迁出者中不在业人口的比重较1980年代下降，而省际迁入者中不在业人口的比重则提高，主要是由于"在校学生""料理家务"和"离退休"者的比重比迁出者分别高2.0个、2.3个和2.6个百分点（合计高6.9个百分点）。分性别而言，女性迁移者中，不在业的比重较80年代提高，为31.1%，且料理家务者的比重排序首位，男性迁移者的不在业者比重则降低，且低于女性，为17.5%。非迁移者中，男女两性不在业的比重基本均衡，男性不在业的比重为11.2%，女性为13.8%。

表4.10　　　　　1995—2000年各类别人口在业状况　　　单位：万人，%

	省际迁入		省内迁移		省际迁出		迁移者		非迁移者		户籍迁移者		非户籍迁移者	
人数	25.2	6.4	58.7	31.8	106.6	17.5	171.9	74.1	2770.1	420.3	22.4	8.7	149.8	26.3
比重	79.7	20.3	64.9	35.2	86.1	13.9	69.9	30.1	86.8	13.2	72.1	27.9	85.1	14.9

进一步分析不在业者的状况发现，迁移者中的不在业者，仍主要以在校学生为主，但比重下降了15.5个百分点，为50.2%，料理家务（23.5%）的比重上升7.1个百分点，两者合计占迁移人口中不在业者的73.5%。非迁移者中的不在业人口，在校学生（27.5%）、料理家务（26.6%）和丧失劳动能力者（19.8%）三者并重，居于前三位（见表4.11）。

表4.11　　　　　1995—2000年迁移者和非迁移者分性别的
不在业状况

		在校学生	料理家务	离退休	丧失工作能力	从未工作正在找工作	失去工作正在找工作	其他	合计
迁移者	男性（万人）	17.1	0.3	2.1	0.8	1.2	0.8	2.8	25.1 (34.6)
	%	67.9	1.2	8.3	3.2	4.8	3.6	11.1	100.1

续表

		在校学生	料理家务	离退休	丧失工作能力	从未工作正在找工作	失去工作正在找工作	其他	合计
迁移者	女性（万人）	15.5	22.0	1.1	2.0	2.8	1.3	2.9	47.6 (65.4)
	%	32.6	46.2	2.3	4.2	5.9	2.7	6.1	100
	合计（万人）	32.6	22.3	3.2	2.8	4.0	2.2	5.7	72.8
	%	44.8	30.6	4.4	3.8	5.5	3.0	7.8	99.9
非迁移者	男性（万人）	63.2	18.2	35.8	38.2	17.3	5.8	12.9	191.4 (44.1)
	%	34.1	9.8	19.3	20.6	6.1	3.1	6.9	99.9
	女性（万人）	52.8	93.8	22.4	45.2	6.4	4.1	10.2	234.9 (55.9)
	%	22.5	39.9	9.5	19.3	2.7	1.7	4.3	99.9
	合计（万人）	116.0	112.0	58.2	83.4	17.7	9.9	23.1	420.3
	%	27.5	26.6	13.8	19.8	4.2	2.3	0.7	94.9

注：括号内为各类别男性和女性的比例。

分性别而言，男性迁移者中，"在校"者也下降，但仍高达68.2%，其次为离退休、退职者，占比为9.1%。女性中在校学生（38.2%）的比重大幅下降，居于次位，女性迁移不在业人口中，"料理家务"者比重则提高为首位，为41.6%，而男性迁移者中这一比重仅1.5%。可以认为，迁移人口中，女性的职业地位降低。男性非迁移者中，不在业人口中"在校学生"的比重亦最高，达34.1%，次高的是丧失劳动能力者（20.6%），离退休和退职者排第3位（19.3%）；女性非迁移者中，同样以料理家务者比重最高（39.9%），在校学生的比重居第2位（22.4%），丧失劳动能力者的比重居第3位，也高达19.3%。

户籍迁移者较非户籍迁移者，在相应组别内不在业人口的比重低8.1个百分点，但其中"在校学生"的比重为59.8%，较非户籍迁移类（19.8%）高40个百分点，"料理家务"的比重升高。而非户籍迁移者中的不在业人口主要以料理家务者为主（46.0%），户籍迁移者中料理家务者的比重较之低了24个百分点。

较1980年代，该时期迁移人口中不在业人口的状况发生了很大变化。其一，迁移者中"不在业"人口的比重仍大大高于非迁移者，但一改过去男性迁移者的"不在业"者比重高于女性的局面，女性不在业者的比重升高，且高于男性；其二，过去省际迁入人口中，不在业人口的比重低于省际迁出人口，而该时期，二者发生逆转，省际迁入人口中，不在业人口的比重提高，并高于省际迁出者；其三，不在业人口的结构发生变化。"在校学生"的比重普遍降低，而"料理家务者"的比重增高。主要体现在女性迁移人口中。女性迁移人口中，承担料理家务者的比重较1980年代增加，并构成不在业人口的主体。女性迁移者传统意义上"主内"的家庭劳动的重要角色。

2. 在业人口的职业分布

（1）分迁移方向的迁移人口职业分布

该时期，贵州省在业者共计1908.5万人，占比55.9%，较20世纪80年代基本相当。但迁移人口中的在业人口共计55.9万人，占全部迁移者的比重较1980年代提高了11.1个百分点，为77.3%。迁移人口的职业类型都集中在第1—6类。从贵州省际迁移及省内迁移人口所属职业大类来看，迁移者以"生产工人、运输工人和有关人员""农林牧副渔、水利业生产人员""商业服务人员"三类为主体，"国家机关、党群组织、企业、事业单位负责人""专业技术人员""办事人员和有关人员"的比重最低（见图4.11）。

具体而言，迁往省外的人口中，"农林牧副渔、水利业生产人员"类从业者的主体地位被"生产、运输设备操作人员及有关人员"代替，后者的比例高达70.3%，前者的比重降至20.4%，居于次位，其余各类人员的比重则较低。

省外迁入者从事的各职业类别呈"商业服务人员""生产、运输设备操作人员及有关人员""农林牧副渔、水利业生产人员"三足鼎立现象，三者共计占该类迁移从业人员的90.5%，其他三类职业类

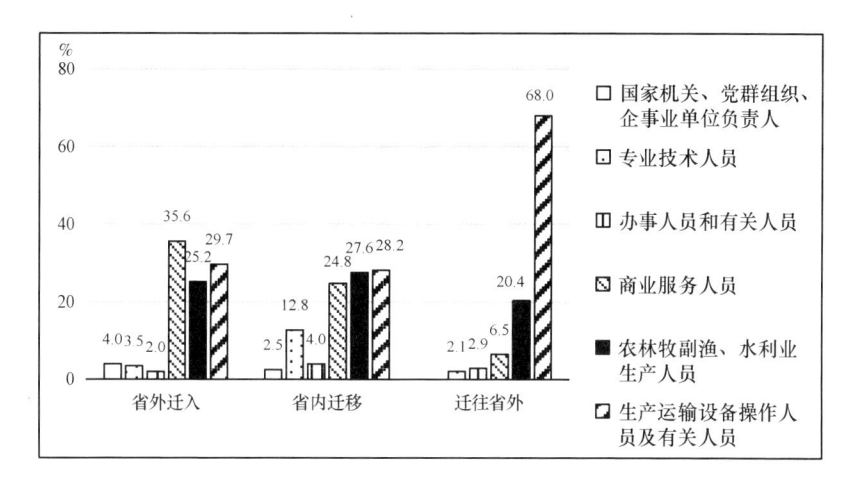

图 4.11　1995—2000 年贵州省际、省内迁移人口职业结构

别共计 9.5%。

省内迁移者的职业分布形态呈三级。与省际迁入者相似，"生产、运输设备操作人员及有关人员""农林牧副渔、水利业生产人员"和"商业服务人员"从业人员在该组人口中占比为 80.6%，排第二级的是"各类专业、技术人员"，占比 12.8%，而"办事人员和有关人员"及"国家机关、党群组织、企业、事业单位负责人"比例最低，处在第三级（见表 4.12）。

表 4.12　　　　1995—2000 年不同户籍性质迁移职业分布　　　单位:%

类别	国家机关、党群组织、企事业单位负责人	专业技术人员	办事人员和有关人员	商业服务人员	农林牧副渔、水利业生产人员	生产、运输设备操作人员及有关人员	合计
户籍迁移	0.4	5.5	3.0	6.8	26.2	58.2	100.5
非户籍迁移	0.3	3.7	2.4	10.3	27.9	55.4	100
农业	0.9	1.0	1.3	10.8	34.9	51.2	100.1
非农业	6.2	28.8	17.8	21.6	4.3	21.3	100

而户籍迁移者和非户籍迁移者的职业分布开始趋同，均以"生

产、运输设备操作人员及有关人员"为主,从事农业劳动者位列第二,但比重显著低于前者,农业人口与非农业人口的职业分化仍较显著,显然,人口从第一产业转向第二、三产业的力度增加。

(2) 不同类别迁移者分性别的职业分布

该时期较20世纪80年代的变化在于,其一,在各类迁移者中,男女两性中"国家机关、党群组织、企事业单位负责人"的比重均降低,"专业技术人员"的比重则不同程度地增高。男性主要以"生产、运输设备操作人员及有关人员"为主,而女性人口在省际迁入和省内迁移者中,以"农林牧副渔、水利业生产人员"为主,省际迁出者也以"生产工人、运输工人和有关人员"的比重最高。其二,省内迁移中,女性脑力劳动者在女性迁移者职业类别中的比重高于男性。其余组别中,则是男性高于女性。两性从事脑力劳动和体力劳动的差距由高到低分别是省际迁出、省内迁移和省际迁入,迁出者中性别的选择性最显著。其三,贵州人口迁移中,智力型劳动者的迁移方向发生了改变,以省内迁移为主,但外流状况有所改善(见表4.13)。

表4.13　　　　1995—2000年不同性别迁移者职业分布　　　单位:%

类别	性别	国家机关、党群组织、企事业单位负责人	专业技术人员	办事人员和有关人员	商业服务人员	农林牧副渔、水利业生产人员	生产、运输设备操作人员及有关人员	其他	合计
省际迁入	男性	3.9	8.5	4.2	27.9	12.4	43.1	0	100
	女性	1.9	11.8	2.5	28.3	42.9	12.7	0	100.1
省内迁移	男性	2.7	10.6	5.3	24.8	10.6	46.0	0	100
	女性	2.4	14.9	2.8	24.9	43.0	12.0	0	100
省际迁出	男性	0	2.6	4.6	6.5	6.3	80.0	0	100
	女性	0	1.7	1.5	6.4	32.7	57.7	0	99.8
迁移者	男性	3.2	8.6	6.6	16.6	9.7	55.1	0.1	99.9
	女性	1.1	7.3	2.6	14.3	44.7	29.9	0	99.9
非迁移者	男性	1.4	3.3	2.2	2.7	83.4	6.8	0	99.8
	女性	0.4	3.6	1.0	3.9	89.3	1.9	0	100.1

（六）迁移人口的婚姻状况

"五普"中的婚姻状况分为四类，由 15 岁及以上人口填报。在我国，严格来说，在校学生是被排除在结婚群体之外的。通过对比发现，包含在校学生的各类人口中，未婚者的比重都显著提高，为了更真实地反映各类人口的婚姻状况，本部分对婚姻状况的分析汇总，剔除了在校学生群体。同时，由于离婚和丧偶的比重在迁移者中的比重较低，因而着重讨论的是未婚者和有配偶者。

如表 4.14 所示，若不分性别和迁移方向，迁移人口中未婚者的比重略高于非迁移者。而在迁移者中，未婚者在相应组别的比重由高到低分别为，省际迁出者、省内迁移者和省际迁入者，省际迁出者和迁入者与 1980 年代相比也发生了倒置。分性别而言，迁移者中男性未婚的比重高于女性。不同迁移方向中男性未婚者的比重由高到低分别是，省际迁出男性（55.3%）、省内迁移男性（49.4%）和省际迁出男性（31.9%）。女性未婚者的比重由高到低分别为省际迁出女性（40.8%）、省内迁移女性（35.8%）、省际迁出女性（19.8%）。

表 4.14　1995—2000 年迁移人口中非在校学习者婚姻状况　　单位：%

		未婚	初婚有配偶	再婚有配偶	离婚	丧偶
省际迁入者	男性	28.9	67.4	2.2	0.7	0.7
	女性	8.4	90.5	0	1.1	0
	合计	20.3	77.0	1.3	0.9	0.4
省内迁移者	男性	32.1	65.0	1.7	0.4	0.8
	女性	17.1	79.6	1.8	1.5	0
	合计	124.1	72.8	1.7	1.0	0.4
省际迁出者	男性	52.5	46.2	0.6	0.2	0.4
	女性	41.4	54.9	3.2	0.2	0.3
	合计	6.4	51	2.1	0.2	0.4
迁移者	男性	30.5	59.4	8.6	1.5	0
	女性	13.1	74.4	11.8	0.9	0
	合计	18.5	69.6	10.8	1.1	0

续表

		未婚	初婚有配偶	再婚有配偶	离婚	丧偶
非迁移者	男性	21.1	72.0	2.4	1.3	3.2
	女性	16.0	78.2	2.2	1.0	2.6
	合计	19.1	74.4	2.4	1.2	3.0

迁移人口婚姻状况可归纳为如下几点，其一，婚迁比重下降，迁移者未婚比例略低于非迁移者；其二，男性较女性未婚比例更高；其三，未婚比重由高至低同20世纪80年代相反，依次是省际迁出者、省内迁移者、省际迁入者。

第三节 迁移原因的描述性分析

2000年的全国人口普查与1990年相比，对人口迁移的原因进行了重新分类。1990年，"退休"作为流动的次要原因选项之一，而2000年普查中，这一项则被"拆迁搬家"（"由于以前居住地拆建或者搬迁"）的新选项取代。这一选项主要是"用以收集在住房制度改革后城市居民流动的相关情况"[1]。其中，"务工经商""工作调动""分配录用"属于劳动型迁移，"随迁家属""投亲靠友"和"婚姻迁入"属于生活型迁移，此外还有去外地从事各种文化、科技学习的学习型迁移，被归为"学习培训"类，"其他"类型的迁移是指"上述以外的其他原因"。总体而言，"工作调动""分配录用"和"学习培训"都是由计划调配的，随迁、婚迁、投亲靠友都是由计划按限额批准迁入的，务工经商大致可以归为自发选择性的迁移[2]。本部分拟依据2000年国家统计局的1%人口普查数据，对20世纪90年代（1995—2000年）贵州省人口迁移的原因进行描述性分析。

---

[1] 梁在、马忠东、崔红艳：《中国流动人口：2000年普查的新发现》，载国务院人口普查办公室、国家统计局人口和社会科技统计司编《中国2000年人口普查国际研讨会论文集》，中国统计出版社2005年版，第311页。

[2] 马侠：《中国人口迁移模式及其转变》，《中国社会科学》1990年第5期。

一 不同迁移方向的迁移原因比较

(一) 省际迁移和省内迁移比较

从迁移原因来看，整体而言，该时期贵州的省际迁移及省内迁移人口中"务工经商"者（34.2%）的比重上升了15.2个百分点，排第1位，而"工作调动"和"分配录用"所占的比重进一步降低，说明该时期市场力量在人力资本区域调配中的作用大大增强。"婚姻迁入"的比重则下降了14.4个百分点，位列第二，"随迁家属"排第3位。"务工经商"者共计121.6万人，占比34.2%，其次是"婚姻迁入"引起的迁移，有73.1万人，占比20.6%。这时期，由于户籍制度的进一步松绑，人口流动性进一步增强，除省际迁出外，其余两个方向的随迁家属比重较20世纪80年代均有了很大的提升。"学习培训"迁移者共计35.4万人，占比10.0%，排序降至第4位，且学习培训型迁移主要集中在省内，省际迁入者中学习培训型迁移的比重虽不高，但较1980年代也有提高，省际迁出人口中学习培训者的比重则较1980年代下降了8.4个百分点。

如图4.12所示，分迁移方向而言，省际迁出、省际迁入和省内迁移三个方向的迁移呈现不同的特点。贵州迁往省外者，其迁移原因单极化的倾向较1980年代更盛。但不再以"婚姻迁入"为重，"务工经商"者的比重自9.5%上升至62.9%，居第2位的"婚姻迁入"比重下降近30个百分点，为17.8%，二者相差45.1个百分点。

省外迁入原因中，居首位的亦是"务工经商"，其比例为38.3%，"随迁家属"的比重上升至第2位，为17.4%，"婚姻迁入"的序位降低，排第3位，"投亲靠友"的比例上升至10.8%。

而省内迁移者的迁移原因排序中，各类原因的分布相对较均衡，比例最高的"务工经商"和"学习培训"分别占比21.9%和20.8%，"婚姻迁入"和"随迁家属"次之，比例分别为16.6%和14.7%。选择因其他原因而发生迁移的人口在低占比上分布相对均衡，均在7%以下。

若分东中西部来看，则各地迁入贵州的人口以"务工经商"为主，

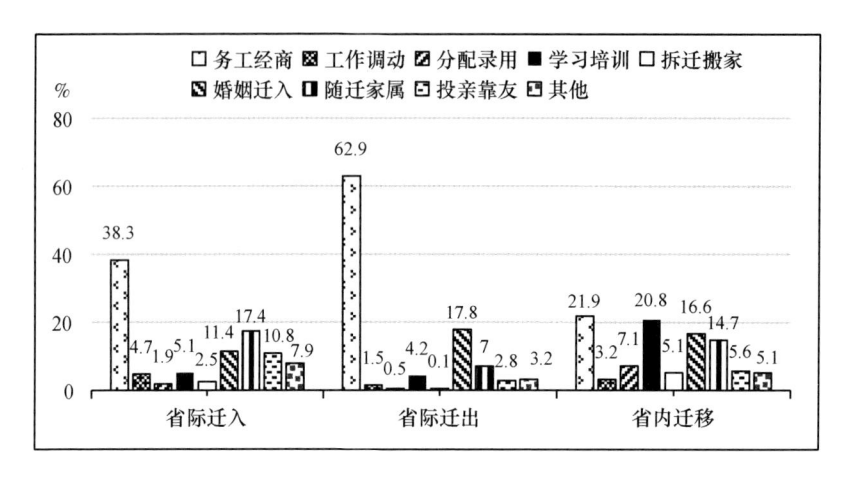

图 4.12 1995—2000 年贵州省际、省内人口迁移原因分布

来源地为东部者,迁入人口中"务工经商"者占比最高,其次为中部和西部。而自贵州迁出的人口中,迁往东部和西部地区的也主要以"务工经商"为主,迁往东部者则以"婚姻迁入"为主(见表 4.15)。

表 4.15　　　　　1995—2000 年按地区计迁移原因比较　　　　单位:%

	务工经商	工作调动	分配录用	学习培训	拆迁搬家	婚姻迁入	随迁家属	投亲靠友	其他	合计
东部—贵州	43.5	7.2	1.4	1.4	2.9	4.3	13.0	7.2	18.8	100
贵州—东部	75.8	0.6	0.3	1.4	0.1	13.1	4.3	1.8	2.5	100
中部—贵州	39.0	1.2	1.2	7.3	7.3	11.0	15.9	11.0	6.1	100
贵州—中部	14.1	1.1	0	18.5	0	46.7	13.0	2.2	4.3	100
西部—贵州	35.8	5.5	2.4	5.5	0	14.5	20.0	12.1	4.2	100
贵州—西部	33.5	4.9	1.2	9.0	0	24.5	14.7	6.9	5.3	100

(二)省际迁出不同迁入目的地人口迁移原因比较

现拟进一步从两个视角,对贵州省际迁出人口及其迁移原因进行分析。一是对贵州省际迁出人口中,分迁移原因的各类迁出人口的迁移目的地及相应规模进行描述,以此考察因各类原因迁移的贵州省际迁出人口对迁移方向的选择和偏好；二是以各迁入目的地为视角，比较各省（市、自治区）迁入的贵州人口中，持各类迁移原因迁入者的比重，考察各地吸引的迁移者类别。如表4.16数据显示，1980年代，贵州人口迁移的原因更趋集化，"务工经商"和"婚姻迁入"便占全部迁移人口的八成（80.7%）。具体而言，不同迁入目的地吸纳的因各类原因迁移的人口有所不同，主要呈如下几个特点：

第一，"务工经商"型迁移是该时期贵州省际迁出人口的主体，共计77.9万人迁至他省务工，占全部迁出人口的62.9%，较1980年代增长5.9倍，但仍保持显著的东部沿海指向。完全改变了1980年代末期，贵州人口的省际迁出以"婚姻迁入"者为主体的状况。"务工经商"者主要迁移目的地是广东（51.3%）和浙江（22.0%），其次为福建（9.0%）、云南（8.5%）。该四省共计吸收了贵州90.7%的外出务工经商者，务工经商者的迁出地选择较集中（见表4.16）。

表4.16　　1995—2000年按迁移原因计的贵州省际迁出主要目的地人口分布　　　　单位:%

现住地	务工经商	工作调动	分配录用	学习培训	拆迁搬家	婚姻迁入	随迁家属	投亲靠友	其他	迁移人口占比（按目的地）
北京				13.5				5.7		1.3
河北		5.6								1.1
辽宁					100					0.2
上海		5.6						5.7		1.2
江苏	3.7					23.1			7.5	7.0
浙江	22.0		33.3			15.4	17.2	17.1	7.5	18.6
安徽						6.3				1.3
福建	9.0								7.5	6.6
湖北		5.6		11.5				5.7	7.5	1.5
湖南				13.5						2.0
广东	51.3	16.7	16.7			14.9		5.7	27.5	35.3

续表

现住地	务工经商	工作调动	分配录用	学习培训	拆迁搬家	婚姻迁入	随迁家属	投亲靠友	其他	迁移人口占比（按目的地）
广西		27.8	33.3				3.4			2.7
重庆		5.6	16.7	5.8		9.0	8.0	8.6	7.5	3.1
四川		16.7		30.8			3.4	14.3		3.3
云南	8.5	16.7				8.1	26.4	22.9	17.5	10.2
合计	94.5	100	100	61.6	100	61.9	73.3	85.7	82.5	95.4
迁入人口占比（按迁移原因）	62.9	1.5	0.5	4.2	0.1	17.8	7.00	2.80	3.2	100

注：该表中，仅列出按迁移原因计，占比排序前五位的迁移目的地。

第二，"务工经商"人口遍及全国21个省份，其中9个省份[①]的数据显示，其自贵州迁入人口中，以务工经商为主要类型。按各迁入目的地吸纳贵州迁入人口中，"务工经商"人口的比例高低排序，广东（91.5%）、福建（85.4%）、浙江（74.0%）、云南（52.4%）、上海（40.0%）、广西（38.2%）都在三成以上，甚至高达九成。

第三，"婚姻迁入"降为该时期贵州人口省际迁出的次重要原因。因婚迁迁出的人口仅占17.8%（22.1万人），其比重较20世纪80年代降低了32.1个百分点，远远低于"务工经商"，且婚迁者的目的地指向不及"务工经商"者集中。因婚迁自贵州迁至其他各省（市、自治区、直辖市）的人口中，占比排序前五位的是江苏（23.1%）、浙江（15.4%）、重庆[②]（9.0%）、云南（8.1%）、安徽（6.3%），合计吸纳了贵州"婚姻迁入"人口的61.9%。贵州迁至苏浙两省的婚迁人口合计38.5%，婚迁仍具有较强的沿海指向和邻省指向，但

---

① 贵州省迁往辽宁省的人口仅有0.03万人，且有1/3为婚姻迁入，迁往内蒙古自治区的仅0.1万人，均为婚姻迁入，此处不列出。

② 重庆和四川合计14.4%。

相对较分散。

婚迁者的迁移目的地分布于19个省市自治区。其中,自贵州迁入人口持"婚姻迁入"原因占比第一的省区共计12个,由高到低分别为安徽(87.5%)、河南(85.7%)、河北(71.4%)、山东(66.7%)、江苏(58.6%)、重庆(8.0%)、江西(50.0%)、湖南(48.0%)、山西(42.9%)、陕西(33.3%)、四川(29.3%)、浙江(14.7%)。

第四,在省际迁出人口中,"随迁家属"排序上升了2位,排第3位,占比7%,但从比例上看,比1980年代降低了0.5个百分点,进一步说明贵州省际迁出人口迁移原因集中的现象。承载贵州"随迁"人口最多的是云南(26.4%)、浙江(17.2%)和广东(14.9%)。从迁入目的地看,各地贵州迁入人口中,随迁占比最高的仍是黑龙江(66.7%),其余占比达到10%的有山西(28.6%)、云南(18.3%)、重庆(17.9%)、河南、河北(14.3%)、上海(13.3%)、北京(12.5%)、湖北(11.1%)、江西(10.0%)。

通过比较带眷系数,考察该时期贵州省际迁出人口中随迁人口的状况发现,贵州省际迁出人口的带眷系数较20世纪80年代更低,为0.07,其中,黑龙江的带眷系数依然最高,为2.0,其余各省市自治区由高到低依次为河北、山西、安徽(1.0)、重庆(0.58)、云南(0.27)、江西、山东(0.25)、上海(0.17)、北京、湖北、广西(0.14)、四川(0.12)。而迁出人口较多的苏(0.06)、浙(0.08)、闽(0.03)等地以及湖南(0.08)则均低于0.1。

第五,因"学习培训"迁出者的比重为4.2%,共计5.2万人,较20世纪80年代下降了8.4个百分点,降幅达66.7%。"学习培训"的目的地涉及全国15个省、自治区、直辖市,主要是四川(30.8%)、广东和北京(13.5%)、湖北(11.5%)。各迁入目的地迁入贵州人口中,"学习培训"占比排第一[①]的是吉林(100%)、陕西(66.7%)、北京(43.8%)、四川(39.0%)、辽宁和湖北(33.3%)、湖南(28.0%)。

---

① 其中迁入吉林0.2万人,迁移原因全部为"学习培训",迁入陕西共计0.3万人,迁移原因为"学习培训"的占比66.7%。

第六,"投亲靠友人"体现的是迁移的网络效应,仅3.5万人,占比为2.8%,且主要为邻省指向。因"投亲靠友"外迁的人口,同20世纪80年代相比,居第二级的云南(26.4%)上升为第一级、四川(14.3%)下降一级,同浙江(17.1%)、重庆(8.6%)并列第二级,上海(5.7%)下降一级,北京上升一级,与湖北、广东(5.7%)、湖北、江苏、福建、山东和广西(2.9%)并列第三级。

第七,在省际迁出人口中,因"工作调动"迁出者共计1.8万人(1.5%),在因各类原因迁出者中位列倒数第三,比20世纪80年代低了1.25个百分点,降幅为45.5%,迁入目的地也自19个减少为7个,同时,因"分配录用"迁往外省者也仅0.6万人,占比0.5%。

(三)省际迁入不同迁移来源地人口迁移原因比较

就省际迁入,也同样从两个视角,对贵州省际迁入人口及其迁移原因进行分析。一是描述贵州省际迁入人口中,分迁移原因的各类迁入人口的迁移来源地及相应规模;二是进一步以各迁移来源地为视角,比较自各省(市、自治区)迁入贵州的人口中,持各类迁移原因迁入者的比重,考察各地迁移者的类别。

如表4.17所示,该时期贵州的省际迁入人口来自全国共计18个省、市、自治区。同样,在贵州省际迁入的人口中,以"务工经商"迁入者为主,但其比例较同期的省际迁出者及20世纪80年代的省际迁入者低,为38.3%。具体如下:

第一,迁入贵州的"务工经商"人口主要来自邻省和浙江,计12.1万人,同样以来自邻省四川的人口最多,共3.8万人,占比31.4%(四川和重庆合计5.3万,占比43.8%,占比较20世纪80年代有所下降),来自湖南和浙江的分别有2.0万人和1.8万人,占迁入人口的16.5%和14.9%。从各地迁往贵州人口中"务工经商"者的比重来看,来自浙江的人口75.0%为"务工经商人口",四川和重庆迁入贵州的人口,也以务工经商为主,分别占其迁入贵州人口的50.0%和45.2%。

第二,随迁家属的状况与20世纪80年代有了很大差异。其一,比重和排序上升,该时期的随迁家属达5.5万人,占比17.4%,排序第 2 位；其二，随迁人口来源地更为集中，主要来自 8 个省份，邻省迁入更显著，以来自四川（25.5%）者最多（四川和重庆合计34.6%），但比重下降，湖南（20.0%）、云南（14.5%）、广西（10.9）和浙江（9.1%）的随迁人口其次；其三，从带眷系数来看，该时期，贵州省际迁入人口的带眷系数为 0.24，高于迁出人口，与 20 世纪 80 年代省际迁入带眷系数低于省际迁出带眷系数的状况相反，其中，带眷系数最高的是广西（0.67）、云南（0.62）和山东（0.57），且带眷系数与迁移距离之间也不存在反比关系。

表 4.17　　1995—2000 年按迁移原因计的贵州省际迁入主要来源地人口分布　　单位:%

来源地	务工经商	工作调动	分配录用	学习培训	拆迁搬家	婚姻迁入	随迁家属	投亲靠友	其他	迁移人口占比（按来源地）
河北									4.0	0.3
黑龙江									4.0	1.3
江苏		13.3								1.6
浙江	14.9						9.1			7.6
安徽				6.3						0.3
江西	5.8		16.7							3.5
山东			16.7	6.3	12.5					3.5
河南				6.3						0.3
湖北				6.3		8.3		11.8	4.0	3.8
湖南	16.5	6.7		18.8	75.0	11.1	20.0	14.7	12.0	16.8
广东		20.0			12.5				48.0	7.6
广西		6.7	16.7	12.5			10.9			5.1
重庆	12.4			18.8		11.1	9.1	8.8		9.5
四川	31.4	33.3	50.0	25.0		19.4	25.5	29.4	12.0	26.6
云南		20.0				33.3	14.5	14.7	12.0	10.4
青海									4.0	0.3

续表

来源地	务工经商	工作调动	分配录用	学习培训	拆迁搬家	婚姻迁入	随迁家属	投亲靠友	其他	迁移人口占比（按来源地）
合计	81.0	100.1	100.3	100	100	83.2	89.1	79.4	100	98.5
迁入人口占比（按迁移原因）	38.3		1.9	5.1	2.5	11.4	17.4	10.8	7.9	100

第三，该时期，"婚姻迁入"贵州的比例在省际迁入人口中排序较20世纪80年代降了一位，排序第3位，比重下降了44.9%，仅为11.4%。婚迁人口来自全国11个省份，范围有所缩小，与省际迁出相比，邻省指向显著，各省输入人口比重更为均衡，全部省际婚迁人口中，排名前五的依次是来自云南（33.3%）的、四川和重庆（合计30.5%）、湖南（11.1%）和湖北（8.3%）的，占比83.2%。

第四，因"投亲靠友"迁入贵州的人口共3.4万人，来自全国10个省份，占迁入总人口的比重较20世纪80年代提高了3.1个百分点，为10.8%，排名居前五位的五个省份分别是四川（29.4%）、湖南和云南（14.7%）、湖北（11.8%）、重庆（8.8%）。该五省（市）输入的投亲靠友人口，占全部因投亲靠友迁至贵州人口的79.4%。投亲靠友的邻省指向依然显著。

第五，因"学习培训"迁入贵州者，共计1.6万人，排序上升了2位，为第6位（5.1%），主要来自8个省份，分别是四川（25.0%）、重庆（18.8%）、湖南（18.8%）、广西（12.5）、安徽、山东、河南、湖北（6.3%），其中来自邻省的占比达75.1%。

第六，因"工作调动"迁入贵州的人口来自全国6个省份，占省际迁入人口的第7位，为4.7%（排序和占比都较20世纪80年代有所下降），其中四川比例最高，达33.3%，云南、广东（20.0%）、江苏（13.3%）、湖南和广西（6.7%），工作调动的邻省指向较显著，东部也有人口调入，其中江苏省较80年代迁入贵州的人口下降，且迁入的主要类型也由务工经商转变为工作调动。

第七，"分配录用"迁入贵州的人口更进一步集中于4个省份，共计0.6万人，占比进一步下降，仅1.9%，且其中一半的人口来自邻省川、桂。四川（50.0%）、广西、山东和江西（16.7%）。

（四）省际迁入和迁出比较

通过省际之间的两两比较发现，贵州至相邻省份的迁出人口中，至四川、云南的迁移人口，其主要迁移原因仍分别是"学习培训"和"务工经商"，至广西的迁移人口中"工作调动"的比重降低到第3位，"务工经商"排序第1位。至湖南和重庆者均以婚迁为主。五省市迁入贵州的人口来看，与20世纪80年代相同的是，自云南的迁入人口以婚迁为主，且婚迁比重虽下降至36.4%，却是唯一一个迁至贵州人口中，婚迁比例最高的省。自湖南、四川和重庆迁入人口均以"务工经商"为主，广西迁入人口以随迁家属为主。贵州与相邻五省市间共净迁出4.9万人，但具体而言，贵州与湖南和四川呈净迁入7.1万人。显然，与1980年代格局相似，"务工经商"仍是邻省之间人口迁移的最主要原因，婚姻迁移其次，且比例大幅下降（见表4.18）。

表4.18　　　1995—2000年贵州与邻省人口迁移原因分布　　　单位:%

迁移方向	务工经商	工作调动	分配录用	学习培训	拆迁搬家	婚姻迁入	随迁家属	投亲靠友	其他	合计
广西—贵州	25.0	6.3	6.3	12.5	0	6.3	37.5	6.3	0	100
贵州—广西	38.2	14.7	5.9	0	0	26.5	8.8	2.9	2.9	100
湖南—贵州	37.7	1.9	0	5.7	11.3	7.5	20.8	9.4	5.7	100
贵州—湖南	16.0	0	0	28.0	0	48.0	4.0	0	4.0	100
四川—贵州	45.2	6.0	3.6	4.8	0	8.3	16.7	11.9	3.6	100
贵州—四川	4.9	7.3	0	39.0	0	29.3	7.3	12.2	0	100
重庆—贵州	50.0	0	0	10.0	0	13.3	16.7	10.0	0	100
贵州—重庆	2.6	2.6	2.6	7.7	0	51.3	17.9	7.7	7.7	100
云南—贵州	6.1	9.1	0	0	0	36.4	24.2	15.2	9.1	100
贵州—云南	52.4	2.4	0	0.8	0	14.3	18.3	6.3	5.6	100

二 不同性别的迁移原因比较

如表 4.19 所示，男性和女性人口的迁移原因有显著差异。在省际迁入人口中，男性人口"务工经商"的比例最高，但较 1980 年代下降了 13.8 个百分点，为 51.2%，"随迁家属"和"投亲靠友"的比例分别为 11.9% 和 8.9%，高于 1980 年代，"工作调动"者比例略有下降，占 7.7%，其余各类迁移比重较低；女性人口中，"婚姻迁入"不再是最主要的迁移原因，其比例大幅下降，与"务工经商""随迁家属"共同构成迁移的主要原因，其次是"投亲靠友"，占比 12.8%。省际迁出者的迁移结构变化最大，男性人口中"务工经商"者单极化增显著，比例高达 77.0%，而 1980 年代与之齐高的"工作调动"和"学习培训"则大幅下降；女性省际迁出人口中婚迁者的比重下降了近 40 个百分点，退居次位，"务工经商者"的比重上升，占比达 51.3%，是女性人口省际迁出的首因，其余各类迁出者较少。

表 4.19 各类迁移中分性别的迁移原因比较 单位：%

迁移原因	省际迁入 男	省际迁入 女	省际迁出 男	省际迁出 女	省内迁移 男	省内迁移 女	全部迁移人口 男	全部迁移人口 女
务工经商	51.2	23.6	77.0	51.3	46.0	25.1	31.3	14.3
工作调动	7.7	1.4	2.0	1.0	5.7%	1.7	4.7	2.0
分配录用	3.6	0	0.9	0.1	5.0	1.9	9.4	5.2
学习培训	3.0	7.4	6.4	2.4	11.1	9.1	20.8	20.7
拆迁搬家	3.0	2.0	0.2	0	7.6	5.7	5.0	5.2
婚姻迁入	1.8	22.3	1.4	31.4	3.4	33.8	3.5	27.1
随迁家属	11.9	23.6	5.7	8.1	10.4	13.5	12.9	16.1
投亲靠友	8.9	12.8	3.0	2.7	5.2	4.7	6.5	5.0
其他	8.9	6.8	3.4	3.1	5.6	4.6	6.0	4.4
合计	100	100	100	100	100	100	100	100

省内迁移中，男女两性迁移者各类迁移原因的分布与 20 世纪 80 年代大致相似。不同之处在于，男性迁移者中，其一，男性"务工经

商"（31.3%）者的比重有所提高，而"学习培训"（20.8%）的比例有所降低，但二者仍是男性人口省内迁移的主要原因，其二，男性"随迁家属"的比重上升，为12.9%，位列第三。女性迁移者中，其一，婚迁仍为主要原因，但占比较80年代下降了16个百分点，为27.1%；其二，同样地，"随迁家属"的比重提高了近10个百分点，达16.1%，其他各类原因迁移者的分布基本相似。

该时期，整体而言，"务工经商"成为迁移的主因，同时"随迁家属"迁移较20世纪80年代也更为活跃，"婚姻迁入"虽仍是迁移的重要原因，但其重要性显著下降，同时迁移者中，"工作调动"的比重下降亦较显著，而"学习培训"者主要集中于省内迁移。

三 不同年龄的迁移原因比较

如表4.20所示，该时期的迁移人口有如下特征：

其一，15岁以下人口的迁移方式主要仍是"随迁家属"，15—19岁组的主要迁移方式是"学习培训"和"务工经商"。分迁移方向而言，则无论省际迁移或省内迁移，15岁以下者的主要迁移原因均是随迁，省际迁入和省内迁移者中，15—19岁组的迁移以"学习培训"为主，"务工经商"为辅，分迁移方向看，则省际迁入和省内迁移中"学习培训"迁移为首因，但省际迁出则是"务工经商"为主。

其二，20—29岁组是"务工经商"及"婚姻迁入"的高峰年龄段，具体而言，因迁移方向不同也有所不同。省际迁入和省内迁移中，均以"婚姻迁入"为主"务工经商"为辅，婚迁的比重分别为51.8%和48.1%，"务工经商"的比重分别为19.6%和15.6%，省际迁出则以"务工经商"（45.2%）和"婚姻迁入"（44.5%）并重。无疑，该时期，随着迁移相关制度的松绑以及各地经济发展差距的进一步拉大，适婚人口的迁移原因也不再囿于"婚姻迁入"这一单项选择，这尤其体现在远距离的省际迁移中，个体迁移者的能动性通过"务工经商"这种更多元的迁移选择得以体现。因而，婚迁的方向也逐步由远距离的省际向近距离的省内转移。

表 4.20　　1995—2000 年贵州分年龄的迁移人口迁移原因比较　　单位:%

	0—9 岁	10—14 岁	15—19 岁	20—29 岁	30—39 岁	40—49 岁	50—59 岁	60—64 岁	65+岁
务工经商	0(0)	0(0)	36.5(15.7)	37.8(52.1)	51.4(25.3)	34.8(5.1)	18.8(1.6)	4.2(0.1)	3.9(0.2)
工作调动	0(0)	0(0)	0(1.6)	2.3(31.7)	9.2(44.7)	9.6(13.8)	6.9(5.7)	8.3(1.6)	2.0(0.8)
分配录用	0(0)	0(0)	0(12.2)	6.0(87.0)	0.2(0.9)	0(0)	0(0)	0(0)	0(0)
学习培训	0(0)	5.5(1.7)	45.6(67.5)	6.5(30.5)	0.2(0.3)	0(0)	0(0)	0(0)	0(0)
拆迁搬家	4.7(6.1)	12.8(6.1)	2.1(4.8)	2.0(14.7)	10.5(27.3)	22.5(17.3)	33.7(14.7)	41.7(4.3)	21.6(4.8)
婚姻迁入	0(0)	0(0)	4.0(2.9)	35.9(82.2)	13.4(10.9)	12.4(3.0)	5.9(0.8)	0(0)	2.0(0.1)
随迁家属	65.7(45.2)	65.1(16.5)	3.8(4.6)	3.7(14.4)	7.5(10.4)	10.1(4.2)	7.9(1.9)	12.5(0.7)	17.6(2.1)
投亲靠友	20.5(34.7)	10.1(6.3)	2.3(6.8)	1.9(17.6)	2.7(9.1)	4.5(4.5)	16.8(9.7)	8.3(1.1)	35.3(10.2)
其他	9.1(15.1)	6.4(3.9)	2.7(7.8)	3.9(36.3)	5.0(16.8)	6.2(6.1)	9.9(5.6)	25.0(3.4)	17.6(5.0)

注:括号外为按年龄计各类迁移原因的分布,括号内为按迁移原因计各年龄段迁移人口的分布。

其三,较 20 世纪 80 年代,因"工作调动"迁移的比重下降,尤以省际迁移下降幅度大。省际迁出者中"工作调动"迁移集中于 30—39 岁年龄段,省际迁入和省内迁移者则集中于 30—39 岁和 20—29 岁两个年龄段。显然,随着劳动力就业体制的放开,人们的就业类型多样化,体制内的工作调动必然在多元的就业机会变动的条件下,占比逐步减少。而工作调动的距离体现了工作能力强、经验更丰富、地位更高者更容易克服距离的远近进行跨省迁移,这与劳动者的年龄密切关联,与前人的研究结论①相一致,同时也由于计划性的减少,省外经济较发达地方往贵州的工作调动显著减少。

其四,"拆迁搬家"型迁移主要集中在30—39岁年龄段,按年龄段计,则30岁以上迁移者中,年龄越高者"拆迁搬家"型迁移的比例越高,并在60—64岁达到顶峰。

从迁移者整体而言,同样,如上分年龄的迁移原因比较中可知,该时期的人口迁移原因与迁移人口的生命周期同样密切关联。无论哪个迁移方向的迁移人口,在15岁以下年龄段都以随迁型迁移为主,迁移模式的分化自15—19岁年龄段开始显现。该年龄段主要还处在求学期,因此迁移人口整体以"学习培训"为主,但在经济动机的刺激下,省际迁出人口自该年龄段便以"务工经商"型迁移为主体了。

该时期,省际迁出者的迁移动机除却"务工经商",便是婚姻迁移,而这部分人口主要是女性,通过婚迁来改变社会经济地位。省内迁移者自20岁以后也主要以务工经商和婚迁为主,但集中度不及省际迁出者,省际迁入者则以务工经商为主,随迁为辅,婚迁仅在20—29岁年龄组凸显。

但20世纪80年代不同,省际迁入者迁入原因多样化,第一,不再单一地以"务工经商"为主,各年龄段的迁移原因与生命周期密切关联;第二,所有迁移者的婚迁主要年龄段集中在15—29岁,且重要性下降,"务工经商"成为该时期省际迁移的主要类型;第三,随着年龄增长,省内迁移者的迁移模式也由务工经商和婚迁向"拆迁搬家"和随迁型转变。

四 不同文化程度者迁移原因比较

如图4.13所示,迁移原因的分布在不同文化程度者之间有显著差异。"务工经商"型迁移仍主要集中在"小学""初中"和"高

---

① 段成荣:《影响我国省际人口迁移的个人特征分析——兼论"时间"因素在人口迁移研究中的重要性》,《人口研究》2000年第4期。

中"三个较低文化程度的受教育者中,但峰值出现在"初中"阶段;"学习培训"和"分配录用"者文化程度起点相对较高,"学习培训"自高中以上文化程度者始逐步增加,且与文化程度成正比,分配录用主要集中在"中专"及以上文化程度者中。婚迁者在"小学"及以下文化程度者中占比最高,自"初中"阶段开始下降并出现拐点,"高中"以上文化程度者中,婚迁人口的比重稳定在9%以下的较低水平。"随迁家属"和"投亲靠友"迁移亦随着文化程度的提高而减少。

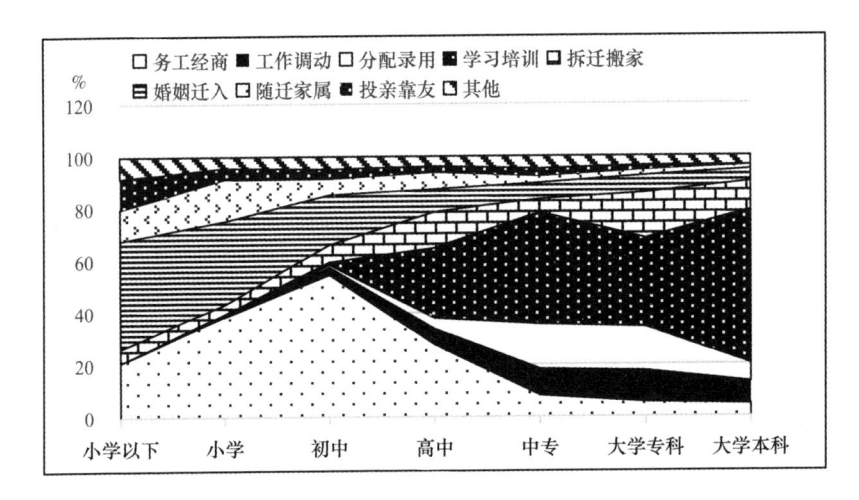

图4.13 1995—2000年各级文化程度者迁移原因分布

通过分性别来对不同文化程度者迁移原因进行比较发现,自"初中"及以上文化程度,男女两性迁移的主要原因基本一致。具体而言,"高中"阶段以前(含高中阶段)的各个受教育阶段,男性迁移的主要原因都是"务工经商","高中"以后的各个阶段,则均以"学习培训"迁移为主。而女性则在"初中"以下阶段是以"婚姻迁入"为主,自"初中"阶段,女性也开始以"务工经商"迁移为主,"婚姻迁入"次之。自"高中"阶段开始,女性人口的迁移原因便以"学习培训"为主,同样,"高中"阶段是男女两性因文化程度差异所致的迁移原因差异逐步弥合的一个阶段,也是男女两性迁移原因发生改变的分水岭。高中文化程度的男性中,"务工经商"的比重开始下降,"学习培训"的比重上升,并与之相齐,高中文化程度的女性中,"婚姻迁入"的比重(17.7%)进一步下降,"学习培训"的比重(25.0%)首次上升为迁移的主要原因。自"中专"及以上文化程度者,男女两性迁移的主要原因完全趋同,"学习培训"迁移成为其迁移的共同主因。

五 不同户籍者迁移原因比较

表4.21　　1995—2000年不同户籍类型迁移原因比较　　单位:%

	户口性质	务工经商	工作调动	分配录用	学习培训	拆迁搬家	婚姻迁入	随迁家属	投亲靠友	其他	合计
全部迁移者	农业	57.0	0.6	0	1.3	0.6	20.2	11.5	4.2	4.6	100
	非农业	47.4	3.2	4.2	13.8	2.5	14.1	7.9	3.9	3.1	100
省际迁入	农业	41.2	1.9	0	0.9	0	14.4	21.8	10.6	9.3	100
	非农业	33.0	11.3	6.2	16.5	6.2	4.1	8.2	11.3	3.1	100
省际迁出	农业	67.9	0.4	0	0.9	0	18.9	6.7	2.3	2.9	100
	非农业	27.3	10.1	4.3	29.5	0.7	7.9	8.6	6.5	5.0	100
省内迁移	农业	38.5	0.4	0	2.8	1.9	26.0	18.2	5.6	6.5	100
	非农业	4.7	6.3	14.3	41.0	8.7	6.1	10.8	5.4	2.8	100

通过不同户籍的比较发现:

其一,农业户籍的迁移人口中,婚姻迁入的比重大幅下降至20.2%,"务工经商"型迁移取而代之,增至57.0%,二者的比例正好与20世纪80年代颠倒,显然这与该时期市场经济的发育发展使得更多的人口可以突破体制、自由择业有关。

其二,在全部迁移人口中,农业户籍者婚迁的比重高于非农业户籍者,省际迁移和省内迁移均无例外,但农业户籍的婚迁人口的比重排序发生了变化,省内迁移中的婚迁型迁移跃居第1位,其次为省际迁出、省际迁入仍居第3位。

其三，非农业户籍者迁移的主要类型是"学习培训"迁移，但比重较1980年代有所下降。其中非农业户籍迁移者中，因"学习培训"迁移者的比重由高到低分别为省内迁移（41.0%）、省际迁出（29.5%）。但非农业户籍者省际迁入的主因也由"工作调动"转变为"务工经商"该时期，省际迁入者中，无"学习培训"和"分配录用"型迁移。

其四，非农业户籍迁移者中，与正规渠道就业相关的"工作调动""分配录用""学习培训"的比重显著高于农业户籍迁移者，而农业户籍迁移者中，"务工经商"这种体现非正规的就业渠道的迁移比重则高于非农业户籍迁移者。该时期，因着户籍身份导致的城乡人口的就业隔离依然存在，户籍身份此时仍与劳动就业分配密切关联。

六 户籍迁移者和非户籍迁移者的迁移原因比较

如表4.22所示，"户籍迁移"以婚迁为主，"学习培训"次之；非户籍迁移者以"务工经商"为主，"随迁家属"次之，较1980年代，"婚姻迁入"比重降低，"随迁家属"比重上升。户籍人口"工作调动""分配录用""学习培训"等的比重较非户籍迁移高，而非户籍迁移者迁移原因的构成以"务工经商"和婚迁为主。户籍类随迁家属的比重与1980年代基本持平，非户籍随迁家属的比重增长了6.1个百分点，增长87.1%。

显然，该时期因户籍制度形成的体制内外分化仍然存在，户籍身份的迁移仍然受限颇多，因而，婚迁和学习培训、工作调动、分配录用仍是主要的户籍迁移形式，其在户籍迁移中的比重高于非户籍迁移。同时，该时期由于劳动就业体制的进一步解放，经济成分更加多元，就业类型更加多元，人口迁移的自由度和活跃度也高于前一时期，一方面，非户籍迁移者的比重上升，进一步压缩了户籍迁移的比重，另一方面，非户籍人口中，"务工经商"者的比重提高了20.2个百分点。此外，尽管非户籍省际迁出组中，随迁家属的比重仍然不高，但该组省际迁入和省内迁移"随迁家属"比重较20世纪80年代大幅上升，说明"家庭型"的、突破体制壁垒的人口迁移与迁移距离以及地区经济发展程度相关，近距离迁移易于远距离迁移、经济不发达地区向经济发达地区的迁移易于经济发达地区向经济不发达地区的迁移。

表 4.22　　1995—2000 年户籍迁移和非户籍迁移原因比较　　单位:%

迁移原因	户籍迁移				非户籍迁移			
	省际迁出	省内迁移	省际迁入	合计	省际迁出	省内迁移	省际迁入	合计
工作调动	4.5	5.7	9.4	5.7	0.9	2.2	3.1	1.5
分配录用	3.0	8.6	5.9	7.5	0	2.6	0.4	0.8
务工经商	1.0	1.4	11.8	2.1	75.3	38.7	48.5	61.4
学习培训	16.2	22.1	18.8	20.8	1.8	6.4	0	2.9
投亲靠友	3.0	2.0	8.2	2.7	2.7	7.8	11.8	5.3
随迁家属	7.6	6.2	5.9	6.4	6.8	22.2	21.8	13.1
婚姻迁入	63.1	38.0	22.4	41.1	8.9	9.8	7.0	8.9
拆迁搬家	0	14.3	2.4	11.0	0.1	3.0	2.6	1.2
其他	1.5	1.8	15.3	2.7	3.5	7.4	4.4	4.7
合计	99.9	100.1	100.1	100.3	100	100.1	99.6	99.8

第四节　该阶段人口迁移的总结

一　政策变迁与"离土又离乡"的民工潮

20 世纪 90 年代，是我国改革开放的关键十年，市场经济体制的确立、经济的发展，为资源和人口的流动提供了制度基础和外部动力，贵州人口迁移融进全国人口迁移的大潮中，开始敏感地回应着外部推拉力的作用。这一时期，人口迁移的势能得以释放，大规模的农村剩余劳动力带着改变生活境遇的原动力，从西部往东部、从内陆向沿海、从农村到城市迁移，催生了这个时代一个蓬勃奋进、欣欣向荣的重要主题词——"民工潮"。

其一，如前所述，1992 年中国共产党第十四次全国代表大会召开，明确提出了建立社会主义市场经济体制的目标，城市改革进一步深化，统包统配的劳动就业制度逐步被取代，1993年粮价放开，统购统销制度最后终结，系列制度的改革为农村劳动力的流动奠定了基础。

其二，该时期，为了回应农村劳动力迁移的要求，户籍制度的改革也在逐步推进。从国家层面为探索迁移人口跨地区有序流动、就业，获取城镇常住户口、同城待遇制定的系列政策，到地方政府，特别是一些改革前沿地区为吸引投资和人才，出台的各项灵活措施，都在为户籍制度的改革作出积极努力。"蓝印户口"的出现便是该时期各地政府为改革户籍所作努力的写照，其中体现的重要思路在于，由市场因素取代人口迁移中户籍身份的限制。

其三，该时期，随着积极发展小城镇和中小城市方针的确立，城市化进程的加速，以及东部沿海地区改革开放的成效显现，城乡之间、东西部之间、沿海与内陆之间的差距拉动农村人口、西部人口不断迁出，1980年代依靠乡镇企业吸纳剩余劳动力的"离土不离乡"模式转换为"离土又离乡"的迁移模式。

二 人口迁移的特征

该时期，贵州人口迁移主要呈如下特征：

（一）省际迁出占比增长，省际迁入和省内迁移占比下降

贵州农业剩余劳动力的转移表现为从产业转移向地域转移、从"离土不离乡"向"离土又离乡"的渐进过程。该时期，从产业转移向地域转移的态势更为显著。在全部迁移人口中，省际迁移的比重提高至50.4%，且其贡献来自省际迁出的人口增长，而省际迁入人口的比重较"四普"时期低，降幅达19.5%，省内迁移者的比重降幅也达8.9%。就迁入省内目的地而言，该时期，省际迁入人口首选迁往贵阳（39.2%），其次是遵义（19.0%）。省际迁入六盘水的人口占全部省际迁入人口的比重从第6位进一步下降至第8位，而迁至毕节的人口取而代之，上升至第3位。省内迁入人口中，迁入贵阳和遵义的占比均上升至第1位和第2位。

(二) 东部迁移主导，邻省迁移弱化

这一阶段，随着东部经济的增长，在强拉力的吸引下，人口迁移突破距离的束缚，朝邻省以外的东部大量迁移。省际迁移中的邻省指向弱化，东部沿海指向性更趋显著，且迁移目的地更集中化。迁入人口来源地仍以邻省为主，但中部、东部迁入人口的比重大幅上升，迁入人口来源地呈分散化倾向。

邻省迁移人口的比重降低至30.9%，迁移人口略呈净迁出，但基本持平，仍属于"有来有往"型迁移。省际迁移人口规模以东部最多，占比62.3%，但迁出和迁入的规模进一步拉开，"有去无回"现象加剧，省际迁出的主要目的地由邻省四川变更为广东，原东部第一迁移目的地江苏的位置被广东和浙江完全取代，云南跃而成为邻省迁移的第一目的地，省际迁出的东部指向更为显著，邻省指向弱化。

(三) 非户籍迁移的比重上升并超过了户籍迁移，但二者迁移动机分化

"五普"时期，迁移人口中户籍迁移和非户籍迁移者的比重较"四普"时期发生了根本性的逆转。该时期，非户籍迁移者共计177万人，其占全部迁移人口的比重已增至72.5%，其中省际迁出中，非户籍迁移的比重更高达83.9%。省际迁入者中，非户籍人口的比重也有72.8%，省内迁移者中，户籍人口的比重虽高于其他类别，但也已降至43.6%。职业结构分布上，户籍迁移者与非户籍迁移者逐步趋同，体制内就业的比重普遍下降。

通过迁移原因的比较可以发现，户籍迁移者中因"工作调动""学习培训"等迁移的比重仍高于非户籍迁移者，但差距降低。后者中"务工经商"迁移的比重进一步上升。显然，这两类迁移的差异体现了体制内外的壁垒仍未弥合，但逾越壁垒的可能性在该阶段进一步增强，一则是制度和政策基础提供的可能性提高，二则是政策对迁移外部环境的营造，使得各地经济发育的差距进一步拉大，为迁移者的迁移行动提供了较大的外在拉力。该时期，尤其是"务工经商"的非户籍迁移，已经具备了脱离户籍制度的现实基础，并最终促成不同于1980年代的"民工潮"现象的形成。

（四）农业人口规模多于非农业人口，但迁移概率有所增长；从事二产的比重提高，但与非农业人口职业分化仍显著

迁移者中农业人口仍是主体，农业人口迁移的可能性较1980年代提高，但仍低于非农业人口。这说明1990年代末期，人口迁移较之改革开放初期进一步活跃，户籍身份作为捆绑农村人口的重要制度性因素，其作用的发挥力度已经开始下降。

同时，迁移者从事"农林牧渔、水利生产人员"的比重较1980年代末期下降了28.5个百分点，为23.0%，位居第二，"生产运输设备操作人员及有关人员"的比重则提高了29.2个百分点，达52.0%，位居第一、第二者的比例与1980年代末发生了倒置。迁移农业户籍者与非农户籍者的职业分化仍十分显著，前者主要从事体制外的劳动，而后者则主要在体制内就业。

（五）迁移者文化程度与迁移规模成正比，但高中以上文化程度者比重下降

该时期迁移人口的文化程度仍高于非迁移人口，但"高中"及以上文化程度者的比重较1980年代下降了5个百分点，为23.7%，迁移者的文化程度主要集中在"初中"和"小学"阶段。但分类别而言，省际迁入中人口的受教育水平较1980年代提高，省内迁移者和省际迁出者的文化程度则是降低了。

相关研究表明，该时期省际迁出人口受教育文化程度降低的原因与各地区制造业结构和产业链分工的差异相关。该时期大量的低人力资本劳动力涌入东部地区就业，极大稀释了流入东部劳动力的平均人力资本含量。而中西部地区制造业结构是以传统体制遗留下来并且得到国家政策扶持的资本密集型产业或资源型产业为主，引进的主要是人力资本较高的劳动力；与此同时，东部地区产业竞争力强，产品在中西部地区的市场份额不断上升，市场拓展的需要使东部地区部分销售人员、管理人员、技术服务人员流入中西部地区，而东部地区低人力资本的劳动力不需要也不愿意流入中西部地区，进而导致相对比重

上，东部流入中西部地区劳动力的平均人力资本反而更高的现象[①]。

（六）女性迁移人口仍占多数，各迁移方向迁移者性别比差距降低

该时期，迁移人口的性别比为85，较1980年代有所提升。省际迁入的性别比仍偏高，为114，而省际迁出和省内迁移的性别比仍偏低，分别为80和82。通过进一步的分析发现，全部迁移人口中，女性迁移者中婚迁的比重仍然最高，为27.1%，但比例下降了31个百分点，东部地区对各种层次劳动力的强大吸纳能力，使得女性也加入了"务工经商"的行列。省际迁移者中，女性迁移的主要原因已转变为"务工经商"，婚迁已不再是女性改变自身经济地位的主要方式。

（七）"务工经商"成为人口迁移的主要原因，随迁人口比重上升

该时期"务工经商"（34.2%）取代"婚姻迁入"成为人口迁移的主要原因，婚迁的重要性大幅降低。无论省际迁移还是省内迁移，"务工经商"的比重都排序第1位，其中最为突出的是省际迁出，该类别迁移者中务工经商的比重达62.9%。农业人口中，"务工经商"的比重升至57.0%，婚迁的比重降至20.1%。女性迁移人口中婚迁的比重也降为27.1%。"务工经商"已成长为拉动人们迁移的主要外部动力。这一时期较为突出的是，随迁型人口的比重提高到17.4%。

（八）人口主要向镇和城迁移，乡村成为净迁出地

贵州人口的迁移方向与该时期国家鼓励小城镇发展的城镇化战略方针相关联。该时期的城镇化进程仍带有浓烈的政府主导色彩，就贵州省内人口迁移而言，人口开始以镇、城为目的地迁移，其中迁往镇的人口最多，共计58.1万人，占全部省内迁移者的50.0%，这与该时期小城镇建设方针的实施密不可分。迁往市的人口为45.3万人，占全部迁移人口的38.1%，迁往乡的人口最少，为12.8万人，占比11.0%。城和镇为人口净迁入地，而乡为人口净迁出地。

[①] 林玲、彭连清：《我国东、中、西三地区人口迁移特征分析》，《北方经济》2008年第6期。

三 该时期人口迁移的反思

(一) 相关政策制度的变迁与迁移行为的变迁

民工潮是1990年代我国人口迁移的盛景。民工潮成为我国的一个世纪末现象,根本原因在于1980年代以来市场经济体制的重构和经济的大发展。1990年代,随着社会主义市场经济体制的建立,中国开启了全面市场经济的改革。一方面,劳动就业制度、统购制度等各项束缚劳动力迁移的政策逐步松绑或解体,国家大力推进城市化建设,吸引劳动力迁移的外部经济拉力显著成长。另一方面,1990年代中后期,乡镇企业逐步衰落、开始改制裁员,从农村转移出来的劳动力剩余劳动力开始更多地转向"离土又离乡"的异地型迁移。该时期庞大的由西至东、由乡至城、由内地至沿海的民工潮正是在此背景之下被催生,贵州的人口迁移也在此洪流中与其他各地的迁移逐步趋同。

该时期的民工潮具有不平衡性,主要表现在农村剩余劳动力大量从低收入地区(行业或职业)向高收入地区(行业或职业)流动,转移目的地集中在东部沿海地区。究其原因,个体迁移自主性的松绑,使得迁移个体与迁移外部环境的互动成为影响迁移的直接因素。东部沿海地区是我国改革以来经济发展的重点,且东部固有人文、自然资源优势,使得其经济发展很快,农业劳动力占社会总劳动力比重低于全国平均水平,因而该地是农村剩余劳动力的转移主要发生地,该地不仅农村剩余劳动力就地转移多,而且吸收外来剩余劳动力也多。贵州作为一产从业人员比重高于全国平均水平的省①,该时期成为人口净流出省。

(二) 政策、外部环境、迁移自主性与迁移行为

该时期,因社会主义市场经济体制目标的建立,与随之而来的系列政策制度的改革,置身其中的迁移个体的自主性进一步释放,外部

---

① 据中国统计年鉴1995年的数据,从事农林牧渔业的劳动者比例高于全国平均水平的10个省份是皖、赣、鲁、豫、湘、桂、川、贵、云、陕。

环境的拉力也进一步凸显，二者之间的互动进入新的时期。

该时期，我国的城镇化进入到以中小城市和小城镇为重点的快速推进阶段，为农村农业人口脱离土地，实现产业和地域转移提供了空间载体，通过对迁移规模、迁移主体、迁移目的地、迁移原因的分析可知，一方面，该时期的政策制度框亦未完全虚化，主要表现为对人口迁入大城市的控制以及户籍身份导致的城乡就业区隔。但整体而言，政策对人口迁移的控制已弱化为影响和限制，无论是对迁移规模、动机还是迁移目的地，政策多表现为引导和影响。政策与迁移的矛盾隐隐开始转向，政策在人口迁移中的作用也开始发生变化。"准不准迁"已不是该时期政策的主流，政策的关注点已开始初显向"如何迁好"转变的信号。另一方面，尽管该时期，迁移人口与流入地人口在就业空间、公共服务空间、福利空间等已经开始各种摩擦和矛盾，然而迁移个体自主性的释放与外部经济拉力的联动，以及外部承载空间的逐步拓展，都使得迁移惯性必然存续，迁移行为源源不断。总之，该时期"进城"仍是迁移者的首要需求，但其"进城"之外的发展诉求开始显现。

（三）政策、外部环境与该时期贵州人口迁移

1. 迁移规模、迁移方向和距离

（1）省际迁移

该时期人口迁移的自主性、人口迁移的推力及外部拉力都有了极大成长。人口迁移对距离的突破也进一步增长，省际迁出单级增长，省际迁入人口降幅最大。跨省迁移以邻省主导的模式转变为以东部地区为主导，广东和浙江代替邻省四川成为与贵州人口交流最多的地区，江苏与贵州的人口交流规模大幅下降，邻省迁移中，云南上升为与四川、重庆二者合计并重的省份。此时，在外部经济拉力的作用下，贵州的人口迁移愈益突破空间距离，开始朝着经济发展好的地区迁移。

（2）省内迁移

从省内迁移来看，随着乡镇企业的衰退，"离土不离乡"的迁移模式为"离土又离乡"取代。但该时期国家采取的以小城镇为重点、

积极发展小城市、合理发展中等城市，对大城市采取严格控制的措施，客观上无可避免地对人口迁移的方向产生了一定的影响，该时期，迁往镇的人口显著多于迁往城市的人口，便是这一政策实施效果的体现。同时，按各地州市迁入人口规模和比重排序，无论省际或省内迁入，贵阳市居榜首，遵义市居第2位，六盘水市吸纳省际迁移人口的能力较"四普"时期又进一步降低，但吸纳省内迁移人口的能力却有所提升，说明作为因三线建设兴起的地区，六盘水市经济发展的强劲地位的保持需要通过其他的调整来实现，而这种调整的周期和效果则需时日。

2. 迁移类别和迁移原因

（1）非户籍迁移占主导

该时期的人口迁移，伴随着计划体制向市场导向型的改革，也经历了内在机制和外在形态的深刻变革，人口迁移空前活跃，进入一个全新的发展阶段。其突出的表现就是非户籍迁移人口的大量增加，形成了蓬勃涌动的"民工潮"。而以非户籍迁移占主要地位的迁移形式一定遵循人口迁移的一般机制，即地区经济发展水平的差异已经成为人口迁移流动的主要动因。因户籍身份的不同导致的就业结构的不同仍然存在，迁移原因的结构性变化也反映了迁移机制的转变趋势：以工作调动、分配录用等计划迁移的比重下降，务工经商等经济型迁移逐渐成为迁移的主导机制。

自20世纪80年代开始，非户籍类的迁移便开始成长，到1990年代，随着粮食统购统销制度的终结，劳动力就业制度的改革，非户籍迁移人口的比重大幅上升至72.5%，显然这是政策对个体迁移自由的束缚松绑，对迁移外部环境进行良性刺激，从而使得市场成长为劳动力资源配置的主导因素的重要体现。

（2）各类别迁移人口的迁移原因

此外，通过迁移原因的结构性分布考察该时期政策制度变迁对劳动者迁移的影响发现，该时期，女性迁移者婚迁的比重下降，务工经商成为其主要的迁移原因，户籍迁移以婚迁和"学习培训"为主，非户籍迁移中，体制外的"务工经商"迁移占据绝对多数，农业和非农业人口的主要迁移动机也均是"务工经商",农业人口迁移的可能性虽仍低于非农业人口,但较"四普"时期有所增长,表明农业人口迁移的外部拉力有了较大的提升。显然,从迁移类别、迁移原因的结构性分布可以说明,人口迁移较20世纪80年代末期受政策的束缚又进一步减少。

(3) 迁移人口的特征

该时期迁移人口较20世纪80年代发生了较大变化,男性迁移者的比重开始上升,迁移者年龄整体增长,文化程度提高,但高学历人口的比重下降,在业人口以从事二产者居多。显然,该时期,农村农业的发展使得更多的男性劳动力有了外迁的条件,也由于东部和城镇经济的发展,使得女性人口改善生存条件的途径也有了婚迁以外的可能。同时,在该时期"民工潮"的稀释下,迁移人口中高学历的比重有所下降。这些迁移者个体特征的变迁同样体现了该时期,随着政策对个体迁移自由的逐步松绑,迁移个体自主性进一步增强,其与政策影响之下的迁移外部环境之间的互动增强,在这种互动关系形塑下,形成了不同于1980年代的迁移者个体特征。

第五章

21 世纪以来的贵州人口迁移

本章导言

本章结合 21 世纪以来的社会经济背景以及相关迁移政策制度，分析该时期，贵州人口迁移的规模、方向、原因和特征如何在政策变迁中发生变化，提炼该时期政策之于人口迁移的关系变化、迁移矛盾的变化，及由此导致的迁移机制的变化。

21 世纪，中国的改革开放进入全新的历史阶段。东西部差距、城乡差距的扩大，使得由西往东、由乡至城的民工潮仍保持强劲的势头。为贯彻"两个大局"的战略思想，国家实施了区域协调发展、城乡统筹发展的战略，西部大开发和中部地区崛起规划先后展开。2012年，支持贵州改革发展的纲领性文件《国务院关于进一步促进贵州经济社会又好又快发展的若干意见》（国发〔2012〕2 号）[①] 出台，贵州在国家战略中的重要性进一步凸显。贵州人口迁移在东进的基本格局之下，开始发生局部的变化。

该阶段，户籍改革实施范围的扩大与质的提升同步并进。小城镇户籍改革继续深化，大中城市户籍改革逐步展开，"地方城镇户口""蓝印户口""自理口粮户口"被取消，居住证制度实施启动，户籍改革向农业人口市民化方向推进。"大中小城市和小城镇协调

---

① 国务院：《国务院关于进一步促进贵州经济社会又好又快发展的若干意见》（国发〔2012〕2 号），http://www.gov.cn/zhengce/content/2012 - 01/16/content_ 4649.htm，2012 年 1 月 12 日。

发展的城镇化道路"①向以人为核心的新型城镇化转型升级。市场导向的就业机制日趋完善,劳动就业方针新增了"鼓励创业"的新内容,国企改革取得重大突破。农村生产关系发生了允许土地承包经营权依法、自愿、有偿、合理流转的重大变革,工业反哺农业、城市支持农村、"多予、少取、放活"的政策方针进一步解放了农业生产力。

此阶段的落户限制从小城镇到大中城市逐级有序开放,但仍强调"严格控制特大城市人口规模"②。承接东部产业转移和鼓励农民工回流的相关政策出台,人口东迁的势头发生了细微转变。同时,浩荡的民工潮一度演化为民工荒,外来迁移人口社会融合问题日益显化。

该阶段贵州人口迁移规模不断增长,距离因素的影响几已淡化。前期,贵州省际迁移人口基本保持东部指向强化、邻省指向弱化,"东多中少、西部居中",省际迁出增长、省际迁入和省内迁移持续减少的格局。但自"六普"后出现与之前发展趋势相逆的新特点。省际迁出人口占比降低,省际迁入和省内迁移人口占比增长。与东部之间的人口交流规模自改革开放以来首次出现下降,"有去无回"现象减轻,与中部之间的人口交流规模首次上升,唯与西部的"有来有往"格局恒定。省际迁出的首要目的地发生了"广东→浙江"的更替,福建增至第3位。省际迁入人口的主要迁入地保持贵阳、遵义不变,但迁往贵阳的人口占比开始下降,至2015年更降至"四普"时期的水平。省内迁入人口中,贵阳和遵义亦居第1位、第2位,但迁入贵阳的占比也下降。毕节无论省际迁入还是省内迁入,占比均列第3位。分城乡而论,人口主要向城市迁移,镇和乡村为净迁出地。

该阶段,非户籍人口和农业人口的迁移规模进一步增长,迁移人口的职业构成以"第二产业"和"第三产业"并重,从事"第一产

---

① 《关于制定国民经济和社会发展第十个五年计划的建议》,《中华人民共和国国务院公报》2000年第35期。
② 《国务院关于进一步推进户籍制度改革的意见》,《中华人民共和国国务院公报》2014年第22期。

业"的比重降至最低。迁移者文化程度提高、高中以上文化程度者的比重前期延续20世纪90年代的降低趋势,"六普"后转而提升。迁移人口的性别结构从"女多男少"转变为"男多女少",且性别比逐年递增。迁移者的年龄继续增长,但仍以劳动年龄为主体。"务工经商"是人口迁移的主要原因。

综上,该时期的迁移规模、迁移距离、迁移方向、迁移原因、迁移者的构成特征等都反映了个体迁移自主性最大化地突破政策控制的特征。以"六普"作为时间分割点,可清晰地看到区域发展战略的调整效应对贵州人口迁移规模、迁移方向等的显著影响。

"进城"的自由得以充分实现后,迁入地的社会融合问题必然成长为该阶段人口迁移的主要矛盾。此时,迁移个体与迁移外部环境二者的互动关系直接影响迁移,并推动政策向回应迁移人口诉求方向转变。也即,政策对迁移的影响并未消匿,而是通过对迁移外部环境的营造来影响(回应)迁移。这就完成了政策与迁移本质关系从控制、弱控制到诉求回应,从主导、引导到因势利导的转变,为一些仍然滞后的相关制度建设指明了方向。迁移者个体特征在此过程中不仅作为参与要素,一定意义上还作为主导要素存在。

第一节 社会经济背景概述

一 西部大开发战略及贵州城乡社会经济发展

西部大开发战略的提出和实施,是中共中央贯彻邓小平同志关于我国现代化建设"两个大局"的战略思想,面向新世纪作出的重大战略决策,是全面推进社会主义现代化建设的一个重大战略部署。自1999年中国共产党十五届四中全会提出实施西部大开发战略后,2000年10月,中国共产党十五届五中全会通过的《中共中央关于制定国民经济和社会发展第十个五年计划的建议》中,把实施西部大开发、促进地区协调发展作为一项战略任务。2001年3月,九届全国人大四次会议通过的《中华人民共和国国民经济和社会发展第十个五年计划纲要》对实施西部大开发战略再次进行了具体部署。

西部大开发战略的实施，为贵州的发展注入了新的机遇和活力，贵州进入了加快发展的新时期，城乡居民收入和生活质量明显提高，小城镇建设和产业聚集步伐加快，国企改革取得重大突破，国有资本向国民经济的关键领域和重点行业集中，组建了一批产值上百亿元的企业，非公有制经济不断发展。在农村，生产关系经历了包产（包干）到户，家庭联产承包，允许土地承包经营权依法、自愿、有偿、合理流转的三次重大变革，解放了农业生产力，"四在农家"经验推广，社会主义新农村建设扎实推进。

二 工业反哺农业政策

21世纪之初，随着经济实力的增强，国家初步具备了工业反哺农业的能力。为了统筹城乡发展，2004年9月，党的十六届四中全会指出"在工业化达到相当程度以后，工业反哺农业、城市支持农村，实现工业与农业、城市与农村协调发展，也是带有普遍性的趋向"。同年底，中央经济工作会议进一步指出"我国总体上已经到了以工促农、以城带乡的发展阶段。"据此，在2005年3月的十届全国人大三次会议上的《政府工作报告》中明确提出，要"适应我国经济社发展新阶段的要求，实行工业反哺农业、城市支持农村的方针，合理调整国民收入分配格局，更多地支持农业和农村的发展"。

2005年10月11日中国共产党第十六届中央委员会第五次全体会议通过《中共中央关于制定"十一五"规划的建议》，提出我国总体上已经到了工业反哺农业的阶段，因此，我国新农村建设重大战略性举措的实施正当其时[1]。自2004年，连续8个中央一号文件都关注"三农"问题，明确提出，坚持"多予、少取、放活"的方针。粮食补贴、粮种补贴、农业税免除等一系列政策措施相继出台，加大了对农业和农村的支持力度。

2005年，贵州在全省范围内取消了农业税，2007年7月开始全

---

[1] 《中共中央关于制定"十一五"规划的建议》，http://www.npc.gov.cn/zgrdw/npc/zt/qt/jj125gh/2010－11/30/content_ 1628250.htm，2020年11月30日。

面实施农村低保制度。党的十九大报告中又明确提出实施乡村振兴战略。贵州艰巨的"三农"问题，在国家一系列政策方针的扶持支持下有所改善。

三　该时期户籍制度的调整改革

1990 年代中后期后，政府构建起覆盖城市职工的基本社会保险体系，包括基本养老保险、基本医疗保险、失业保险等以及城镇居民最低生活保障制度，而户籍不在城市的农民工则不在其列，户籍身份构成的壁垒通过就业空间、公共服务共建、福利空间的矛盾表现出来。该时期户籍改革从实施广度到质的深化两者并行。

（一）小城镇户籍改革深化

该时期，继续深化 1990 年代以小城镇为重点的户籍制度改革。2000 年 6 月 13 日，中共中央、国务院下发了《关于促进小城镇健康发展的若干意见》（以下简称《意见》），规定从 2000 年起，"凡在县级市区、县级人民政府驻地镇及县以下小城镇有合法固定住所、固定职业或生活来源的农民，均可根据本人意愿转为城镇户口，并在子女入学、参军、就业等方面享受与城镇居民同等待遇，不得实行歧视性政策"[1]。《意见》对转为城镇户口的规定取消了 1997 年《小城镇管理制度改革试点方案》中居住满两年的时间限制，还允许进镇落户的农民保留土地经营权并依法有偿转让土地。

2001 年 3 月，《国务院批转公安部关于推进小城镇户籍管理制度改革意见的通知》[2]，进一步提出"已在小城镇办理的蓝印户口、地方城镇居民户口、自理口粮户口等，符合办理城镇常住户口要求的，统一登记为城镇常住户口""对办理小城镇常住户口的人员，不再实行计划指标管理。"

---

[1] 《中共中央国务院关于促进小城镇健康发展的若干意见（摘要）》，《中华人民共和国国务院公报》2000 年第 24 期。

[2] 《国务院批转公安部关于推进小城镇户籍管理制度改革意见的通知》，《中华人民共和国国务院公报》2001 年第 15 期。

2014年，国务院公布《关于进一步推进户籍制度改革的意见》[①]（国发〔2014〕25号），其中明确提出调整户口迁移政策，全面放开建制镇和小城市落户限制。

（二）大中城市户籍改革

20世纪90年代，小城镇户籍制度的改革可谓迈出了实质性步伐，但各大中城市的改革步伐则相对滞后，虽然部分大中城市也出台了一些进城落户政策，为人口迁入打开了缺口，但对绝大多数农村迁移人口而言，没有实质性的现实意义。

2014年，国务院公布《关于进一步推进户籍制度改革的意见》[②]（国发〔2014〕25号），提出"有序放开中等城市落户限制，合理确定大城市落户条件，严格控制特大城市人口规模，有效解决户口迁移中的重点问题"，同年3月16日，新华社发布《国家新型城镇化规划（2014—2020年）》，提出"逐步使符合条件的农业转移人口落户城镇，不仅要放开小城镇落户限制，也要放宽大中城市落户条件"。

（三）迁移人口社会融合

在"入迁"限制问题被逐步解决之后，"如何迁好"逐步成为该时期户籍改革的重要方向。而这一问题与"落户"问题密切关联。2003年以来，我国沿海地区开始出现不同程度的"用工荒"。目前，学界的共识基本认为是劳动力结构性供求矛盾所致。但要维持劳动力源源不断的供给，客观上也使得从根本上解决外来迁移人口的社会保险和公共服务问题，解决其社会融合问题成为必需。因此，作为基本公共服务和权利的载体，户籍制度改革势在必行。

2012年，党的十八大报告明确指出，"要加快改革户籍制度，有序推进农业转移人口市民化，努力实现城镇基本公共服务常住人口全覆盖"。2013年，党的十八届三中全会又明确指出，"推进农业转移人口市民化，逐步把符合条件的农业转移人口转为城镇居民"。

[①] 《国务院关于进一步推进户籍制度改革的意见》，《中华人民共和国国务院公报》2014年第22期。

[②] 《国务院关于进一步推进户籍制度改革的意见》，《中华人民共和国国务院公报》2014年第22期。

2014年，国务院公布《关于进一步推进户籍制度改革的意见》①（国发〔2014〕25号），提出"建立城乡统一的户口登记制度，取消农业户口与非农业户口性质区分和由此衍生的蓝印户口等户口类型，统一登记为居民户口"，居住证制度的建立使得基本公共服务覆盖面扩大，标签化的社会身份区隔的消除，使户籍制度单纯地体现其人口登记管理功能。至2014年5月31日，天津市宣布停止实行"蓝印户口"政策，该政策自此终结。

2015年，党的十八届五中全会审议通过的《中共中央关于制定国民经济和社会发展第十三个五年规划的建议》中提出，"推进以人为核心的新型城镇化"，"深化户籍制度改革，促进有能力在城镇稳定就业和生活的农业转移人口举家进城落户，并与城镇居民有同等权利和义务"②。

2016年1月1日施行的《居住证暂行条例》中规定，通过居住证保障公民合法权益，努力实现基本公共服务常住人口全覆盖，促进社会公平正义，促进新型城镇化健康发展，将迁移人口纳入基本公共服务保障范围③。

《国务院办公厅关于印发推动1亿非户籍人口在城市落户方案的通知》（国办发〔2016〕72号）④中提出，进一步拓宽落户通道，突出重点群体，使有能力在城镇稳定就业和生活的农业转移人口举家进城落户。

党的十九大报告中又指出要坚定实施乡村振兴战略，要"加快农业转移人口市民化"⑤。

---

① 《国务院关于进一步推进户籍制度改革的意见》，《中华人民共和国国务院公报》2014年第22期。
② 《中共中央关于制定国民经济和社会发展第十三个五年规划的建议》，《人民日报》2015年11月4日。
③ 中华人民共和国国务院令第663号：《居住证暂行条例》，《人民日报》2015年12月13日。
④ 《国务院办公厅关于印发推动1亿非户籍人口在城市落户方案的通知》，《中华人民共和国国务院公报》2016年第10期。
⑤ 《决胜全面建成小康社会　夺取新时代中国特色社会主义伟大胜利》（2017年10月18日），在中国共产党第十九次全国代表大会上的报告，http：//www.12371.cn/2017/10/27/ARTI1509103656574313.shtml，2017年10月18日。

系列方针政策的实施,不断地推进户籍制度与其附带的社会福利和社会权利功能脱钩,对促进人口健康有序流动、逐步实现外来迁移人口的社会融合,从而促进城乡一体化具有重要意义。

四 城镇化政策的调整改革

"农业人口向城市转移只是城市化的表象特征,经济结构转换、生产方式和生活方式的变更、城市治理的全面提高才是城市化的实质内涵。"① 至 21 世纪,我国的城镇化政策经由 1980 年城市规划工作会议上制定的"控制大城市规模,合理发展中等城市,积极发展小城镇"方针,20 世纪 90 年代突出小城镇发展的方针,至如今的新型城镇化战略方针的转型升级。

2000 年 10 月 11 日,党的十五届五中全会审议通过的《关于制定国民经济和社会发展第十个五年计划的建议》提出"积极稳妥地推进城镇化","在着重发展小城镇的同时,积极发展中小城市,完善区域性中心城市功能,发挥大城市的辐射带动作用","走出一条符合我国国情、大中小城市和小城镇协调发展的城镇化道路"②。

《国家新型城镇化规划（2014—2020 年）》中提出要"以人的城镇化为核心,合理引导人口流动,有序推进农业转移人口市民化,稳步推进城镇基本公共服务常住人口全覆盖,不断提高人口素质,促进人的全面发展和社会公平正义,使全体居民共享现代化建设成果"③。

2015 年,党的十八届五中全会提出要"推进以人为核心的新型城镇化,深化户籍制度改革,促进有能力在城镇稳定就业和生活的农业转移人口举家进城落户,并与城镇居民有同等权利和义务"。

---

① 王晓玲:《新型城镇化:研究述评、内涵及路径》,《学习与实践》2014 年第 7 期。
② 《关于制定国民经济和社会发展第十个五年计划的建议》,《中华人民共和国国务院公报》2000 年第 35 期。
③ 中共中央、国务院印发《国家新型城镇化规划（2014—2020 年）》,《中国县域经济报》2014 年 3 月 20 日。

党的十九大报告中又指出要实施乡村振兴战略，"以城市群为主体构建大中小城市和小城镇协调发展的城镇格局"。

该时期的劳动就业政策发生了向"劳动者自主就业、市场调节就业、政府促进就业和鼓励创业"的新变化，市场导向的就业机制不断完善。

五　对外开放和交通基础设施改善

贵州凭借在西南重要陆路交通枢纽的区位优势，充分利用中国—东盟自由贸易区、大湄公河次区域、泛珠三角地区等平台，积极参与东南亚、南亚等国际区域合作，成为中国内陆对外开放的"新高地"。2012年12月13日发布的《国务院关于进一步促进贵州经济社会又好又快发展的若干意见》提出，国家将把贵州黔中经济区的核心区贵安新区建设成为内陆开放型经济示范区。21世纪以来，贵州的对内外开放不断扩大，截至2008年，贵州已先后建立了15个国家级和省级经济技术开发区，形成了区域经济合作的机制，与东部发达地区的经济合作不断加强[1]。

在交通基础设施建设上，至2008年，贵州全省实现县县通油路、乡乡通公路，2015年更实现了县县通高速，成为西部第一个实现县县通高速的省份，通车里程达到5128千米，形成15个高速公路出省通道。三条出省水运主通道全部整治完工，贵阳龙洞堡国际机场和铜仁、兴义、黎平、安顺、荔波等一批支线机场相继通航，通航里程达到3625千米。贵广、贵昆快速铁路相继开通，基础设施条件极大改善。

六　政策制度变迁对人口迁移的影响

综上，该时期初，西部大开发战略和中部崛起规划的实施效应尚未显化，随着小城镇户籍改革的深化以及大中城市户籍改革

---

[1] 贵州省统计局、国家统计局贵州调查总队：《贵州六十年（1949—2009）》，中国统计出版社2009年版，第6页。

的逐步展开,在区域差距逐步拉大的背景下,人口由西部向东部、由内陆向沿海、由农村向城镇的迁移之势不断增强至"六普"时期。

然而,在突破了"准不准迁"的瓶颈获得迁移自主之后,外迁人口在迁入地的社会融合矛盾日益显化。该时期人口迁移的矛盾发生了变化。

其一,该时期户籍制度改革的方向从小城镇深化改革到大中城市逐步推进,并逐步向迁移人口的社会融合方向调整,提高了农村劳动力进一步朝东部、城镇迁移的积极性。但同时,在西部大开发战略和以工补农政策等利好政策的推进下,贵州人口省际迁出的比重自改革开放以来首次下降,省际迁入人口的比重则首次增高。其二,该时期的市场导向的劳动就业制度已渐成熟,就业方针在20世纪90年代的基础上增加了"鼓励创业"的内容,灵活就业的扩大使得劳动力突破了计划安排型就业。其三,该时期城镇化建设朝向"新型城镇化"方向发展,一方面,体现了该时期迁移矛盾的转化,即从过去"准不准迁"这一迁移自由问题向现在"如何迁好"转变。另一方面,更反映了政策对迁移人口市民化诉求的回应。

该时期,系列束缚迁移的政策逐步松绑,农村剩余劳动力迁移往大中小各级城市的大门逐次打开,人口迁移的可能性和自主性已完全得以解决,但是迁移人口市民化道路的实现还有待时日。该时期具有先发优势和资源高度集中的东部沿海地区仍是人口流入的主要目的地,迁移人口乡—城及西—东方向的"离土又离乡"的迁移达到最顶峰。

之后,据2015年1%人口抽样调查数据,在国家"两个大局"战略理念及系列政策[①]的推动下,人口迁移的方向发生了细微的变化。

---

① 如2006年,《国民经济发展十一五规划》中就已提出,采取优惠政策,鼓励、吸引农民工回流,返回小城镇创业、定居。《中共中央国务院关于深入实施西部大开发战略的若干意见》(中发〔2010〕11号)、《国务院关于中西部地区承接产业转移的指导意见》(国发〔2010〕28号)等。

今后，由于东部产业结构的调整以及城镇化的放缓，城市新增常住人口增速还将普遍放缓，东部沿海人口增长将由数量扩张型向质量增长型转变。随着产业结构升级以及用工成本的上升，东部产业向中西部转移的动能正在不断增强，人口向东部迁移的势能减弱，同时向西部回迁也应是题中之义。

第二节 2000年至今贵州人口迁移描述性分析

一 数据来源及使用说明

本章使用的迁移人口数据包括直接数据和间接数据两部分。直接数据主要来自国家统计局2005年贵州1%人口抽样调查微观数据、《贵州省2005年1%人口抽样调查资料》《贵州省2010年人口普查资料》和《2015年贵州1%人口抽样调查资料》。间接数据主要是指2000—2015年各个年份的人口迁移率、城乡人口分布情况等数据，均根据《新中国六十年统计资料汇编》、相关年份的《中国统计年鉴》中的相关人口数据计算获得。具体计算过程和结果详见附录。

根据2005年1%人口抽样调查、2010年人口普查资料和2015年1%人口抽样调查，迁移人口（在此同样指常住人口迁移，即既包括非户籍迁移，也包括户籍迁移人口）在时间上以半年为判别标准，同时在空间上可以识别跨越乡镇、街道内部的迁移人口。但如第四章所述，为了进行各个时期迁移人口规模的比较，本章的省内迁移者若非特别指明，亦均使用跨县市的标准，且不包括市内人户分离人口。其余概念若非特别指出，均与第四章同。

二 2000年至今贵州人口迁移概况

（一）省际迁移

1. 省际迁移人口规模、方向概述

（1）省际迁移概述

如图5.1和图5.2所示，据《新中国六十年》和相关年份的《中国统计年鉴》数据进行估算,进入 21 世纪后,贵州人口省际迁移仍呈迁出之态。2001—2015 年,贵州人口净迁出的规模较过去增长,特别是 2005 年和 2010 年,人口呈现大规模的外流,净迁出人口分别达 201.94 万人和 345.96 万人,人口净迁移率高达 -52.91‰ 和 -95.01‰,这是自 1949 年以来,净迁出人口强度最高的年份,在图上形成两个锯齿形的波谷。自 2001—2015 年,共计净迁出 639.1 万人,除去 2005 年和 2010 年,13 年共计净迁出人口 95.6 万人,迁出规模显著增长。

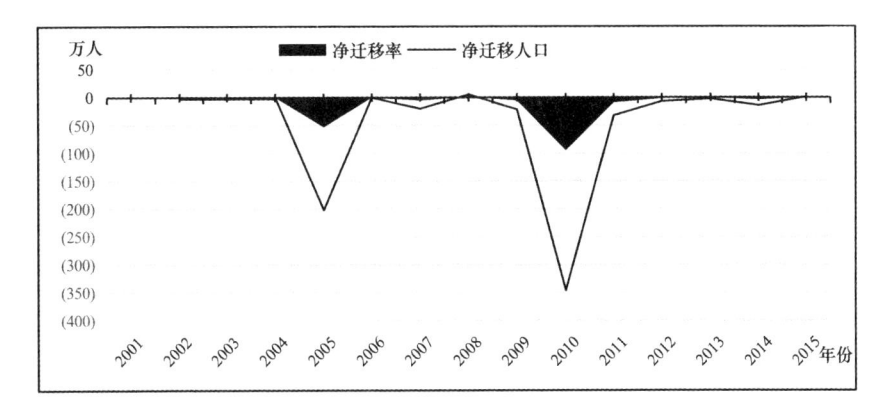

图 5.1　2001—2015 年贵州省际人口迁移(1)

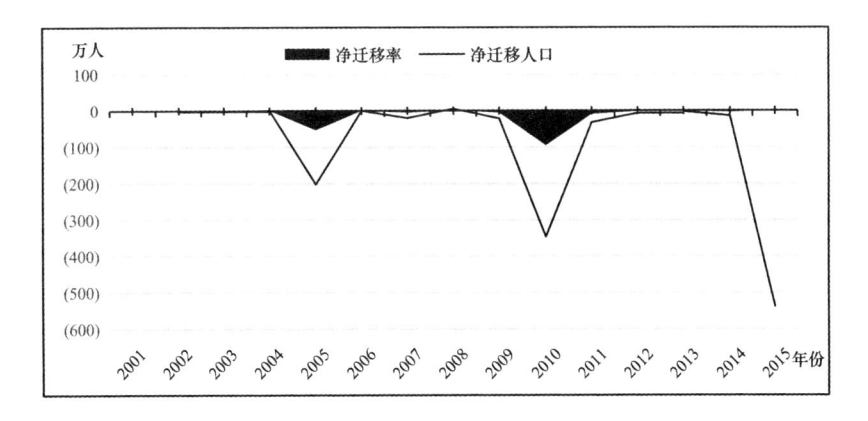

图 5.2　2001—2015 年贵州省际人口迁移(2)

"六普"时期，贵州迁移人口合计665.3万人，其中省际迁移人口规模合计481.2万人，占全部迁移者（不含县内跨乡镇街道迁移）的比重逾7成，达72.3%（若含县内迁移，则其比重为46.7%）。其中省际迁出人口高达404.9万人，仍排首位，占三类迁移总人口的60.1%；自他省迁入贵州的人口为76.3万人，占三类迁移人口总和的比例进一步降低至11.5%，省际净迁出人口合计328.5万人。而该时期贵州省内迁移的人口为184.1万人，占全体迁移者的比重亦持续降低，较"四普"时期低了11.1个百分点，为27.7%。省际迁移、特别是以省际迁出为主导的趋势进一步增强。

2015年，贵州迁移人口的规模增长至1240.5万人，其中省际迁移者规模达871.2万人，占全部迁移者（不含县内迁移）的比重为70.2%（若含县内迁移，其比重也高达54.7%）。其中，省际迁出人口704.5万人，占迁移人口的比重为56.8%，跨省迁入贵州的人口为166.7万人，占迁移者的比重略有提高，为13.4%，省内迁移达369.3万人，占迁移者的比重进一步下降至29.8%，贵州人口迁移仍保持省际迁出主导的态势。

（2）邻省与非邻省迁移

分邻省与非邻省而论，"六普"时期贵州人口省际迁移的显著变化体现在与相邻五省（市）间的迁移总人口规模虽增至91.3万人，但在全部迁移人口中的比重持续下降，从20世纪80年代的约五成，降至20世纪90年代末期的三成，而到"六普"时期又较前期下降了11.9个百分点，邻省迁移仅占不到1/5（19.0%），2015年，邻省迁移者的规模为166.8万人，但在全部迁移者中的比重下降至15.0%，距离因素在贵州人口迁移中的影响弱化。

就迁出而言，"六普"时期，相邻五省（市）吸纳的贵州迁移人口占贵州全部省际迁出人口的比重，较20世纪90年代又下降了11.1个百分点（10.2%），贵州人口省际迁出的邻省指向性，已完全被东部指向取代。2015年，迁至邻省的人口占省际迁出人口的比重为11.8%，仍然较低。就省际迁入而言，邻省仍是贵州省际迁入人口的主要来源地，但比重也呈下降趋势，2010年为65.5%，2015年下降至 50.2%。

（3）东中西部人口迁移

若将省际迁移人口分东部、中部、西部而论，无论是省际迁入还是省际迁出，均遍及全国各省（自治区、直辖市）。

至 2010 年，东部、中部、西部迁移总人口规模，由高到低的序位恒定，但与东部地区的人口迁移对流极化趋势进一步增强，与西部、中部人口迁移的比重逐步降低。分别为东部 358.2 万人（74.4%）、西部 81.9 万人（17.0%）、中部 41.1 万人（8.5%），2015 年仍保持这一态势不变。

如前述，在东部沿海地区先富效应带来的地区经济差异的影响下，东部成为中西部人口的主要流入地，东部迁入人口在 21 世纪的前十年继续爆发式增长，至"六普"时期，贵州迁至东部地区的人口已占全部省际迁出人口的 85.4%。按迁出目的地分，"六普"时期省际迁出人口的比重由高至低的依次仍为东部、西部、中部。

至 2010 年，省际迁入人口的来源地较 20 世纪 90 年代而言更加集中化。同时，东部（16.1%）的比重开始下降，来自中部（31.1%）的则有所上升，来自西部的迁入人口的比重仍较稳定，为 52.8%（20 世纪 90 年代为 52.2%），迁入人口的来源地仍以西部为主。

2015 年，按来源地分，迁入贵州的人口的来源地则呈现东部、中部、西部均衡化的现象。东部迁入人口比重上升至 33.4%，西部迁入人口比重下降至 39.8%，中部迁入人口比重略有下降，但亦占 27.1%。浙江自成为贵州人口迁出最大目的地数载后，2015 年，其向贵州输入人口的比重开始上升。如前述，这无不与东部产业向中西部转移的影响关系密切，反映了部分迁出人口回流的现象（见表 5.1）。

跨省迁至西部地区的人口虽不多，但已逆转为净迁出。2010 年，

表5.1　2010—2015年贵州东部、中部、西部人口迁移　　　　单位：万人，%

年份		2010								2015						
		东部		中部		西部		合计		东部		中部		西部		合计
		人口数	占比	人口数	占比	人口数	占比	人口数	占比	人口数	占比	人口数	占比	人口数	占比	人口数	占比
迁入		12.3	16.1	23.7	31.1	40.3	52.8	76.3	100	55.7	33.4	45.2	27.1	66.2	39.8	166.7	100
迁出		345.9	85.4	17.4	4.3	41.6	10.3	404.9	100	588.4	83.5	38.0	5.4	78.1	11.1	404.9	100
总迁移		358.2	74.4	41.1	8.5	81.9	17.0	481.2	100	644.1	73.9	83.2	9.6	144.3	16.6	871.2	100
净迁出		−333.6		6.3		−1.3		−328.5		−532.7		7.2		−11.9		−537.8	

东部、中部、西部迁入者和迁出者的比重变化为1∶28.1、1∶0.7和1∶1.03。2015年,这一比重分别为1∶10.6、1∶0.8和1∶1.2。显然,贵州与东部地区之间人口迁移的"有去无往"现象经历了约20年的加剧后,近年已有所弱化,即一定程度上反映了人口回流现象;中部与贵州人口交流的模式在过去的二十年,逐步由"来多往少"向"有来有往"、并逐步朝"来少往多"方向转变;与西部地区"有来有往"(有去有回)型的迁移则稳中略升。无疑,该时期东中西部差距的拉大,是导致贵州人口在21世纪前十年大规模向东部集聚输出的关键因素。但该时期西部大开发政策的实施,以及之后东部产业结构的调整,对人口迁移的流向亦发挥了一定的影响作用,主要体现在贵州与东部沿海地区之间人口的逆差初现减弱,贵州与中部和西部地区之间的人口对流模式稳定。

2. 省际迁入

"六普"时期至2015年,迁入贵州的省外人口的来源地仍以邻省主导,东部迁入人口规模经历了先减少后增多的变化,且占比已逾三成(33.4%);中部人口迁入因而由次位跌至末位。2010年,从各省(自治区、直辖市)迁入人口占贵州省际迁入人口的比重来看,排序前五者中除湖北(5.4%)外,其余均为贵州邻省(四川、湖南、重庆、云南)。而至2015年,迁入人口排序前五者中,邻省(四川、湖南、重庆)占席3位,东部沿海的浙江、广东占了两席,且二者合计占全部省际迁入人口的19.7%。2015年,按省际迁入人口来源地排序,格局基本相同。唯一不同的在于,经过5年的发展,浙江在成为贵州省际迁出人口主要目的地的同时,其向贵州输入的人口比重也大幅上涨了7.1个百分点,成为继四川、湖南之后的第三个外省输入人口来源地。

该阶段,四川省仍居贵州省际迁入人口的首位来源地,但比重逐年降低。其中"六普"时期,由四川迁入贵州的人口共29.9万人,若加上重庆,二者占贵州省际迁入人口的41.7%,而2015年,由四川迁入贵州的人口虽增至33.3万人,占省际迁入人口的比重却下降至20.0%,加上重庆市也仅占29.5%。

若以东部、中部、西部来论,至"六普"时期,东部迁入人口仍持续降低,但自2015年则开始上升,西部迁入人口则大幅下降,迁入人口的来源地分布均衡化。如表5.2所示,再从省际迁入的目的地分布来看,在地理区位以及行政因素的影响下,省会贵阳成为首选地,而遵义地区则源于其地理区位、历史影响等稳位居第二。自"三普"时期至2015年,贵阳市和遵义市[①]一直稳居省际迁入人口目的地占比第1位和第2位的位置。据2015年抽样调查资料,贵阳市迁入人口的比重有所下降(25.1%),但其人口集聚效应仍十分显著,每100个迁移人口中,就有25个迁至贵阳。毕节地区自"五普"时期以来,吸纳的外省迁入人口一直位居全省第3位。自"六普"至2015年,各地州市吸纳外省迁入人口的状况与"五普"时期基本一致,不同之处在于六盘水市在三线建设结束后,经过20年的省际人口迁入低迷期,到该时期又开始逐渐复苏,该地省际迁入人口占比的排序自"六普"时期开始回升。

表5.2　　2010年、2015年省际迁入人口目的地分布　　单位:%

时间\地区		贵阳	六盘水	遵义	铜仁	黔西南州	毕节	安顺	黔东南州	黔南州	合计
2010年	占比	35.70	8.30	14.5	4.7	6.6	9.2	5.6	8.5	6.9	100
	排序	1	5(3—6—8)	2	9(8—7—9)	7(9—9—5)	3(7—4—3)	8(4—5—6)	4(6—3—4)	6(5—8—7)	
2015年	占比	28.5	8.3	16.2	7.0	8.2	8.7	6.8	8.1	8.2	100
	排序	1	4(3—6—8—5)	2	7(8—7—9—9)	5(9—9—5—7)	3(7—4—3—3)	8(4—5—6—8)	6(6—3—4—4)	5(5—8—7—6)	

注:括号内为"三普"至"六普"时期,该地区省际迁入人口占全部省际迁入人口的比重排序;其中贵阳和遵义排序不变,故未列出。

[①] 1997年,国务院批准,撤销遵义地区,设地级遵义市。

3. 省际迁出

从跨省迁移来看，迁移人口目的地从"四普"时期的邻省指向为主、东部沿海指向为辅，经过"五普"时期的东部沿海指向为主、邻省指向弱化，到"六普"时期，贵州人口省际迁出的邻省指向已完全被东部沿海指向替代，邻省自"四普"至"五普"经由"川—滇"更替、到"六普"之后最终弱化，沿海则经历了"苏—粤浙—浙粤闽"的转变。省际迁出人口目的地进一步极化，东部仅浙江（37.0%）、广东（23.7%）、福建（11.7%）、江苏（6.8%）四省便吸纳了近八成（79.2%）的省际迁出人口，浙江阔步超越广东，成为贵州省际人口迁移的首要目的地。2015年，贵州省际迁出人口的格局与2010年完全一致。

（二）省内迁移

1. 各地州市迁入人口分布

2015年，贵州迁移人口的规模增长至1109.8万人（若含县内跨乡镇街道迁移的353.5万人，则达1463.4万人），省际迁移者规模达871.2万人，占全部迁移者（不含县内迁移）的比重上升至78.5%（若含县内迁移，其比重也高达59.5%）。其中，省际迁出人口704.5万人，占迁移人口的比重增加至63.5%，跨省迁入贵州的人口为166.7万人，占迁移者的比重略有提高，为15.0%。

"六普"时期，贵州省内迁移人口（跨县市区街道）为184.1万人，占全部迁移人口的比重低于"五普"时期11.1个百分点，为27.7%，2015年，省内迁移规模虽增至238.7万人，但占迁移者的比重进一步下降至21.5%，贵州人口迁移仍保持省际迁出主导的态势。

该时期，自2010—2015年，从省内人口迁移目的地分布来看，省内迁移人口中，仍以迁往贵阳者为众，但迁入贵阳者占全部省内人口迁移的比重由49.1%下降至28.3%，2015年继续降至25.1%，迁往遵义地区的人口同样排第2位，占比在20%左右，迁至毕节地区的人口持续上升至第3位，迁至六盘水市的人口则下降至第 6 位，迁往黔东南州、黔南州的人口排序都有所上升，迁至黔西南州和铜仁地区的仍最少，但比重略有提高。省内人口迁移规模的变动情况，也很好地反映了前述区域经济发展过程中，地理区位、行政因素和经济结构调整使得人口经历了向省会贵阳市和经济发达的遵义市集中，并逐步向其他地区扩散的发展历程。毕节市在改革开放以来，特别是被列为试验区以来，经济得到了快速发展，这也同样通过资源和人口的聚集得以体现，至 2015 年，省内迁移人口目的地中，毕节市以超过六盘水市跃居第 3 位（见图 5.3）。

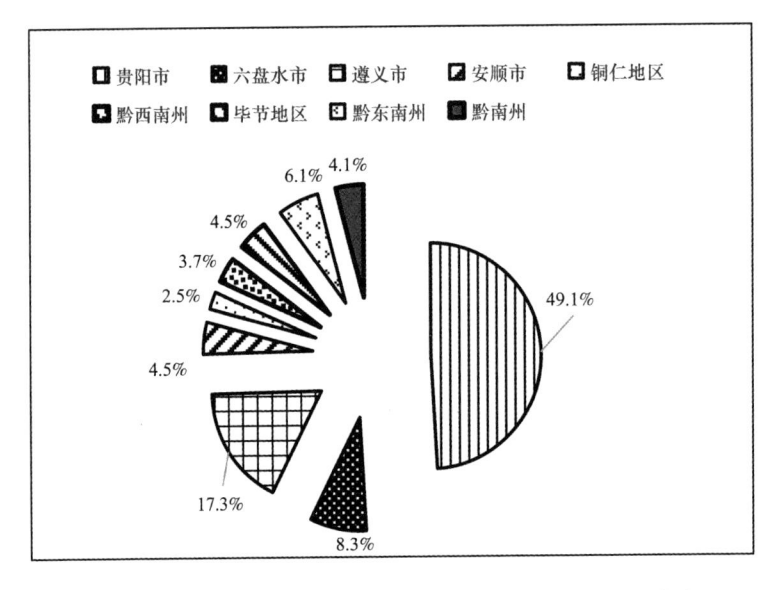

图 5.3　2005—2010 年贵州省内迁移人口迁入目的地分布

根据上述人口集聚地的原因简析可知，地理区位、行政因素促成资源聚集，从而实现了人口集聚。因而，无论省际迁移还是省内迁移，贵阳和遵义都是人口的主要迁居目的地，同时，如表 5.3 和表 5.4 所示，从迁入率来看，省会贵阳和遵义人口迁入强度最高。而迁往铜仁地区的人口则始终徘徊在最低位。

表5.3　　　　2005—2010年贵州省常住人口、省内迁移分布

地区	常住人口（万人）	常住人口位序	常住人口百分比（%）	省内迁入（万人）	迁入率（‰）	迁入率位序	省内迁入分布（%）	省内迁入分布位序
贵阳	432.3	3（9—4）	12.4	90.5	209.2	1（1—1）	49.1	1（3—1）
六盘水	285.1	8（7—8）	8.2	15.3	53.6	2（5—3）	8.3	3（6—3）
遵义	612.7	2（1—2）	17.6	31.8	51.9	3（6—6）	17.3	2（5—2）
铜仁	309.3	7（5—9）	8.9	4.6	16.4	8（7—2）	4.5	5（8—3）
黔西南州	280.5	9（8—7）	8.2	6.8	10.4	9（9—9）	2.5	8（9—8）
毕节	653.7	1（2—6）	18.8	8.2	35.8	4（8—4）	3.7	7（7—5）
安顺	229.8	5（4—1）	6.6	8.4	27.0	6（3—9）	4.5	5（2—7）
黔东南州	348.2	4（3—3）	10.0	11.2	32.0	5（4—5）	6.1	4（4—4）
黔南州	323.3	6（6—5）	9.3	7.5	23.1	7（2—7）	4.1	6（1—6）
合计	3474.9		100	184.1	100		100	

表5.4　　　　2010—2015年贵州省内迁移人口分布　　　　单位:%

地区	贵阳市	六盘水市	遵义市	安顺市	毕节市	铜仁市	黔西南州	黔东南州	黔南州
占比	25.1	8.2	18.4	7.1	11.9	4.9	4.9	9.5	10.1
排序	1	6	2	7	3	8	8	5	4

2. 市、镇、乡人口迁移

该时期贵州省内人口迁移，主要以乡—城迁移为主，如表5.5所示，从迁出地类型来看，无论省内迁移还是省外迁入人口，均以乡村和镇迁出人口为最。该部分人口占全部省内迁移人口的92.2%，在省外迁入人口中，占比为91.9%。城市人口占省内迁移者的7.8%，占省际迁入人口的8.1%。

表5.5　　　　2010—2015年各类别居住地迁移人口　　　　单位:%

现住地	原住省内					原住省外				
	小计	街道	镇的居委会	镇的村委会	乡	小计	街道	镇的居委会	镇的村委会	乡
城市	100	19.5	12.4	42.5	25.6	100	12.4	12.6	52.3	22.8
镇	100	31.9	10.9	36.1	21.1	100	16.8	10.9	48.7	23.6
乡村	100	4.9	16.8	49.4	28.9	100	6.6	18.7	56.9	17.8
合计	100	7.8	9.9	49.4	32.8	100	8.1	10.3	55.7	25.9

从迁入地类型来看，省内迁移中，迁入城、镇和乡的比重为52.1%、29.0%和18.9%。省外迁入人口中，迁入城、镇和乡的比重分别为53.4%、23.6%和23.0%。无论省外迁入者还是省内迁移者，迁移目的地均以城市为主。

三　该时期贵州迁移人口基本特征描述

(一) 迁移人口的性别构成

该时期，迁移人口的性别比发生了显著变化，主要体现在男性迁移人口的比重逐年上升并超过女性迁移人口。据2005年1%抽样调查资料，迁移人口的性别比已升高至108，女性人口在迁移人口中的比重开始低于男性，为48%，2010年和2015年，迁移人口的性别比继续上升，分别为123和121。分迁移方向看（见表5.6、表5.7），省际迁入人口的性别比经历了降低后复又反弹的过程，省际迁出者的性别比由过去的低于正常值逆转为高于正常值，省内迁移人口的性别比则由偏低的状态逐步上升并处于均衡状态。

表5.6　　　　2005年、2010年、2015年迁移人口性别比　　　　单位:%

类别	省外迁入			省内迁移			迁往省外		
时间	2005年	2010年	2015年	2005年	2010年	2015年	2005年	2010年	2015年
男	52.5	60.0	57.9	49.9	51.1	51.4	56.9	55.2	56.8
女	47.5	40.0	42.1	50.1	48.9	48.6	43.1	44.8	43.2
性别比	111	150	137	100	104	106	132	123	131

表5.7　　"六普"时期分东中西部的省际人口迁移性别比较　　单位:%

性别	东部		中部		西部	
	迁入东部	东部迁出	迁入中部	中部迁出	迁入西部	西部迁出
男	55.5	64.0	50.1	60.0	54.6	58.8
女	44.5	36.0	49.9	40.0	45.4	41.2
性别比（男性为100）	144	177	100	150	120	142

"六普"时期，分东、中、西三大经济带而言，迁出人口的性别比发生逆转，分别为144、100和120，除迁往中部的性别比仍略微偏低，迁往东部和西部的性别比均由过去的偏低转变为偏高。自东、中、西部迁入贵州的人口仍以男性居多，且性别比进一步升高，分别为177、150和142。较过去的二十年，省际迁移中，迁出人口女多男少，而迁入人口则是男多女少，但该时期除迁至中部者，无论迁出或迁入，无论东部或西部，迁移人口的性别比均偏高。

（二）迁移人口的年龄构成

该时期，贵州人口的老龄化程度逐步加深，迁移者的年龄也随着人口整体年龄的提高而大幅提高，但仍主要集中在劳动年龄段，同时15岁以下人口的迁移比重增加，这与该时期家庭型迁移增多相关。较"五普"时期，迁移者的平均年龄增长了2.2岁，为29.4岁，年龄中位值增加了4岁，为28岁。非迁移者的年龄分布曲线相对平滑，且平均年龄（29.3岁）及中位年龄（27岁）都远高于迁移者。各方向的迁移者均以20—24岁者为主体。从非迁移者的年龄金字塔（见图5.9）可见，20—24岁、25—29岁组呈萎缩态势，与迁出人口相应。非迁移者的平均年龄及中位年龄都远高于迁移者。

分迁移方向看，与过去20年不同，省内迁移者的平均年龄升至第1位，为28.4岁，中位值为27岁。省际迁入者的平均年龄降至第2位，省际迁出者的年龄最小，省际迁入者的平均年龄为27.2岁，

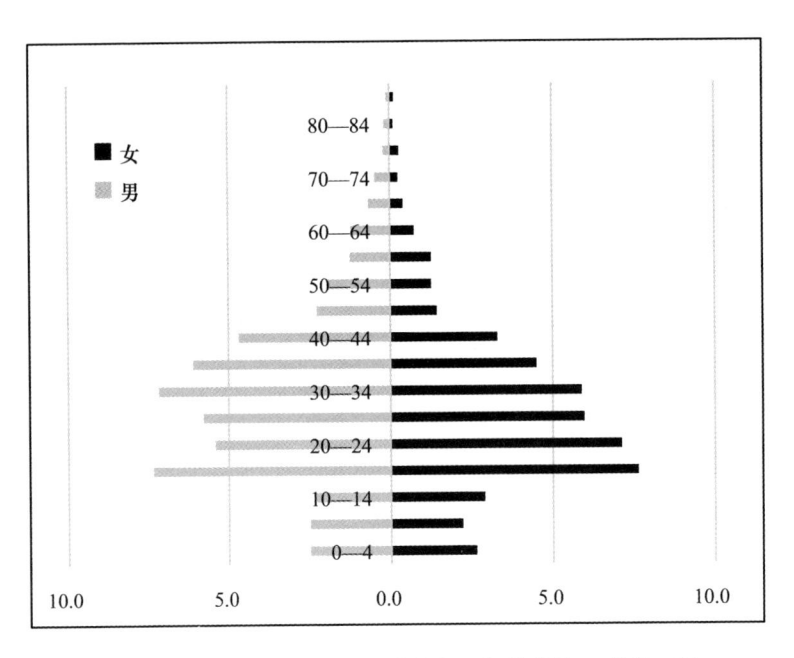

图 5.4　2000—2005 年贵州迁移人口年龄结构（单位:%）

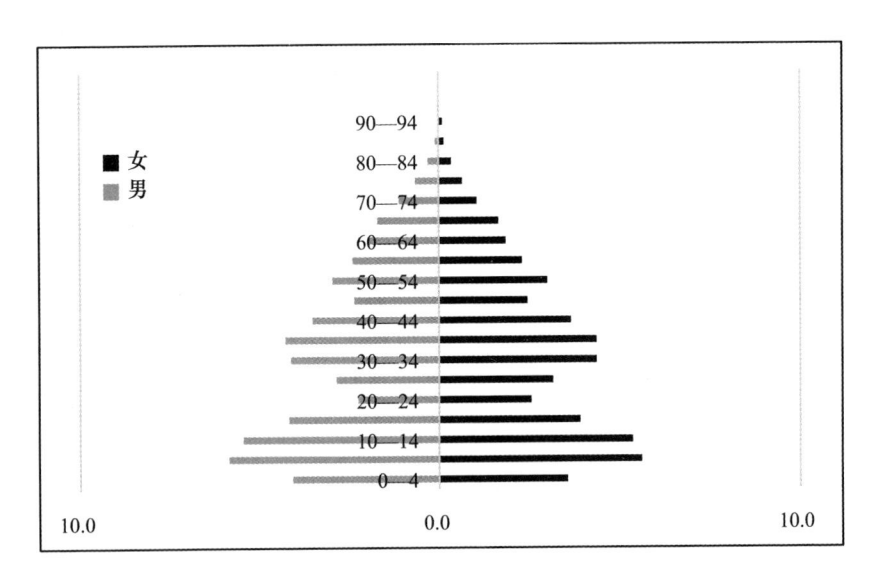

图 5.5　2000—2005 年贵州省非迁移人口年龄结构（单位:%）

中位值为 26.5 岁，省际迁出者的平均年龄为 25.3 岁，中位值为 23 岁（见表 5.8）。

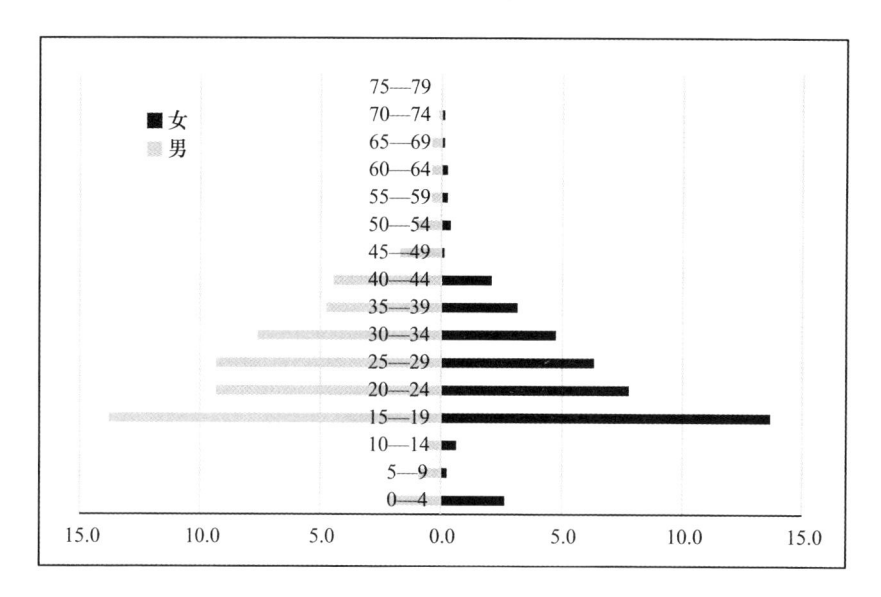

图 5.6　2000—2005 年贵州省际迁出人口年龄结构（单位:%）

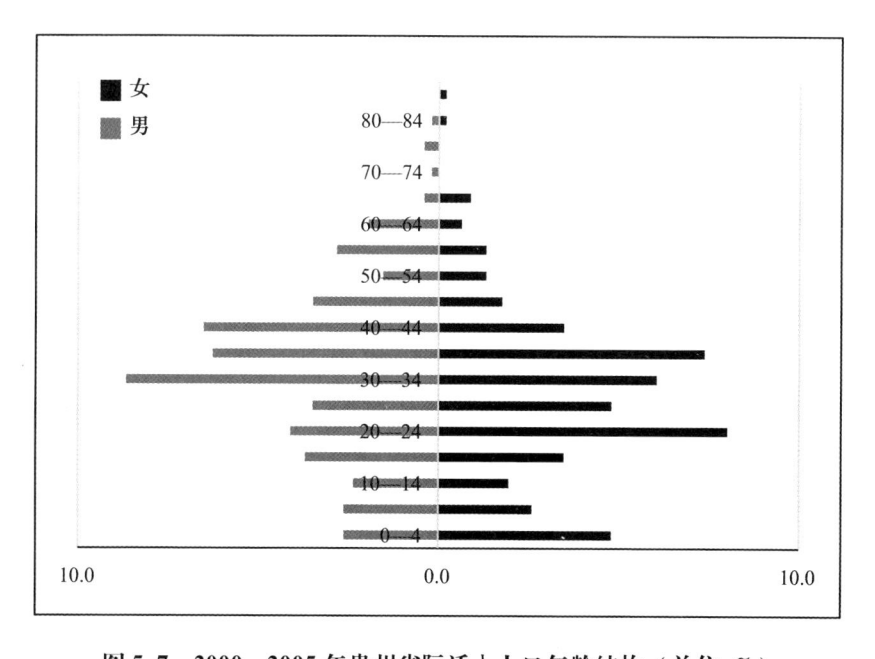

图 5.7　2000—2005 年贵州省际迁入人口年龄结构（单位:%）

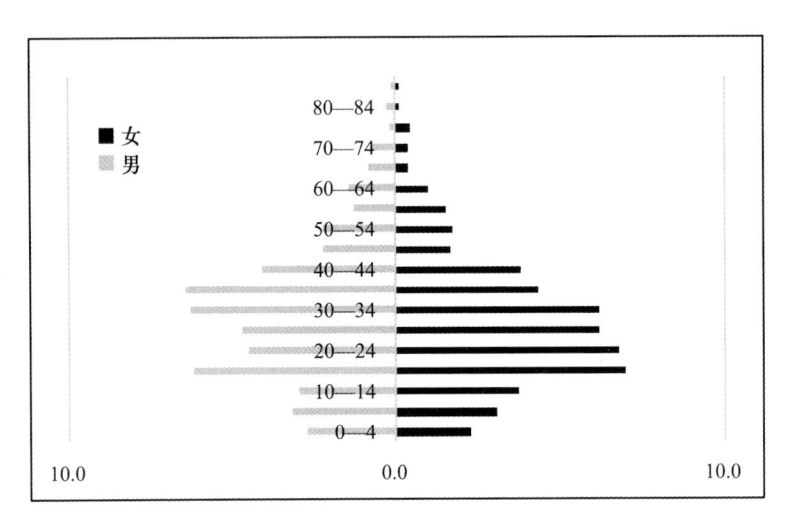

图 5.8　2000—2005 年贵州省内迁移人口年龄结构（单位:%）

表 5.8　　　　　　　　历年迁移者年龄均值和中位值　　　　　　　单位：岁

年份	类别	省际迁入 男	省际迁入 女	省内迁移 男	省内迁移 女	省际迁出 男	省际迁出 女	全部迁移者 男	全部迁移者 女
2005	均值	32.7	29.2	30.3	28.4	27.3	24.1	30.0	27.7
2005	中位值	33.0	29.0	30.0	27.0	26.0	22.0	30.0	26.0
2010	均值	30.9	31.7	31.0	29.4	29.6	28.4	31.7	31.1
2010	中位值	28.0	28.0	31.0	29.0	28.0	26.0	29.0	28.0

通过迁移群体年龄与性别的交叉发现，迁移者中，男性人口的平均年龄高于女性 2.3 岁，在各方向的迁移者中，男女两性的年龄差距进一步拉大。男性人口的平均年龄和中位值均为 30 岁，女性人口的平均年龄为 27.7 岁，中位值年龄为 26 岁。各类别的迁移者中，男性的平均年龄都高于女性，其中省际迁入组，男性平均年龄比女性高 3.5 岁，省际迁出组高 3.2 岁，省内迁移组也要高 1.9 岁。但是非迁移者中，男性的平均年龄低于女性。男性和女性人口的平均年龄分别为 30.4 岁和 30.9 岁，中位值均为 29 岁和 30 岁。

(三) 迁移人口的户口性质

如表5.9所示，从迁移人口的户口性质看，进入20世纪90年代，我国的经济社会发展进入全新时期，经济得到快速增长，产业结构得到优化，农业人口的比重开始下降。自由迁徙有了坚实的物质基础，在比较利益的驱动下，更多的人口从农村迁往城市。庞大的民工潮成为该时期人口迁移的主要特征。

表5.9 2000—2005年贵州分户口类别的省际迁移、省内迁移   单位:%

户口性质	全国	贵州	省际迁入	省内迁移	省际迁出	户籍迁移	非户籍迁移
农业户口	75.2	84.9	76.9	70.5	95.1	46.1	87.2
非农业户口	24.8	14.5	23.1	29.5	4.9	53.9	12.8
合计	100	99.4	100	100	100	100	100

该时期，农业户籍者迁移的可能性较20世纪80年代提高。这主要体现在省际迁出（88.7%）和非户籍迁移（87.2%）者中，这两类迁移者中农业户籍的比重都超过了贵州常住人口的比重（84.9%）。

无疑，该阶段，户口性质作为制度因素，对人口迁移的束缚进一步减弱，农业人口的迁移较前一个时期更为活跃，尤其体现在省际迁出人口以及非户籍迁移者中。但非农业户籍者迁移的可能性仍高于农业户口者，也即户籍制度的羁绊仍然制约着人口迁移活动。

(四) 迁移人口的文化程度

如图5.9所示，2005年，迁移人口中，文化程度[①]的分布仍以"初中"者为众，"小学"文化程度者排第2位，同时"高中"及以上文化程度者的比重则大幅下降。具体而言，三类迁移中，迁往省外者中"初中"及以下文化水平的比重最高，省内迁移者中该比重最低。

[①] 根据2005年的抽样调查资料，人口文化程度中，高中文化程度即包含了中等专业者，也即人口普查中所设"中专"文化程度者亦包含其中。

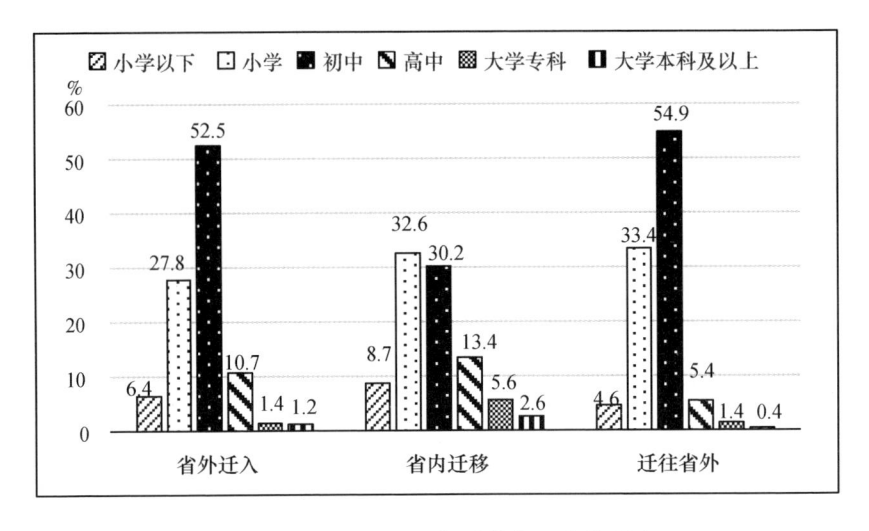

图 5.9 2000—2005 年迁移人口文化程度

如表 5.10 所示，该时期，人口的文化教育程度较 20 世纪 90 年代有了很大提高，但从分布特征上看，仍主要集中在"小学"和"初中"阶段，故迁移人口中仍以低文化程度者为主体。同时，较 20 世纪 90 年代，迁移者中，高中以上各类文化程度高者的比重经历了下降后再次升高的过程，较非迁移者，迁移者整体文化程度较高。2005 年，非迁移者中，初中及以下较低文化程度者的比重（91.4%）仍比迁移者（80.3%）高，而高中及以上文化程度者的比重比迁移者低。

表 5.10 2000—2005 年各类别 6 岁及以上人口受教育程度 单位:%

类别	小学以下	小学	初中	高中	大学专科	大学本科及以上	合计
迁移者	7.6	32.6	40.1	12.7	4.3	2.7	100
非迁移者	18.7	45.8	26.2	6.3	2.0	1.0	100
全国	10	33.2	37.4	13.1	3.9	2.3	100
贵州	18.0	45.1	26.9	6.7	2.2	1.0	100

据"六普"及 2015 年贵州省 1% 抽样调查资料显示，该时期，

贵州人口的文化教育水平也有了大幅提升，与全国差距趋于缩小，而迁移者的文化水平同样较之常住人口更高，主要体现在"高中"及以上文化程度者的比重高于常住人口（见表5.11、表5.12）。

表5.11　2010年和2015年贵州省常住及迁移人口受教育程度　　单位:%

文化程度	常住 2010年	常住 2015年	省内迁移 2010年	省内迁移 2015年	省外迁入 2010年	省外迁入 2015年
小学以下	10.4	12.1	4.8	4.9	2.9	2.6
小学	42.5	34.4	28.3	23.4	25.9	22.9
初中	33.0	34.9	46.4	38.0	34.9	47.7
高中	8.2	8.9	17.8	15.2	14.6	15.1
大学专科	3.6	4.3	8.0	10.5	5.2	4.0
大学本科	2.2	4.1	5.8	7.8	4.5	5.6

表5.12　2000—2005年分性别的迁移者与非迁移者文化程度　　单位:%

类别	性别	未上过学	小学	初中	高中	大学专科	大学本科及以上	合计
迁移者	男性	3.8	29.8	43.8	14.3	4.9	3.4	100
迁移者	女性	11.7	35,6	36.1	11.0	3.8	1.9	100
非迁移者	男性	9.9	47.6	31.3	7.5	3.0	1.2	100
非迁移者	女性	27.2	44.1	21.3	5,2	1.6	0.7	100

通过以上研究发现：

其一，低文化程度者仍是迁移者的主体，但迁移者中初中以下文化程度者的比重（77.4%）低于非迁移者6个百分点，相应地，高中及以上文化程度者的比重（22.6%）较非迁移者高6个百分点（见图5.10）。

其二，通过比较不同文化程度者迁移的可能性指数发现，该阶段与前一阶段最大的共同之处在于，整体而言，随着文化程度的提高，人口迁移的可能性也随之增大，呈线性递增态势。但分迁移方向而言，而该

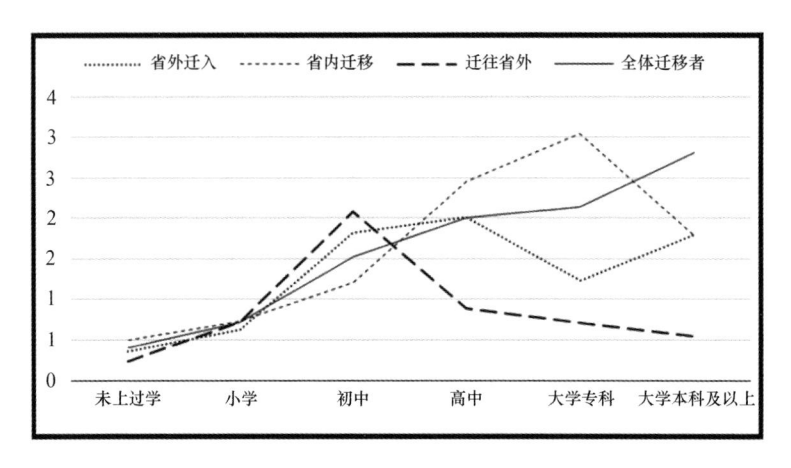

图 5.10 2000—2005 年各类迁移者中不同文化程度者迁移的可能性

阶段，省内迁移中，大学专科迁移的可能性最大，之后，大学本科文化程度者迁移的可能性有所降低，省际迁入者中，迁移的可能性在高中阶段短暂降低，之后又随着文化程度提高而增加，而在省际迁出中，由于迁出规模大，受总人口中受教育程度低者稀释，其初中阶段迁移可能性最高，未上过学的最低，其余各阶段基本持平（见表 5.13）。

表 5.13 2005 年东中西部迁移人口文化程度比较   单位：%

地区		不识字或识字很少	小学	初中	高中	大学专科	大学本科及以上	合计
东部	目的地	3.9	34.4	56.3	4.8	0.3	0.3	100
	来源地	5.7	22.9	57.1	14.3	0	0	100
中部	目的地	6.1	18.2	42.4	18.2	12.1	3.0	100
	来源地	6.5	24.2	59.7	9.7	0.0	6.5	100
西部	目的地	8.3	32.1	50.0	4.8	4.8	0.0	100
	来源地	10.6	38.5	44.2	5.8	1.0	0	100

其三，从不同迁移方向中，各级文化程度迁移者的比重来看，与 20 世纪 90 年代相同，省内迁移者中，初中以下文化程度的比重最低，高中及以上文化程度者的比重最高。省际迁移人口中，省际迁出

者的文化程度恢复至"四普"时期状况,低于省际迁入者。

无论迁入还是迁出,该时期东中西部迁移人口的文化程度由高至低分别是中部、西部和东部,与"五普"时期相同。迁移者的文化程度与迁移人口规模成反比,迁移规模最大的东部地区,迁移人口受教育程度最低,中部则最高。

该时期迁移人口对迁移距离的突破更加容易,跨省迁移中对文化程度的选择性发生了改变,导致了文化程度与迁移可能性正相关的关系解体,同时,在低文化程度劳动者的稀释下,外迁人口中,高文化程度者的比重一度降低,但又逐步反弹。

(五) 迁移人口的就业状况

1. 不在业人口状况

据2005年贵州省1%抽样调查数据,贵州省常住人口中,不在业者占比18.2%,比20世纪90年代高4.3个百分点。全部迁移人口中,不在业人口占全部迁移者的24.3%,至2010年,迁移者中不在业人口的比重为26.6%,与之前相仿,基本维持在1/4左右。由于迁移者中在业者的比重,较非迁移者和常住者中的比重低,相应地,迁移者中在校学生的比重也远远高于非迁移者。但各类别的迁移者也有差别(见图5.11),省际迁出者中不在业人口的比重最低,而省内迁移者中不在业人口的比重最高。

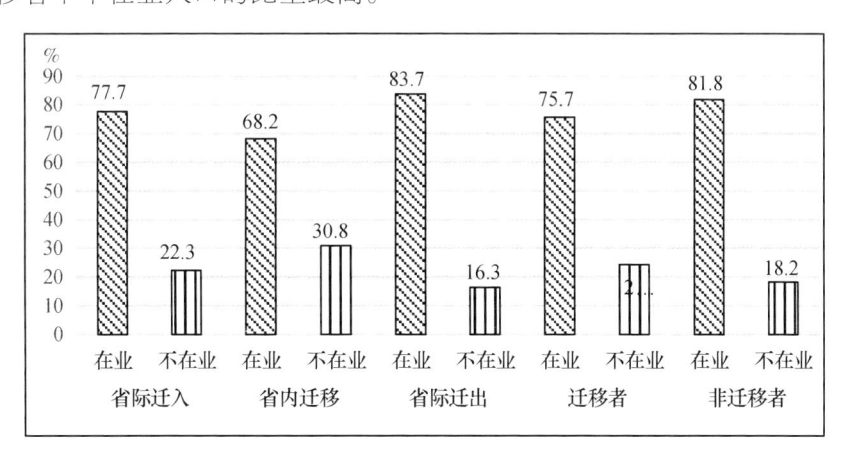

图 5.11 2000—2005 年各类别在业不在业人口比重

进一步分析迁移人口中不在业者的状况发现，过去占不在业者绝对主体的"在校学生"比重下降了23.1个百分点，仅占不在业者的三成不到（27.1%）。料理家务（27.5%）的比重上升4个百分点，依然稳居第2位，且高于非迁移者。离退休者的比重上升至13.2%，排第3位。显然，随着老龄化的到来，无论是迁移者还是非迁移者中，离退休者的比重都会有所升高。

分性别而言，男性迁移者中，"在校"者的比重也大幅下降，为36.1%，其次为离退休者，占比上升了15.3个百分点，为24.4%。女性中"料理家务"者比重与"五普"时期持平，为41.7%，而男性迁移者中这一比重仅3.4%。女性迁移者中在校学生（21.7%）的比重居于次位（见表5.14）。

表5.14　　　　2005年、2010年迁移者和非迁移者分性别的不在业状况　　　　单位:%

		类别	在校学生	丧失工作能力	离退休	料理家务	毕业后未工作	因单位原因失去工作	因本人原因失去工作	承包土地被征用	其他	合计
2005年	迁移	男性	36.3	4.4	24.4	3.4	6.3	2.2	6.9	0.3	15.9	100
		女性	21.7	5.1	6.6	41.7	4.0	2.2	6.8	0.2	11.7	100
		合计	30.5	4.2	13.2	26	4.2	2.2	6.8	0.2	13.3	100
	非迁移	男性	33.7	26.9	13.7	5.5	4.8	2.5	2.8	0.8	7.3	100
		女性	23.7	27.0	7.9	29.6	2.8	1.9	1.5	0.6	5.0	100
		合计	28.2	27.0	11.3	18.8	3.7	2.2	2.1	0.7	6.1	100
2010年	迁移	男性	62.4	2.4	15.4	2.3	2.5	2.3	3.3	0.1	9.3	100
		女性	42.9	1.9	13.4	28.7	1.8	0.9	3.4	0.1	6.9	100
		合计	50.5	2.1	14.2	18.4	2.1	1.5	3.3	0.1	7.9	100
	非迁移	男性	28.5	15.4	28.8	5.2	3.7	3.5	3.8	0.9	10.3	100
		女性	18	0.5	22.9	11.9	2.4	1.5	1.9	35	5.8	100
		合计	22.2	13.3	25.3	23.1	2.9	2.3	2.7	0.7	7.6	100

注：括号内为各类别男性和女性的比例。

较"五普"时期，2005年迁移人口中不在业人口的状况如下。其一，迁移者中"不在业"人口的比重虽有降低，仍高于非迁移者，女性不在业者的比重（30.8%）升高，且高于男性（18.5%）；其二，省内迁移者中，不在业比重最高，其次为省际迁入人口，省际迁出者中不在业比重最低；其三，不在业人口的结构变化主要体现在男性人口中。男性迁移者中"在校学生"的比重进一步大幅降低，离退休者这类返迁人口所占的比重高达24.4%。而女性迁移者中不在业人口的变化主要体现在量的变化上，"料理家务者"仍是不在业者的主体，在校者的比重进一步降低，不在业原因进一步分化。

2. 在业人口的职业分布

（1）分迁移方向的迁移人口职业和工作类别构成

如图5.12和图5.13所示，2005年和2010年，贵州迁移人口职业结构分布模式与2000年比较，呈现两个特点。其一，体制内就业的比重进一步下降，体制外就业的比重不断增长；其二，据2005年1%抽样调查资料，迁移者的工作类型以"私营企业""个体工商户"两类就业为主体，合计占全部迁移人口的59.8%，"其他类型单位（港澳台投资、民办非企业）"和"集体企业"就业者的比重最低，

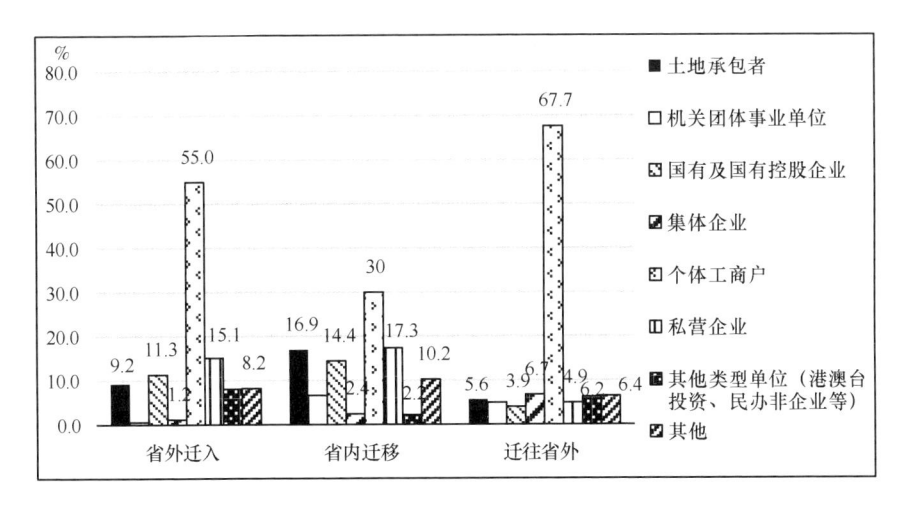

图5.12 2000—2005年贵州省际、省内迁移人口职业结构

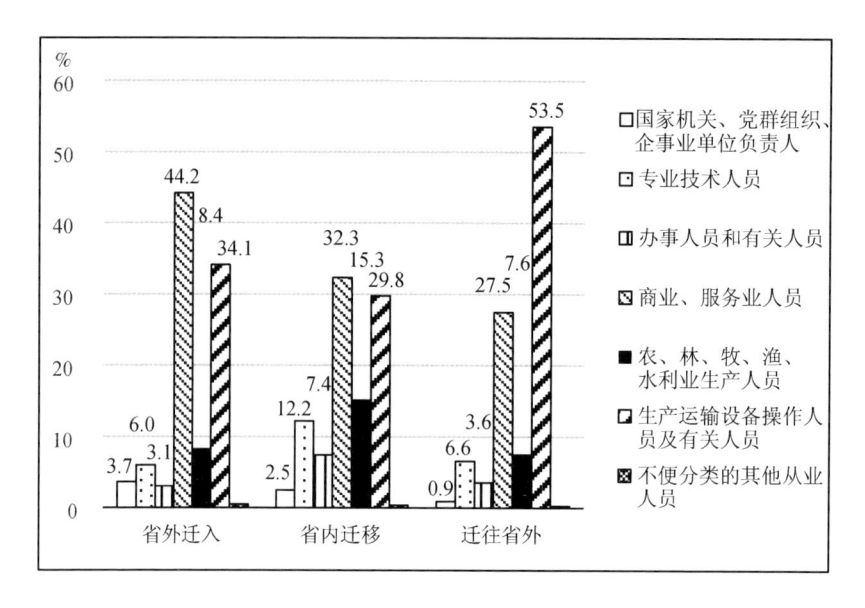

264 / 贵州人口迁移研究:1949—2015

图5.13　2005—2010年贵州省际、省内迁移人口职业结构

分别为2.5%和2.6%。具体而言，省际迁移者的工作类型呈单极化倾向，迁往省外者，"个体工商户"的比重独高，占全部省际迁出者的67.7%，其余各类就业人员的比重分布在低位均衡。省外迁入者中"个体工商户"比重最高（55.0%），其余各类就业人员的比重也较均衡。省内迁移者的职业分布略分散化，以"个体工商户""私人企业"和"土地承包者"三者为主，其他类型从业者比重最低，合计11.2%。

（2）不同类别迁移者分性别的职业分布

简言之，该时期迁移人口的工作类别分布特征主要有以下几点：其一，在各类迁移者中，农业就业者的比重下降，其中尤以省际迁出者及男性迁移者降幅最大；其二，"个体工商户"成为省内及外省迁入人口中的主体，且女性的比重略高于男性；其三，男女两性就业差别缩小，但女性从事农业的比重仍高于男性，同时女性在体制内就业的比重显著低于男性（见表5.15）。

表 5.15　　2000—2005 年各类别分性别迁移者工作类型构成　　单位：%

迁移类别	性别	土地承包者	机关团体事业单位	国有及国有控股企业	集体企业	个体工商户	私营企业	其他类型单位（港澳台投资、民办非企业等）	其他	合计
省际迁入	男性	4.1	0	15.0	1.1	52.3	16.9	0	10.5	100
	女性	17.7	0.6	5.1	1.3	59.5	12.0	0	3.8	100
省内迁移	男性	8.3	7.3	18.9	3.3	27.0	22.6	2.3	10.4	100
	女性	28.8	5.6	8.3	1.3	34.2	10.0	2.0	9.8	100
省际迁出	男性	6.7	0	5.9	4.2	7.3	64.4	4.5	7.0	100
	女性	4.0	0	3.6	3.6	6.0	72.2	5.6	5.2	100
迁移者	男性	6.9	3.6	14.3	3.1	26.7	33.4	2.4	9.5	100
	女性	19.5	3.0	6.3	2.0	30.5	28.7	2.7	7.3	100
非迁移者	男性	76.8	6.0	4.2	0.5	6.0	3.3	0.5	2.7	100
	女性	84.8	3.9	2.8	0.4	5.2	1.3	0.2	1.5	100

（六）迁移人口的婚姻状况

2005 年 1% 人口抽样调查中的婚姻状况与"五普"相同，共五类，均由 15 岁及以上人口填报。如表 5.16 所示，若不分性别和迁移方向，迁移人口中未婚者的比重同非迁移者中未婚者的比重差距进一步拉大，高于非迁移者 10.1 个百分点。而在迁移者中，未婚者在相应组别的比重由高到低分别为，省际迁出者、省内迁移者和省际迁入者，省际迁出未婚的比重仍为最高。分性别而言，迁移者中男性未婚的比重高于女性，但除省际迁出外，其余方向的男性中未婚者的比重下降。不同迁移方向中男性未婚者的比重由高到低分别是，省际迁出男性（46%）、省内迁移男性（30.0%）和省际迁入男性（19.8%）。女性未婚者的比重由高到低分别为省际迁出女性（46.6%）、省内迁移女性（27.3%），省际迁入女性（12.8%）。

表 5.16　　　　2000—2005 年非在校学习者的婚姻状况　　　　单位:%

类别		未婚	初婚有配偶	再婚有配偶	离婚	丧偶
省际迁入	男性	19.8	75.4	3.2	0.6	1.0
	女性	12.8	78.9	3.4	1.9	3.0
	合计	16.6	77.0	3.3	1.2	1.9
省内迁移	男性	30.0	63.1	3.4	2.6	0.9
	女性	24.5	64.6	7.1	1.0	2.9
	合计	27.3	63.8	5.2	1.8	1.9
省际迁出	男性	46.0	50.9	0.9	1.4	0.7
	女性	47.5	47.5	1.9	1.3	1.9
	合计	46.6	49.5	1.3	1.3	1.2
迁移	男性	32.3	62.3	2.7	1.9	0.8
	女性	27.4	63.4	5.2	1.2	2.7
	合计	30.0	62.8	3.9	1.6	1.7
非迁移	男性	21.3	70.0	2.9	1.4	4.5
	女性	13.4	75.0	2.5	0.8	8.3
	合计	17.3	72.6	2.7	1.1	6.4

迁移人口婚姻状况可归纳为如下几点:其一,迁移者中,未婚者的比重下降,但仍高于非迁移者;其二,就迁移者中,男性未婚者的比重仍高于女性。

第三节　迁移原因的描述性分析

2005 年的全国人口抽样调查与 2000 年的人口普查相比,新增了"寄挂户口"和"出差"两类人口迁移的原因。

一　不同迁移方向的迁移原因比较

（一）省际迁移和省内迁移比较

从迁移原因来看,据 2005 年 1% 人口抽样调查资料显示,全部迁移者中,排第一位的仍是"务工经商"者,其比重增至 49.2%,至

"六普"时期,这一比重再增长至55.0%,占据了绝对主体,市场力量在人力资本区域调配中的作用进一步增强。"六普"时期,"学习培训"者(13.0%)的排序经历了短暂降序后复升至第2位,"随迁家属"(10.9%)排第3位。"婚姻嫁娶"的比重(4.3%)和排序(第5位)继续下降,其中,省际迁移者中"学习培训"迁移的比重降幅高于省内迁移者。

若分迁移方向而言,如图5.14和图5.15所示,"六普"时期,省际迁出、省际迁入和省内迁移三个方向的迁移既有共性也有不同。共性在于"务工经商"者的比重在各类迁移中均居首位,尤以省际迁移突出。具体而言,贵州迁往省外者,其迁移原因单极化的倾向较20世纪90年代更盛。"务工经商"者的比重自62.9%上升至"六普"时期的66.7%,经过"五普"时期的过渡,完全取代过去"婚迁"主导的局面,其余各类迁移的比重因此被压缩至低位。

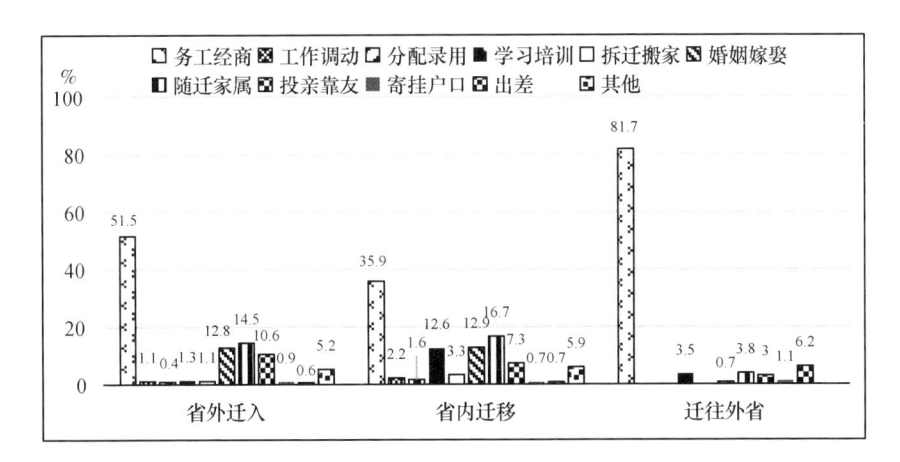

图 5.14 2000—2005 年贵州省际迁入、省际迁出、省内迁移原因分布

"六普"时期,省外迁入原因的分布模式与"五普"时期相比,前三位的迁移原因排序相同,但排首位的迁移原因单极化态势增强。居首位的"务工经商",其比例由38.3%上升至61.3%,其余各类迁移原因的占比和排序均无大的变动。"随迁家属"的比重略有下降,

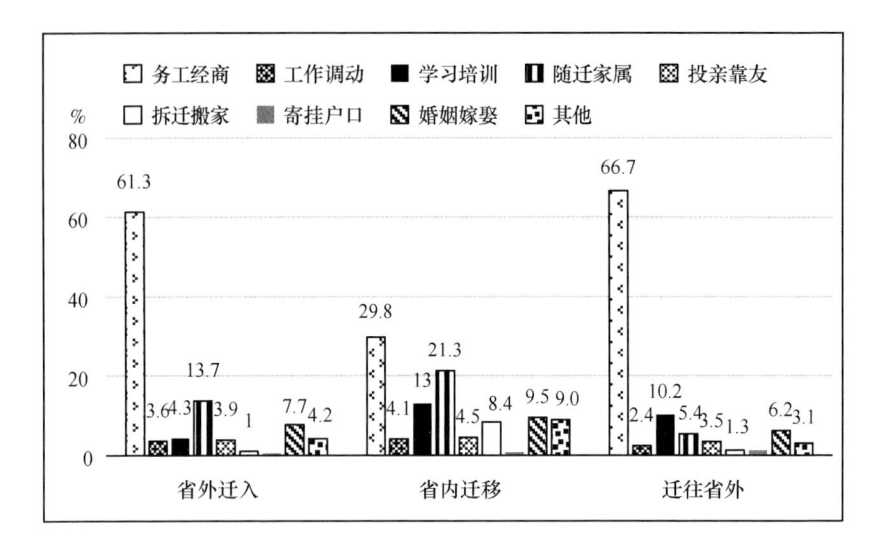

图 5.15　2005—2010 年贵州省际、省内人口迁移原因分布

仍居第二位，为 13.7%，"婚姻嫁娶"排第三位。

而省内迁移者的迁移原因分布较省际迁移仍较为平衡，但排序有所变动。"务工经商"的比例较"五普"时期增加了 7.9 个百分点；"学习培训"（13.0%）和"婚姻嫁娶"（9.5%）的排序分别降低了一个序位，而"随迁家属"则（21.3%）跃居第 2 位。

若分东中西部来看，则各地迁入贵州的人口以"务工经商"为主，来源地为东部者，迁入人口中"务工经商"者占比最高，其次为中部和西部。而自贵州迁出的人口中，"务工经商"者的比重更高，迁往东部的原因变化最大，"婚姻迁入"的主体地位被"务工经商"取而代之。

（二）省际迁出不同迁入目的地人口迁移原因比较

现拟进一步从两个视角，对贵州省际迁出人口及其迁移原因进行分析。一是对贵州省际迁出人口中，分迁移原因的各类迁出人口的迁移目的地及相应规模进行描述，以此考察因各类原因迁移的贵州省际迁出人口对迁移方向的选择和偏好；二是以各迁入目的地为视角，比较各省（市、自治区）迁入的贵州人口中，持各类迁移原因迁入者的比重，考察各地吸引的迁移者类别。如表 5.17 所示，数据显示，该时期，贵州人口迁移的原因更趋集化，"务工经商"和"婚姻迁入"便占全部迁移人口的八成（80.7%）。具体而言，贵州省际迁出人口的目的地更为集中，不同迁入目的地吸纳的因各类原因迁移的人口有所不同，主要呈如下几个特点：

表5.17　　2000—2005年按迁移原因计的贵州省际迁出主要目的地人口分布　　单位：%

迁入人口占比（按迁移原因）＼来源地	务工经商	工作调动	学习培训	婚姻嫁娶	投亲靠友	寄挂户口	出差	其他	迁入人口占比（按地目的）
天津								2.1	0.3
河北							11.1		0.4
上海	4.0							2.1	3.8
江苏			16.1		7.4			2.1	2.6
浙江	29.7			36.7	22.2		11.1	29.8	28.3
福建	7.9			40.0	13.3			10.6	7.9
江西									0.4
山东			6.5		3.3			2.1	1.0
湖南			22.6	20.0			11.1		2.6
广东	41.1		9.7	20.0	30.0	22.2	55.6	40.4	38.8
广西								2.1	2.9
重庆			16.1	20.0			11.1	2.1	1.8
四川					7.4				0.8
云南	4.6	100	6.5		10.0	14.8	11.1	4.3	5.4
合计	87.3	100	77.5	100	93.3	85.1	100	97.7	97

注：该表中，仅列出按迁移原因计，占比排序前五位的迁移目的地。

第一，"务工经商"型迁移是该时期贵州省际迁出人口的主体，迁至他省务工者占全部迁出人口的比重由62.9%上升至81.2%，但仍保持显著的东部沿海指向。"务工经商"者主要迁移目的地是广东（41.1%）和浙江（29.7%），务工经商者的迁出地选择向长三角溢出。位居第 3 位的仍是福建（7.9%）。如表 5.17 所示，与"五普"时期格局一致，广东、浙江、福建、上海、云南吸纳了全部务工经商迁出者的 87.3%。

第二，"婚姻嫁娶"从贵州人口省际迁出的第 2 位原因下降为倒数第 2 位（0.6%），且婚迁者的目的地十分集中，沿海指向和邻省指向显著，迁往福建（40.0%）、广东（20.0%）、重庆（20.0%）、湖南（20.0%）。

第三，因"学习培训"迁出的比重进一步降到 3.9%。"学习培训"的目的地涉及全国 13 个省、自治区、直辖市，主要是湖南（22.6%）、江苏和重庆（16.1%）、广东（9.7%）。

第四，"投亲靠友人"体现的是迁移的网络效应，占比为 3.8%，由过去的邻省指向转为东部指向。浙江（36.7%）、广东（30.0%）、福建（13.3%）吸纳了约八成的投亲靠友人口，这与一代迁出者在当地的定居等有关。

第五，在省际迁出人口中，因"工作调动"迁出者仅占 0.1%，在因各类原因迁出者中进一步下降为倒数第 1 位。

（三）省际迁入不同迁移来源地人口迁移原因比较

就省际迁入，也同样从两个视角，对贵州省际迁入人口及其迁移原因进行分析。一是描述贵州省际迁入人口中，分迁移原因的各类迁入人口的迁移来源地及相应规模；二是进一步以各迁移来源地为视角，比较自各省（市、自治区）迁入贵州的人口中，持各类迁移原因迁入者的比重，考察各地迁移者的类别。

如表 5.18 所示，该时期贵州的省际迁入人口来自全国共计 26 个省、市、自治区，迁移原因以"务工经商"迁入者为主，但其比例较同期的省际迁出者低，为 52.1%，"随迁家属""婚姻嫁娶"和"投亲靠友"迁移占比都在 10% 左右，从地域上分，则迁入来源地以邻省为主，东部为辅。具体如下：

第一，迁入贵州的"务工经商"人口主要来自邻省和浙江，同样以来自邻省四川（29.9%）的人口最多，但占比下降，（四川和重庆合计占比 39.9%，占比较 20 世纪 90 年代亦有所下降），来自湖南和浙江者，分别占迁入人口的15.2%和12.2%。

第二，该时期，位列第二的是"婚姻迁入"人口。排名前四位的来源地依次来自四川（32.5%）、重庆（14.5%）、湖南（14.5%）、浙江（12.8%），仍以邻省为主，但邻省占比下降。

第三，省际迁入人口中，随迁家属的占比（10.4%）和排序（第三位）略有下降，随迁人口来源地涉及18个省（市），占比在10%以上的四个省分别为四川（20.8%）、重庆（13.9%）、云南（16.7%）和湖南（9.7%），邻省迁入仍是随迁主流。该时期，贵州省际迁入人口的带眷系数为0.15。

第四，因"投亲靠友"迁入贵州的人口，占迁入总人口的9.7%，排名居前五的省份分别是四川（19.4%）、重庆（11.9%）、广西和湖南（7.5%）、浙江（6.0%）。该五省（市）输入的投亲靠友人口，占全部因投亲靠友迁至贵州人口的58.3%，投亲靠友来源地分散化，但邻省指向依然显著。

第五，因"学习培训""工作调动""分配录用"等原因迁入贵州的人口占比合计为迁入人口的4.9%。

表5.18　　2000—2005年按迁移原因计的贵州省际迁入主要来源地人口分布　　　　　　单位:%

来源地	务工经商	工作调动	分配录用	学习培训	拆迁搬家	随迁家属	婚姻嫁娶	投亲靠友	寄挂户口	出差	其他	迁入人口占比（按来源地）
北京		4.5										0.6
河北				20.0					25.0			1.2
上海											3.4	0.3
浙江	12.2			10.0		12.8				25.0		9.2
安徽								6.0	25.0		13.8	2.7
福建	5.3	13.6									10.3	4.8
河南							6.0					2.7

续表

来源地	务工经商	工作调动	分配录用	学习培训	拆迁搬家	随迁家属	婚姻嫁娶	投亲靠友	寄挂户口	出差	其他	迁入人口占比(按来源地)
湖北		13.6		10.0							3.4	3.0
湖南	15.2			40.0	9.7	14.5	7.5				34.5	13.9
广东				10.0		8.3		6.0	25.0		6.9	3.0
广西				20.0	20.0		7.5					4.0
重庆	15.0	4.5	50.0		40.0	13.9	14.5	11.9		25.0	3.4	13.7
四川	29.9	27.3	50.0	30.0		20.8	32.5	19.4	25.0	50.0	3.4	27.1
云南		36.4				16.7					20.7	5.8
合计	77.6	99.9	100.0	100.0	100.0	69.4	80.3	58.3	100.0	100.0	99.8	92.0
迁入人口占比(按迁移原因)	52.1	3.2	0.3	1.4	0.7	10.4	16.9	9.7	0.6	0.6	4.2	

注：该表中，仅列出按迁移原因计，占比排序前五位的迁移来源地。

（四）省际迁入和迁出比较

通过省际之间的两两比较发现，贵州至相邻五省市的迁出人口中，除至重庆者，至其余四省市者，"务工经商"比重最高。至重庆的迁移人口，其首要迁移原因仍是"学习培训"，不变的是，自云南的迁入人口仍以婚迁为主（30.0%）。其余三省份迁入人口均以"务工经商"为主。显然，"务工经商"仍是邻省之间人口迁移的最主要原因（见表5.19）。

表5.19　　　　2000—2005年贵州与邻省人口迁移原因分布　　　单位:%

迁移方向	务工经商	工作调动	分配录用	学习培训	拆迁搬家	婚姻嫁娶	随迁家属	投亲靠友	寄挂户口	出差	其他	合计
广西—贵州	46.4	0	0	7.1	3.6	7.1	17.9	17.9	0	0	0	100
贵州—广西	91.3	0	0	4.3	0	0	0	0	0	0	4.3	100
湖南—贵州	57.3	0	0	0	2.1	7.3	17.7	5.2	0	0	10.4	100
贵州—湖南	57.1	0	0	33.3	0	4.8	0	0	0	4.8	0	100

续表

迁移方向	务工经商	工作调动	分配录用	学习培训	拆迁搬家	婚姻嫁娶	随迁家属	投亲靠友	寄挂户口	出差	其他	合计
四川—贵州	57.4	3.2	0.5	1.6	0	8.0	20.2	6.9	0.5	1.1	0.5	100
贵州—四川	66.7	0	0	0	0	0	0	0	33.3	0	0	100
重庆—贵州	56.8	1.1	1.1	0	2.1	10.5	17.9	8.4	0	1.1	1.1	100
贵州—重庆	28.6	0	0	35.7	0	7.1	0	0	21.4	0	7.1	100
云南—贵州	22.5	20.0	0	0	0	30.0	10.0	2.5	0	0	15.0	100
贵州—云南	69.8	2.3	0	4.7	0	0	0	7.0	1.3	2.3	4.7	100

二 不同性别的迁移原因比较

如表 5.20 所示，2005 年，男性和女性人口的迁移原因有显著差异。在省际迁入人口中，男性人口"务工经商"的比例增长 12.9 个百分点，为 64.1%，恢复至 20 世纪 80 年代的水平，"随迁家属""投亲靠友"和"婚姻嫁娶"的比例分别为 11.9% 和 8.9%，其余各类迁移比重均低于 5%；女性人口中，"务工经商"（38.2%）上升为首位，且与其他各类迁移原因的比重拉大，其次是"婚姻迁入"（20.4%）、"随迁家属"（17.8%）、"投亲靠友"（13.8%）。

表 5.20　　2000—2005 年各类迁移中分性别的迁移原因比较　　单位：%

迁移原因	省际迁入 男	省际迁入 女	省际迁出 男	省际迁出 女	省内迁移 男	省内迁移 女	全部迁移人口 男	全部迁移人口 女
务工经商	63.5	39.5	83.7	77.9	45.3	25.5	58.6	39.0
工作调动	5.2	0.9	0.2	0	4.0	1.2	3.3	0.9
分配录用	0.3	0.3	0	0	2.0	0.5	1.2	0.4
学习培训	1.4	1.5	3.3	4.7	10.4	10.1	6.8	17.3
拆迁搬家	0.8	0.6	0	0	5.9	4.1	3.4	2.6
婚姻嫁娶	5.5	15.8	0	1.5	4.9	23.4	3.8	17.4
随迁家属	12.1	22.8	0	0	14.4	19.4	11.1	16.9
投亲靠友	6.9	12.8	3.3	4.4	5.2	8.5	5.0	8.4
寄挂户口	0.8	0.3	2.9	4.1	1.1	1.0	0.8	0.7

续表

迁移原因	省际迁入 男	省际迁入 女	省际迁出 男	省际迁出 女	省内迁移 男	省内迁移 女	全部迁移人口 男	全部迁移人口 女
出差	0	1.2	1.1	1.2	1.0	0.2	0.8	0.6
其他	3.6	4.9	5.5	6.4	5.7	6.1	5.2	5.9
合计	100	100	100	100	100	100	100	100

省际迁出者中，男女两性人口的迁移原因分布趋同，"务工经商"者单极化增显著，比例分别高达83.7%和77.9%。省内迁移中，男性迁移者各类迁移原因的分布主要集中在"务工经商"类，其次是"随迁家属"和"学习培训"，而女性迁移者中，"务工经商"上升为主要原因，"婚迁"降为次要原因，"随迁家属"和"学习培训"紧随其后。

该时期，"务工经商"成为各类迁移的主因，同时"随迁家属"迁移较20世纪90年代进一步增长，"婚姻迁入"已不是迁移的重要原因，同时迁移者中，"工作调动"的比重下降亦较显著，而"学习培训"者主要集中于省内迁移（见表5.21）。

表5.21　2005—2010年各类迁移中分性别的迁移原因比较　　单位：%

迁移原因	省际迁入 男	省际迁入 女	省际迁出 男	省际迁出 女	省内迁移 男	省内迁移 女	全部迁移人口 男	全部迁移人口 女
务工经商	69.4	49.3	74.5	57.7	64.0	52.8	41.2	28.4
工作调动	4.7	2.0	2.5	2.2	2.1	1.6	5.4	2.6
学习培训	3.7	5.2	9.5	11.0	6.2	6.8	11.5	11.7
随迁家属	10.7	18.4	4.7	6.3	11.5	15.4	17.8	22.4
投亲靠友	3.1	5.2	2.8	4.3	2.3	3.4	3.9	4.9
拆迁搬家	1.0	1.1	1.2	1.4	6.1	6.3	7.6	6.8
寄挂户口	0.1	0.1	1.0	1.4	0.2	0.2	0.3	0.3
婚姻嫁娶	3.2	14.3	0.8	12.4	2.3	7.6	3.5	15.2
其他	4.1	4.4	3.0	3.3	5.2	5.9	8.7	7.6
合计	100	100	100	100	100	100	100	100

三　不同年龄的迁移原因比较

如表 5.22 所示,通过人口迁移的原因与迁移人口的年龄交叉对比发现,该时期各年龄段人口的迁移原因与迁移者的生命周期相关。分年龄段考察各年龄阶段人口迁移原因发现:

其一,15 岁以下者以及 65 岁以上者,其迁移方式主要是"随同迁移",但 10—14 岁组的随迁比重较 20 世纪 90 年代有所下降,"学习培训"成长为该年龄段的重要迁移原因,自"六普"时期至 2015 年,其比重仍继续增长。15—19 岁组仍以"学习培训"迁移为主,但"随迁家属"迁移在该阶段比重上升,并取代了"务工经商"的位置。显然这与该时期国家对西部地区实施"两基攻坚"目标相关。

其二,20—59 岁各年龄段人口的主要迁移原因都是"务工经商","婚姻迁入"迁移不像"五普"时期集中在 20—29 岁年龄组单峰突出,其比重下降了 39.6 个百分点,向 30—39 岁组倾斜,就各年龄段而言,婚迁者的比重均降低,不再构成主要的迁移原因。

其三,"房屋拆迁"迁移主要集中在 40—49 岁组,"改善住房"迁移的年龄主要集中在 30—49 岁,50—59 岁的比重也相对较高,"寄挂户口"迁移愈益低龄化。"为子女就学"的迁移则发生在 30—39 岁年龄组。

表 5.22　2010—2015 年贵州分年龄的迁移人口迁移原因比较　　单位:%

	0—9岁	10—14岁	15—19岁	20—29岁	30—39岁	40—49岁	50—59岁	60—64岁	65+岁
工作就业	0 (0)	0 (0)	19.7 (3.8)	49.5 (33.7)	52.8 (27.1)	52.0 (24.8)	41.0 (8.3)	22.3 (1.3)	9.7 (1.0)
学习培训	13.4 (15.4)	32.7 (19.2)	43.9 (34.0)	11.1 (30.4)	0.3 (0.6)	0.1 (0.3)	0.1 (0.1)	0.1 (0)	0.1 (0.1)
随同迁移	67.9 (34.0)	53.3 (13.7)	24.2 (4.7)	11.9 (14.3)	9.4 (8.5)	8.8 (7.4)	14.4 (5.1)	24.1 (2.6)	33.5 (6.3)

续表

	0—9岁	10—14岁	15—19岁	20—29岁	30—39岁	40—49岁	50—59岁	60—64岁	65+岁
房屋拆迁	0.5 (3.5)	0.7 (2.5)	0.2 (0)	0.6 (9.2)	1.3 (15.6)	2.3 (26.1)	4.2 (20.2)	5.4 (7.8)	5.6 (14.1)
改善住房	1.5 (2.2)	2.1 (1.6)	1.4 (0.3)	2.8 (10.1)	7.9 (21.6)	12.2 (31.0)	16.0 (17.2)	16.7 (5.4)	16.5 (9.4)
寄挂户口	0.8 (30.1)	0.3 (6.7)	0.2 (0)	0.2 (14.8)	0.2 (16.7)	0.2 (10.5)	0.2 (6.7)	0.5 (3.8)	0.4 (5.3)
婚姻迁入	0 (0)	0 (0)	3.8 (0.7)	17.4 (42.6)	15.7 (29.0)	10.2 (17.5)	7.3 (5.3)	5.6 (1.2)	4.6 (1.8)
为子女就学	0 (0)	0 (0.1)	0.2 (0)	1.0 (9.2)	5.4 (38.7)	5.6 (36.9)	2.9 (8.2)	3.4 (2.9)	2.5 (3.7)
其他	16.0 (17.5)	10.8 (6.1)	6.4 (1.2)	5.6 (14.6)	7.0 (13.9)	8.7 (16.0)	13.9 (10.8)	21.9 (5.1)	27.1 (11.2)

注：括号外为按年龄计，各类迁移原因占比，括号内为按迁移原因计，各年龄段在该类迁移原因中的占比。

其四，60岁以上人口的迁移原因中，"随同迁移"与"改善住房"迁移两者并重。

其五，随着劳动力就业体制的放开，人们的就业类型多样化，体制内的工作调动必然在多元的就业机会变动的条件下，占比逐步减少。"工作调动"迁移已不被列入主要原因中。该时期，随着迁移相关制度的松绑以及各地经济发展差距的进一步拉大，适婚人口的迁移原因也不再囿于"婚姻迁入"这一单项选择，这尤其体现在远距离的省际迁移中，个体迁移者的能动性通过"务工经商"这种更多元的迁移选择得以体现。因而，婚迁的方向也逐步由远距离的省际向近距离的省内转移。

四　不同文化程度者迁移原因比较

如图5.16所示，迁移原因的分布在不同文化程度者之间有显著差异。"务工经商"型迁移仍主要集中在"小学""初中"和"高中"三个较低文化程度的受教育者中,但峰值出现在"初中"阶段;"学习培训"和"分配录用"者文化程度起点相对较高,"学习培训"自高中以上文化程度者始逐步增加,且与文化程度成正比,分配录用主要集中在"大学专科"及以上文化程度者中。婚迁者在"小学"及以下文化程度者中占比最高,自"小学"阶段开始下降并出现拐点,"初中"以上文化程度者中,婚迁人口的比重稳定在9%以下的较低水平。"随迁家属"和"投亲靠友"型迁移亦随着文化程度的提高而减少。

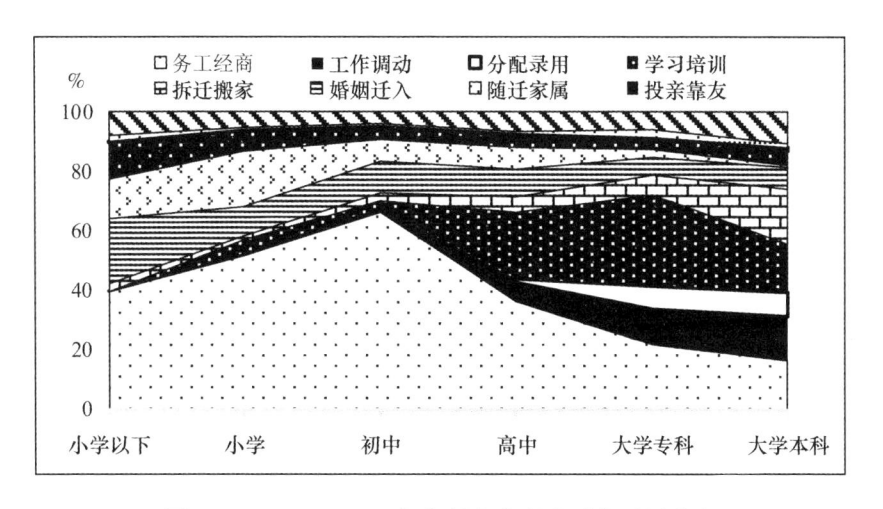

图 5.16 2000—2005 年各级文化程度迁移原因分布

通过分性别来对不同文化程度者迁移原因进行比较发现,其一,"高中"阶段以前(含高中阶段)的各个受教育阶段,男性迁移的主要原因都是"务工经商","务工经商"在初中阶段达到峰值;其二,男性迁移者在"高中"以后的各个阶段,则均以"学习培训"型迁移为主;其三,"婚姻迁入"在各个受教育阶段的女性中,都不再是迁移主因,"婚姻迁入"随着文化程度的提高而降低;其四,女性迁移者中,高中以下文化程度者以"务工经商"迁移为主,自"高中"阶段,女性人口的迁移原因便以"学习培训"为主;其五,"高中"阶段是男女两性迁移原因发生改变的分水岭。自此,男性中"务工经商"的比重开始下降,"学习培训"较前期的文化程度起点高,女性

"学习培训"的比重完全上升为主要原因。

五 不同户籍者迁移原因比较

通过不同户籍的比较发现,其一,农业户籍的迁移人口中,婚姻迁入的比重进一步下降了9.9个百分点,为10.3%,"务工经商"迁移增至57%;其二,在全部迁移人口中,农业户籍者婚迁的比重大幅降低,并与非农业户籍者相当,省际迁出者中婚迁人口的比重下降至最低点,省内迁移和省际迁入中的婚迁比重大致相同;其三,非农业户籍者迁移的主要类型也由"学习培训"转变为"务工经商";其四,非农业户籍迁移者中,与正规渠道就业相关的"工作调动""分配录用""学习培训"的比重高于农业户籍迁移者,而农业户籍迁移者中,"务工经商"这种非正规的就业渠道的迁移比重则高于非农业户籍迁移者。这也体现了该时期,因着户籍身份导致的城乡人口的就业隔离依然存在,户籍身份此时仍与劳动就业分配密切关联(见表5.23)。

表5.23　　2000—2005年不同户籍类型迁移原因比较　　单位:%

	户口性质	务工经商	工作调动	分配录用	学习培训	拆迁搬家	婚姻迁入	投亲靠友	寄挂户口	随迁家属	出差	其他	合计
全部迁移者	农业	57.0	0.1	0	6.6	0.9	10.3	14.6	5.4	0.3	0.6	4.1	100
	非农业	22.6	9.0	3.3	8.6	10.3	10.4	11.3	10.7	2.3	1.0	10.5	100
省际迁入	农业	55.0	0.4	0	1.5	0.6	11.4	18.2	8.6	0.2	0.8	3.4	100
	非农业	42.5	12.5	1.3	1.3	1.3	6.9	12.5	13.1	1.9	0	6.9	100
省际迁出	农业	82.6	0	0	3.4		0.7	3.9	3.2		1.1	5.1	100
	非农业	53.8	2.6		12.8	0	0		7.7		2.6	20.5	100
省内迁移	农业	43.9	0	0.1	10.2	1.5	15.1	19.1	5.5	0.4	0.4	3.8	100
	非农业	15.1	8.5	4.1	10.4	13.4	12.1	11.7	10.2	2.5	1.2	10.9	100

第四节　该阶段人口迁移的特征总结

一　民工潮、民工荒、回流与融合

进入21世纪，中央适时地提出西部大开发战略，使贵州迎来了新的发展机遇。

21世纪初期，贵州人口迁移在规模和方向上仍承袭20世纪90年代末民工潮的惯性，进一步朝东部集中，其规模仍在蓬勃成长。东部民工荒时期，回应着东部对劳动力需求的增长，贵州人口迁出态势仍未停歇。2004—2011年，中央连续八年的一号文件中，都强调关注"三农"问题，提高粮食价格、取消农业税、实施农村低保制度。2010年，西部大开发进入加速发展阶段，东部产业开始向中西部转移，2012年1月国务院颁布《国务院关于进一步促进贵州经济社会又好又快发展的若干意见》（国发〔2012〕2号）[1]，贵州迎来高速发展期，GDP增速自2011年至2014年[2]连续稳居全国前三位，2014年增速达到10.8%，比全国水平高2.4个百分点，贵州农村人口外迁的推力开始减弱。

另外，区域经济发展和社会进步的差异性以及城镇化背景下流动人口的急剧增长，既给中国各省区的劳动力市场注入了新的活力，同时也带来了一系列的新问题，迁移人口在迁入地城市的社会融合问题日益被提上议事日程。户籍制度仍作为基本公共服务和福利的载体而存在，使得外迁人口在就业、受教育等基本公共服务上无法获得市民化待遇，制度壁垒的存在客观上使得外部环境对人口外迁的拉力减弱。据2015年1%人口抽样调查资料显示，贵州人口省际迁出占比减少、省际迁入占比提高。

---

[1] 国务院：《国务院关于进一步促进贵州经济社会又好又快发展的若干意见》（国发〔2012〕2号），http://www.gov.cn/zhengce/content/2012－01/16/content_4649.htm，2012年1月12日。

[2] 根据统计年鉴数据，2013—2019年，贵州GDP增速稳居全国前三位。

二 人口流迁的特征

该时期，贵州人口迁移主要呈如下特征：

（一）省际迁出占比先增后减，省际迁入和省内迁移占比先降后增

尽管省际迁移人口仍是迁移人口的主流，各类迁移占比自"四普"至"六普"时期一直保持省际迁出增长、省际迁入和省内迁移减少的趋势，但2015年首次出现拐点，省际迁出占比降低，其他两类占比增长。

就迁入人口省内目的地分布而言，其态势与之前基本相同，贵阳和遵义迁入人口占比一直恒定地居第1位和第2位，区别在于迁入贵阳的人口占比增长至"六普"时期出现拐点，开始小幅降低，到2015年出现大幅回落。

（二）东部迁移占比先增后降，中部先降后增，西部降幅减少，邻省迁移弱化

该阶段的前期，贵州人口省际迁移基本仍保持"东多中少、西部居中"的格局，但自2015年出现与之前发展趋势相逆的拐点。据2015年1%人口抽样调查资料显示，2010—2015年，贵州与东部之间的人口交流规模自改革开放以来首次出现下降，与东部人口交流的"有去无回"现象有所缓解，与中部之间的人口交流规模占比尽管仍是最低的，但首次上升，增长1.1个百分点，为9.6%，与中部的人口交流朝"来少往多"方向发展，与西部的"有来有往"格局恒定。显然，由于西部大开发的加速，中部崛起规划的实施，人口迁移的规模和方向也因此开始发生变化。

自2015年，受邻省迁入人口比重降低影响，省际迁移中的邻省指向弱化。省际迁出的首要目的地自"六普"时期发生了由"广东→浙江"的更替，究其原因，该时期长三角地区的繁荣，使农民工不再仅仅涌向珠三角等传统的打工地区。

（三）农业人口规模多于非农业人口，从事一产人口比重降低，三产比重显著升高

迁移者中农业人口仍是主体，农业人口迁移的可能性较20世纪

90年代提高，但仍低于非农业人口。这说明90年代末期，人口迁移较之改革开放初期进一步活跃，户籍身份作为捆绑农村人口的重要制度性因素，其作用的发挥力度已经开始下降。同时，户籍身份所附带的不平等仍然存在。

该时期，尽管农业户籍人口是迁移主体，但全部迁移者中，从事"农林牧渔、水利生产人员"的比重进一步降低，从"五普"时期的23.0%降至2005年的15.4%，"六普"时更低至10.4%，"商业服务人员"的比重持续上升，至"六普"时期已升至第2位（34.7%），该时期，"生产设备操作人员及有关人员"的比重虽仍居第1位，但已下降至39.1%，而"商业服务人员"的比重上升至34.7%，与之齐肩。显然，随着产业结构的优化，农业人口在实现地域转移的同时也实现了产业转移。

（四）迁移者文化程度提高，高中以上文化程度者比重先降后升

2005年，迁移人口中，高中及以上文化程度者的比重继续下降，较"五普"时期低了0.4个百分点，为23.3%，迁移者的文化程度主要集中在初中和小学阶段。"六普"时期，迁移者以初中文化程度者为主体，高中及以上文化程度者的比重上升至41.4%，小学文化程度者的比重大幅下降。

（五）男性迁移人口占多数，各迁移方向迁移者性别比差距缩小

据2005年1%人口抽样调查资料显示，该时期贵州迁移人口的性别结构已从过去的"女多男少"转变为"男多女少"，性别比为108，"六普"时期升至123，2015年为121。男性逐渐成为迁移主体，这种转变主要得益于省际迁出人口性别比的升高，省际迁出人口的性别比在"六普"时期已升至123，2015年进一步增至131。究其原因，与该时期迁移动因从婚迁向"务工经商"的转变密不可分。

（六）"务工经商"成为人口迁移的主要原因

自"五普"时期，"务工经商"迁移便成为贵州人口迁移的主要原因，婚迁则降至次位，至"六普"时期，人口迁移原因呈单极化发展，"务工经商"占55.0%，这是外部拉力与个体迁移自主性提升的体现，也是国家的就业机制由计划型向市场配置型转变的体现。

（七）人口主要向城市迁移、镇和乡村成为净迁出地

该时期，人口迁移的目的地进一步向城市集中，无论省内迁移还是省外迁移，其目的地为城市的比重都在五成以上，镇和乡都成为人口净迁出地。

三 该时期人口迁移的反思

（一）相关政策制度的变迁与迁移行为的变迁

21世纪初是我国进入全面建成小康社会的决定性阶段，区域差异、城乡差异和工农差异成为迫切需要解决的问题。浩荡的民工潮一度演化为民工荒，外来迁入人口与当地市民在就业空间、福利空间、公共服务空间的矛盾显化，国家开启了西部大开发战略、制定了中部崛起规划，推动产业向中西部倾斜，关注"三农"问题、提出"多予、少取、放活"的方针、实施工业对农业的反哺政策，城镇化进入深入发展期，提出了新型城镇化规划，解决农业转移人口社会融入问题。

一方面，该阶段的前期，东西部差距、城乡差距的扩大，使得劳动力迁移的外部拉力增强，由西往东进、由乡至城的民工潮仍保持很强的势头。另一方面，随着西部大开发战略和中部崛起规划的实施，工业反哺农业政策的推行，以及产业向中西部倾斜的政策，都使得人口由西到东、由乡至城的推力减弱。再者，户籍制度因其附带的基本公共服务和福利等功能，成为外来迁移人口城市融入的壁垒，新世纪初期出现的民工荒现象，客观上也使得外来迁移人口的市民化问题进一步凸显，外来人口的融入问题成为该时期户籍制度改革调整的题中之义。

（二）政策、外部环境、迁移自主性与迁移行为

该时期，在上述外部政策环境、社会经济环境的影响下，迁移人口的自主性和外部环境的推拉力之间的互动使得迁移规模、迁移主体、迁移原因、迁移诉求呈现不一样的特征。一方面，国家通过区域发展战略的实施、产业政策的调整、城乡统筹发展的规划等，间接地对人口迁移的规模、方向进行引导。另一方面，在突破了"准不准

迁"这个认知瓶颈之后,经过了较长时期的自主迁移阶段,迁移个体寻求生存的热情以及对城市生活的向往逐渐沉淀为更理性的关于生活和发展的思考。该时期的迁移政策也开始抛却了家长制主导的面目,开始注重顺势而为,注重政策理性,注重对迁移者发展诉求的回应,注重迁入人口的社会融合,从过去"防""堵"向"疏"转变,更加关注"如何迁好"。

(三)政策、外部环境与该时期贵州人口迁移

1. 迁移规模、迁移方向和距离

(1)省际迁移

该时期,基于上述政策和制度环境的影响,西部开发的效应逐渐显现,从而使人口迁移在规模上呈现出省际迁出先增后降、省际迁入和省内迁移先降后增的状况。

该时期的人口迁移已突破距离因素的影响。跨省迁移中,浙江代替广东成为与贵州人口交流最多的地区,广东居第2位,福建增长至10.4%,位列第3,且贵州人口呈净迁出。邻省四川与贵州的人口交流规模虽然下降,但就迁入人口来源地而言,四川仍是贵州省际迁入人口的第一来源地,且由于贵州至四川迁移人口的下降,该时期,从迁移方向上看,反转为四川向贵州净迁入。

(2)省内迁移

从省内迁移来看,贵阳、遵义一直分别雄踞迁移人口迁入目的地占比的第1、第2位,但以2010年为拐点,省际迁入人口中,迁往贵阳的人口占比开始下降,至2015年大幅下降至"四普"时期的水平。省内迁入人口的占比也呈同样的下降态势。毕节迁入人口的占比提升,无论省际迁入还是省内迁入,自2015年都列第3位,六盘水市吸纳省际迁移和省内迁移人口的能力普遍降低。毕节作为试验区,近年来国家的扶持力度增强,而六盘水则因三线建设而兴起又因三线建设的结束而必然经历从国家政策扶持到自主发展动力的成长的相对衰落期。毕节、六盘水两地迁入人口占比位序的变化,显然说明政策之于地方社会经济,从而之于人口迁移吸引力的培育具有重要作用。

2. 迁移类别和迁移原因

该时期，政策与人口迁移的关系发生了变化，从过去控制人口迁移向引导人口迁移转变。迁移人口既能够灵敏地感应外部环境的推拉力，又具备推动外部环境改善和调整的自主性和能动性。因而，该时期的人口迁移更深地引导政策与市场，更深地反映了人口与外界环境之间相互作用、相互影响、相互促进的关系。

（1）迁移类别

该时期非户籍迁移、农业人口的迁移进一步增长，从迁移自由的意义上看，户籍身份对农村人口的制度性约束日趋淡化。同时该时期从事一产的迁移人口比重大幅降低，从事第三产业的迁移人口的比重上升最快，紧紧逼近从事第二产业者。农业人口向非农产业的转移亦是政策对个体迁移自由约束减少、营造外部环境拉力的结果。

（2）迁移原因趋同

该时期，迁移原因也发生了更深刻的转变。劳动就业型迁移中，"工作调动"此类计划型迁移的比重进一步下降，"务工经商"这一经济型迁移、体制外就业型迁移成为各类别迁移的主导原因。迁移原因的趋同可以说明，个体迁移受政策的束缚又进一步减少，劳动力的配置主要靠市场完成，当然，这种束缚的减少，也当包括国家各项制度政策为人口迁移创造良好的经济社会环境这重要一环。

（3）迁移人口的特征

该时期男性迁移人口占据迁移人口的主体，迁移者的年龄继续增长，但仍以劳动年龄为主体，15—19岁年龄组中外出就业者的比重下降，迁移者的文化程度较"五普"时期有所增长，受高等教育者迁移的比重进一步增加，反映了从迁移限制到迁移自主变化的过程中，迁移渴望的释放一度使得各级受教育程度者涌汇到迁移大潮中，使得本就占比较低的高学历者的比重进一步被淡化。而该时期，在个体迁移的自主性得以确认，迁移个体与迁移外部环境之间逐步形成稳定的互动机制，其对迁移个体特征的形塑亦朝着更明确的方向转变，高学历者在这个框架中必然逐步脱颖而出。

第 六 章

改革开放以来贵州省人口迁移的特征变迁及原因

本章导言

本章对改革开放以来各个阶段贵州人口迁移的时空变迁、特征变迁、原因变迁进行时间序列的系统梳理，提炼了政策变迁与贵州人口迁移的关系，阐释了政策从对个体迁移的限制向对迁移外部环境的营造方向变迁的轨迹；以及在此过程中因着迁移矛盾从"准不准迁""往哪里迁"向"如何迁好"的逐步转变，政策与迁移的本质关系从"控制"（主导）向"弱控制"（引导）并开始向"回应"（因势利导）方向的变迁。

本章第一部分主要从人口迁移流向的变迁展开。改革开放以来，省际迁出的邻省指向弱化、东部指向主导、迁出目的地发生了苏→粤浙→浙粤闽转变。省际迁入人口以迁往贵阳和遵义者最多，但自"六普"以后规模有所降低。省外迁至六盘水的人口自"三线建设"结束后特别是国企改制后降至最低，自"六普"时期逐步复苏。毕节吸纳省际迁入人口的能力自"五普"以后一直保持第3位，其对省内迁入人口的吸纳能力则至"六普"以后方显现。省际迁移者较省内迁移者受国家政策影响更为敏感。

第二部分对迁移人口特征的变化进行梳理。就规模而言，自改革开放以来，贵州省际迁移，特别是省际迁出人口占比逐年增高，至

"六普"时期达到顶峰，相应地，省际迁入人口和省内迁移人口的比重逐年下降。以"六普"为转折，省际迁出人口和向东部迁移人口比重下降，省际迁入人口和省内迁移人口比重上升。迁移人口的性别结构自"五普"发生了"女多男少"向"男多女少"的转变。迁移者的年龄和文化教育水平都呈上升趋势，省际迁出中高学历占比最高。迁移人口的职业结构发生了从农业、向非农业、从第一产业向第二、三产业的转移。

第三部分分迁移方向、性别、年龄考察了迁移原因的变迁。发现，各方向的迁移原因逐步趋同，均从婚迁型向劳动就业型转变，女性迁移原因转变的阶段性十分显著，劳动年龄迁移者的主要迁移原因亦从婚迁向劳动就业型迁移转变，其中低龄劳动年龄者的迁移原因向"学习培训"分化。劳动就业型迁移中，"务工经商"型迁移比重日益增高，"工作调动"等计划型迁移比重日渐萎缩。

第四部分对改革开放以来政策变迁与贵州人口迁移的规模和方向、迁移原因、迁移者个体特征要素凸显之关系进行了总结，并分析了政策变迁对迁移外部环境和个体迁移自主性的影响，认为政策对个体迁移自主性的控制松绑后，开始通过营造迁移外部环境间接影响、引导和回应迁移。

第一节　贵州人口迁移的时空变迁

一　省际迁移人口流向变迁

如前所述，改革开放以来，制度和政策外力对人口迁移控制弱化，使得人口尤其是广大农村剩余劳动力的迁移活动逐步复苏并活跃。

这一阶段，贵州人口迁移动力机制的成长开始有了稳定增长的可能和空间，推动人口迁移的因素开始涵纳了政策之外、西方迁移理论中述及的两地之间的差异，包括经济、文化及迁移距离等构成的两地之间的推拉力等宏观因素。迁移者个人特征因素的影响也不再仅仅囿于户口身份和地域身份这种体现政策限制的先赋性因素，更丰富的个体特征要素在迁移个体与迁移外部环境的互动关系中得以体现。

该时期，人口迁移的目的地和方向性受直接政策和计划的引导控制开始逐步减弱。通过人口迁移原因的比较发现，迁移距离对政策的突破是渐进的，人口对迁移距离的选择偏好（主要表现为对远距离迁移的突破）具有明显的时期特征。

同时，如第五章所述，该时期一个显著的特点还在于，进入21世纪，我国的改革开放进入新的发展阶段，国家的经济实力逐步增强，在全面建成小康社会的进程中，区域差异、城乡差异等问题亟待解决。党和国家从战略的高度重视并着力通过西部开发、中部崛起、城乡统筹、乡村振兴等系列战略决策解决这一问题，并取得了显著成效。关涉人口迁移的政策从过去的"防、堵"向"疏"转变，从过去的被动应对向主动回应转变，关注人口迁移及城乡发展、尊重迁移规律、顺应迁移趋势，注重解决人口迁移及其带来的社会融合问题，提升迁移质量，因之，制度和政策对人口迁移的影响日益向良性的方向发展。概言之，改革开放以来，贵州人口迁移在规模和迁移方向上的演进，正是这一背景的写照。

（一）邻省指向弱化

本研究通过将迁移目的地划分为非邻省与邻省两个类别，分别代表远、近距离的两类迁移，解析距离因素对贵州人口迁移的影响力变迁。

贵州省在地缘上与四川、云南、湖南、广西、重庆五省市毗邻。改革开放初期，贵州人口的省际迁移活动受迁移距离的影响显著，主要发生在邻省之间。如前所述，"四普"时期，贵州与相邻四省之间的总迁移规模占全部省际迁移人口的比重高达48.0%，其中迁至邻省的人口占全部省际迁出人口的37.2%，邻省迁入人口占全部省际迁入人口的77.8%。"五普"时期，贵州与相邻五省（市）之间的总迁移规模降幅达22.5%，下降至30.9%，尤以外迁至邻省的人口在全部跨省迁出人口中的比重降幅最大，下降了42.7%，为21.3%。邻省迁入贵州的人口占省际迁入人口的比重仍高达68.4%，但较"四普"时期降幅为12.1%（见图6.1）。

"六普"时期，贵州人口省际迁移的邻省主导模式彻底改变，贵

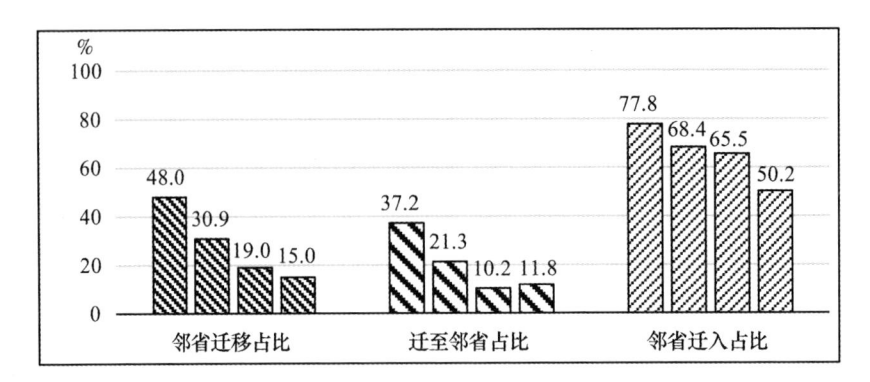

图 6.1 "四普"时期至 2015 年贵州与邻省迁移人口概况

州与邻省之间的迁移总规模下降至 19.0%，迁至邻省的比重仅占省际迁出者的 10.2%，邻省迁入者的比重较"五普"时期也降低了 2.9 个百分点，为 65.5%。2015 年，邻省迁移占全部迁移中的比重进一步下降至 15.0%，邻省迁入人口的比重下降至 50.2%。

1990—2015 年，贵州与相邻省（市）之间的人口迁移规模降幅达 70.8%，其中省际迁出人口中，迁至邻省的比重降幅达 68.3%，而邻省迁入人口占省际迁入规模的比重降幅较小，为 35.5%。显然，贵州人口的跨省迁移中，地域相邻因素已被逐步突破，尤其体现在贵州跨省迁出人口的目的地选择上。而跨省迁入人口中，虽然近距离的迁入仍占据主流，但克服距离因素所需的其他迁移吸引要素正逐步发挥效用，吸引远距离迁移者的迁入。

另在相邻省（市）中，四川省雄踞贵州省际迁移人口的主要输出地和来源地的地位，仅在"五普"时期被云南省短暂替代。

（二）迁出人口东部指向主导、迁入人口来源地均衡化

东部、中部、西部不仅代表了迁移距离的远近，亦代表了经济发展程度的高低，也是国家不同的政策空间安排。改革开放以来，东部、中部、西部发展差距不断拉大。如图 6.2—图 6.4 所示[①]，东部、

---

① 数据来源于"四普""五普""六普"和 2015 年 1% 人口抽样调查资料。

中部、西部迁移人口的格局虽一直未变，但自 2015 年发生了量的转变，因而本部分的讨论也以"六普"为分界点，分为两个阶段来进行。

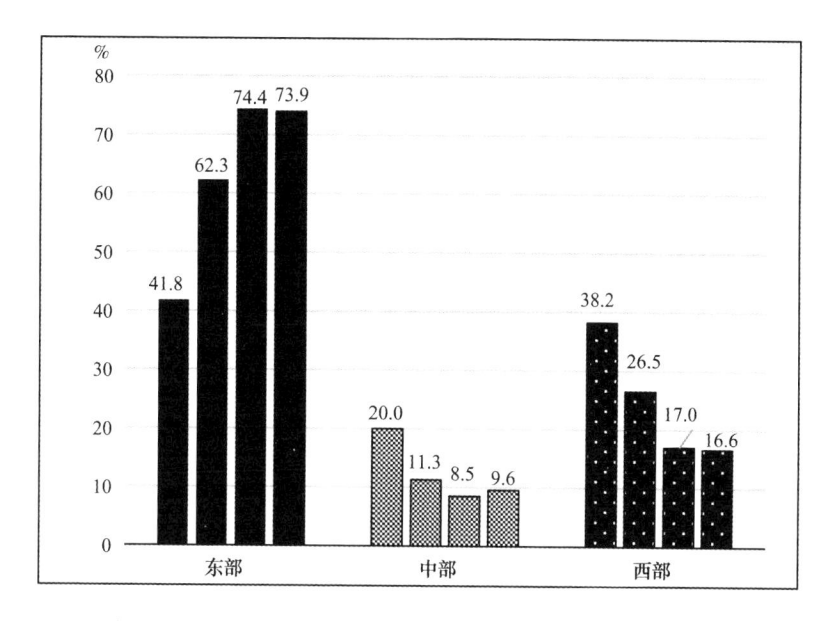

图 6.2　1990—2015 年贵州与东部、中部、西部总迁移人口

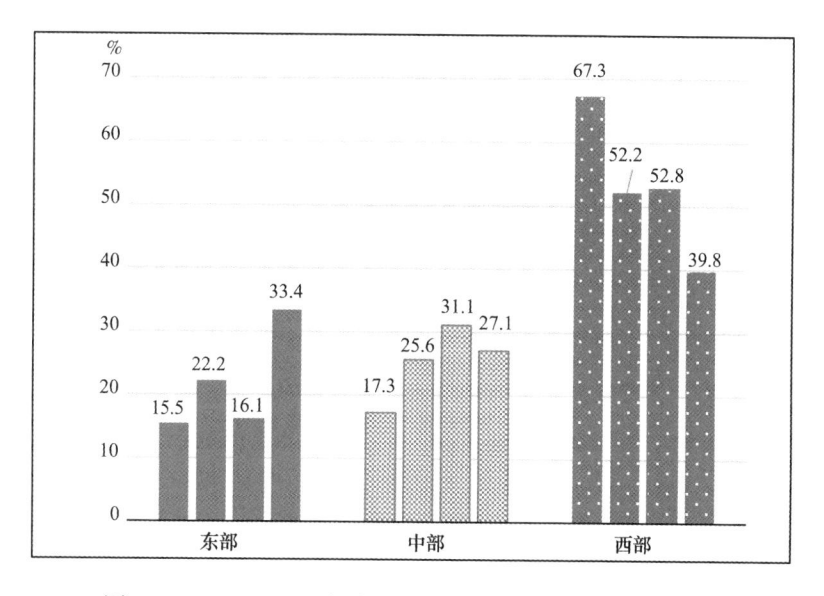

图 6.3　1990—2015 年贵州自东部、中部、西部迁入人口

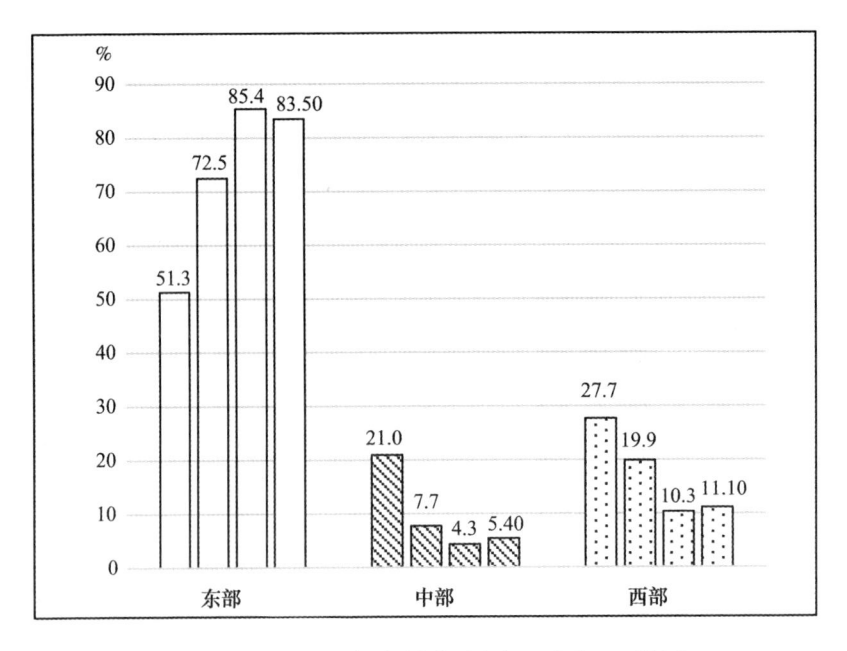

图 6.4　1990—2015 年贵州迁至东部、中部、西部人口

1. 东中西部迁移概述

（1）"四普"至"六普"时期总迁移人口规模呈东部增长、中西部下降，贵州与东中西部之间的跨省迁移总人口规模呈现东部单级增长、中西部下降的状况

至"六普"时期，贵州与东部之间迁移人口的总规模已增长至贵州跨省迁移人口规模的 74.4%。较"四普"时期，贵州与东部之间的迁移人口规模涨幅达 78%，而贵州与中部和西部的人口迁移规模则逐年下降，降幅分别为 57.5% 和 55.5%。

若分迁入和迁出人口来看，则自东部、中部、西部跨省迁入贵州的人口呈现西部下降，中部显著增长，东部短暂升高后复又恢复"四普"水平的状况。跨省迁出贵州人口呈现西部和中部下降，东部持续增长之势。迁至东部的人口自"四普"至"六普"时期，增长 12.9 个百分点，达 85.4%，迁至中部的人口下降 3.4 个百分点，仅占 4.3%，迁至西部的人口下降 9.6 个百分点，占比 10.3%。就净迁移人口规模而言，仅与中部地区的人口交流有少量净迁入，而与东部、西部地区则均为人口净迁出。

（2）2010—2015年东部迁移人口规模小幅下降，东部迁入人口增加，迁往东部人口减少

据2015年1%人口普查资料，尽管贵州与东部、中部、西部区域之间的人口交流格局基本未变，依然是东部多，西部次之，中部最少，但据各区域之间的人口交流规模的变动，仍可循其细微变化。首先，贵州与东部之间的人口交流规模的增长趋势转变，尽管降幅仅为0.67%；其次，与中部之间的人口交流规模上升了12.9%（增长1.1个百分点），与西部之间的人口交流规模降幅减小，为0.4%。

（3）迁往东部人口的主要目的地发生苏→粤浙→浙粤闽转变

"四普"至"六普"时期，迁往苏、粤、闽、浙四省的人口总计占迁往东部全部人口的比例分别为68.3%、93.2%和92.6%。该四省迁入人口的比重也发生了变迁，"四普"时期，迁往江苏的人口占全部省际迁出人口的13.8%，占迁往东部人口的29.2%，"五普"时期，迁往广东省和浙江省的人口占迁往东部全部人口的比重分别达48.7%和25.7%，"六普"时期浙粤发生了逆转，迁往广东省和浙江省的人口占迁往东部全部人口的比重分别为27.7%和43.3%（见表6.11）。

表6.1 "四普"至"六普"时期东部各主要目的地迁入人口占比 单位:%

迁移目的地 时间	江苏	浙江	福建	广东
"四普"时期	29.2	12.0	12.6	14.5
"五普"时期	9.7	25.7	9.1	48.7
"六普"时期	8.0	43.3	13.6	27.7

2. 东中西部迁移格局和特征

改革开放以来，贵州与东部地区之间的人口交流一直是跨省迁移的主体，这主要得益于贵州人口输出向东部地区的集聚化，但2015年，迁往东部的人口占比一改过去只增不减之势，下降了2.2个百分点，而迁往中部和西部的人口占比略有回升。同时，跨省迁入人口来

源地"西中为主、东部少"的态势转变为"西、东、中三足鼎立"的局面，自东部地区迁入贵州的人口增长迅速。

从迁移规模来看，如前述，贵州与东中西部之间的跨省人口迁移模式呈现东部"有去无往"，中部由"来少往多"向"来多往少"转变，西部则保持"有来有往"的较稳定状态。

二 各地州市迁入人口流量和流向变迁

本部分进一步考察省际迁入人口进入贵州后在各地州市的二次分配。

（一）省际迁入

自"三普"至2015年40余年的时间里，跨省迁入贵州人口在各地州市的二次分配主要有以下特征（见表6.2）：

表6.2 "三普"至"六普"时期省际迁入目的地人口占比及排序 单位：%

地区 时间	贵阳	六盘水	遵义	铜仁	黔西南州	毕节	安顺	黔东南州	黔南州
1982年	19.6 (1)	16.5 (3)	18.9 (2)	4.7 (8)	4.0 (9)	5.9 (7)	15.5 (4)	6.1 (6)	8.8 (5)
1990年	27.9 (1)	5.1 (6)	18.8 (2)	4.7 (7)	2.1 (9)	12.4 (4)	9.9 (5)	14.9 (3)	4.3 (8)
2000年	39.2 (1)	4.1 (8)	19.0 (2)	2.5 (9)	6.0 (5)	9.2 (3)	5.7 (6)	8.9 (4)	5.4 (7)
2010年	35.7 (1)	8.3 (5)	14.5 (2)	4.7 (9)	6.6 (7)	9.2 (3)	5.6 (8)	8.5 (4)	6.9 (6)
2015年	28.5 (1)	8.3 (4)	16.2 (2)	7.0 (7)	8.2 (5)	8.7 (3)	6.8 (8)	8.1 (6)	8.2 (5)

数据来源：相应年份人口普查及抽样调查资料。

第一，省际迁入人口目的地的分布以"五普"时期为分界，呈先省会集聚后略有分散的倾向。贵阳市是贵州省的省会城市，集贵州省的政治、经济和文化中心于一体，跨省迁入贵阳市的人口较其他地州市最多，始终排序第 1 位。1949 年以来，贵阳市人口机械增长速度快，自 1951—1990 年，人口净迁入的年份共计 32 年，净迁入人口共计 46.4 万人。仅 1990 年，贵阳市净迁入人口占该年全市人口总数的 30.31%，占全市新增加人口总数 107.97 万人的 42.99%[1]。1990—2016 年，贵阳市净迁入人口 128.4 万人，占该市新增人口总数的 68.16%。[2]

但全部跨省迁入人口中，迁入贵阳的比重并非线性增长，而是呈坡形曲线，2000 年增高至 39.2%，之后便有所下降，2015 年降至 28.5%，迁入遵义的人口也一直保持第 2 位的位序不变，但也自"五普"后有所降低。

第二，六盘水作为三线城市，其吸纳的迁入人口在改革开放初期排第 3 位，之后二十年随着三线建设的结束，其迁入人口逐年下降，迁入人口排序逐次下降，2000 年以后，方逐步恢复，于 2015 年列第 4 位。

第三，毕节作为贵州省经济最落后的地区，1988 年创建"开发扶贫、生态建设"试验区[3]，在毕节试验区系列政策的扶持下，经济也随之逐步发展，迁入人口也逐步提升，并一直保持第 3 位。

（二）省内迁移

在省内迁移中，尽管自"四普"以来，贵阳市的人口迁入率一直稳居贵州省各地州市的第 1 位，但按各地州市迁入人口的比例排序，迁至贵阳市的人口在"四普"时期仅位列第三，自"五普"时期至 2015 年一直保持在第 1 位，但 2015 年，其吸收迁移人口的占比从 1/2 降至 1/4，其他各地的迁入比例有所上升，且各地迁入人口的比重差距缩小。自 2000 年后，省内迁入人口中，迁入遵义者排序也一直

---

[1] 贵阳市地方志编纂委员会：《贵阳市地方志·人口与计划生育志》，贵州人民出版社 1992 年版，第 65、66 页。

[2] 该数据根据贵阳市统计局、国家统计局、贵阳调查队编：《贵阳统计年鉴（2017）》，中国统计出版社 2017 年版，第 17—12 表中的相关数据进行估算，具体估算过程见附录。其中，2008 年以前的数据为常住一年口径，2008 年以后的数据为常住半年口径。

[3] 贵州省统计局、国家统计局贵州调查总队：《贵州六十年（1949—2009）》，中国统计出版社 2009 年版，第 6 页。

稳居第 2 位（见表 6.3）。

表 6.3　　1990—2015 年省内迁入目的地人口占比及排序　　单位:%

地区 时间	贵阳	六盘水	遵义	铜仁	黔西南州	毕节	安顺	黔东南州	黔南州
1990 年	15.1 (3)	5.8 (6)	9.6 (5)	3.7 (8)	1.8 (9)	4.2 (7)	20.0 (2)	10.4 (4)	29.3 (1)
2000 年	52.2 (1)	6.9 (3)	10.6 (2)	6.9 (3)	3.3 (8)	5.4 (5)	3.4 (7)	6.5 (4)	4.9 (6)
2010 年	49.1 (1)	8.3 (3)	17.3 (2)	4.5 (5)	2.5 (8)	3.7 (7)	4.5 (5)	6.1 (4)	4.1 (6)
2015 年	25.1 (1)	8.2 (6)	18.4 (2)	4.9 (8)	4.9 (8)	11.9 (3)	7.1 (7)	9.5 (5)	10.1 (4)

数据来源：相应年份贵州省人口普查及 1% 人口抽样调查资料。

三　城乡人口迁移流向变迁[①]

（一）城乡人口迁移流向概述

1. 分城乡的人口净迁移率与人口的城乡流向

该部分拟从净迁移率的视角，分城乡地考察人口的城乡流向。如图 6.5 和图 6.6 所示，改革开放以来，贵州城乡迁移人口在 1979 年、1984 年、1991 年、1992 年和 2000 年有较大波动，其余多数年份起伏不大，整体较平稳。总体而言，除 1981 年、1988 年、1999 年、2000 年和 2005 年，城镇人口均为净迁入，而乡村人口则除 2000 年外，均为净迁出。

[①] 注：1. 该部分数据来源于贵州省统计局、国家统计局贵州省调查总队：《贵州统计年鉴 2017》，中国统计出版社 2018 年版。其中净迁移率根据相关年份数据估算，估算方法详见附表；2. 1979—2005 年的数据与《新中国六十年》相同；3. 《贵州统计年鉴》2000 年及以后的城镇、乡村人口的划分标准按国家统计局 1999 年发布的《关于统计上划分城乡的规定》计算，与以前年份数据不可比；4. 2005 年及以后为常住半年口径；5. 2006—2009 年常住总人口数据已根据"六普"资料进行修订（下表同）。

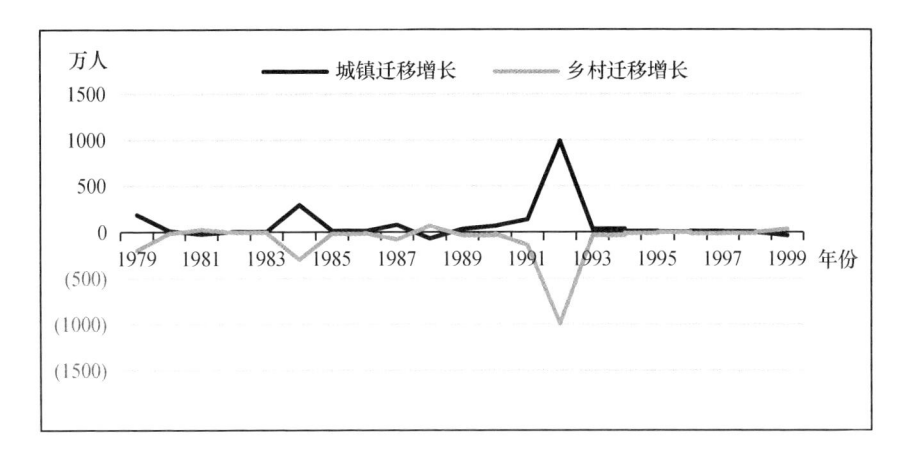

图 6.5　1979—1999 年贵州城乡人口迁移增长

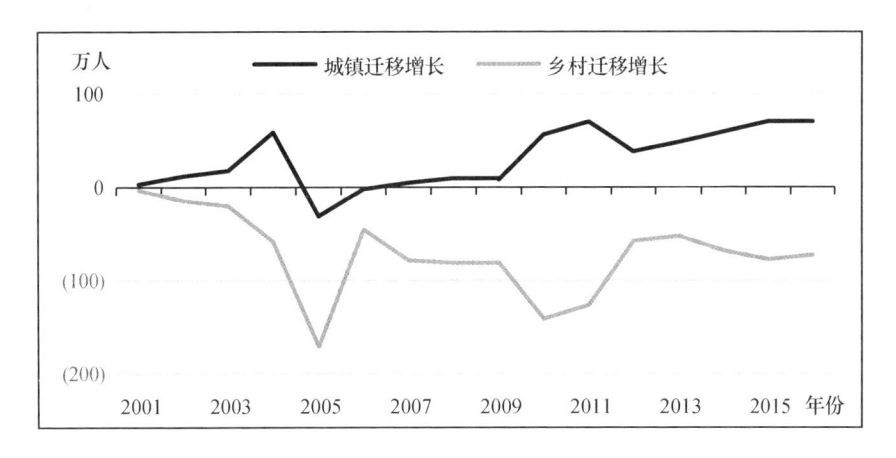

图 6.6　2000—2016 年贵州城乡人口迁移增长

数据来源：根据相关年份相关数据估算①。

1979 年是知青返城的高峰年份，也是改革开放的第二年，该年，贵州城镇人口增长，城镇人口净迁移率高达 446.23‰，乡村人口减少，尽管有庞大的人口基数消解，乡村人口净迁出率也达 86.4‰，

---

① 该处的城镇和乡村迁移人口依据"迁移人口 = 总人口 - 自然增长人口"这一基本公式估算。估算的相关依据详见第二章。

显然，该时期大量乡村人口向城市迁移，回应了这一历史状况。

1984年，在农村进行了第一步改革后，农村经济全面持续发展，粮食生产已连续三年获得丰收，在城镇，经济责任制在全省推行，流通体制改革全面推开①，城门敞开，这一背景促成了大量人口的乡—城迁移。该年，城镇迁入人口295.03万人，净迁移率高达419.9‰，仅次于1979年和1992年，而乡村人口净迁出率为-13.48‰，是除1992年来最高的年份，之后，城乡人口迁移波动减小。至1992年，以国企改革为中心，对各项体制的改革均取得了较好成效，是年初，邓小平同志发表南方谈话，开启了由破除旧体制向创立新体制的改革之路，与此相应，贵州城镇人口迁入率逐年增长，至1991年达到119.0‰，1992年更增至568.5‰，而乡村人口的净迁出率高达624.5‰，是1949年以来的最高值。之后，城乡人口的迁移又回归平稳的状态。

2005年，是自1949年以来贵州省际人口净迁出率次高的年份，当年省际人口净迁出率为-52.91‰，且无论城乡人口都呈负增长。之后，城乡人口的迁移复回归城镇净迁入、乡村净迁出，且对流相对平稳的阶段。

2. 城乡迁移人口流向与城乡人口分布变迁

如第二章所述，人口分布是人口迁移的静态表现形式。该部分还从城乡人口迁移对城乡人口分布的影响来对之进行考察。

随着1980年3月计划生育政策的落地，人口出生率大幅降低，人口自然增长率也相应降低，因而，虽然乡村人口基数庞大，人口增长规模较城镇多，但该时期，与城镇相同，决定乡村人口规模增减的主要因素也是迁移人口规模，迁移人口也因此成为决定城乡人口结构（分布）的重要力量。且自改革开放以来，由迁移人口主导的城乡人口基本呈城市迁入为主，乡村迁出为主的态势。

如图6.7和图6.8所示，城乡不同之处在于，城镇人口除了1981

---

① 《贵州省情》编辑委员会编：《贵州省情》，贵州人民出版社1986年版，第92、93页。

年、1988年、2000年和2005年外（除2000年外，其余几个年份负增长规模较少），其余34年均为正增长，且无论正负增长，城镇总人口均由迁移人口主导。将该时期的人口数据以2000年为分界点分为各自可比的两部分，则其中，在1979—1999年，城镇人口迁移增长占城镇总人口增长的比重达80.8%，自2001—2016年，城镇人口亦是呈正增长态势，且迁移人口占比高达79.2%。

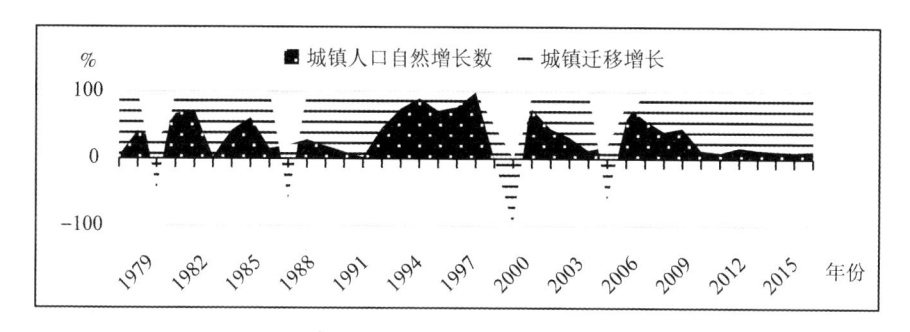

图6.7 1979—2016年城镇迁移人口、自然增长人口占比

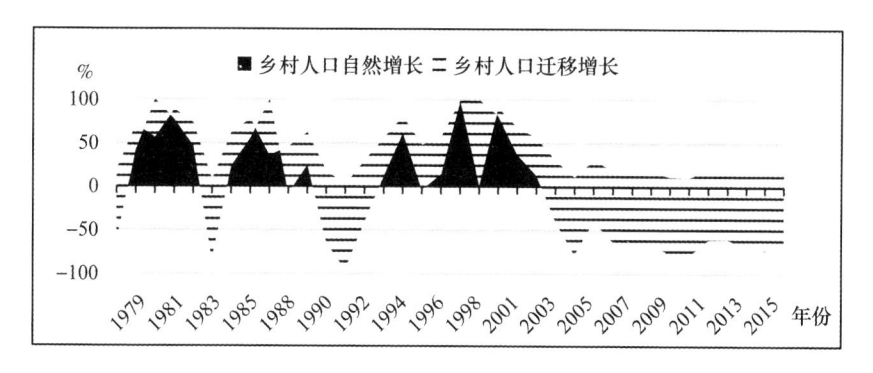

图6.8 1979—2016年乡村迁移人口、自然增长人口占比

而乡村人口在1979—1999年中，有8个年份为负增长，其余均为正增长，总人口负增长共计1192.2万人，其中自然增长579.9万人，迁出人口1772.0万人，迁出人口是总人口负增长的1.5倍。2001—2016年，除2001—2003年，其余12年各年乡村人口均呈负增长，共计负增长843.1万人，其中迁出人口1148.1万人，自然增

长人口 304.9 万人，净迁出人口为乡村总人口负增长规模的 1.36 倍（见图 6.9、图 6.10）。

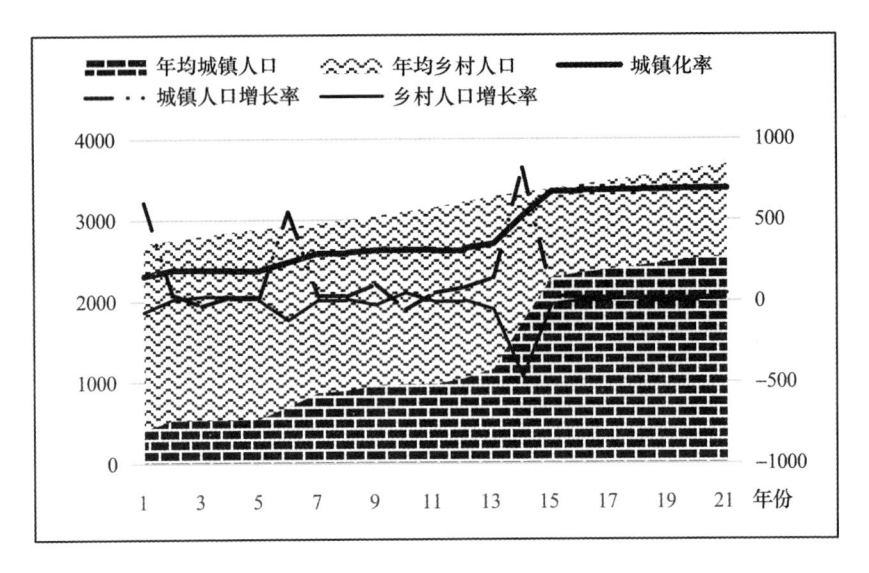

图 6.9　1979—1999 年贵州城乡人口及增长

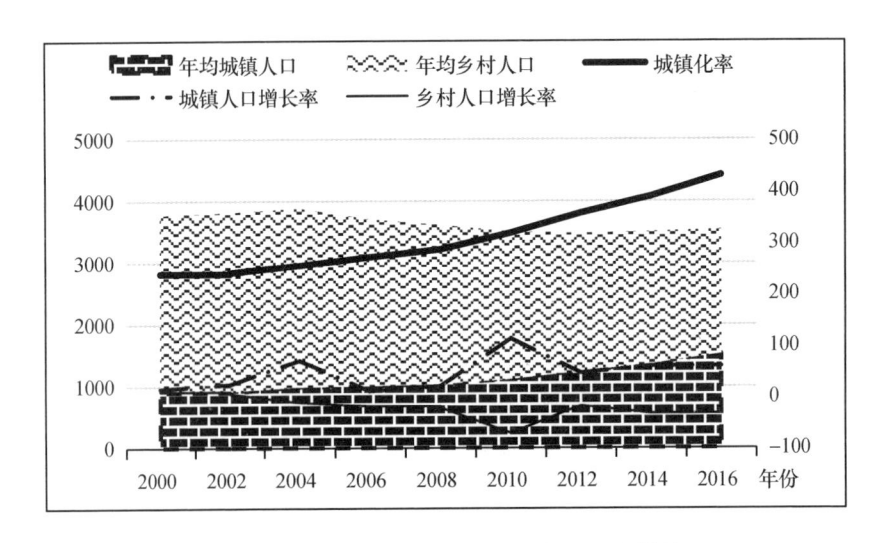

图 6.10　2000—2016 年贵州城市人口及增长

该时期，城镇人口的增长率多数年份都高于乡村人口，且 1979—

1999年是贵州人口城镇化率增长最快的阶段，人口城镇化率较1979年增长了3.42倍，自2000年后，贵州人口的城镇化率增长逐渐趋于缓和。相应地，贵州城镇人口在总人口中的比重也经历了在改革开放前20年的快速提升，进入21世纪后增速相对稳定的发展，至2016年，城镇化率达43.1%。显然，该时期，城乡人口迁移完全主导了城乡总人口规模变动，城镇人口规模不断增长、城镇化率不断提高。

（二）按现住地城乡分的迁移人口流向

据"五普"和"六普"资料显示，如表6.4所示，"五普"时期，省内迁移中，原居地和现居地为城、镇、乡的比重分别是29∶51∶20和35∶47∶18。省外迁入中，原住地和现居地类型为城、镇、乡的比重分别为24∶49∶27和37∶49∶14。该时期，在城、镇、乡三种居住地类型中，以镇人口迁移量最大，无论是省内迁移还是省外迁入，无论是原居地还是现居地，均以镇人口占比最高。但从净迁移视角来判断，无论省内外迁移，则该时期人口流动的方向是从乡镇向城市迁移。

表6.4　　　"四普"至"六普"时期人口城乡迁移量占比①　　　单位:%

居住地类型	省内迁移						省外迁入					
	1995—2000年			2005—2010年			1995—2000年			2005—2010年		
	原居地	现居地	净迁移	原居地	现居地	净迁移	原居地	现居地	净迁移	原居地	现居地	净迁移
街道	20.0	35.1	6.3	19.5	52.1	32.6	26.9	37.4	13.0	12.4	53.4	41
镇	51.2	47.0	-4.2	54.9	29.0	-25.9	48.7	48.8	0.1	64.9	23.6	-41.3
乡	28.8	17.8	-2.2	25.6	18.9	-6.7	24.4	13.8	-13.1	22.8	23.0	0.2

"六普"时期，省内迁移和省外迁入者原住地类型亦以镇为主，但现住地类型则以城市占主导。省内迁移中，原居住地和现居地为城、镇、乡的比重分别为20∶55∶26和52∶29∶19，省外迁入者中，原居

---

① 该表格中，"五普"数据的省内迁移是跨县市，"六普"数据的省内迁移则包含了跨县市。但因该处不作为纵向对比，因而可用。

住地和现居地为城、镇、乡的比重分别为 12∶65∶23 和53∶24∶23。总体而言，从迁出人口的原居住地类型来看，镇人口仍是绝对主体，城市迁出人口的比重大幅下降，特别是省外迁入人口中下降较多。从迁入目的地来看，现居地为城市的比重大幅上升，镇的比重则大幅下降，人口迁移的方向较"五普"时期更多地向城市集中。

该时期，从城乡迁移方向看，城市一直是人口净迁入地，但在"六普"时期，迁移人口向城市的聚集较"五普"时期更为凸显，城市对人口的吸引力最大。镇和乡村人口则均呈净迁出，其中镇人口流出比重最高，镇人口的迁出率最强。

第二节 贵州迁移人口的特征变迁

一 迁移人口规模变迁

（一）迁移规模逐年递增

自"四普"至"六普"时期，贵州人口迁移规模[①]逐年递增，从 66.5 万人增至"五普"时期的 246 万人，"六普"时期更高达 665.3 万人。2015 年，贵州迁移人口的规模突破千万，为 1240.5 万人。由于迁移人口规模增速远快于常住人口，贵州省际人口净迁出率不断增长，自"四普"时期的 5.9‰ 上升至"五普"时期的 27.04‰，"六普"时期更上升至 94.5‰，2015 年则达 112.02‰。

（二）各方向迁移人口增长趋势自 2015 年出现拐点

据相关年份人口普查资料和抽样调查资料显示，贵州省内迁移者在迁移人口中的比重自"四普"时期至"六普"时期，下降了 12.7 个百分点，为 27.7%，而省际迁移人口的比重则由 59.6% 上升至 72.3%。分方向来看，省际迁出人口的比重自 43.7% 提高至 60.9%，省际迁入人口的比重则略有下降，自 15.9% 下降至 11.5%（见图

---

① 该处未计县内跨乡镇街道迁移人口，含外省迁入贵州人口。同时，基于前述"四普"时期与之后的普查时期对迁移人口调查口径的不一致，严格而言，"四普"资料中的迁移人口规模与之后的普查或抽查数据没有可比性。

6.11—图6.14)。

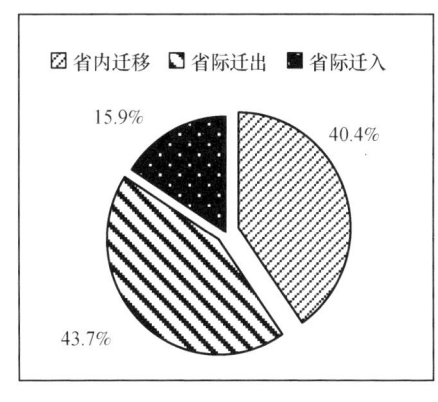

图6.11 "四普"时期省际省内迁移　　图6.12 "五普"时期省际省内迁移

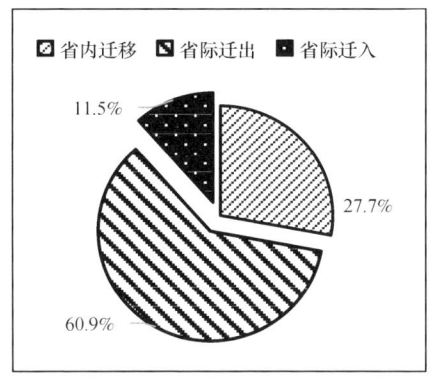

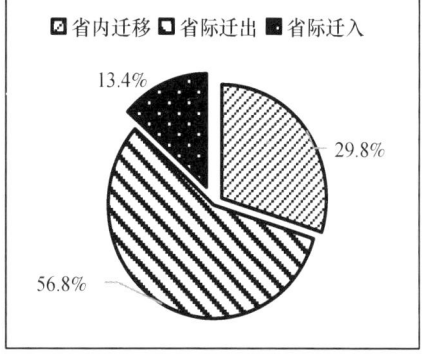

图6.13 "六普"时期省际省内迁移　　图6.14 2015年贵州省际省内迁移

据 2015 年 1% 人口抽样调查资料显示,此三者的比例关系在维持了 25 年的跨省迁出占比单级增长,跨省迁入,尤其是省内迁移占比不断下降之后,首次出现逆转。该时期跨省迁出人口的规模占比下降了 4.1 个百分点,而跨省迁入和省内迁移者占比则略有升高。也即,虽然贵州人口迁移从规模上以省际迁移为主,且以省际迁出主导的态势未变,但近年,省际迁出者的比重与省际迁入和省内迁移占比的差距有所缩小。

二 迁移人口的结构变迁

(一) 性别结构变迁

1. 迁移者整体从"女少男多"向"男多女少"转变

自"四普"时至2005年,贵州迁移人口的性别结构从"女多男少"逐步转变为"男多女少"的局面。"四普"时期,贵州迁移人口中,以女性人口为主导,迁移人口的性别比为76.99,"五普"时期,略有提高,为85.12,2005年抽样调查资料显示,贵州迁移人口的性别比进一步增高并发生了逆转,为108,女性迁移人口的比重开始低于男性。至"六普"时期,迁移人口的性别比进一步增至123,据2015年抽样调查资料显示,迁移人口的性别比为121(见图6.15)。

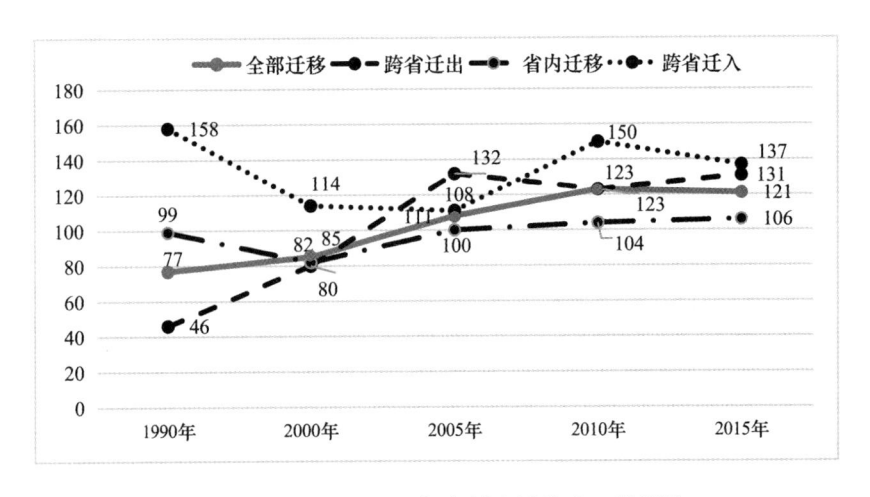

图6.15 1990—2005年贵州省迁移人口性别比

2. 不同方向迁移者性别结构变迁

(1) 省际迁出自"女多男少"向"男多女少"发展

跨省迁出者的性别比经历了以女性为主体向以男性为主体转变的历程,基本与总迁移人口的变化趋势一致,由极度偏低向偏高态势发展,而省内迁移人口的性别比由偏低向正常值方向发展。具体而言,省际迁出人口的性别比在"四普"时期最低,仅为46,"五普"时期提高至80,"六普"时期,省际迁出人口的性别比由过去的偏低局面逆转为偏高局面,为123,2015年已达131。

(2)省内迁移自"女多男少"向"男女平衡"发展

该时期,省内迁移人口中女性人口偏多的现状也随着男性迁移者的不断增多发生改变。省内迁移人口的性别比在"四普"时期为99,"五普"时期降低至82,2005年为100,"六普"之后升至正常值范围,2015年为106。

(3)省际迁入以男性为主体

跨省迁入贵州者与前两者不同,其构成主体一直是男性,且早期阶段以男性为绝对主体,性别比高达158,至2005年性别比回归正常值,之后复升至高位。"四普"时期,省际迁入人口以男性为主体,性别比高达158,"五普"时期,降低至114,2005年为111,"六普"时期,再次提升为150。2015年抽样调查资料显示,跨省迁入性别比略有降低,仍高达137。

(二)年龄结构变迁

1. 迁移者整体以劳动年龄人口为主体、随迁少年儿童比例增长

改革开放以来,迁移人口的年龄选择性突出,主要以劳动年龄人口为主体。自"四普""五普"至"六普"时期,15—64岁劳动年龄段的迁移者比重分别为92.5%、89.0%和88.6%,均保持在九成左右。相应地,15岁以下的儿童少年的比重增长,自"四普""五普"至"六普"时期,分别为6.2%、9.9%和8.6%。

2. 迁移者年龄增长,但增幅低于常住人口,低龄劳动年龄偏集现象改变

该时期,随着人口老龄化程度的发展、加深,迁移者的年龄也大幅提高,但较常住人口增长缓慢。"四普"时期,迁移者的平均年龄只有25.1岁,年龄中位值为22岁,"五普"时期,迁移者的平均年龄为25.8岁,年龄中位值也升高为24岁,至"六普"时期,迁移者的平均年龄较"四普"时期增长了5.2岁,为30.3岁,年龄中位值增长了7岁。同期,贵州人口整体的平均年龄从26.1岁增长至35.3岁,增长了9.2岁,中位年龄从21岁增长至34岁,增长了13岁(见图6.16)。

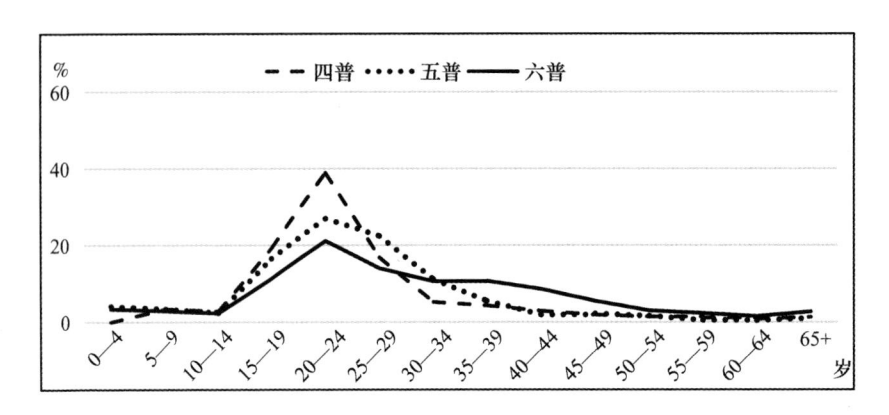

图 6.16 "四普"至"六普"时期迁移人口年龄结构

尽管各个时期迁移人口都以 20—24 岁组占比最高，但自"四普"至"六普"时期，该年龄组的人口占全部迁移人口的比重已从 38.8% 降至 21.1%。30 岁以下组的比重也自 81.1% 降至"五普"时期的 75.7%，直至"六普"时期的 55.0%。30—64 岁劳动年龄段人口的比重则自 17.6% 增至 42.2%。

3. 不同方向迁移者年龄结构变迁

"四普"至"六普"时期，省际迁入者的年龄一直位居最高。"五普"时期是省内迁移和省际迁出者的年龄排序的转折点。从"五普"时期开始，省内迁移者的年龄由最低升至次低；省际迁出者的年龄则自此由次低变为最低。此外，分性别而言，男性迁移人口的年龄整体高于女性（见表6.5）。

表 6.5　　　　　　1990—2015 年迁移人口年龄变迁①　　　　　　单位：岁

时间	类别	全部迁移			省际迁入			省际迁出			省内迁移		
		总	男	女	总	男	女	总	男	女	总	男	女
"四普"	平均年龄	25.1	26.1	24.3	27.6	28.7	25.8	25.1	26.9	24.3	24.1	24.3	23.8
	中位年龄	22.0	23.0	22.0	25.0	26.0	23.0	22.0	22.0	22.0	22.0	21.0	22.0

---

① 为了便于比较，该表中的年龄使用的均是调查时的年龄，且由于 2015 年只能获得汇总数据，因而无法获取该时期省际迁出人口的年龄结构。

续表

时间	类别	全部迁移			省际迁入			省际迁出			省内迁移		
		总	男	女	总	男	女	总	男	女	总	男	女
"五普"	平均年龄	25.8	26.5	25.2	27.2	28.9	25.4	24.4	25.0	23.8	25.0	25.5	24.6
	中位年龄	24.0	26.0	24.0	26.0	28.0	24.0	24.0	25.0	23.0	23.0	24.0	23.0
2005年	平均年龄	29.4	30.0	27.7	31.1	32.7	29.2	25.9	27.3	24.1	29.4	30.3	28.4
	中位年龄	28.0	30.0	26.0	32.0	33.0	29.0	24.0	26.0	22.0	28.0	30.0	27.0
"六普"	平均年龄	30.3	30.5	30.0	30.7	30.9	30.5	29.0	29.6	28.4	29.2	29.0	29.5
	中位年龄	28.0	28.0	27.0	28.0	28.0	27.0	27.0	28.0	26.0	29.0	29.0	28.0
2015年	平均年龄	31.6	31.5	31.7	32.6	33.4	31.5				31.3	31.0	31.7
	中位年龄	29.0	29.0	30.0	31.0	32.0	31.0				30.0	30.0	30.0

(三) 迁移人口的文化教育结构变迁

据前面的研究，该时期，迁移人口的文化教育水平逐步提升，且高于同期的常住人口，其文化教育结构主要呈以下特征：

1. 迁移者构成主体从"小学"和"初中"向"初中"和"高中"转变

整体而言，迁移人口中受教育程度的分布以"初中"及"小学"文化程度者为主体，但随时间推移，自"五普"时期，"初中"文化程度者的占比开始超过"小学"文化程度者。据"六普"时期的数据资料，迁移者中，"初中"文化程度的占比已增至42.4%，"高中"文化程度者的比重增长至第2位，并小幅超过小学文化程度者的比重。

2. 迁移者受教育程度低者占比越低、受教育程度高者占比越高

迁移人口的文化程度愈益提高还体现在，全部迁移者中，"小学及以下"文化程度低者的比重逐年降低，自1990年的15.4%降至"六普"时期的1.5%；而大学专科及以上文化程度高者的比重逐年上升，自12.1%增至"六普"时期的22.6%（见表6.6）。

表6.6　"四普"至"六普"时期贵州省际、省内迁移者文化教育结构　　　单位:%

受教育程度 \ 时间	1985—1990年	1995—2000年	2000—2005年	2005—2010年
小学以下	15.4	6.0	7.6	1.5
小学	32.3	33.3	32.6	14.7
初中	23.6	37.2	40.1	42.4
高中（含中专）	16.6	14.6	12.7	18.8
大学专科	5.9	4.5	4.3	11.9
大学本科及以上	6.2	4.6	2.7	10.7

3. 省际迁出组高等教育者占比最高

仅就省内和省外迁入人口而言，其文化教育结构的变迁亦与表6.7呈同样的特征和趋势。但该部分迁移者中，"大学本科及以上"文化程度者的比重整体低于全部迁移者，显然贵州省际迁出人口中，"大学本科及以上"人口的比重更高，高素质人才外流的趋势增强。

表6.7　1990—2015年贵州省外迁入、省内迁移者文化教育结构①　　　单位:%

受教育程度 \ 时间	1985—1990年	1995—2000年	2000—2005年	2005—2010年	2000—2015年
小学以下	14.1	8.7	8.5	4.5	4.4
小学	29.2	30.6	32.3	27.9	23.3
初中	23.1	27.4	35.7	36.8	40.1
高中（含中专）	23.6	21.4	14.9	17.3	15.3
大学专科	8.1	7.5	5.2	7.6	9.5
大学本科及以上	1.9	4.3	3.4	5.9	7.2

---

① 为同2015年数据进行比较，表中仅使用了1990—2015年的省内迁移和省外迁入者的文化程度。

纵向而言，在该时期的两头，即1990年和2010年，贵州省际迁出人口中"大学本科及以上"高学历人口占比最高，这也体现了，在人口迁移活动逐步放开的初期，代表远距离、由经济不发达地区向经济发达地区迁移的跨省迁出人口中，高学历者占有优势，其迁移可能性也更高。其后，随着经济的发展和各项限制迁移政策的松动，低学历人口的迁移日益活跃，淡化了高学历人口在迁移者中的比重。然而，随着时间的推移，经济发达地区对人才的虹吸效应日渐凸显，高学历人口的流动性增强。

（四）迁移人口的职业结构与产业结构

该时期，迁移人口中在业者的比重基本稳定在3/4左右。1990年为72.3%，2000年为72.5%，2005年为75.7%，2010年为73.4%。但在业者的职业结构发生了重要的变迁。据第二章的分析可知，农业户籍人口在1949年以来很长的时期内基本等同于农业从业人口，但是这一情况在改革开放以来，随着经济社会的变革发生了极大的变化，农村中农业人口的地域和产业转移现象十分突出。据1990年、2000年、2005年和2010年的普查或人口抽样调查资料，迁移人口中农业户籍人口的比重分别为62.3%、67.3%、79.4%和70.5%，其中，省际迁移人口中农业户籍者的比重还更高。但是迁移在业者中"农林牧副渔、水利生产人员"的比重仅在"四普"时期略高于五成，其后便迅速降低，显然农业户籍人口中，越来越多的人口从农业中分离出来转向其他产业（见表6.8）。

表6.8　"四普"至"六普"时期在业迁移人口的户口性质　　单位:%

时间 户口 性质	1985—1990年			1995—2000年			2000—2005年			2005—2010年		
	省际迁入	省内迁移	省际迁出	省际迁入	省内迁移	省际迁出	省际迁入	省内迁移	省际迁出	省际迁入	省内迁移	省际迁出
农业户口	84.6	50.3	65.3	69.0	52.0	88.7	76.9	70.5	95.1	65.9	81.1	82.2
非农业户口	15.4	49.7	34.6	31.0	48.0	11.3	23.1	29.5	4.9	34.1	18.9	17.8

农业人口职业结构变迁

本章中，迁移人口中在业人口的职业结构①的变迁正体现了迁移人口从农业向非农业、从第一产业向第二、第三产业的转移。

（1）"四普"时期一产从业人员占主导

"四普"时期，迁移人口的职业构成主要为"农林牧渔、水利生产人员"，其在全部在业迁移人口中的比重高达51.5%。排第2位和第3位的分别是"生产工人、运输工人和有关人员"及"商业服务人员"。分迁移方向而言，除省际迁入者中"生产工人、运输工人和有关人员"的比重略高于"农林牧渔、水利生产人员"外，省内迁移和省际迁出者中，"农林牧渔、水利生产人员"的比重均在各类迁移者中占比最高。最为突出的是省际迁出人口中，"农林牧渔、水利生产人员"的比重逾七成（70.3%）。显然，该时期，农业人口向非农产业的转移尚在起步阶段（见表6.9）。

表6.9 "四普"至"六普"时期在业迁移人口的职业构成②　　单位：%

时间 职业	1985—1990年	1995—2000年	2005—2010年
国家机关、党群组织	1.1	1.2	2.4
专业技术人员	8.0	5.3	8.3
办事人员和有关人员	3.4	3.1	4.7
商业服务人员	15.2	15.2	34.7
农林牧渔、水利生产人员	51.5	23.0	10.4
生产运输设备操作人员及有关人员	22.8	52.0	39.1
不便分类的其他从业人员	0	0	0.4

（2）"五普"时期二产从业人员占主导

"五普"时期，迁移人口的职业构成中，"农林牧渔、水利生产人

---

① 本处主要以迁移人口的职业大类进行划分。
② 1990年的职业分类中，商业人员和服务人员分开登记，本表中为了便于比较，将二者进行了合并。

员"与"生产工人、运输工人和有关人员"的比重较"四普"时期发生了倒置,"生产工人、运输工人和有关人员"成为迁移人口的主体,比重高达52.0%。

其中,职业分布变化最为显著的属省际迁出人口,其职业构成主体"农林牧渔、水利生产人员"的比重自68.0%迅疾降低至20.4%,转而以"生产设备操作人员及有关人员"代之,且比重高达70.3%。

省内迁移与省际迁入人口中,"农林牧渔、水利生产人员"的比重较省际迁出者高,因而该部分迁移人口的职业构成以"农林牧渔、水利生产人员""生产工人、运输工人和有关人员"与"商业服务人员"三者并重,但其"农林牧渔、水利生产人员"的比重也都低于"生产设备操作人员及有关人员"。显然,"五普"时期,根据迁移人口的职业结构变化判断,大量农业人口,特别是省际迁出农业人口已发生了从第一产业主要向第二产业的转移。

(3)"六普"时期三产和二产从业人员双主体

2010年,"农林牧渔、水利生产人员"比重下降的趋势进一步发展,省际迁出人口中,"生产设备操作人员及有关人员"的比重下降至39.1%,"商业、服务人员"的比重增至34.7%,在业迁移人口职业构成由单极化向"商业、服务人员"与"生产设备操作人员及有关人员"双主体转变,且除省际迁出人口外,在省际迁入人口和省内迁移人口中,"商业、服务人员"的比重均排序第1位。进入21世纪,农业迁移人口中从第一产业向第三产业转移者显著增长,农业迁移人口的大多数都实现了从第一产业向第二、三产业的转移。

综上,从"四普"时期至"六普"时期,迁移人口在实现跨地域迁移的同时,也实现了从农业向非农业即从第一产业部门向第二产业部门并逐步向第三产业部门的分阶段转移。其中,以"五普"时期为转折,"四普"至"五普"时期是迁移人口从第一产业部门向第二产业部门的重要阶段,之后,从第一产业中转移出来的人口不仅向第二产业,更向第三产业溢出,从方向上看,尤以省内迁移者显著。显然,这与贵州自改革开放以来经济结构优化、产业结构升级,特别是2000年以来西部开发和新阶段脱贫工作的推进,以及东部产业向西部转移有着密切的联系。

第三节 贵州人口迁移原因的变迁

我国的全国性人口迁移调查始于1982年的"三普",但有关迁移和流动原因的调查自1986年方有涉及,迄今为止共有8次,即74镇人口迁移抽样调查、1987年全国1%人口抽样调查、1988年全国生育节育抽样调查、1990年"四普"、1995年全国1%人口抽样调查、2000年"五普"、2005年全国1%人口抽样调查、2010年"六普"和2015年全国1%人口抽样调查。

上述时间上跨越30年的各类调查或普查中,对迁移原因的定义有很大差别。就本研究所利用的自"四普"以来的普查和抽样调查资料来看,其中对人口迁移原因的分类根据所处的历史时期及其人口现状的变迁也有个别项目发生变迁,但主体分类大致相同。

如"四普"中迁移原因及排序为:"工作调动""分配录用""务工经商""学习培训""投亲靠友""退休退职""随迁家属""婚姻迁入""其他"。而"五普"中,迁移原因的顺序变动为"务工经商""工作调动""分配录用""学习培训""拆迁搬家""婚姻迁入""随迁家属""投亲靠友""其他",且"退休退职"这一项被"拆迁搬家"所替换,显然,"五普"时期的项目设置,顺应了20世纪90年代劳动就业型迁移中,"务工经商"重要性上升的趋势;随着国家劳动用工制度的改革,统包统配的劳动制度的终结,在"六普"中,"分配录用"这一项被去除,劳动就业型迁移的三个类别中,保留了"务工经商"和"工作调动"两项,但增设了"寄挂户口"项,其顺序变更为"务工经商""工作调动""学习培训""随迁家属""投亲靠友""拆迁搬家""寄挂户口""婚姻嫁娶"和"其他"。而2015年的抽样调查项目中则用"工作就业"涵纳了"工作调动"和"务工经商"两项,去掉了"投亲靠友"项,增加了"改善住房"和"为子女就学"两项。

一 不同迁移方向迁移原因变迁

(一) 迁移者整体概述

如图 6.17 所示,从"四普"至"六普"时期,就全部迁移者可比的迁移原因①来看,最为突出的一则是婚迁人口的比重由"四普"时期的首位逐年下降至较低点。二则是劳动就业型迁移中,因"务工经商"而发生的迁移比重逐年增高,自"五普"时期开始便一直居首位,且占绝对主导位置,而"工作调动"的比重则逐年下降。三则发展型的"学习培训"类迁移占比较为稳定,且略有回升,占比虽不高,但排序上升至第 2 位。值得注意的是,"学习型"迁移的这种回升是基于市场化力量增强,以经济动机拉动的就业型迁移占据主导的背景下发生的,其意义不同于计划力量仍较强、计划型迁移为主导时期的前位排序。四则是"随迁家属"此类家庭团聚型的迁移,其比重经过了"五普"阶段的上升后,在"六普"时期略有回落,但相对稳定在 10% 的位置,且排序有所提升。据前面的分析可知,不同迁移方向的迁移原因亦有所差异,因而本部分将进一步具体探究各迁移方向人口迁移原因的变迁。

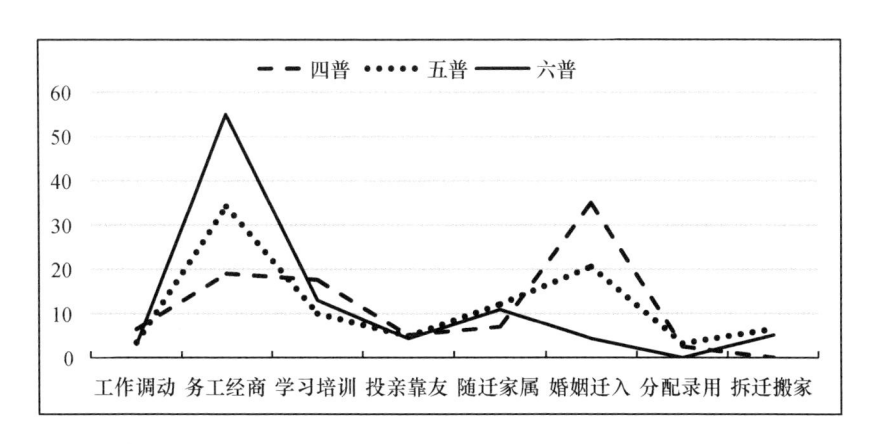

图 6.17 "四普"到"六普"时期贵州人口迁移主要原因

---

① 如前述,"四普"至"六普"中,关于迁移原因的调查其中有所增减,此处保留了至少两个年份共有的项目。

(二) 省际迁移

1. 概述

该时期，省际迁移原因的变迁主要有如下特征：其一，省际迁出的主要原因经历了由婚迁为主、劳动就业及其相关类为辅，至劳动就业及其相关类为主、婚迁为辅的转变。其中，劳动就业相关的迁移中，又以"务工经商"类的主导地位逐渐增强、而"工作调动"则逐渐弱化。其二，就省际迁入而言，迁移原因的变化主要是量的变化，"务工经商"类迁移的比重虽经历了"五普"时期的一度下降，但始终是主导迁移的首要因素。

从省际迁出来看，自1990—2015年，贵州省际迁出人口的迁移原因单极化倾向十分显著，但迁移的首要因素自"五普"时期便由"婚姻迁入"转变为"务工经商"。

据"四普"资料显示，其时省际迁出的原因以"婚姻迁入"为主，且比重高达49.9%。排第二梯队的是劳动就业类（"工作调动"9.5%、"务工经商"9.1%）及其相关的学习培训（12.6%）以及"随迁家属"（7.5%）；"五普"时期，劳动就业中因"务工经商"迁至外省者的比重升至首位，且高达62.9%，"婚姻迁入"比重下降了32.1个百分点，虽居第2位，但仅占省际迁出者的17.8%。"随迁家属"（7%）的比重较为恒定，排序第3位，"学习培训"降至4.2%，排第4位，其余5类迁移合计占比仅8.1%；"六普"时期，因"务工经商"省际迁出者的比重继续增至66.7%，仍居首位，婚迁的比重及排序（6.2%，排序第3位）进一步下降，而因"学习培训"迁移的比重上升至10.2%，排第2位。

省际迁入人口的迁移原因同样亦呈单极化态势，但"务工经商"在各个时期一直是迁移的首因和主因。"四普"时期，省际迁入中，因该项原因迁移者的比重为49.7%，婚迁其次，占比20.8%。"五普"时期，"务工经商"迁入者的比重一度下降，为38.3%，"随迁家属"（17.4%）排第2位，婚迁（11.4%）降至第三位，2005年，"务工经商"迁入者的比重恢复至51.5%，"随迁家属"（14.5%）比重略有下降，但仍排第2位，"婚姻嫁娶"（12.8%）和"投亲靠友"（10.6%）分别位列第三和第四，"六普"时期，"务工经商"者的比重复升至61.3%，"随迁家属"（13.7%）和婚迁（7.7%）仍分别排第2位和第3位，但比重均有所下降。自"五普"以来，省际迁入原因的位序恒定，但"务工经商"的单级倾向增强。

2. 东中西部迁移

（1）迁至东中西部原因

以东中西部为迁移目的地来看，"四普"至"六普"期间，贵州省际迁出人口的比重分别为51∶28∶21，76∶7∶17和85∶4∶10，迁至东部人口比重最高，极化现象十分显著。该部分的研究也根据可得数据，通过按迁移原因计和按地区计两个视角来分别考察人口迁移原因。

首先，分迁移原因来考察贵州迁至东中西部的人口分布变迁。"四普"时期，劳动就业和婚迁型的迁出者主要集中于东部地区。"分配录用""婚姻迁入""工作调动"和"务工经商"迁移占比分别高达69.6%、63.0%、56.4%和51.9%。"学习培训"迁移则主要迁往西部地区，占比高达70.4%，"退休退职"迁移也基本迁往东部和西部，合计占比90%，该类型的迁移与前述改革开放前计划命令型迁入人口的返迁相关。"投亲靠友"者主要迁往西部地区，东部次之，"随迁家属"则主要迁往东、中部地区，合计达84%（见图6.18—图6.20）。

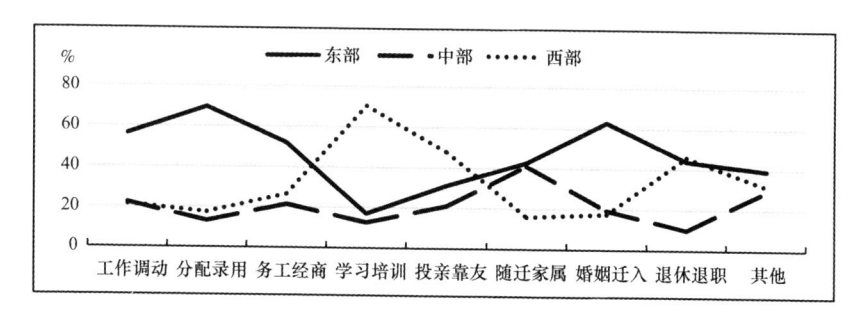

图6.18　1985—1990年分迁移原因的迁至东西部人口

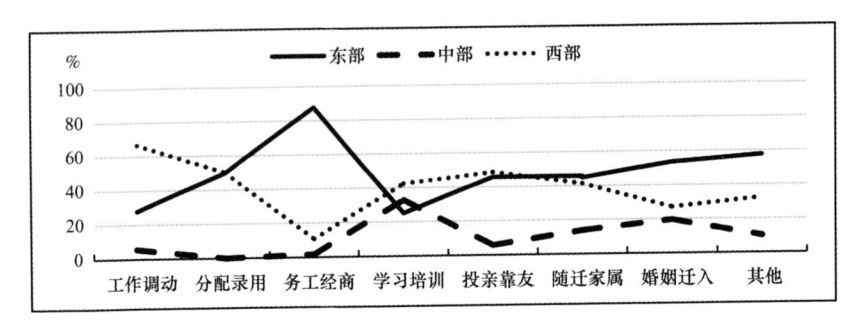

图 6.19　1995—2000 年分迁移原因的迁至东中西部人口

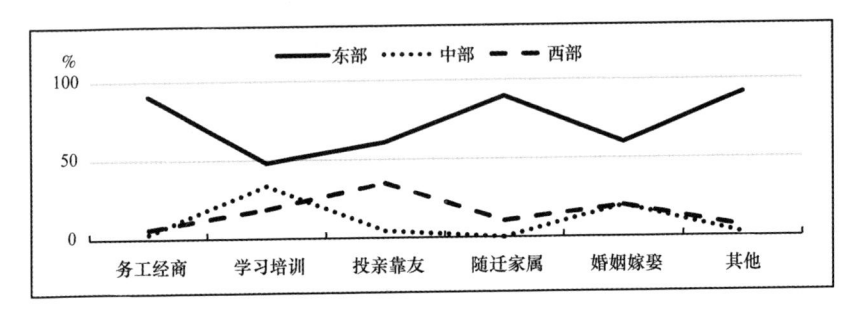

图 6.20　2000—2005 年分迁移原因的迁至东中西部人口

"五普"时期,贵州各类原因迁出人口的目的地选择上,出现东部强化、中部弱化的趋势。"婚姻嫁娶"迁移的主要目的地仍是东部地区,劳动就业型迁移内部出现分化,"工作调动"迁移向西部和中部转移,"分配录用"迁移东中部并重,"务工经商"人口朝东部单极集中化,"学习培训"迁移则自西部开始向中、东部地区分流,"投亲靠友"和"随迁家属"的目的地由中部向东部转移,且东西部并重。2005 年,贵州省际迁出人口中,无论因何种迁移原因迁出者,迁移目的地则进一步朝东部集中。

其次,按地区来看各地贵州跨省迁入人口的迁移原因分布变迁,发现迁移原因均经历了由"婚姻迁入"为主向"务工经商"为主的转变。不同之处在于,转变时间存在显著的地区差异。东部地区的转变最早,且在"五普"时期"务工经商"迁移的极化现象已十分突出,而该时期,西部地区尚处在由婚迁型向"务工经商"转变的过渡期,至 2005 年,迁至西部地区的"务工经商"型人口也完全占据了主导地位,其他类别的迁移原因则均在低位分散。中部地区的转变最为滞后,同时,至中部地区的主导型迁移虽同样发生了婚迁向"务工经商"迁移的转变,但主导型迁移原因并非独大,"学习培训"迁移比重一直较高,居于次主要位置。

(2)东中西部迁入原因

考察因各类原因跨省迁入贵州人口的来源地分布。自"四普"时期至 2005 年,东中西部迁入贵州的人口的比重分别为 16∶16∶68,27∶26∶47 和 26∶18∶43,东部迁入人口比重有所增长,西部迁入人口比重降低,但仍占据主导。从省际迁入人口主要迁移原因的变迁来看,"四普"时期,各类型迁入者中,除"学习培训"和"随迁家属"外,均主要来源于西部地区。显然,该时期,除去告老还乡和随迁等原因,中东部人口迁入水平均低于西部。"五普"时期,省际迁入人口中,西部迁入人口比重已从"四普"时期的 68.4% 降至 47.2%,但无论何种原因迁入贵州的人口中,西部占比均高于中东部地区。

至 2005 年,从主要的迁移原因看,迁移人口的格局较"五普"时期进一步清晰化,各类迁移原因的迁入人口来源地占比仍以西部地区最高,中部地区次之,该地区与东部地区交错起伏的分布状况改变,东部则沉淀在最低部(见图 6.21—图 6.23)。

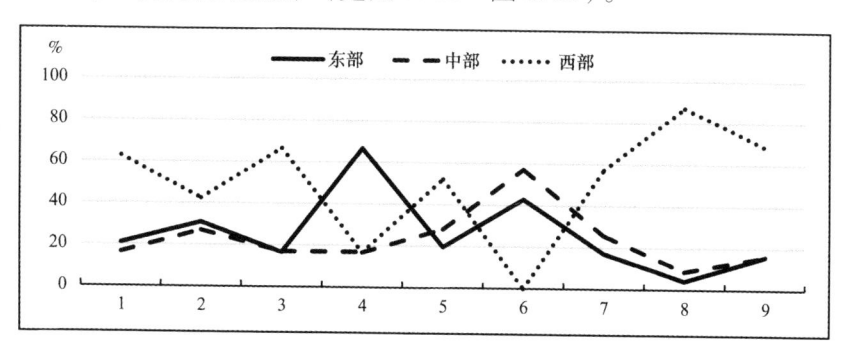

图 6.21　1985—1990 年分迁移原因的东中西部迁入人口分布

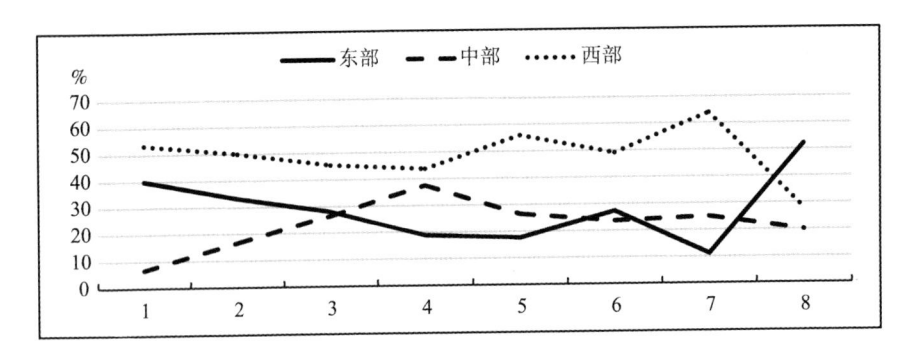

图 6.22　1995—2000 年分迁移原因的东中西部迁入人口分布

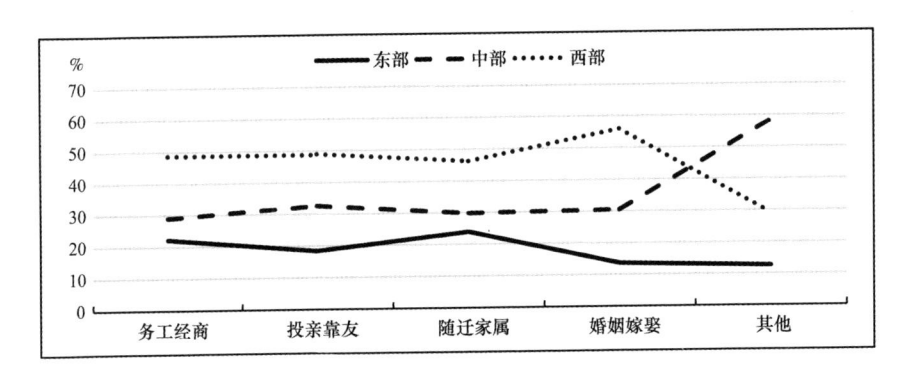

图 6.23　2000—2005 年分迁移原因的东中西部迁入人口分布

再按地区分东中西部来考察其地迁入贵州的人口的主要迁移原因,自无论东中西部,主要迁移原因的变迁十分一致。"四普"至今,均以"务工经商"为主,"婚姻迁入"和"随迁家属"为辅,"随迁家属"的比重自"五普"时期上升并略超"婚姻迁入"。

3. 邻省迁移

前已述及,贵州与云南、四川、广西、湖南以及重庆五省市毗邻。改革开放初期,从迁入人口的强度而言,贵州人口迁移的主要目的地和来源地都集中于相邻省区。"四普"时期,省际迁出人口中,迁至邻省和非邻省的比重约为 4∶6,"五普"时期以后,省际迁出人口的邻省指向开始弱化,并被东部沿海指向取代。五普时期自贵州迁出人口中,迁至邻省与非邻省的比重变更约为 2∶8,至 2005 年已降至约 1∶9,"六普"时期为 1∶9,2015 年约为 1∶9,迁至邻省人口占比徘徊在10%左右。而迁入人口尽管一直以邻省来源为主,但也逐渐呈现中部来源人口比重上升,东部进一步减少的变化。

(1) 迁至邻省与非邻省原因

经典的迁移理论认为,人口迁移遵从距离规律。即一般而言,迁移规模与迁移距离成反比,同时人口迁移始于近距离的迁移,然后逐级外迁扩散。本研究发现,贵州人口迁移这种地域上的逐级外迁仅表现在推、拉力较为稳定均衡时,而在某地拉力因素崛起并远超过其他地方时,人口迁移会突破距离因素,不再是尝试性的逐级外迁,往往会一步到位,这尤其体现在省际迁出人口的目的地发生了由邻省至非邻省的变迁上。

如图6.24—图6.26所示,按迁移原因分,"四普"时期,"学习培训"和"投亲靠友"者主要迁往邻省,"工作调动"和"退休退职"者迁往邻省与非邻省的比重较为均衡,"务工经商""婚姻迁入""随迁家属"类的迁移则以迁往非邻省为主。

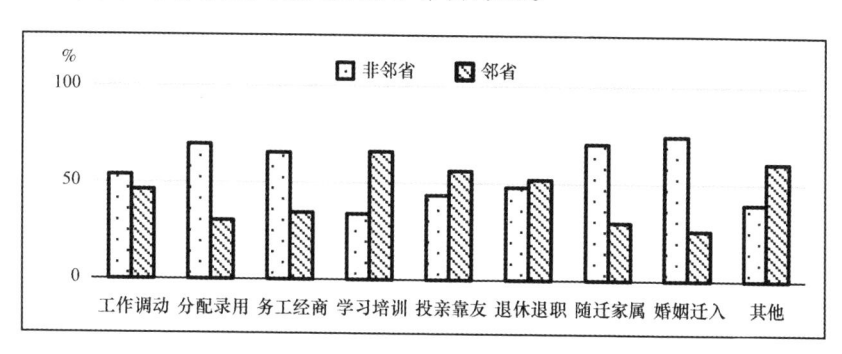

图6.24　1985—1990年分迁移原因的迁至邻省与非邻省人口分布

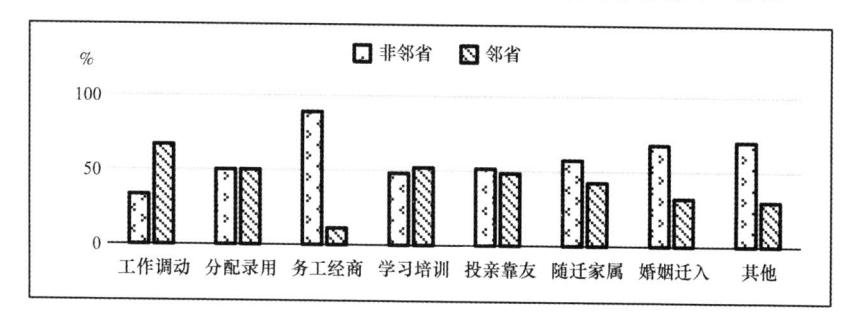

图6.25　1995—2000年分迁移原因的迁至邻省与非邻省人口分布

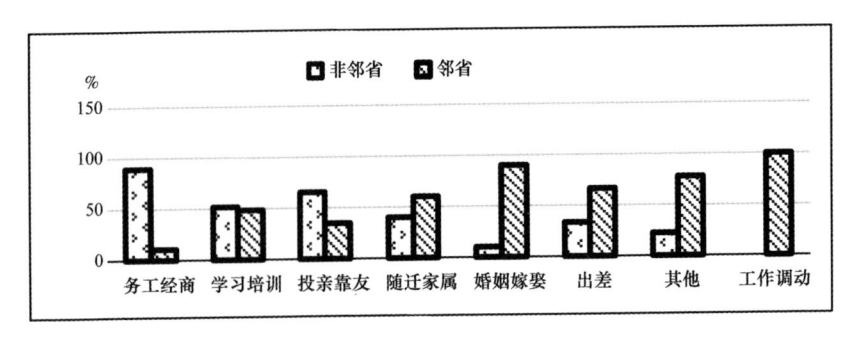

图 6.26 2000—2005 年分迁移原因的迁至邻省与非邻省
人口分布

"五普"时期，各类劳动就业型迁移人口的迁移在距离上发生分化，其中，"务工经商"型进一步往非邻省集中，其占比自"四普"时期的 65.4% 升至 89.0%，"工作调动"和"分配录用"这两类户籍型迁移的比重则开始往邻省位移。"学习培训"和"投亲靠友"则开始由邻省向非邻省位移。此外，婚迁至邻省的占比有所提高。2005 年 1% 人口抽样调查资料显示，该时期，"务工经商"型迁移保持"五普"时期的高占比格局，"学习培训""投亲靠友"和"随迁家属"等类型的迁移更进一步向非邻省集中，婚迁至邻省的比重进一步提高至 40.0%，工作调动占比低，且仅迁往云南。

再按迁移地类别，考察邻省与非邻省迁移者的原因变迁。迁至非邻省者"四普"时期以"婚姻迁入"为主（59.1%），自"五普"时期便转而以"务工经商"（71.1%）为主，且极化现象加剧，2005 年，"务工经商"比重已占迁往全部非邻省者的 89.2%。

而迁至邻省者的原因分布在"四普"和"五普"时期都较为分散。在"四普"时期主要以"婚姻迁入"和"学习培训"为主，二者合计占比 56.7%，"五普"时期，迁至邻省者中"学习培训"的比重下降并被"务工经商"（32.5%）取代，婚迁仍占 26.8%，居第二位。2005 年，迁至邻省人口的迁移原因也出现极化现象，"务工经商"迁移独占了 67.7% 的比重。

(2) 邻省与非邻省迁入原因

按迁移原因划分，则"四普"时期，非邻省迁入贵州者，"学习培训"和"退休退职"的比重高于邻省迁入者，"分配录用"的比重也较平均，其他则是邻省高于非邻省。"五普"时期，邻省迁入在各类迁移原因中均占据了主导地位，至2005年，除"投亲靠友"外，各类迁移原因中，邻省迁入的比重更高（见图6.27—图6.29）。

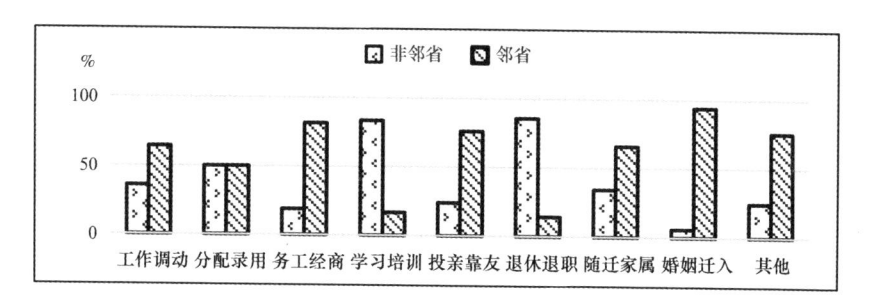

图6.27 1985—1990年分迁移原因的邻省与非邻省迁入人口

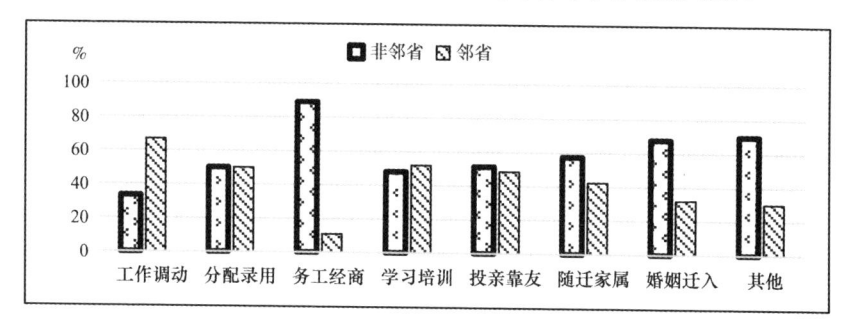

图6.28 1995—2000年分迁移原因的邻省与非邻省迁入人口

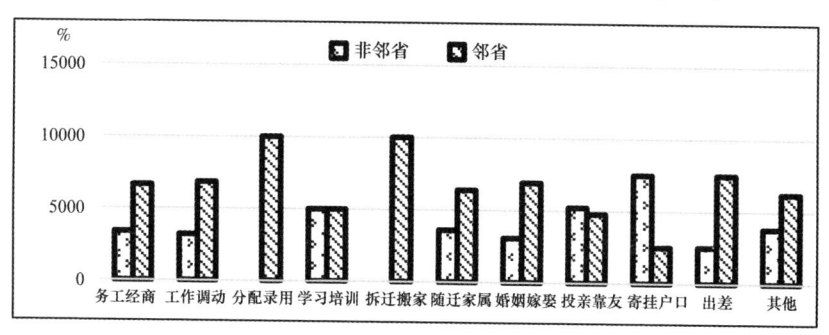

图6.29 2000—2005年分迁移原因的邻省与非邻省迁入人口

再以来源地分别考察邻省和非邻省人口迁入的原因发现，该时期，邻省迁入以"务工经商"为主，次要的迁移原因则经由"婚姻迁入"，自"五普"时期开始转变为"随迁家属"和"婚姻迁入"。非邻省迁入同样以"务工经商"（44.5%）为主，次要的迁移原因则由"工作调动"和"随迁家属"转变为"随迁家属"、"投亲靠友"和"婚迁嫁娶"。分邻省和非邻省而言，迁入人口的迁移原因基本趋同。

（三）省内迁移

如图 6.30 所示，就省内迁移原因而言，迁移原因相对省际迁移集中度不高、分布较为分散，主导型的迁移原因，其比重也只在 3 成左右。省内迁移的变迁轨迹也发生了从以"学习培训"和"婚姻迁入"为主、"务工经商"为辅，向以"务工经商"为主、"随迁家属"和"学习培训"为辅的转变。也即省内迁移的发展方向是劳动就业型迁移为主体，兼以家庭型和发展型迁移。同时，与省际迁移相同，婚迁在省内迁移中的重要性也日渐下降。此外，该时期省内迁移中与政策相关的时期性迁移也较为突出，如"五普"时期，"拆迁搬家"型迁移的占比突出，位列第二，至"六普"时期急速下降了 12.4 个百分点，位序也降至第 5 位。

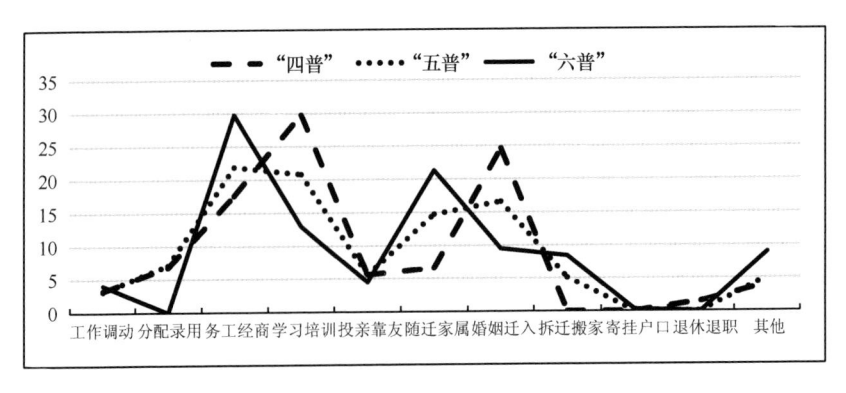

图 6.30 "四普"至"六普"时期贵州省内人口迁移主要原因

具体而言，"四普"时期，省内迁移的原因主要集中于"学习培训"（29.8%）、"婚姻迁入"（24.6%）和"务工经商"（17.6%）。

"五普"时期，"务工经商"（21.9%）增长至第1位，"学习培训"和"拆迁搬家"（各20.8%）并列第2位，"婚姻迁入"（16.6%）、"随迁家属"（14.7%）紧随其后。2005年，"务工经商"（35.9%）仍排序第一，且比重上升较大，"随迁家属"（16.7%）上升至第2位，"婚姻迁入"（12.9%）、"学习培训"（12.6%）紧随其后。

"六普"时期，"务工经商"（29.8%）的比重进一步提高，与其他各类迁移原因拉开距离，"随迁家属"（21.3%）的比重也提高至第二位，随后是"学习培训"（13.0%）和"婚姻迁入"（9.5%）分别降至第3、4位。

据2015年的1%人口抽样调查资料，劳动就业相关的项目被统称为"工作调动"，其比例为32.2%，排首位，排第2位至第4位的与"六普"时期完全相同，分别是"随迁家属"（22.8%）、"学习培训"（10.7%）、"婚姻迁入"（10.6%）。

二 不同性别迁移原因变迁

（一）迁移者整体概述

综观省际迁出、省际迁入和省内迁移此三类的全部迁移人口，男女两性迁移原因的结构分布自"四普"时期至"六普"时期经历了相异至趋同的变迁。

男性迁移者在各个时期均以劳动就业相关型的迁移为主体，相应的随迁家属其次，但其劳动就业相关的迁移内容也发生了由多极均衡向单极突出的变迁以及由体制内就业向体制外就业的延展。

而女性人口迁移原因转变的阶段性特征更为显著。以"五普"为分水岭，女性迁移人口迁移的主要原因则是由单极化走向分散化，由婚迁为主转向"务工经商"为主、随迁及婚迁辅之。

具体而言，"四普"时期，男性迁移人口中则以"务工经商"（31.9%）、"学习培训"（24.5%）和"工作调动"（11.1%）等劳动就业相关的迁移为主。"五普"时期，其迁移原因的结构变化不大，"务工经商"（31.3%）、"学习培训"（20.8%）的比重变化不大，位序也仍居第1、2位,"随迁家属"(12.9%)的比重上升,使得"工作调动"(9.4%)的位序下降。"六普"时期,男性迁移的主因仍是"务工经商",但比重有了较大的上升,为41.2%,"学习培训"(11.5%)的比重下降,"随迁家属"(17.8%)取而代之,排序第2位。

"四普"时期,女性婚迁人口的比重高达58.1%,"学习培训"居于次位,但仅占12.3%,"务工经商"(9.1%)不足一成,排第3位。

至"五普"时期,女性人口迁移原因分散化,婚迁的比重降至27.1%,但仍居首位,"学习培训"(20.7%)、"随迁家属"(16.1%)和"务工经商"(14.3%)的比重也相应上升。"六普"时期,女性迁移人口的首要因素转变为"务工经商"(28.4%),排第2位的为"随迁家属"(22.4%),这一时期,婚迁的比重降至15.2%,序位也降至第3位,"学习培训"排序第4位(见图6.31)。

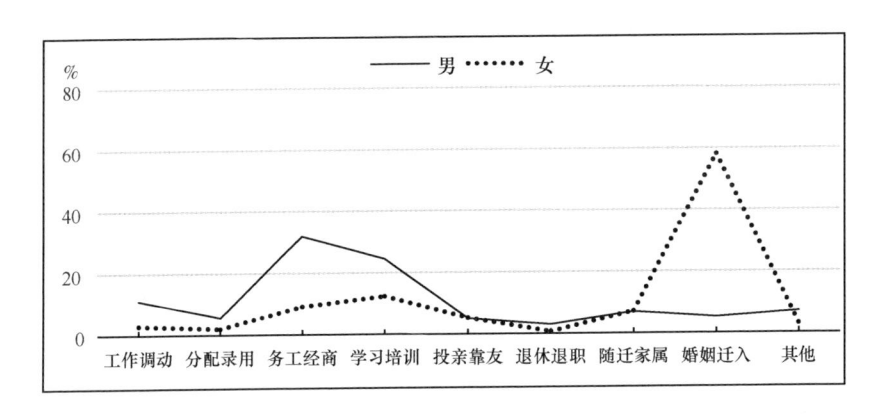

图6.31 "四普"时期分性别的迁移原因分布

综上,男性迁移原因的变迁充分体现了社会经济变革进程中,不同地区的历史基础和发展进度的差异,也体现了劳动力资源配置体制的变迁。而女性迁移原因的变迁,更突出地体现了在地区经济发展差距凸显的过程中,社会经济的发展带来的女性谋生和发展方式的变迁。自"四普"时期的以婚迁为绝对主体,经由"五普"时期的婚迁同劳动就业相关型迁移、随迁家属并重的过渡阶段，至"六普"时期，其主要迁移原因的分布趋于与男性相似，以劳动就业相关型迁移为主体，随迁人口紧随其后，婚迁比重进一步大幅下降。但女性迁移者中，婚迁仍占15.2%，且远高于男性，而劳动就业相关型迁移的比重则仍远低于男性（见图6.32、图6.33）。

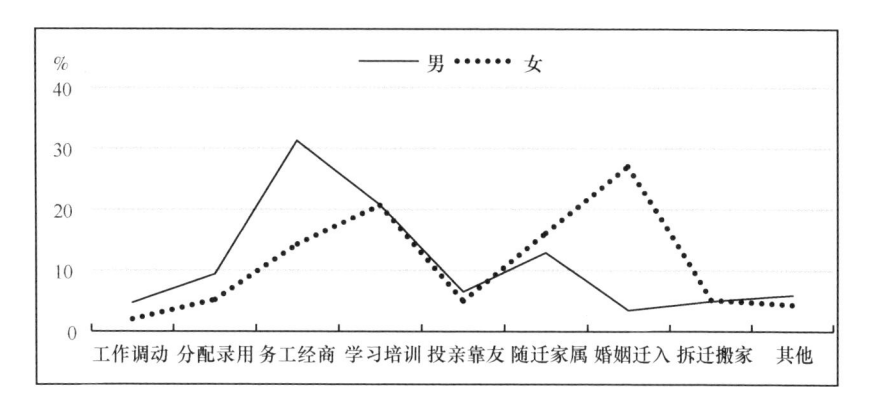

图6.32 "五普"时期分性别的迁移原因分布

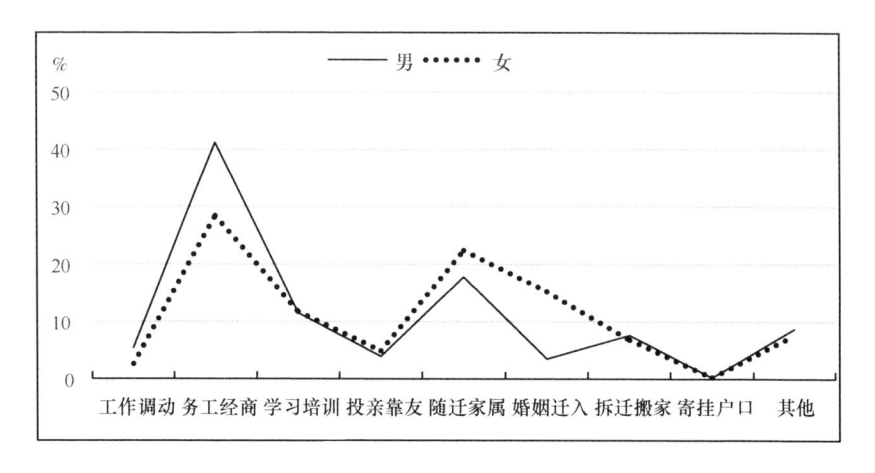

图6.33 "六普"时期分性别的迁移原因分布

（二）省际迁出

1. 男性从劳动就业和学习发展型多极向劳动就业型单级转变

省际迁出男性以劳动就业相关型迁移占主导，但不同时期略有差别。"五普"之后,男性主导的迁移原因由"工作调动""务工经商"和"学习培训"等"多极"向务工经商"单级"发展。

省际迁出男性在"四普"时期,迁移原因以"工作调动"(21.4%)、"务工经商"(21.1%)和"学习培训"(20.9%)为主,自"五普"时期,省际迁出男性中迁移原因由多极向单级发展,"务工经商"者的比重高达77.0%,"六普"时期,省际迁出男性中,"务工经商"的比重升至74.5%,学习培训(9.5%)较"五普"时期上升了3.1个百分点,居第2位。

2. 女性从婚迁型向劳动就业型转变

"四普"时期,女性迁移原因呈"婚迁"单极化的特征,比重高达71.2%,居第二位的"学习培训"仅占8.8%。"五普"时期,女性省际迁出原因的分布出现转折,"务工经商"的比重上升至51.3%,位居第一,婚迁的比重大幅下降至31.4%。"六普"时期,女性迁出者中"务工经商"的比重进一步提高至57.7%,婚姻迁移的比重下降至12.4%,但仍居第二位,同时"学习培训"的比重提高到11.0%。

(三)省际迁入

就省际迁入而言,男性的迁移原因主要是劳动就业型,之后,家庭团聚型的随迁比重也有所上升。女性则经由婚迁为主向劳动就业为主变迁。

1. 男性以劳动就业型为主导

"四普"时期,男性省际迁入人口以"务工经商"(65.0%)占绝对多数,工作调动(9.3%)次之。"五普"时期,男性省际迁入人口中"务工经商"的比重一度下降(51.2%),但仍居首位,随迁家属的比重上升至第2位,为11.9%,"投亲靠友"占比8.9%,"六普"时期,男性省际迁入者中"务工经商"者的比重升至69.4%,排第2位的仍是"随迁家属"(10.7%)。

2. 女性从婚迁型向劳动就业型转变

女性省际迁入人口在"四普"时期则以婚迁比重最高,为42.4%,"务工经商"的比重为25.6%,"投亲靠友"(11.5%)和

"随迁家属"（11.0%）排第三级。"五普"时期，女性省际迁入人口中"务工经商"者和"随迁家属"并列第一，占比23.6%，婚姻迁入占比22.3%，排第2位，投亲靠友（12.8%）列第3位。至"六普"时期，女性省际迁入者中"务工经商"者的比重已增至49.3%，其次是"随迁家属"（18.4%）和婚姻迁移（14.3%）。显然，省际迁入女性人口迁移原因的变迁也体现了明显的阶段性，同样以"五普"为转折点，从婚迁为主转变为以"务工经商"为主。

（四）省内迁移

省内迁移中男女两性迁移原因的变迁趋势与省际迁移基本一致。男性迁移者的迁移原因主要是劳动就业及其相关的学习发展型迁移，随迁类的家庭型迁移也逐步增多。而女性迁移原因则经过"五普"时期的过渡，彻底由婚迁为主、劳动就业相关型为辅向劳动就业相关型为主、家庭团聚型迁移为辅的转变，婚迁已不再是女性迁移的主要动因。

1. 男性从学习发展和劳动就业型向劳动就业型单级转变

"四普"时期省内迁移男性中，"学习培训"的比重最高，为38.7%，其次为"务工经商"（23.3%）和"分配录用"（9.7%），"五普"时期，男性迁移者中"务工经商"（46.0%）上升为第1位，"学习培训"（11.1%）和"随迁家属"（10.4%）列第2位和第3位。"六普"时期，男性迁移者中"务工经商"的比重已增至64.0%，"随迁家属"的比重为11.5%（见图6.34）。

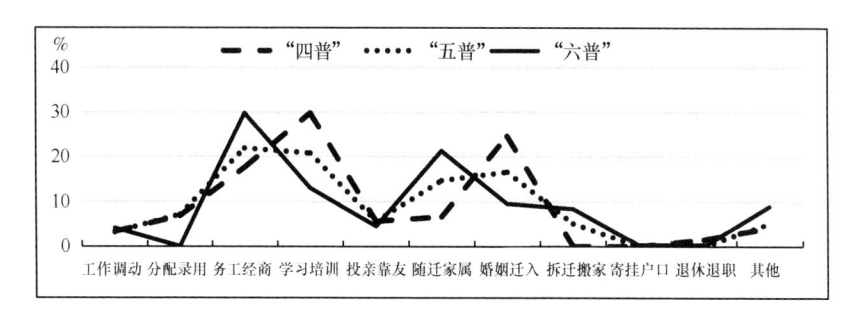

图6.34 "四普"至"六普"时期贵州省内人口迁移主要原因

2. 女性从婚迁型向劳动就业型转变

"四普"时期，女性迁移者中同样是婚迁比重最高，为43.3%，其次为"学习培训"（21.1%），务工经商者也有12.0%。"五普"时期，女性迁移者中，婚迁比重降低至33.8%，但仍居第1位，"务工经商"（25.1%）上升至第2位，"随迁家属"（13.5%）位列第三。至"六普"时期，女性迁移者中"务工经商"的比重已升至52.8%，"随迁家属"的比重为15.4%，位居第二，婚迁（7.6%）虽位列第三，但较"四普"时期已下降了82.4%。

显然，改革开放以来，随着社会经济的发展，无论省际迁移还是省内迁移，男女两性的迁移原因的分布最终都主要落脚在劳动就业型迁移为主、随迁类的家庭团聚型为辅的模式上。但对女性迁移者而言，婚迁虽不再居于主导地位，却仍占有一席之地。

三　不同年龄迁移原因变迁

前已述及，迁移人口的年龄主要以劳动年龄阶段为主，较常住人口和非迁移人口，其年龄结构更年轻化，但劳动年龄段的人口在不同时期、不同方向的迁移原因也有所差别。

（一）迁移者整体概述

1. 不同年龄迁移原因与生命周期

自"四普"时期至2015年，在相应的各调查时期，迁移者中，各年龄段迁移原因分布的差别主要体现了生命周期规律，尤以低龄组和高龄组的迁移最能体现这一特征。数据显示，历次调查中，15岁以下者和60岁以上者均以随同迁移为主，15—19岁组基本以学习型迁移为主。20—59岁年龄段的迁移则主要以劳动就业型为主，同时，该年龄区间中，20—29岁者婚迁的比重也十分高。

2. 劳动年龄迁移者迁移原因变迁

但随着时间的变迁，由社会经济背景的变化及个体导致的迁移原因的变迁仍有迹可循，这主要体现在20—59岁劳动年龄段迁移者的迁移原因分布变迁上。

其一，该年龄段人口迁移的主要原因由婚迁向劳动就业转移，劳动就业为主导的迁移覆盖年龄拓宽,且该两类迁移人口的年龄逐步增长。"四普"时期,20—39岁组年龄段人口迁移原因均以"婚姻迁入"为主,40岁以上组方以劳动就业型迁移为主,而自"五普"时期,20—49岁年龄段的迁移者均以"务工经商"迁移为主,"六普"时期至2015年,20—59岁组的迁移者中,"务工经商"迁移均占首位。

其二,"学习培训"型迁移向20—29岁年龄段的集中,也表明接受高中以上教育或是职业培训的增加,是人口受教育程度提高的表现。

其三,15—19岁年龄组中外出就业的比例大幅降低。其原因与21世纪以来,国家为推进西部大开发,实现西部地区基本普及九年义务教育、基本扫除青壮年文盲的系列政策密切关联[①]。

(二) 省际迁出

如前所述,分年龄来看,15岁以下及60岁以上年龄迁移者主要以随同迁移为主,但处在15—59岁年龄区间的迁移人口,其迁移原因自"五普"时期发生了变迁。"四普"时期,该年龄区间的15—34岁年龄组主要以婚迁为主,35—54岁年龄组则开始以"务工经商"为主、婚迁的占比下降,自55岁开始便主要以随同迁移为主;自"五普"时期后,自15—64岁整个劳动年龄段的首要迁移原因均演变为"务工经商",婚姻迁移除在20—29岁年龄段尚居于次要地位,已然失去了重要性。

(三) 省际迁入

就省际迁入而言,"四普"时期,15—60岁年龄区间的迁移人口中,15—59岁劳动年龄段的迁移者均以"务工经商"型迁移为主,自"五普"至今,15—19岁者的主要迁移原因转变为"学习培训",20—59岁者仍以"务工经商"为主。

---

① 详见国务院《国务院关于进一步加强农村教育工作的决定》(国发〔2003〕19号),《中华人民共和国国务院公报》2003年第11期;国务院办公厅:《国家西部地区"两基"攻坚计划(2004—2007年)》(国办发〔2004〕20号),《中华人民共和国国务院公报》2004年第4期。

(四)省内迁移

省内迁移的年龄分布模式较为分散,"四普"时期,学习型迁移者主要集中在 15—19 岁年龄段,20—29 岁组则以婚迁为主。但自"五普"以后,20—24 岁者中学习型迁移的比重开始略高于婚迁者,居首位。"四普"时期,省内迁移者中,30—49 岁年龄段的主要迁移原因是"务工经商",而自"五普"以后,"务工经商"者的年龄分布拓展至 25—49 岁年龄段。

综上,分迁移方向而言,以"五普"时期为转折,15—59 岁年龄区间的劳动年龄人口迁移原因在纵向(不同时期)上和横向上(不同方向)亦都发生了变迁。其一,就省际迁出者而言,主要的变化在于劳动就业型迁移逐步挤压婚迁型迁移,全面成为整个劳动年龄段人口的主要迁移原因;其二,省际迁入者不同年龄迁移原因的变迁则体现在 15—19 岁组的首要迁移原因从劳动就业型向学习型转变,劳动就业型迁移的起始年龄提高;其三,省内迁移者中则是婚迁型迁移被学习型和务工型迁移挤压,迁移者的迁移原因演变为 15—19 岁组以学习型迁移为主,20—49 岁组以劳动就业型迁移为主,同时,省内迁移中,高龄段随迁型迁移的起始年龄开始最早。

第四节　改革开放以来政策变迁与贵州人口迁移

改革开放以来,政策变迁与贵州人口迁移的关系同样深深交织在一起。如前所述,传统发展战略格局下的城乡分割对贵州农业劳动力转移有着重要的影响。改革开放以来,随着体制破冰,政策制度的改革调整,一方面,其对人口迁移的控制和限制逐步减弱,使得迁移个体与迁移外部环境的互动关系成长为影响人口迁移的直接原因。在此过程中,迁移者的个体特征的作用逐步显化。另一方面,迁移矛盾从迁移瓶颈的突破向迁移人口在迁入地的社会融合的转变,呼唤相关政策变迁以回应迁移人口的诉求。因此,政策对个体迁移自主性的控制松绑并不意味着政策对迁移的影响消失,政策对迁移的作用转而通过对迁移外部环境的营造、回应迁移个体诉求、影响迁移。

一 政策变迁与迁移规模和方向变迁

(一) 由乡至城迁移、由邻省至非邻省迁移

1. 乡城迁移

改革开放以来，特别是自 2011 年以来，贵州的城镇化进程一改改革开放前停滞、反复的局面，取得了快速发展，这与同期贵州经济的迅速崛起和改革开放以后一系列措施和政策的实施有着密切的关系。随着中国的经济体制逐渐由计划经济向社会主义市场经济转变，国民经济高速增长，城市的劳动力市场进一步开放，城市粮油的计划供应被取消，户籍管理制度开始逐步改革，这些措施都加速了获得迁移自由的农村剩余劳动力向城镇的迁移和流动，从 1979—2016 年，贵州的城市化率从 15.6% 增至 43.1%。

2. 邻省至非邻省、东部极化

如前所述，随着改革的深入，迁移人口的自主性进一步释放，在东西部差距带来的东部虹吸效应下，贵州人口迁移逐步突破距离限制，开始从邻省转向东部。自"四普"至"六普"时期，贵州与邻省的迁移规模从 48.0% 下降至 19.0%，其中迁出人口下降最快，从 39.2% 下降至 10.2%。同期，贵州与东部的迁移规模则自 41.8% 提升至 74.4%，增长最快的当属迁出人口，从 51.3% 至 85.4%，从方向上，主要目的地自"四普""五普"至"六普"时期，发生了从苏州向广东为主、浙江为辅，再到浙江为主、广东为辅、福建第三的转变。显然外部拉力的影响已成为贵州人口外迁的主要因素。

(二) 省际迁出不断增长到回流初现

自"五普"至今，更是我国深化改革、区域协调发展、城乡统筹发展的关键时期，党和国家从战略的高度对之指导、解决和回应，该时期影响人口迁移的政策因素更多地通过对城乡关系、区域关系的调整来实现，更多表现为对迁移人口"如何迁好"的关怀。因此，该阶段，贵州人口迁移一方面由乡至城的趋势不断增强，另一方面省际迁移人口比重开始降低，其中跨省迁出人口降低、跨省迁入和省内迁移

人口比重初次升高，人口开始出现回流端倪。

据2015年1%人口抽样调查资料，贵州人口的省际迁移占比尽管仍然很高，但首次出现下降，为70.2%，较"六普"时期下降了2.1个百分点，其中，迁出人口下降了4.1个百分点，而迁入人口则增加了1.9个百分点。该阶段，由于抓住了国家西部大开发的契机，贵州省经济社会快速发展，加之东部产业调整升级、城镇化速度减缓，使得贵州人口多年来浩荡的外迁之势开始出现逆转信号。

二 政策变迁与迁移原因变迁

（一）从婚迁向劳动就业型迁移转变

改革开放以来，人口迁移流动的主要动因由20世纪80年代末期的"婚姻迁入"逐渐转变为"务工经商"，因"务工经商"而迁移的人口比例自"三普""四普""五普"至"六普"时期逐步上升，至"六普"时期已占全部迁移人口的一半以上。分别为19.0%、34.2%和55.0%。同时，迁移原因的上述变迁在不同区域上呈明显的时间梯级差异，自东向西、最后向中部逐渐实现。

如前所述，自20世纪90年代初期，非户籍迁移的人口数量已经超过户籍迁移，而以非户籍迁移占主要地位的迁移形式遵循的是人口迁移的一般机制，即地区经济发展水平的差异已经成为人口迁移流动的主要动因。显然，迁移原因由婚迁向劳动就业型迁移的转变以及其在东、中、西部各区域转变的时间差，既是区域经济差异的体现，也是区域城市开放程度、产业发展、劳动力市场发育等逐步改善的体现；既是贵州农村经济体制改革，农村剩余劳动力显化并获得迁移自由的体现，也是该时期系列政策举措积极推进劳动力跨省流动的成果体现。

（二）劳动就业型迁移从计划型迁移向市场配置型迁移转变

自"五普"以后劳动就业型迁移成为迁移的首要原因，其中，"工作调动"和"分配录用"等计划型的迁移逐步为"务工经商"型迁移取代。从"四普"至"六普"时期，贵州人口劳动就业型迁移中的结构性变化也反映了迁移机制的转变趋势：以工作调动、随迁家属等计划迁移和户籍迁移为主的迁移类型比重下降，务工经商等非计划型迁移逐渐成为迁移的主导原因说明，政策对个体迁移的控制解绑，同时政策转为通过对迁移外部环境的营造，促进迁移个体与迁移外部环境的互动来形塑、影响迁移，并回应迁移人口诉求。

三 政策变迁与迁移者个体特征要素的凸显

该时期，贵州迁移人口的性别、年龄、文化教育结构、职业结构整体上发生了变迁。首先，迁移性别发生了由低到高的变迁，但分方向而言，跨省迁入人口的性别比则一直较高。据前面的分析，"婚迁"是女性迁移的主要迁移原因，直至2005年，女性迁移者的主要迁移原因始发生了由"婚迁"为主向"务工经商"为主的转变。其次，迁移者整体均以劳动年龄为主，但年龄呈增长趋势，随迁儿童的比重也有所增长，但低龄劳动年龄偏集现象改变。再次，迁移者文化教育程度提高、高等教育者占比以跨省迁出组最高。最后，迁移者的职业结构逐步从第一产业为主转移至第二、三产业为主。

整体而言，上述迁移者个体特征的变迁，体现了迁移个体选择性开始发挥作用，是迁移个体特征因素在人口迁移中的作用的成长。而这种成长无疑是以市场为资源配置基础的劳动就业体制建立和发育的体现，也是各项政策的松绑、迁移个体自主性得以释放，同时政策通过营造外部环境，形成不同的推拉力，使得迁移者与迁移外部推拉力之间的互动关系得以建立和恢复的结果。其中，各方向迁移者特征变迁过程，具体地体现了各区域劳动就业体制、产业结构发展、解决剩余劳动力相关政策变迁的特殊性和不同步性。

四 政策变迁与迁移个体自主性及迁移外部环境推拉力作用的变迁

回溯整个改革开放过程中，贵州人口迁移发生发展的历史，不难发现，政策变迁始终与之息息相关。

（一）政策变迁与迁移外部环境

就迁移外部环境而言，从计划经济到商品经济再到社会主义市场经济，从"允许一部分人、一部分地区先富起来"，到"两个大局"

"西部大开发""中部崛起",从控制大城市规模,合理发展中等城市,积极发展小城市、"严格控制大城市规模,合理发展中等城市和小城市",到"有序放开中等城市落户限制,合理确定大城市落户条件,严格控制特大城市人口规模",并城乡统筹的新理念,从重工业优先到工业反哺农业,政策的调整和改革作用于迁移外部环境,使之发生了深刻的巨变,不同类型、不同地域空间的政策环境营造了不同地域的迁移推拉力。

(二) 政策变迁与迁移个体自主性

同时,从人民公社的解体、家庭联产承包责任制的施行到合理有序地组织农村劳动力转移、允许土地承包经营权依法、自愿、有偿、合理流转,从允许自理口粮进入集镇、到暂住证、寄住证、地方城镇户口、蓝印户口、居住证的变迁,从"劳动部门介绍就业、自愿组织起来就业和自谋职业结合"的"三结合"方针到"劳动者自主就业、市场调节就业、政府促进就业和鼓励创业",从"允许多渠道经营"到统购统销制度的最终消亡,通过系列政策调整和改革,首先使得个体迁移的自主性得到释放,迁移人口的迁移自由得到确认,"准不准迁"的问题得到解决。

总之,整个迁移过程体现了政策对个体迁移自由从控制到引导并开始关注回应迁移个体诉求的这一变迁过程,体现了政策变迁与人口迁移之间关系的变化过程。不同的政策环境产生不同的迁移外部环境,形成相应的外部推拉力,迁移相关的外部推拉力与迁移自由不断拓展的迁移个体之间的互动关系得以发生,最终促成了迁移,形塑了迁移的规模、方向、结构、原因。迁移者个体特征因着迁移自主性的发挥得以体现,而迁移构成的新迁移矛盾即迁移者社会融合的诉求,反过来要求迁移政策进行调整改革。

(三) 政策营造外部环境与人口迁移

如前述,在制度外力对人口迁移约束逐步弱化后,迁出地推力与迁入地拉力的合力才会逐步成为人口迁移的动力机制。也即,当迁移个体自主性得到释放,政策主要通过营造迁移外部环境,形成对迁移个体不同的推拉力,最终促成不同的迁移行为。而根据经典的人口迁

第六章　改革开放以来贵州省人口迁移的特征变迁及原因 / 333

移理论，经济动因是外部环境中最重要的内因（见图6.35）。

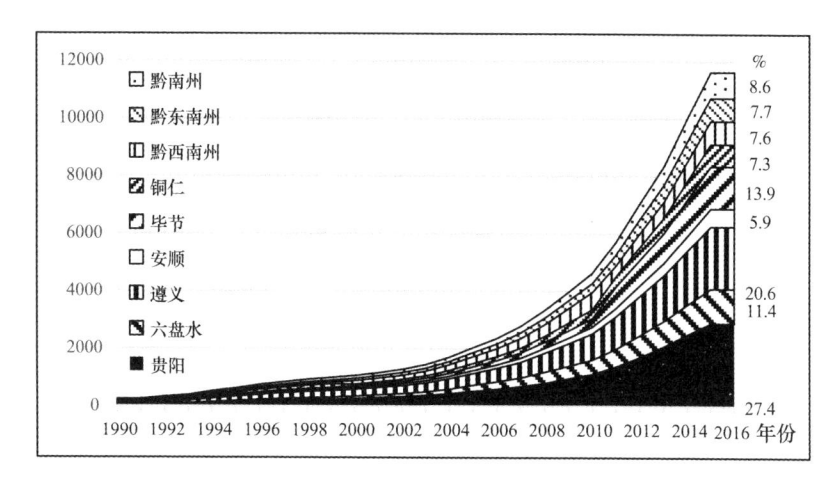

图 6.35　1990—2016 年贵州各地州市 GDP

通过对贵州省内迁移人口目的地占比排序与各地州市 GDP 的比较不难发现，二者基本呈一致趋势，而这种趋势尤其自"五普"时期更为显著。

1990—2016 年，贵州省各地州市的 GDP 都有不同程度的增长，其中增长最多的是发展基础最差的毕节，且这种增长自 2011 年方开始，速度快，增量大，自 2011 年至今，其 GDP 占全省的比重一直稳居第 3 位（见表 6.10）。

表 6.10　　　　1990—2015 年各地州市 GDP 占比及排序① 　　　　单位：%

类别 时间	贵阳	六盘水	遵义	铜仁	黔西南州	毕节	安顺	黔东南州	黔南州
1990— 1995 年	19.3 (2)	7.5 (6)	22.2 (1)	10.8 (3)	9.3 (5)	4.7 (9)	6.1 (8)	7.4 (7)	10.0 (4)
1996— 2000 年	25.0 (1)	7.9 (5)	24.0 (2)	11.1 (3)	7.4 (6)	5.8 (9)	6.3 (8)	7.3 (7)	10.1 (4)

① 该表中各地 GDP 的占比根据该地每五年 GDP 的均值进行计算。

续表

时间\类别	贵阳	六盘水	遵义	铜仁	黔西南州	毕节	安顺	黔东南州	黔南州
2001—2005年	26.6(1)	8.9(4)	21.5(2)	6.0(7)	11.4(3)	6.1(6)	5.4(8)	7.3(5)	8.9(4)
2006—2010年	24.3(1)	10.8(4)	19.3(2)	6.3(7)	12.2(3)	6.3(7)	5.0(8)	6.8(6)	7.7(5)
2011—2015年	26.1(1)	11.1(4)	20.0(2)	6.8(8)	7.1(7)	13.3(3)	5.5(9)	7.3(6)	8.2(5)

从各地州市GDP在贵州全省的占比来看，贵阳市在1997年以前一直居遵义之后，位列第二，但自1997年至今，则一直位居第一，比重保持在1/4左右，遵义市则稳居第2位，占比基本在1/5左右，此两地的GDP基本占据贵州全省的一半。毕节市后来居上，而六盘水市GDP的占比于2005年超过10%，2011年至今位居全省第四，其余各地州市占比均未超过10个百分点。

综上发现，该时期，无论是跨省迁入还是省内迁入者，迁往贵州省内各地州市人口的占比与该地州市GDP的占比基本吻合。第一，这是政策对个体迁移自由的影响由控制到松绑变迁的结果，第二，如前述，影响贵州省内经济发展的因素中，政策因素最为重要。该阶段的政策主要通过对迁移外部环境的营造来引导和回应迁移。

第 七 章

结论及思考

　　1949—2015 年，贵州人口迁移的足迹与贵州社会经济的发展历程紧密联系、与迁移相关政策的变迁相生相伴。

　　在改革开放之前，被置于国家计划体制之下的人口迁移，服从于国家农业支持工业的发展战略，在城乡二元分割的管理下，受政策的强控制，乡—城之间、跨区域之间的迁移流动十分弱，城镇化率的提升也极度缓慢和不稳定，计划型的迁移取代了自主迁移，因而无论迁移规模方向还是原因，几乎都只与国家安排和计划有关。如前所述，贵州作为一个具有独特的自然历史基础、经济社会发展在其时落后于全国水平的省，在国家的战略部署中体现出一些特殊性，使得其人口迁移在此阶段呈现出既具有上述共性，又与全国性的人口迁移不同的特殊性。

　　改革开放以来，从改革初期提出大力发展商品经济，到党的十二大提出计划为主、市场调节为辅，党的十二届三中全会提出有计划的商品经济，再到党的十四大提出建立社会主义市场经济体制；从允许发展商品生产和商品交换，到发挥市场对资源配置的基础作用，再到发挥市场对资源配置的决定性作用和更好地发挥政府的作用。宏观经济体制的变革推动了迁移相关的各类政策的改革调整，中国的人口迁移逐步活跃起来。

　　贵州在改革开放以来，因着农村和城市经济体制的改革，农业剩余劳动力开始从产业转移、向地域转移，从乡到城、从西部到东部转移，这一时期，贵州的人口迁移无论是迁移规模、迁移方向还是迁移动因的突破，都与改革中体制的破冰、生产力的解放、政策的调整、经济社会的发展密切相关。一方面由于国家政策的同质性（主要指宏观战略政策），贵州愈益与全国人口迁移的洪流深深交织，另一方面也因贵州自身发展基础的不同具有自己的特殊性。特别是自 21 世纪初，东部产业结构调整、城镇化进程放缓、迁移人口社会融合的诉求提升，但户籍制度的改革尚未完结，东部对人口的拉力有所减弱。而贵州抓住西部大开发战略的契机，认真贯彻落实中央各项政策，社会经济取得了飞速的进步，城乡一体化和脱贫业绩突出，努力将人口迁移的推力转变为拉力，使得近年来贵州人口的迁移开始出现新变化。

新中国成立以来，政策和制度在人口迁移中扮演的角色从计划式到引导式直至现今对个体需求的回应的转变，无疑是尊重人口发展规律的体现，也是人口与社会经济协调发展的内在要求。贵州的人口迁移，是全国人口迁移中的重要组成部分，从根本的终极驱动力而言，其发展变迁是国家特定发展战略和经济社会发展的产物，与全国人口迁移具有共性。但因着贵州特殊的自然历史基础及其在国家战略中的地位，更具体地呈现出与全国人口迁移不同的特征表现。

本章将对新中国成立以来贵州人口迁移的特征变化及其与相关政策制度变迁的关系进行系统梳理，构建政策、迁移个体、外部环境要素的分析框架，以便更好地理解贵州人口迁移发生的机制，帮助对于过去人口迁移的理解，把握未来人口迁移政策的方向、更好地引导人口迁移、促进贵州社会经济更好更快地发展。

第一节　相关政策制度的变迁与贵州人口迁移特征的变迁

综观 1949 年以来贵州的人口迁移，无论是规模、方向、结构，还是动机、诉求，无论是城乡迁移，省内迁移，省际迁移或是省际迁入人口的二次分配，都同相应历史时期的政策制度的规定、要求、控制或引导密切关联。改革开放以后，随着体制破冰、各项制度发生变革，政策对迁移的控制一点点地被剥离，当然更重要的是政策与迁移关系发生了本质的变化。

一　1949年至1978年——政策控制性强、迁移自主性弱

如第二章所述，改革开放以前，国家运用强有力的政策干预控制迁移人口的数量、方向，影响迁移人口的构成，强化计划型的有组织的人口迁移，抑制自发型的自组织人口迁移，以推动人口再分布，使之与计划经济相适应。在这种人口迁移的旧模式之下，迁移个体的自主性只在短期内得以释放，人口迁移完全被置于政策的主导下。

（一）省际迁移——对迁移政策灵敏回应的钟摆式迁移

如前述（详见第二章第一节），这一阶段的省际人口迁移，对相关迁移政策的反应极为灵敏，人口的高涨、跌落，迁出迁入均表现出对政策的迅疾回应，体现了政策的强控制性。该时期人口迁移的态势已几乎完全有赖于政策环境，其规模或高或低、强度或强或弱、方向或出或进，乃至时间何时开始何时结束，均深受国家政策、计划的影响。

如20世纪50年代和70年代出现的两次与全国宏观人口迁移态势不合拍的迁移高潮期时滞和迁移低潮期时滞，前者与贵州未与全国同步被纳入国家重点开发建设之列、迁移动力因外部环境的拉力不足未被充分调动相关，后者则由于国家三线建设时期对贵州的人口输入所致。

当然，在全国性的具有普遍性和同质性的政策空间下，若迁移个体具有自主性，则情况另有不同。此时，迁移个体的自主性、省际间自然环境和社会经济发展的历史基础的差异，合力构成驱动省际人口迁移的基础要素。

（二）省内迁移——个体乡—城迁移需求与政策主导的城—乡迁移的矛盾

就省内迁移而言，该时期随着国家对城镇人口规模控制日趋强化、相应地个体迁移自主权逐步弱化，使得由个体自主性与外部推拉力因素的合力促成的驱动因素消减，人口迁移转而受国家政策和计划左右。如前所述，20世纪50年代初期，人口迁移尚具有一定的政策空间，因而具备相应的自主性。在1958—1964年，人口迁移在强拉力的作用下，一度突破国家初步确立的对城镇人口的控制政策，但最终也随着经济调整期的到来，因政策的干预而终止；在三线建设时期及知青上山下乡时期，乡村迁入人口规模甚至高于城镇，直至知青返城，人口复呈由乡至城的回流状。

该时期，迁移个体的迁移自主权与国家限制、主导迁移的政策之间的矛盾、磨合和博弈贯穿始终。

二 1978年至20世纪90年代末期——政策逐级放开、迁移动力逐步转变

1978年12月，中共中央召开了十一届三中全会，作出了全党工作重心转移的战略决策，掀开了改革开放这一伟大事业的序幕。因着改革所处的不同的发展时期，与迁移相关的政策和制度也经历了不同的变迁历程，从而对人口迁移的规模、方向、迁移动力、迁移人口的类别等模式结构产生了不同的深刻影响。

（一）20世纪80年代——政策开始解绑、迁移自主性初步恢复

1. 政策变迁与"离土不离乡"的迁移

20世纪80年代，随着农村的人民公社制度解体，限制农村人口向城市流动的组织和制度基础瓦解。农村的隐性失业开始显化，在非农比较利益的刺激下，乡城迁移积蓄已久的势能被逐步打开。劳动力的计划配置逐渐为市场调节所替代，非正式就业部门在相当的程度上向农村人口开放。产业之间、城乡之间、地区之间非户籍人口的自主性迁移逐步开始复苏增长。但是，由于"二元"社会结构下的城乡壁垒尚未被完全打破，城市的吸纳能力不高，对"农转非"及大中城市迁入人口均有限制，而通过发展乡镇企业承载了大量农业转移劳动力，形成了以"离土不离乡"为特征的由农业人口向非农产业的转移。

因此可以说，一方面，乡镇企业的发展在很大程度上是人口由乡至城迁移受阻的结果，但另一方面，乡镇企业的发展也"削弱了农村流动（尤其是向城镇流动）的动力，延缓了大规模跨区域人口流动的

到来"①。显然，由于该时期政策对人口迁移的限制仍然存在，个体迁移自主性并未得以完全释放，庞大的待迁群体尚待更强大的拉力刺激、更广阔充足的空间逐步消化。就贵州而言，在政策外力逐步松绑的条件下，在区域发展差别政策带来的东部社会经济发展拉力的作用下，人口迁移开始逐步突破距离因素，"离土又离乡"的跨省外迁出人口已逾四成，与省内迁移人口占比相当，且略高于省内迁移人口3.3个百分点。

2. 政策变迁与迁移人口的规模和方向

（1）省际迁出——邻省指向为主、东部为辅

但其时，贵州人口的跨省迁移仍以邻省之间的交流居多，其次才是长江三角洲、珠江三角洲等经济发展较快的东部沿海地区。其中迁往东部地区的人口，以到江苏这一乡镇企业发展较好的典型地区的最多，且迁入江苏者从事非农产业的比重高于迁移人口13.9个百分点。除却邻省和东部沿海，同贵州建立了对口支援关系的河北也是吸纳贵州省际迁出人口较多的地区。

（2）省际迁入——贵阳为主、遵义为辅

此外，从省际迁入各地州市人口规模和比重来看，贵阳市排序恒定，位列第一，规模也大幅上升，这与贵阳市省会城市的优势地位密不可分。黔北粮仓遵义位居第二，且二者迁入人口占比差距依然拉开，从"三普"时期的0.7%上升至8.9%。

但"三普"时期排第3位的六盘水市，在"四普"时期位序下降，显然与六盘水市三线建设城市的地位和功能改变相关。

3. 政策变迁与迁移人口的类别、原因及个体特征

此外，就迁移人口的类别和迁移原因的分布而言，基于该时期劳动就业制度的调整，就业市场部分打开，非户籍迁移人口中务工型迁移的比重开始上升，农业人口迁移的可能性仍低于非农人口，但规模已相当可观，人口迁移的制度约束正逐步被打开。

---

① 钟水映：《中国跨世纪的社会经济研究丛书·人口流动与社会经济发展》，第171页。

从迁移原因看，婚迁是该时期贵州人口迁移的主要原因，体现市场配置劳动力资源的"务工经商"迁移比重尚只有19.0%，户籍身份带来的城乡就业隔离仍较显著。

从迁移者的个体特征而言，年龄、性别、文化程度等迁移者的个体特征在迁移中的作用开始凸显，迁移者个体特征开始通过迁移个体对外部推拉力的回应被凸显和形塑，而不是过去完全被动地被计划和户籍身份所决定的结果。

显然，就贵州而言，该时期人口迁移的模式较改革开放前期完全的政策干预控制模式有所突破。国家制度和政策对迁移人口的控制逐步松绑，迁移的规模、方向、结构、动机等发生转变，开始体现为迁移个体与迁移外部环境互动的结果，但不可否认，政策仍是影响人口迁移的重要因素。

（二）20世纪90年代——迁移动力转变、迁移自主性增强、社会融合需求初现

1. 政策变迁与"离土又离乡"的民工潮

20世纪90年代，我国改革开放进入承上启下的关键时期。20世纪80年代末90年代初，我国人民的温饱问题基本全面解决，农村农产品，尤其是粮食的市场需求开始饱和，农民种地的收入减少，农村人口迁移的推力进一步增强。制度性外力对迁移的束缚进一步松绑，在地区之间、城乡之间的发展水平、就业结构的梯度效应下，掀起了由农村向城市、由西部向东部的"离土又离乡"的民工潮。

该阶段，随着社会主义市场经济体制的建立，中国开启了全面市场经济的改革。一方面，劳动就业制度、统购统销制度等各项束缚劳动力迁移的政策逐步松绑或解体，国家大力推进城市化建设，吸引劳动力迁移的外部经济拉力显著成长。另一方面，20世纪90年代中后期，乡镇企业逐步衰落、开始改制裁员。同时，我国的城镇化进入到以中小城市和小城镇为重点的快速推进阶段，为农村农业人口脱离土地，实现产业和地域转移提供了空间载体，从农村转移出来的剩余劳动力开始更多地转向"离土又离乡"的异地型迁移。

2. 政策变迁与迁移人口的规模和方向

（1）省际迁出——东部指向为主、邻省为辅

在市场经济条件下，政策对人口迁移的控制已弱化，因此人口迁移的自主性有了极大成长，开始积极回应迁移外部环境的推拉力。该时期，贵州人口迁移进一步突破距离的限制，省际迁出单级增长，同时省际迁入人口降幅最大。跨省迁移以邻省主导的模式转变为以东部地区为主导。

（2）省际迁入——贵阳为首、遵义其次

该时期省际迁入人口占比排序，仍以贵阳和遵义居首位，但迁入贵阳市的占比约为全部迁入人口的四成，较"四普"时期增长了42.7%，遵义仍位居第二，但其迁入人口的占比仅增长了0.2个百分点，该时期贵阳市迁入人口的占比已是遵义的2.06倍。毕节市迁入人口占比稳步上升至第3位，六盘水市迁入人口的占比则下降至第8位，该地对人口迁移的拉力不足。

（3）省内迁移

从省内迁移来看，国家采取的以小城镇为重点、积极发展小城市、合理发展中等城市，对大城市采取严格控制的措施，客观上无可避免地对人口迁移的方向产生了一定的影响，因而该时期，省内迁移中，迁往镇的人口显著多于迁往城市的人口。最后，按各地州市迁入人口规模和比重排序，贵阳市和遵义市迁入人口占比开始与省际迁入人口同步，增长为第1位和第2位。

3. 政策变迁与迁移人口的类别、原因及个体特征

该时期贵州的人口迁移，伴随着计划体制向市场导向型的改革，经历了内在机制和外在形态的深刻变革，人口迁移空前活跃，进入一个全新的发展阶段。其突出的表现就是非户籍迁移人口的大量增加，比重高达72.5%，形成了蓬勃涌动的民工潮。婚迁比重大幅降低，劳动就业类迁移中，"工作调动""分配录用"等计划型迁移的比重下降，"务工经商"等经济型自主迁移的比重上升，并逐渐成为迁移的主导类型，市场因素在劳动力配置中的作用进一步增强。迁移人口中女性人口的比重开始下降、文化程度高者跨省迁出的可能性最高、

迁移人口的年龄有所增长，这些迁移者个体特征的变化，也是在市场作为劳动力资源配置的基础要素的情况下，迁移者个体与市场双向互动的结果。

尽管20世纪90年代末期，迁移人口与流入地人口的摩擦和矛盾在国企改制带来的失业和就业问题中已然显现，然而，在市场经济条件下束缚劳动力迁移的各项制度障碍被逐步突破，迁移个体自主性得到释放，区域经济发展的差异形成了较强的外部拉力，加之城镇化的推进，外部承载空间的逐步拓展，都使得该时期的迁移惯性必然存续，迁移行为源源不断。因此，尽管迁移者对融合和发展的诉求开始成长，但仍被置于生存需要以及"进城"需要之下，这就对迁移政策的转向提出了新的要求。

该时期，贵州人口的迁移模式又有了新的突破，政策的空间不断拓展，使得迁移个体的自主性得以释放，市场力量开始成长，人口迁移的规模和方向几乎不再受限、大量人口突破近距离的邻省，迁往东部沿海等社会经济发育程度更高的地区，因户籍身份导致的城乡就业区隔虽然有所弥合，但仍然存在。同时迁移者的发展诉求成长，使得各地制定各种政策，开始回应迁移人口的需求。

三 2000年至今——迁移矛盾转化、政策供给尚需时日

1. 政策变迁与迁移矛盾的转化

21世纪，中国的改革开放进入全新的历史阶段。该时期人口迁移的政策和制度环境又发生了新的变化。如第五章所述，其一，在历史发展基础和区域发展差别战略的影响下，由于东西部差距、城乡差距的扩大，增强了贵州劳动力外迁的势能，21世纪初年，由西往东进、由乡至城的民工潮大军仍保持着很强的势头。其二，随着国家西部大开发战略和中部崛起规划的部署、乡村振兴战略的提出、统筹城乡发展方针的实施、工业反哺农业政策的推行，一定程度上使得人口由西到东、由乡至城的推力减弱。其三，自20世纪末期开始，城市人口与外来人口在就业、公共服务、福利等方面的矛盾和摩擦日益显化、21世纪初期东部地区不同程度地出现了民工荒现象，人口迁移面临

的主要矛盾已开始由过去带有强制和计划色彩的"准不准迁""往哪里迁"朝更柔性、内涵更丰富的"如何迁好"转向,外来迁移人口的市民化和社会融入问题成为该时期户籍制度改革调整的方向以及新型城镇化建设的重要内容。

2. 政策变迁与迁移规模和方向

(1) 省际迁移

该时期,随着各项政策的变革,迁移人口自主性逐步得到释放,就国内迁移而言,贵州人口迁移已基本突破距离因素的影响,该时期的省际迁出在各迁移类型中的占比呈现先增后降的状况。东部沿海地区仍是省际人口流出的主要目的地,但由于产业结构的调整以及城镇化的放缓,贵州人口向东部迁移的势能减弱,同时西部大开发效应显现,人口初显回迁端倪。

(2) 省际迁入

该时期的省际迁入在各类迁移人口中的占比先降后增。就具体迁入各地州市的人口而言,贵阳和遵义仍位列第一和第二,但这两地迁入人口的占比均开始下降。毕节迁入人口的占比仍位列第三,且开始小幅提升,六盘水市吸纳省际迁移和省内迁移人口的能力普遍降低,这两地迁入人口占比位序的变化表明,政策之于地方社会经济、从而之于人口迁移吸引力的培育具重要作用。

(3) 省内迁移

从省内迁移来看,贵阳、遵义自"五普"时期以来一直分别雄踞迁移人口迁入目的地占比的第1、第2位,但以2010年为拐点,省际迁入人口中,迁往贵阳的人口占比开始下降,至2015年更大幅下降至"四普"时期的水平,六盘水市迁入人口占比下降了0.1%,迁往其他地州的人口占比则均有所上升。

3. 政策变迁与迁移原因、个体特征及迁移者诉求

该时期,贵州人口迁移的原因也发生了更深刻的转变,"务工经商"这一非计划型的劳动就业迁移成为各类别迁移的主导因素,经济动因已成为贵州人口外迁最重要的拉力,市场力量对劳动力资源配置的作用十分显著,当然,这其中也包含了国家各项制度政策为人口迁

移创造良好的经济社会环境。就迁移者的个体特征而言,年龄分布中,劳动年龄低龄化偏集现象改善、劳动年龄较高者的比重增加,迁移人口的年龄有所增长,文化程度高者迁移的可能性增加、男性人口的比重增加。该时期,具备较高文化程度的、劳动技能更丰富的男性迁移者在就业市场上的竞争优势凸显无疑。

简言之,该阶段经过了较长时期的自主迁移的实践,迁移个体的迁移诉求逐步从自由迁移转向迁移后的发展问题,而这也是该时期国家区域协调发展、城乡统筹发展方针的题中之义。该时期,国家政策对迁移个体自主性的束缚逐步松绑,但其对人口迁移的影响并未销匿,而是通过区域协调发展战略和城乡统筹发展的规划等,更科学地、理性地和柔性地从宏观上为人口迁移及合理分布营造环境,同时也在微观上通过对户籍制度的系列改革,剥离户籍制度背后附着的隐性功能,逐步推动解决迁移人口市民化和社会融合。迁移相关政策此时已开始渐渐抛却家长制主导的面目,开始注重因势利导、注重对迁移者发展诉求的回应,从过去"防""堵"向"疏"转变,从限制人口迁移的自由向积极解决迁移人口的发展融合转变,更加关注"如何迁好"。

第二节 迁移影响机制的分析框架

一 政策、外部环境、迁移自主性与迁移行为

根据西方经典的推拉理论,两地经济、社会、自然环境的差异对迁移者形成相应的推力和拉力、促成了迁移行为。也即,迁移行为是迁移个体对外部驱动的感应并反馈。但这些理论无一例外都是以劳动力自由迁移为前提。

根据本研究的分析可知,贵州人口迁移背后的决定因素经历了由"政策主导"向"政策引导"并开始逐步向"政策回应"转变,从而才逐渐从政策控制迁移向迁移个体与外部驱动共同作用决定迁移行为的方向转变。

根据韦伯关于行动概念的含义,人口行为是与某种主观意义或动

机相联系的行为方式，不是仅仅在统计上反映社会现象和社会过程的客观结果，或者说描述一种社会事实的单纯的人口学指标[①]。因而通过把人口迁移行为与迁移个体的动机、价值判断与社会客观需要相结合进行理解十分必要。本部分拟梳理 1949 年以来，政策因素对人口迁移的作用及其变迁过程，以理解贵州人口迁移何以在不同历史时期呈现不同的特征。

整体而言，政策因素或通过计划直接干预、组织迁移行为，或通过对迁移个体自主性的控制（释放）及迁移外部环境的影响，间接或直接作用于迁移行为。政策因素与迁移个体、迁移外部环境之间的相互关系的变迁，决定了迁移的规模、方向、结构、动因，这种关系的变迁也体现了人们对迁移规律认识的深化。

二　分析框架构建

通过考察 1949 年以来贵州人口迁移的规模、方向、类别、结构和原因等，本研究发现，西方经典的推拉力理论并不能完全解释贵州人口迁移的机制及其变迁，贵州人口的迁移机制与 1949 年以来的国情和省情有着密不可分的深刻关联，其变迁与贵州经济、社会环境的发展变迁同步，因而，从广义视角，同全国其他地方的人口迁移一样，都与国家不同时期的战略政策、制度环境相关，但具体而言，也因贵州特殊的历史基础和地位呈现出不同的特征。

人口迁移是与人口出生、死亡并列的人口学研究的三大主题，考察贵州人口迁移的特征、脉络，分析其变迁的机制，无疑对于促进人口发展规律、人口与社会经济发展之间的相互关系的认识都有重要意义。

（一）分析框架的逻辑和历史梳理

改革开放以前，劳动力的迁移在多数时期都是被国家政策束缚和控制的，个体迁移的自主性可谓昙花一现，故迁移行为基本是国家政

[①] 吕昭河：《制度变迁与人口发展——兼论当代中国人口发展的制度约束》，中国社会科学出版社 1999 年版，第 62、63 页。

策、国家计划直接主导的结果。在此条件之下，政策要素通过调剂（约束）迁移个体的自主性，影响迁移个体与外部环境推拉力之间的互动关系，甚至使得迁移个体自主性完全缺失，导致二者的互动关系失效。也即，国家政策对迁移个体自主性的控制和影响，决定了迁移行为发生的机制是直接由政策决定，或是由迁移个体与外部环境的互动关系来决定，且在二者自由互动的条件下，政策因素仍然通过对迁移外部环境的营造来影响人口迁移。需要进一步说明的是，本研究中的迁移自主性主要指迁移个体的迁移自由。

自改革开放促使生产力大发展以来，原先旨在控制人口迁移和人口再分布的户籍等相关的政策制度开始松动，且幅度越来越大。当20世纪90年代初全国取消了实行多年的粮食计划供应后，控制中国人口再分布的最主要的一道铁闸被打开了，在全国范围内随即涌动起人口迁移流动的大潮[1]。该时期个体迁移的自主性逐步得以释放，迁移个体与外部环境的推拉力之间的互动日渐成为影响迁移规模、方向、原因、结构乃至诉求的重要因素。

基于上述分析，本研究依据这个理论框架，考察不同时期，"政策"与"迁移个体"和"外部环境要素"三者之间关系的变迁，阐释不同政策空间下，迁移行为发生作用的不同机制及政策与迁移关系的变迁轨迹。

（二）分析框架中的要素说明

其一，该分析框架中的"政策"指与迁移相关的政策制度，主要源于相应时期的政府文件。

其二，由于人口是该分析框架的核心要素，因而，在本分析框架中，拟以政策对个体迁移自主性的作用力为发端，对纳入政策要素后，人口迁移机制变迁的轨迹进行分析。

其三，该分析框架中的迁移个体要素包含迁移个体的自主性和迁移个体的特征两个方面，但本研究讨论的政策与迁移个体的关系，指的是政策对迁移个体自主性的影响。迁移个体的特征在迁移自主性受

---

[1] 路遇主编：《新中国人口五十年》（上），第432页。

到政策限制的条件下，只能被动为政策所拣选，当且仅当政策赋予个体迁移自主性时，迁移个体特征才在迁移外部环境与迁移个体的互动中发挥作用而被凸显出来。此时的迁移个体特征既影响了外部环境与迁移者个体的互动，又是二者互动的结果。

其四，该分析框架中，"外部环境要素"指的是迁移发生的背景和环境因素，包括自然、历史、社会、经济、文化等宏观层面的要素或是迁出地和迁入的地区因素，它同样受政策因素影响。

（三）分析框架

图 7.1 展示了政策变迁与迁移行为之间的不同关系轨迹。其所反映的是政策对个体的迁移自主性由控制（压抑）到弱控制（允许）直至回应（鼓励）人口迁移的整个变迁过程中，迁移行为发生机制的变迁以及政策与迁移二者关系的变迁。

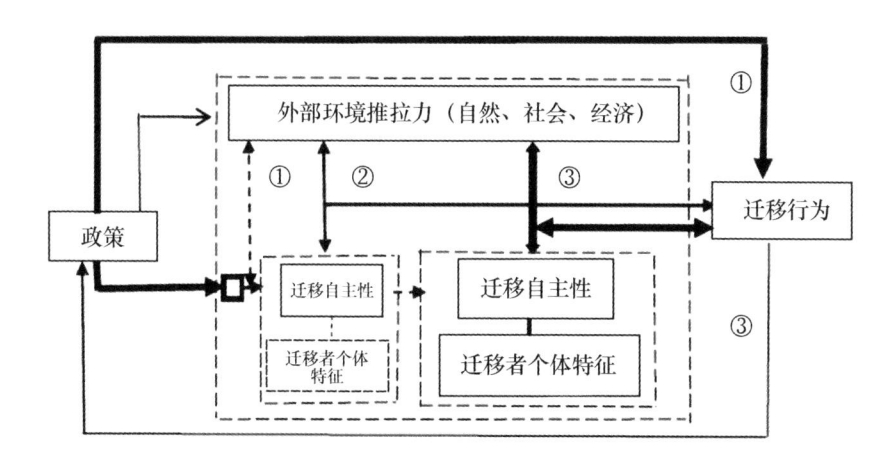

图 7.1 政策、迁移自主性、外部环境与迁移行为关系

1. 概述

图 7.1 中，随着迁移自主性框从左至右依次被放大，表明个体迁移自主性逐步增强。在此过程中，迁移个体与外部环境之间的互动关系也相应增强，从而其对迁移行为的影响作用就越大。因此，图 7.1 中代表迁移个体与外部环境互动关系的双箭头（①、②、③）也发生了由细变粗、由虚到实的变化，也即二者的互动关系由"弱"（或者

没有）至"较强"和"强"。值得注意的是，当迁移自主性增强时，迁移个体与外部环境的互动关系中，迁移者个体特征的重要性也得以体现并增强，因而在图中，迁移者个体特征框也呈现出由"无"到"虚"再到"实"的变化。

2. 政策控制个体迁移自主性——关系①

在关系①中，政策完全控制压抑了个体的迁移自主性。此时，政策制度框实化并逼压迁移自主性框，迁移自主性没有发挥空间，外部推拉力因缺乏互动对象，随之失效。政策制度生成的人为拉力凌驾于其他一切外部因素之上，取代迁移个体与外部环境之间的互动驱动，几乎成为左右迁移行为的唯一因素，直接决定人口迁移。当然，这种规定可是直接作用于迁移个体，也可是间接作用于迁移个体的，同时既可能是要求迁移发生，也可以是制止迁移发生的。然而无论哪种情况，迁移个体的能动性被完全压制，外部推拉力失效，人口迁移完全被政策制度主导控制。

1958—1978年的多数时期，总体属于此类情况。与迁移相关的政策多对人口迁移进行干预、主导迁移行为，且主要以限制人口的乡—城迁移为特征。

3. 政策逐步放松个体迁移自主性——关系②

在关系②中，政策对个体迁移自主性的控制弱化，迁移个体的自主性得以彰显，因而迁移个体与外部环境的互动关系开始成为影响迁移行为的直接因素。同时，在此条件下，迁移个体特征因素也才能在个体与外部环境的互动中发挥作用，从而也体现迁移个体与迁移外部环境互动中筛选的结果。自改革开放以来，与迁移相关政策的变迁几乎都体现了这一过程。

4. 政策给予个体迁移自主性——关系③

当政策规定允许（或鼓励）人口迁移时，便能激发、放大迁移个体的自主性，此时，迁移个体对迁移外部环境的推拉力进行灵敏反应，促成活跃的迁移活动。在关系③中，政策制度框虚化，影响迁移的外部推拉力与迁移个体的自主性和能动性得以充分发挥，迁移个体会敏感捕捉外部要素，并会受到外部要素的吸引或外推，二者的互动对迁移行为的直接影响更为增强，其结果同样是具备某些迁移特征的人口群体发生迁移行为，且迁移者个体特征因素在此过程中显得更为积极和重要。

在这个阶段值得注意的是，其一，此时，由于个体获得迁移自由，迁移行为的发生完全突破了"准不准迁"的政策瓶颈的束缚，迁移矛盾发生转化。因着迁移行为的发生，迁移个体与迁入地外部环境之间的融合成为该时期的新问题、新矛盾，并反过来推动政策去回应和关注迁移个体的这一诉求，最终推动政策与迁移之间本质关系发生变化。其二，由于政策在此时开始回应个体的迁移行为或者说个体的迁移行为推动了政策的回应，基于此意义，政策对迁移的影响并未消匿，而是通过对外部环境的营造间接影响和回应迁移行为。

改革开放以来，特别是进入21世纪，随着改革的推进、认识的深化，国家对人口迁移的规律有了更科学的认识，限制干预政策，特别是限制人口乡—城迁移的政策逐步被合理引导人口乡—城迁移的政策所取代，同时在国家战略层面和制度层面，也积极为人口的合理迁移营造良好环境。

第三节　结语和反思

综观1949年以来贵州人口迁移的概貌、特征和动因，贵州该时期的人口迁移史与相应时期迁移相关的政策环境相生相伴，不同历史时期、不同发展阶段呈现出不同的特征。

一　改革开放以前的政策与迁移——政策控制、迁移计划化

如前所述，改革开放以前，客观上，在重工业优先发展战略下，农业集体化及后来的"人民公社"将农村人口固化在土地上，甚至不能在公社之间流动；通过户籍分立，造就了农村人口与城镇人口，并以户籍作为前提，对农业人口和非农业人口分别实行统购统销，取代了城乡之间的自由市场；通过统包统配和固定工制度，集中对劳动力

资源的使用、配置权,并强调先本单位后本地其他单位、先城后乡等招工原则,排斥自由流入城市的农民就业,最终切断了农业人口流入城市生存的现实可能和条件。个体的迁移自主性,个体的迁移行为完全受政策和制度的限制。该时期典型的人口迁移主要是国家组织的计划型人口迁移。

二 改革开放至2000年的政策与迁移——政策松绑、迁移自主化

"人口迁移原本是个人的选择行为和活动过程",但在计划体制下,迁移的自主性和个体性难以彰显。随着改革开放的推进和由计划经济体制向市场经济的转变,以户籍为核心的二元社会体制开始弱化,产业变动、城市化进程以及国民经济增长空前加速。政策和制度对迁移行为的束缚开始松绑,迁移个体的自主性得以发挥,迁移政策从国家控制开始朝个人主导的方向发展。一方面,农村的制度变迁使得农村人口自此获得了迁移的可能和自主权,另一方面,城市的开放、非农业发展模式及其结构的调整以及城市第三产业的发展也为城市吸纳农业剩余劳动力提供了空间。同时,东西部之间、城乡之间的发展差距则促使人口流动的势能进一步加大。该时期乡—城迁移、西—东迁移的民工潮无疑是改革开放形势下政策控制弱化的直接结果。

三 21世纪以来的政策与迁移——政策供给仍需加强、迁移诉求转变

据第五章的分析可知,进入21世纪,改革开放进入新的历史时期。一方面,国家西部大开发战略、乡村振兴战略和城乡统筹、新型城镇化等政策的施行,通过营造良好的外部环境氛围,引导新时期贵州人口迁移的规模和方向,使贵州人口迁移呈现出新貌。该时期,人口西—东迁移的大势有所逆转,尽管这种变化尚为微小。

另一方面,由于城市制度变迁慢于农村,城门的打开是一个渐进的过程,城乡的分割仍然存在,城市人口与农村人口的磨合

至今仍在进行中，客观上人口迁移制度的供给上仍滞后于社会发展需要①。但同时，也要看到，随着人口迁移自由的实现，农村迁移人口市民化的诉求及其社会融合演变成为新的迁移矛盾，并被纳入国家新型城镇化等战略之中。这无疑体现了，因着人口迁移矛盾的变化，政策与迁移的关系开始从"控制（主导）"朝着"回应（因势利导）"的方向变迁。总之，新的迁移矛盾对迁移政策变迁的呼唤及相关政策对迁移人口诉求的回应成为该时期政策与迁移二者关系演进的方向。

四 尊重人口迁移规律、回应人口诉求、促进社会经济发展

人口迁移在根本上是社会经济发展的产物。1949年以来，贵州人口迁移因着不同的时代背景、不同的政策背景，从而在不同的迁移驱动下，起伏涨落、呈现不同的模式。如前所述，农业户口和非农业户口的分立以及人民公社这种割裂城乡的政策，限制了农民向城镇以及在不同地区之间的流动，大规模的人口迁移只能由国家计划。

改革开放以来，特别是随着社会主义市场经济体制的建立，贵州人口迁移被激发出了史无前例的自主性，在地区差异和城乡差异的驱动下，短期内完成了迁移目的地从邻省向东部沿海转移的变化，掀起"离土又离乡"的东进大潮。随之，迁移人口与城市人口在就业、公共福利等空间上的矛盾凸显，人口迁移问题的主要矛盾从获得迁移自主转化为社会融入诉求。

近年来，贵州的经济增速度连年稳居全国前三位，贵州省际人口迁移开始出现回流。如前所述，在同质的政策空间下，地区间的差异是人口迁移的主要动力，作为经济落后的省区，贵州农村人口外迁态势的逆转不是一朝一夕之计，回流人口的稳定回迁以及其面临的后续问题也需要国家政策的助力才能解决。而当前"精准扶贫"的落实、

---

① 吕昭和：《制度变迁与人口发展——兼论当代中国人口发展的制度约束》，中国社会科学出版社1999年版，第229页。

"乡村振兴战略"[①]的实施必为贵州人口回迁和迁好注入拉力。

自2012年5月，贵州启动实施了扶贫生态移民工程，这是新时期贵州最重要最大的计划型迁移，其对于贵州守住发展和生态两条底线，消除贫困落后主要矛盾，同步建成小康社会意义重大。至2019年12月23日，贵州宣布全面完成"十三五"时期易地扶贫搬迁任务，全省累计实施搬迁188万人，其中建档立卡贫困人口150万人[②]。

显然，政策之于贵州人口迁移仍然有着十分重要的作用和意义。然而，政策实施有效与否、正确与否，最根本的还是要看其是否以尊重人口规律为前提。如今迁移政策不再以限制人口迁移为主，而是从关注和回应诉求的视角，寻求如何更好地服务于人口迁移。

厘清政策与人口迁移的关系、认识政策与迁移本质关系的这种变化是引领未来人口迁移健康发展的重要前提，尊重人口规律、关注人口诉求，是当前和未来制定人口迁移政策的根本指针。

人口问题终归需要回到社会经济中去解决，唯有尊重规律才能实现人口和社会经济健康有序的发展。未来政策的制定如何因势利导发挥其对地区经济发展的积极效应，推进贵州工业强省、新型城镇化、农业现代化，也即，把握人口迁移的规律，回应迁移人口的诉求，使得贵州人口迁移在方向、流量和迁移人口结构特征上具有"可塑性"，无疑兼具重要的理论意义和实践意义。

[①] 2017年10月18日，习近平同志在党的十九大报告中，提出"农业农村农民问题是关系国计民生的根本性问题，必须始终把解决好'三农'问题作为全党工作的重中之重，实施乡村振兴战略"。2018年1月2日，国务院公布了2018年中央一号文件，即《中共中央国务院关于实施乡村振兴战略的意见》，提出城乡融合的发展之路，为农村的发展指明了方向。

[②] 这标志着全省易地扶贫搬迁工作重点从搬迁为主转入以做好后续工作为主。详见《中共贵州省委贵州省人民政府关于加强和完善易地扶贫搬迁后续工作的意见》（黔党发〔2019〕8号），http://www.sandu.gov.cn/zfbm/xstymj_5712990/zcwj_5712950/202008/t20200818_62551067.html，2020年8月18日。

参考文献

著作类

蔡昉、林毅夫：《中国经济》，中国财政经济出版社2003年版。

柴剑锋：《主体功能区人口再分布实现机理与政策研究》，社会科学文献出版社·皮书出版社2015年版。

当代中国丛书编辑委员会：《当代中国的贵州》（上、下），中国社会科学出版社1989年版。

当代中国丛书编辑委员会：《当代中国的劳动力管理》，中国社会科学出版社1990年版。

公安部治安管理局编：《户口管理法律法规规章政策汇编》，中国人民公安大学出版社2001年版。

葛剑雄主编：《中国移民史第一卷·导论》，福建人民出版社1997年版。

辜胜阻、简新华主编：《当代中国人口流动与城镇化》，武汉大学出版社1994年版。

《贵州省情》编辑委员会编：《贵州省情（1949—1984）》，贵州人民出版社1986年版。

贵州省总工会编：《贵州工人运动简史（1886—1989）》，1995年版。

《贵州通史》编委会：《贵州通史》第五卷，当代中国出版社2003年版。

胡焕庸、张善余：《中国人口地理》，华东师范大学出版社1984年版。

李竞能：《人口理论新编》，中国社会科学出版社2001年版。

李通屏等编著：《人口经济学》，清华大学出版社2008年版。

李袁园：《中国省际人口迁移和区域经济发展研究——基于"六普"数据的分析》，社会科学文献出版社2014年版。

罗平汉：《大迁徙——1961—1963年的城镇人口精简》，广西人民出版社2003年版。

陆学艺、李培林：《中国社会发展报告》，辽宁人民出版社1991年版。

路遇主编：《新中国人口五十年》（上），中国社会科学出版社2016年版。

刘应杰：《中国城乡关系与中国农民工人》，中国社会科学出版社2000年版。

吕昭和：《制度变迁与人口发展——兼论当代中国人口发展的制度约束》，中国社会科学出版社1999年版。

马克思、恩格斯、列宁、斯大林：《论人口》，北京大学人口研究室1984年版。

潘治富主编：《中国人口·贵州分册》，中国财政经济出版社1988年版。

任远、谭静、陈春林、余欣甜：《人口迁移流动与城镇化发展》，上海人民出版社2013年版。

宋玉军：《中国劳动就业制度改革与发展》，合肥工业大学出版社2012年版。

沈益民、童乘珠：《中国人口迁移》，中国统计出版社1992年版。

田锡全等：《演进与运行：粮食统购统销制度研究（1953—1985）》，上海人民出版社2014年版。

王贵宸：《中国农村合作经济史》，山西经济出版社2006年版。

王桂新：《迁移与发展：中国改革开放以来的实证》，科学出版社2005年版。

王家驯：《中国农村组织制度变迁（1958—1985）》，吉林大学出版社2013年版。

王跃生：《制度与人口——以中国历史和现实为基础的分析》（上、下卷），中国社会科学出版社2015年版。

邬沧萍主编：《人口学学科体系研究》，中国人民大学出版社2006年版。

阎蓓：《新时期中国人口迁移》，湖南教育出版社1999年版。

虞宝棠、李学昌主编：《当代中国四十年纪事（1949—1989）》，上海人民出版社1990年版。

殷志静、郁奇虹：《中国古籍制度改革》，中国政法大学出版社1996年版。

袁志刚、方颖：《中国就业制度的变迁（1978—1998）》，山西经济出版社1998年版。

杨云彦：《中国人口迁移与发展的长期战略》，武汉出版社1994年版。

中共中央文献研究室：《建国以来重要文献选编》（第十册），中央文献出版社1994年版。

中共中央文献研究室：《建国以来重要文献选编》（第十六册），中央文献出版社1994年版。

中共中央党史研究室：《中国共产党历史（1949—1978）》（第二卷）下册，中共党史出版社2011年版。

中共贵州省委党史研究室、贵州省档案局（省地方志办·省档案馆）：《建国后贵州省重要文献选编（1958—1959）》，贵州省地方志办2011年版。

中国农业全书编委会：《中国农业全书》（贵州卷），中国农业出版社1995年版。

中国社会科学院语言研究所词典编辑室：《现代汉语词典》，商务印书馆1995年版。

中央文献编辑委员会编辑：《陈云文选》，人民出版社1984年版。

钟水映：《中国跨世纪的社会经济研究丛书·人口流动与社会经济发展》，武汉大学出版社2000年版。

张善余：《人口地理学》，华东师范大学出版社1999年版。

查瑞传主编：《人口普查资料分析技术》，中国社会科学出版社1991年版。

庄亚儿：《中国人口迁移数据集》，中国人口出版社1995年版。

期刊类

曹景椿：《加强户籍制度改革，促进人口迁移和城镇化进程》，《人口研究》2001年第5期。

陈盛淦：《人口迁移视角下的随迁老人城市居留意愿研究》，《长春大学学报》2016年第3期。

蔡昉、王德文：《作为市场化的人口流动——第五次人口普查数据分析》，《中国人口科学》2003年第5期。

蔡昉：《城市化与农民工的贡献——后危机时期中国经济增长潜力的思考》，《中国人口科学》2010年第1期。

蔡建明、王国霞、杨振山：《中国人口迁移趋势及空间格局演变》，《人口研究》2007年第5期。

戴丽娜、王青玉：《人口空间分布及迁移影响的实证分析——基于空间计量方法与河南省数据》，《统计与信息论坛》2013年第4期。

董凯俊、任丽君：《河北省人口迁移的现状和动因分析》，《现代经济（现代物业下半月刊）》2009年第1期。

董龙凯：《近代山东黄河水患与人口迁移的时空变化》，《学术研究》2016年第4期。

丁金宏、刘振宇、程丹明、刘瑾、邹建平：《中国人口迁移的区域差异与流场特征》，《地理学报》2005年第1期。

邓作勇、高文进：《西部少数民族人口流动趋势分析——基于2010年第六次全国人口普查数据》，《广西民族研究》2013年第3期。

段成荣：《利用出生地资料进行人口迁移分析》，《人口学刊》2000年第3期。

段成荣：《影响我国省际人口迁移的个人特征分析》，《人口研究》2000年第4期。

段成荣：《省际人口迁移迁入地选择的影响因素分析》，《人口研究》

2001 年第 1 期。

段成荣、韩荣炜、刘岚：《人口迁移选择性及其度量》，《南京人口管理干部学院学报》2001 年第 2 期。

段成荣：《流动人口的地区间差异》，《南京人口管理干部学院学报》2008 年第 1 期。

段成荣、杨舸、张斐：《改革开放以来我国流动人口变动的九大趋势》，《人口研究》2008 年第 6 期。

方大春、杨义武：《城市公共品供给对城乡人口迁移的影响——基于动态面板模型的实证分析》，《财经科学》2013 年第 8 期。

何一峰、付海京：《影响我国人口迁移因素的实证分析》，《浙江社会科学》2007 年第 2 期。

蒋仁开、胡彭辉：《沉睡资本的觉醒——浅析农村土地流转对农村人口迁移的影响》，《中国合作经济》2008 年第 9 期。

姜惠敏、潘泽瀚：《西部大开发战略实施前后的西部地区省际人口迁移状况》，《中国外资》2014 年第 4 期。

路遇：《人口迁移理论研究的拓新之作——评〈人口迁移与社会发展——人口迁移学〉》，《人口与经济》1995 年第 4 期。

刘生龙：《中国跨省人口迁移的影响因素分析》，《数量经济技术经济研究》2014 年第 4 期。

罗鸣令：《公共服务非均等化——人口迁移的财政制度原因》，《河南商业高等专科学校学报》2009 年第 7 期。

廖敏：《城市化进程中中部少数民族人口迁移流动状况分析》，《现代经济信息》2016 年第 5 期。

逯进、郭志仪：《中国省域人口迁移与经济增长耦合关系的演进》，《人口研究》2014 年第 6 期。

雷光和等：《中国人口迁移流动的变化特点和影响因素——基于第六次人口普查》，《西北人口》2013 年第 5 期。

李安琪：《我国户籍制度改革的意义及对人口迁移的影响》，《公共政策》2017 年第 7 期。

李立宏：《中国人口迁移的影响因素浅析》，《西北人口》2000 年第

2 期。

李培：《中国城乡人口迁移的时空特征及其影响因素》，《经济学家》2009 年第 1 期。

李若建：《中国人口迁移统计失实原因探讨》，《中山大学学报论丛》1994 年第 3 期。

李若建：《大跃进与困难时期人口迁移初步探讨》，《中山大学学报》1999 年第 1 期。

李若建：《城镇户籍价值的显化与淡化过程分析》，《社会科学》2001 年第 9 期。

李若建：《小城镇人口状况与小城镇户籍制度改革》，《人口与经济》2002 年第 4 期。

李若建：《中国人口的户籍现状与分区推进户籍制度改革》，《中国人口科学》2003 年第 6 期。

李若建：《角动量效应：东北人口变动分析》，《学术研究》2016 年第 8 期。

李树茁：《80 年代中国女性人口迁移的选择性探讨》，《妇女研究论丛》1994 年第 2 期。

李树茁：《中国 80 年代的区域经济发展和人口迁移研究》，《人口与经济》1994 年第 3 期。

李溦：《试论我国工业化汲取农业剩余的"剪刀差"方式》，《经济纵横》1995 年第 5 期。

李薇：《我国人口省际迁移空间模式分析》，《人口研究》2008 年第 4 期。

李杨、刘慧、汤青：《1985—2010 年中国省际人口迁移时空格局特征》，《地理研究》2015 年第 6 期。

马忠东、王建平：《区域竞争下流动人口的规模及分布》，《人口研究》2010 年第 3 期。

毛娅萍：《论户籍制度与我国农村人口迁移》，《求实》2008 年第 2 期。

彭新万：《新制度经济学视域中户籍制度变迁与政府作用——基于

1949—1978中国二元户籍制度形成过程的分析》,《江西电力职业技术学院学报》2007年第4期。

秦志琴:《山西省迁移人口空间格局变化及其经济因素分析》,《地域研究与开发》2015年第1期。

人口研究编辑部:《户籍制度50年》,《人口研究》2008年第1期。

孙焱林、张攀红:《人口迁移、地方公共支出与房价相互间的影响》,《城市问题》2015年第5期。

田明:《中国东部地区流动人口城市间横向迁移规律》,《地理研究》2013年第8期。

唐家龙、马忠东:《我国人口迁移的选择性:基于五普数据的分析》,《人口研究》2007年第5期。

温铁军:《我们是怎样失去迁徙自由的》,《中国改革》2002年第4期。

汪小勤:《论我国城乡人口迁移中的不确定性及其影响》,《中国农村经济》2001年第7期。

汪学华、刘月兰、唐湘玲:《建国以来新疆人口的省际迁移状况分析》,《西北人口》2010年第4期。

王国霞、鲁奇:《中国近代农村人口迁移态势研究》,《地理科学》2007年第5期。

王桂新:《不同地域层次间人口迁移问题研究》,《中国人口科学》1989年第1期。

王桂新:《我国省际人口迁移与距离关系之探讨》,《人口与经济》1993年第2期。

王桂新:《我国省际人口迁移迁出选择过程的年龄模式及其特征》,《人口研究》1994年第3期。

王桂新:《中国省际人口迁移地域结构探析》,《中国人口科学》1996年第1期。

王桂新:《中国人口迁移与区域经济发展关系之分析》,《人口研究》1996年第6期。

王桂新:《中国区域经济发展水平及差异与客人迁移之关系研究》,

《人口与经济》1997年第1期。

王桂新、刘建波：《长三角与珠三角地区省际人口迁移比较研究》，《中国人口科学》2007年第2期。

王桂新、沈续雷：《上海市人口迁移与人口再分布研究》，《人口研究》2008年第1期。

王桂新、潘泽瀚、陆燕秋：《中国省际人口迁移区域模式变化及其影响因素——基于2000年和2010年人口普查资料的分析》，《中国人口科学》2012年第5期。

王秀芝、尹继东：《地区收入差距与人口迁移——以中国中部地区为例》，《统计观察》2007年第5期。

王秀芝：《省际人口迁移的内在动因及其影响波及》，《公共管理》2014年第3期。

王跃生：《中国当代人口迁移政策演变考察——立足于20世纪50—90年代》，《中国人民大学学报》2013年第5期。

王勇、杨宏昌、黎鹏：《1949年以来广西人口分布与迁移演化特点研究》，《广西师范学院学报》（自然科学版）2014年第4期。

王珏、陈雯、袁丰：《基于社会网络分析的长三角地区人口迁移及演化》，《地理研究》2014年第2期。

肖周燕：《人口迁移势能转化的理论假说——对人口迁移推—拉理论的重释》，《人口与经济》2010年第6期。

严善平：《中国九十年代地区间人口迁移的实态及其机制》，《人口与经济》1998年第3期。

原新、王海宁、陈媛媛：《大城市外来人口迁移行为影响因素分析》，《人口学刊》2011年第1期。

晏森、王高社：《也谈农业人口与非农业人口的统计问题》，《统计与信息论坛》2006年第1期。

俞祖华、李翠兰：《略伦中国传统文化对人口迁移行为的影响》，《学术月刊》1998年第10期。

于潇：《建国以来东北地区人口迁移与区域经济发展分析》，《人口学刊》2006年第3期。

于云瀚:《上山下乡运动与中国城市化》,《学术研究》2000年第9期。

杨风:《山东人口迁移流动状况与影响因素》,《北京工业大学学报》2014年第3期。

杨云彦:《八十年代中国人口迁移的转变》,《人口与经济》1992年第5期。

杨云彦、陈金永、刘塔:《中国人口迁移:多区域模型及实证分析》,《中国人口科学》1999年第4期。

杨云彦:《中国人口迁移的规模测算与强度分析》,《中国社会科学》2003年第6期。

杨云彦:《九十年代以来我国人口迁移的若干新特点》,《南方人口》2004年第3期。

钟逢干:《我国城镇化过程中直接和间接人口再分布政策的影响》,《南方人口》1986年第2期。

周皓:《省际人口迁移中的老年人口》,《中国人口科学》2002年第2期。

周皓:《资本形式、国家政策与省际人口迁移》,《中国人口科学》2006年第1期。

周毅:《中国人口流动的现状和对策》,《社会学研究》1998年第3期。

赵君丽:《人口迁移的性别选择性与女性移民问题》,《南京人口管理干部学院学报》2002年第2期。

赵文远:《20世纪50年代农民盲目外流与现代户籍制度的形成》,《首都师范大学学报》(社会科学版)2012年第1期。

张丽、吕康银、王文静:《地方财政支出对中国省际人口迁移影响的实证研究》,《税务与经济》2011年第7期。

张晓青、王雅丽、杨吉林、任嘉敏:《1990—2013年国际人口迁移特征、机制及影响研究》,《人口与发展》2014年第4期。

朱传耿、顾朝林、马荣华等:《中国流动人口的影响要素与空间分布》,《地理学报》2001年第5期。

朱农：《中国四元经济下的人口迁移——理论、现状和实证分析》，《人口与经济》2001年第1期。

朱树宝：《差别人口迁移的差别人口效应》，《人口学刊》1993年第5期。

朱宇：《八十年代以来福建人口的迁移变动》，《福建师范大学学报》（哲学社会科学版）1994年第1期。

外文类

Fan, C. C., "Economic Opportunities and Internal Migration: A Case Study of Guangdong rovince, China", *The Professional Geographer*, Vol. 48, No. 1, 1996.

Fan, C. C., "Interprovincial migration, population redistribution, and regional development in China: 1990 and 2000 census comparisons", *The Professional Geographer*, Vol. 57, No. 2, 2005.

Ghatak, S., Levine, P, &Wheatley, P. S., "Migration therories and evidence: An assessment", *Journal of Economic Surveys*, Vol. 10, No. 2, 1996.

Harris, J., &Todaro, M., "Migration, unemployment and development", *American Economic Review*, No. 60, 1970.

Kam Wing Chan, "Recent migration in China: Patterns, Trends and Policies", *Asian Perspective*. No. 4, 2001.

Knight, J., &Song, L., "Employment constraints and sub-optimality in Chinese enterprise", *Oxford Economic Papers*. Vol. 51, No. 2, 1999.

Liang, Z., &White, M. J., "Market transition, government policies, and interprovincial migration in China: 1983 – 1988", *Economic Development and Cultural Change*, Vol. 45, No. 2, 1997.

Liang, Z., and Ma, Z. D., "China's Floating Population: New Evidence from the 2000 Census", *Population and Development Review*. Vol. 30, No. 3, 2004.

Wu, Z. &S. Yao, "Intermigration and intramigration in China A Theoretical and empirical analysis", *China Economic Review*, No. 14, 2003.

Wang, F., &Zuo, X., "Inside China's cities: Institutional barriers and opprtunities for urban migants", *American Economic Review*, Vol. 89, No. 2, 1999.

Wu, H. x., li, Z., "Rural-to-urban migration in China", *Asian-Pacific Economic Literature*, No. 11, 1996.

Wu, Z., S. Yao., "Intermigration and intramigration in China: A theoretical and empirical analysis", *China Economic Review*, No. 14, 2003.

Yao, S., *Agricultural Reforms and Grain Production in China*, London: St Martin Press, 1994.

Zhang, K. H, S. Song, "Rural-Urban Migration and Urbanization in China: Evidence from time-series and cross-section analyses", *China Economic Review*, Vol. 14, No. 4, 2003.

学位论文类

黄海英:《1957—1965年中国城乡人口迁移流动与城乡关系研究——以广东省为个案》,硕士学位论文,华南师范大学,2007年。

李薇:《我国流动人口空间分布特征分析》,硕士学位论文,同济大学,2008年。

刘俊秀:《辽宁省人口迁移时空演变特征及影响因素分析》,硕士学位论文,辽宁师范大学,2018年。

刘宜君:《户籍制度改革与社会人口流动研究》,硕士学位论文,福建师范大学,2003年。

刘亚楠:《我国流动人口永久性迁移中的户籍制度研究》,硕士学位论文,浙江大学,2010年。

王振营:《人口迁移规律——不同条件下人口迁移模型研究》,博士学位论文,中国人民大学,1993年。

周吉节:《2000—2005年我国省际人口迁移的分布状况和经济动因研究》,硕士学位论文,复旦大学,2009年。

张帆:《户籍制度束缚下的中国人口流动模型研究及政策建议》,硕士学位论文,首都经济贸易大学,2012年。

张丽:《公共产品配置对人口迁移的作用研究》,博士学位论文,东北师范大学,2012年。

张琪:《中国人口迁移与区域经济发展差异研究——区域、城市与都市圈视角》,博士学位论文,复旦大学,2008年。

统计资料类

贵州省统计局、国家统计局贵州调查总队:《贵州统计年鉴》(相关年份),中国统计出版社。

贵州省第三次人口普查领导小组、贵州省公安厅、贵州省统计局:《贵州省人口统计资料汇编(1949—1984)》,1986年版。

贵州省统计局编:《2015年贵州省1%人口抽样调查资料》,中国统计出版社2015年版。

国家统计局人口统计司、公安部三局:《中华人民共和国人口统计资料汇编(1949—1985年)》,中国财政经济出版社1988年版。

贵州省人口普查办公室:《贵州省1990年第四次人口普查资料》,中国统计出版社1991年版。

贵州省第五次人口普查办公室:《贵州省2000年第五次人口普查资料》,中国统计出版社2002年版。

贵州省统计局、国家统计局贵州调查总队:《贵州六十年(1949—2009)》,中国统计出版社2009年版。

贵州省第六次人口普查领导小组办公室:《贵州省2010年第六次人口普查资料》,中国统计出版社2012年版。

国家统计局综合司编:《全国各省、自治区、直辖市历史统计资料汇编1949—1989》,中国统计出版社1990年版。

国家统计局国民经济综合司编:《新中国55年统计资料汇编(1949—2004)》,中国统计出版社2005年版。

国家统计局国民经济综合司编:《新中国60年统计资料汇编(1949—2008)》,中国统计出版社2010年版。

遵义市统计局、国家统计局遵义调查队：《遵义 60 年（1949—2009）》，2009 年版。

遵义市统计局、国家统计局遵义调查队：《遵义统计年鉴》，2011 年版。

地方志书类

贵州省地方志编纂委员会：《贵州省志·大事 1949—1985（征求意见稿）》，1989 年版。

贵州铜仁地区地方志编纂委员会：《铜仁市志》，贵州人民出版社，1994 年版。

贵州省地方志编撰委员会：《贵州省志·城乡建设志》，方志出版社 1998 年版。

贵州省地方志编纂委员会编：《贵州省志·国民经济计划志》，贵州人民出版社 2000 年版。贵阳市志编撰委员会：《贵阳市志·大事记（1911—1998 年）》，贵州人民出版社 2000 年版。

贵州省地方志编纂委员会编：《贵州省志·公安志》，贵州人民出版社 2003 年版。

贵州省地方志编撰委员会：《贵阳市地方志·劳动审计物价技术监督志·劳动分志篇》，贵州人民出版社 2003 年版。

贵州省毕节地区方志编纂委员会编：《毕节地区志·劳动志》，贵州人民出版社 2004 年版。

凯里市志编办：《凯里市志》，方志出版社 1998 年版。

六盘水市志民政志编纂委员会：《六盘水市志·劳动和社会保障志》，贵州人民出版社 2005 年版。

黔东南苗族侗族自治州地方志编纂委员会：《黔东南苗族侗族自治州志·劳动人事志》，贵州人民出版社 1993 年版。

铜仁地方志编纂委员会：《铜仁地方志》，贵州人民出版社 2003 年版。

遵义市地方志编纂委员会：《遵义地区志·经济管理志》，贵州人民出版社 2003 年版。

附录 1

本书所使用的 1949—1978 年基础数据及估算数据

1.1 基本说明

1.1.1 数据来源

①国家统计局人口统计司、公安部三局：《中华人民共和国人口统计资料汇编（1949—1985年）》，中国财政经济出版社1988年版。

②国家统计局国民经济综合司编：《新中国55年统计资料汇编（1949—2004）》，中国统计出版社2005年版。

③国家统计局综合司编：《全国各省、自治区、直辖市历史统计资料汇编1949—1989》，中国统计出版社1990年版。

④贵州省第三次人口普查领导小组、贵州省公安厅、贵州省统计局：《贵州省人口统计资料汇编（1949—1984）》，1986年版。

⑤庄亚儿：《中国人口迁移数据集》，中国社会科学出版社1995年版。

⑥沈益民、童乘珠：《中国人口迁移》，中国统计出版社1992年版。

1.1.2 各类别基础数据说明

1.1.2.1 总人口：本部分数据在以上资料中均有登记，登记的主要有两类。一是年末总人口数据；二是年均总人口数据。其中②、③、④使用的是年末总人口数据（三者同。②精确到万位，保留两位小数；③精确到万位，保留整数位；④精确到个位，保留整数位）；①、⑤、⑥使用的是平均人口数据，且自1954年始有登记（三者同。

⑤的数据引自①，且根据⑥补充了①缺漏的 1967—1969 年数据）；对于研究中需要使用平均人口数据之处，依据资料使用的一致性原则，直接采用①/⑤/⑥或通过②/③/④中的年末数据进行估算。

1.1.2.2　城镇人口、乡村人口：城镇人口数据在①、②、③、④中均有登记，但"城镇人口"的名称登记不同，①、③、④中按"市镇"名称登记，②中按"城镇人口"名称登记。①中的数据是自 1954 年开始，按"市"和"镇"分开登记的，其中 1966—1970 年缺"镇"部分的数据。1955—1962 年的数据与②、③、④款不同，其余年份均相同；②、③、④中登记的名称相异，但数据相同，（②精确到万位，保留两位小数；③精确到万位，保留整数位；④精确到个位，保留整数位）；乡村人口数据在②、③、④中均有登记（三者同。②精确到万位，保留两位小数；③精确到万位，保留整数位；④精确到个位，保留整数位），④中更具体到分县数据。本书使用的是②或③、④中的数据（详见表 7）。

1.1.2.3　农业人口、非农业人口：①、③、④中涉及该部分数据。③、④中的数据相同（③精确到万位，保留整数位，④精确到个位，保留整数位），但①中实际登记的是"市镇总人口中的非农业人口"，其数值低于③、④所登记的非农业人口，①中的数据精确到万位，保留两位小数，且自 1961 年始有登记。③、④中对"农业人口"和"非农业人口"自 1949 年以来的数据进行了明确登记，④中还有分县数据。从数据分析连贯性的角度考虑，本书主要采用③/④的数据。

1.1.2.4　自然增长率：该数据在①、②、③、④中均有登记。该部分数据登记的主要有两类。一是未经调整的数据；二是经过调整的数据。其中，③中登记的是未经调整的数据；②、④中登记的是经过调整后的数据；①中分别登记了以上两类数据，并在凡例（第 2 页）中对此作了专门说明，"因为有些年份的出生、死亡统计人数不合理，部分省区后来根据人口普查资料按现有区划做了调整修正。现以附表形式列出，供使用者参考"；①、②、④中调整过的数据同。本书主要采用调整修正数据。

1.1.2.5 迁移人数、迁入率、迁出人数、迁出率、净迁移人数、净迁移率：该部分数据的使用本着首先依据原始登记数据，在无原始登记数据可查的情况下方使用估计数据的原则。1954—1978 年的完整数据在①、⑤中有登记（⑤的数据引自①，其中 1967—1969 年三年的数据由⑥补缺），通过②估算的净迁移人数和净迁移率与①、⑤中登记的数据区别较大，因考虑到使用过程中资料的全面性和一致性，除了特别说明的需要对比的部分及 1950—1953 年数据，其余均使用①、⑤数据。

1.1.3 各类别估算数据及估算方法说明

1.1.3.1 1950—1953 年的人口净迁移数据：因缺乏相关年份的迁出和迁入数据，故只能通过"迁移人口 = 总人口 - 自然增长人口"这一基本公式，对该期间的净迁移人口进行估算。又因以上资料中均未登记 1949—1953 年的年均人口数据，因此首先要估算各相关年份的年均人口数（基于数据的可得性，本研究中，使用年中人口数近似替代年均人口数，以下不再说明）。估算公式为"年均人口 =（上年人口 + 当年人口）/2"；其次，再通过公式"自然增长人口 = 年均总人口 × 人口自然增长率（调整后数据）"求得相关年份的自然增长人口。最后，计算相关年份的人口净迁移数据。

1.1.3.2 1950—1953 年的分市镇/城乡的人口净迁移数据：通过"本年分市镇/城乡迁移人口 = 本年分市镇/城乡总人口增量 - 本年分市镇/城乡自然增长人口数"这一基本公式，对该期间的市镇/城乡净迁移人口分别进行估算。这部分数据估算步骤如下：第一，计算相关年份的分市镇/城乡的总人口增量。根据相关年份的"总人口增量 = 本年年末人口 - 上年年末人口"这一公式求得。第二，计算相关年份的自然增长人口。因如前述，分市镇/城乡的人口数据来源于②、③，因而为年末人口数，故根据"分市镇/城乡的自然增长人口数 = 分市镇/城乡的平均人口 × 分市镇/城乡的人口自然增长率"这一基本公式计算。因此，首先需要求得相关年份的分市镇（城）/乡的平均人口数（估算公式详见 1.1.3.1）。又因缺相关年份的分市镇（城）/乡的人口自然增长率，故本书只能粗略采用相关年份的总人口自然增长率替代（通过计算总净迁移人口发现，通过此方法计算出来的分市镇/城乡迁移人口数据与之仅有细微出入，因此也印证了这一时期以总人口自增率分别估算城乡人口自增率是合理的）。第三，计算相关年份的分市镇/城乡的净迁移人口。

1.1.3.3　1950—1978年"净迁移2"数据：为了研究对比，本书还根据②中相关年份的年末总人口及自然增长率数据，通过"本年迁移人口＝本年总人口增量－本年自然增长人口数"这一基本公式估算。同样首先通过公式"本年总人口增量＝本年年末人口－上年年末人口"求得相关年份总人口增量。其次，再通过公式"自然增长人口＝年均总人口×调整修正后的人口自然增长率"求得相关年份的自然增长人口。最后，通过"净迁移人口＝总人口增量－自然增长人口"计算相关年份的净迁移人口。

1.1.3.4　依据公安部门统计的"净迁移1"系列数据与依据常住人口估算的"净迁移2"系列的数据个别年份有较大差异，但基本趋势相近。李若建（1994，1999）曾对1954—1987年中国人口迁移统计数据质量做过分析，认为大规模的迁移人口没有完全准确地在户籍统计上反映出来，指出由于户籍管理制度的落后与混乱，许多迁移人口没有及时落户是迁移统计数据质量不高的原因之一。

1.1.3.5　人口增长率：因该部分数据用以与分市镇（城）/乡的人口进行比较，而后者数据来源于②、③，因而，基于可比性的考虑，计算人口增长率时，也使用②、③中的年末人口数据。人口增长率（比上年）＝（当年数据－上年数据）/当年平均人口数×1000‰，平均人口数的计算方法如上。

1.1.3.6　城镇化率：根据②中的相关年份总人口和城镇人口数估算。估算方法：本年城镇化率＝年均城镇人口数/年均总人口数×100％。相关年份的年均总人口及城镇人口数根据"年均人口＝（上年人口＋当年人口）/2"求得。

1.1.3.7　总迁移率：某年的总迁移率根据相关年份的"迁出率＋迁入率＋总迁移率"这一基本公式计算。

1.2 附表

表 1.2.1   1950—1978 年贵州人口迁移相关数据

年份	平均人口（人）①	迁入 人数（人）②	迁入率（‰）③	迁出 人数（人）④	迁出率（‰）⑤	净迁移1 人数（人）⑥	净迁移率1（‰）⑦	净迁移2 人数（人）⑧	净迁移率2（‰）⑨
1950	14168000							−213021	−15.04
1951	14309500							23153	1.62
1952	14673000							161475	11.00
1953	15057000							2814	0.19
1954	15303901	158565	10.36	133419	8.72	25146	1.64	−29319	−1.90
1955	15787296	130427	8.26	137665	8.72	−7238	−0.46	−43905	−2.79
1956	16149301	442767	27.42	319055	19.76	123712	7.66	102966	6.41
1957	16624736	561452	33.77	549237	33.04	12215	0.73	163716	9.90
1958	17034357	1235292	72.52	1398693	82.11	−163401	−9.59	−20361	−1.20
1959	17349879	1004388	57.89	1011159	58.28	−6771	−0.39	213330	12.35
1960	17086074	1117453	65.40	1248080	73.05	−130627	−7.65	−462708	−27.32
1961	16469337	552524	33.55	655418	39.80	−102894	−6.25	−85172	−5.21
1962	16464537	357833	21.73	378396	22.98	−20563	−1.25	−120095	−7.31
1963	16839278	802349	47.65	800911	47.56	1438	0.09	−139420	−8.28
1964	17277756	439164	25.42	380674	22.03	58490	3.39	−66860	−3.87
1965	17863495	609038	34.09	545135	30.52	63903	3.58	65550	3.67
1966	18530000	686957	37.07	648845	35.02	38112	2.06	77779	4.20
1967	19210000	605200	31.50	487200	25.36	118000	6.14	120648	6.28
1968	19360000	726200	37.51	558200	28.83	168000	8.68	155252	7.78
1969	20715000	769800	37.16	663800	32.04	106000	5.12	108550	5.24
1970	21440000	673789	31.43	489307	22.82	184482	8.60	32014	1.49
1971	22195013	616436	27.77	490786	22.11	125650	5.66	115042	5.18
1972	22911053	506131	22.09	520309	22.71	−14178	−0.62	−15447	−0.67
1973	23592181	447936	18.99	464424	19.69	−16488	−0.70	−13517	−0.57
1974	24293177	356707	14.68	378506	15.58	−21799	−0.90	−32420	−1.33
1975	24971794	374528	15.00	370275	14.83	4253	0.17	−63765	−2.55

附录1　本书所使用的1949—1978年基础数据及估算数据　/　371

续表

年份	平均人口（人）①	迁入 人数（人）②	迁入率（‰）③	迁出 人数（人）④	迁出率（‰）⑤	净迁移1 人数（人）⑥	净迁移率1（‰）⑦	净迁移2 人数（人）⑧	净迁移率2（‰）⑨
1976	25580295	329148	12.87	322993	12.63	6155	0.24	-133720	-5.23
1977	26126261	386226	14.78	344928	13.20	41298	1.58	-66280	-2.54
1978	26632729	393643	14.78	359947	13.52	33696	1.27	-102013	-3.83

数据来源：

1. 表中数据系列①－⑦（除特别说明部分）来源于国家统计局人口统计司、公安部三局：《中华人民共和国人口统计资料汇编（1949—1985年）》，中国财政经济出版社1988年版第1001页；系列①中1950—1953年数据根据国家统计局国民经济综合司编：《新中国55年统计资料汇编1949—2004》，中国统计出版社2005年版第878页中，历年年末人口数据估算；1967—1969年的数据，根据沈益民、童乘珠：《中国人口迁移》，中国统计出版社1992年版，第313页补缺。

2. 数据系列⑦中1959年数据在《中华人民共和国人口统计资料汇编（1949—1985年）》中为0.39，应为计算错误，本处已更正为-0.39（庄亚儿：《中国人口迁移数据集》，中国人口出版社1995年版第27页中，该年份数据亦引自国家统计局人口统计司、公安部三局：《中华人民共和国人口统计资料汇编（1949—1985年）》中国财政经济出版社1988年版同样也更正为-0.39）。

3. 数据系列⑧根据国家统计局国民经济综合司编：《新中国55年统计资料汇编1949—2004》，中国统计出版社2005年版中相关年份的总人口及自然增长率数据，通过"净迁移人口＝当年总人口增量－当年自然增长人口数"这一基本公式估算。

4. 数据系列⑨根据国家统计局国民经济综合司编：《新中国55年统计资料汇编1949—2004》，中国统计出版社2005年版第878页中，历年年末人口数据估算。通过"净迁移率＝净迁移人口数/年均人口数"这一基本公式估算。即为相关年份的数据系列⑧的数据除以通过该数据中得到的年末人口数据计算的平均人口数之商。

表1.2.2　　1954—1978年贵州及全国人口迁移相关指标　　单位：‰

年份	净迁移率 全国①	净迁移率 贵州②	总迁移率 全国③	总迁移率 贵州④	总迁移率差⑤
1954	2.35	1.64	73.23	19.08	-54.15

续表

年份	净迁移率 全国 ①	净迁移率 贵州 ②	总迁移率 全国 ③	总迁移率 贵州 ④	总迁移率差 ⑤
1955	1.80	-0.46	81.71	16.98	-64.73
1956	2.96	7.66	94.17	47.18	-46.99
1957	2.37	0.73	83.72	66.81	-16.91
1958	1.84	-9.59	96.52	154.63	58.11
1959	4.87	-0.39	90.19	116.17	25.98
1960	1.67	-7.65	98.43	138.45	40.02
1961	-2.61	-6.25	61.46	73.35	11.89
1962	-2.02	-1.25	67.10	44.71	-22.39
1963	-1.13	0.09	39.78	95.21	55.43
1964	-0.01	3.39	40.42	47.45	7.03
1965	-0.02	3.58	45.30	64.61	19.31
1966	1.19	2.06	39.17	72.09	32.92
1967	1.23	6.14	37.01	56.86	19.85
1968	0.31	8.68	44.58	66.34	21.76
1969	0.18	5.12	46.30	69.20	22.90
1970	0.56	8.6	39.12	54.25	15.13
1971	1.95	5.66	34.53	49.88	15.35
1972	0.32	-0.62	36.83	44.80	7.97
1973	1.65	-0.7	31.01	38.68	7.67
1974	0.57	-0.9	29.60	30.26	0.66
1975	1.21	0.17	34.86	29.83	-5.03
1976	1.11	0.24	33.97	25.50	-8.47
1977	1.06	1.58	32.05	27.98	-4.07
1978	1.06	1.27	37.42	28.30	-9.12

数据来源：本表中数据系列①-④来源于国家统计局人口统计司、公安部三局：《中华人民共和国人口统计资料汇编（1949—1985年）》，中国财政经济出版社1988年版，第978、1001页；数据系列⑤为④-③之差，表示贵州人口总迁移规模与全国人口总迁移规模的比较。

表 1.2.3　　　　　　　1949—1978 年贵州人口基本情况　　　　　单位：万人

年份	年末人口①	男②	女③	非农业人口④	农业人口⑤	市镇人口⑥	乡村人口⑦	自增率1⑧	自增率2⑨
1949	1416	709	707	102	1314	106	1310	20.84	14.80
1950	1417	710	707	101	1316	104	1313	22.04	15.60
1951	1445	729	716	103	1342	106	1339	24.90	17.60
1952	1490	747	743	120	1370	108	1382	24.36	19.80
1953	1522	769	753	114	1408	110	1412	27.88	20.80
1954	1557	788	769	122	1435	115	1442	30.74	25.00
1955	1587	802	785	131	1456	123	1464	28.10	21.70
1956	1628	824	804	137	1491	147	1481	26.52	19.30
1957	1681	852	829	164	1517	165	1516	32.35	22.00
1958	1710	812	848	259	1451	344	1366	16.39	18.40
1959	1744	882	862	257	1487	350	1394	10.58	7.30
1960	1643	816	827	235	1408	359	1284	-19.41	-32.36
1961	1624	800	824	192	1432	271	1353	-0.21	-6.70
1962	1664	826	838	180	1484	206	1458	31.13	32.10
1963	1704	850	854	188	1516	203	1501	37.79	31.60
1964	1752	890	862	203	1549	213	1539	28.70	31.90
1965	1821	926	895	219	1602	225	1596	26.26	34.80
1966	1885	959	926	231	1654	236	1649	27.16	30.50
1967	1957	985	972	236	1721	245	1712	27.53	31.20
1968	2035	1020	1015	243	1792	255	1780	27.80	31.30
1969	2108	1060	1048	253	1855	264	1844	27.46	30.00
1970	2180	1109	1071	265	1916	277	1903	24.99	32.30
1971	2259	1150	1109	284	1975	272	1987	20.94	30.20
1972	2323	1181	1142	289	2034	281	2042	20.31	28.70
1973	2395	1216	1179	297	2098	292	2103	20.53	31.10
1974	2463	1251	1212	292	2171	296	2167	18.55	29.40
1975	2531	1285	1246	291	2240	298	2233	18.22	29.60
1976	2585	1313	1272	294	2291	301	2284	15.66	26.40

续表

年份	年末人口①	男②	女③	非农业人口④	农业人口⑤	市镇人口⑥	乡村人口⑦	自增率1⑧	自增率2⑨
1977	2640	1341	1299	299	2341	316	2324	13.21	23.60
1978	2686	1365	1321	306	2380	324	2362	12.39	21.20

数据来源：

1. 如前述，为了数据适用的一致性，表中①—⑧项数据均来源于国家统计局综合司编：《全国各省、自治区、直辖市历史统计资料汇编1949—1989》，中国统计出版社1990年版，第721页（公安部门数据），该资料对人口数据采取了保留整数位的处理。

2. 数据⑨来源于国家统计局国民经济综合司编：《新中国55年统计资料汇编1949—2004》，中国统计出版社2005年版，第878页。

3. 对比发现，两份资料中的年末总人口数、市镇人口、乡村人口数相同（《全国各省、自治区、直辖市历史统计资料汇编1949—1989》中的人口数据只保留整数位，《新中国55年统计资料汇编1949—2004》中的人口数据保留两位小数，且缺农业人口及非农业人口数据），但出生率、死亡率与自然增长率数据差别较大。经查阅比对《中华人民共和国人口统计资料汇编（1949—1985年）》中的数据，发现《新中国55年统计资料汇编1949—2004》中的数据与《中华人民共和国人口统计资料汇编（1949—1985年）》中的调整后的数据相同（该书中1963年、1964年、1973年和1974年的数据未经调整），该书《凡例》（见第2页）对此专门作了说明"因为有些年份的出生、死亡统计人数不合理，部分省区后来根据人口普查资料按现有区划做了调整修正。"

4. 原文中1960年乡村人口数为1384，参照《新中国55年统计资料汇编1949—2004》中的数据，该年总人口及城镇人口登记数均与之同，但乡村人口登记数为1283.95，再参照本处引文原文中当年总人口与市镇人口之差为1284万人，由于《中华人民共和国统计资料汇编1949—1985》中登记的市镇人口数为303.4，既与这两份资料不一致，也与将总人口与按1384计算的乡村人口之差259万人不同。故本研究认为原文数据当属计算错误，本处已更正为1284万人。

表1.2.4　年均总人口、城镇人口、乡村人口及其增长率和城镇化率

年份	年均人口（万人）			增长率（比上年）（‰）			城镇化率（%）⑦
	总人口①	城镇人口②	乡村人口③	总人口④	城镇人口⑤	乡村人口⑥	
1950	1416.80	104.90	1311.90	0.56	−26.69	2.74	7.40

续表

年份	年均人口（万人）			增长率（比上年）（‰）			城镇化率（%）⑦
	总人口 ①	城镇人口 ②	乡村人口 ③	总人口 ④	城镇人口 ⑤	乡村人口 ⑥	
1951	1430.95	104.55	1326.40	19.22	20.09	19.15	7.31
1952	1467.30	106.65	1360.65	30.80	19.69	31.68	7.27
1953	1505.70	108.60	1397.10	20.99	16.57	21.33	7.21
1954	1539.28	112.13	1427.15	23.10	46.91	21.22	7.28
1955	1571.91	118.70	1453.21	18.91	66.39	15.03	7.55
1956	1607.43	134.86	1472.58	25.71	181.16	11.47	8.39
1957	1654.48	156.28	1498.20	31.90	117.81	22.93	9.45
1958	1695.44	254.95	1440.50	17.20	701.84	-103.97	15.04
1959	1726.99	347.35	1379.65	19.65	16.90	20.35	20.11
1960	1693.48	354.66	1338.82	-59.62	24.70	-81.96	20.94
1961	1633.26	314.97	1318.30	-11.91	-279.87	52.11	19.28
1962	1643.91	238.43	1405.49	24.79	-272.33	75.20	14.50
1963	1683.93	204.42	1479.51	23.32	-15.07	28.62	12.14
1964	1727.78	207.99	1519.79	28.03	49.09	25.15	12.04
1965	1786.35	219.31	1567.05	38.47	56.68	35.92	12.28
1966	1852.86	230.70	1622.16	34.70	44.91	33.25	12.45
1967	1921.00	240.37	1680.64	37.48	37.32	37.50	12.51
1968	1996.00	249.69	1746.32	39.08	38.73	39.13	12.51
1969	2071.50	259.39	1812.11	35.24	37.55	34.91	12.52
1970	2144.23	270.76	1873.48	33.79	47.98	31.74	12.63
1971	2219.73	274.52	1945.22	35.38	-19.93	43.19	12.37
1972	2291.11	276.64	2014.47	28.03	35.10	27.05	12.07
1973	2359.22	286.82	2072.41	30.53	37.13	29.61	12.16
1974	2429.32	294.16	2135.16	28.07	13.73	30.04	12.11
1975	2497.18	297.25	2199.94	27.05	7.17	29.73	11.90
1976	2558.03	299.88	2258.16	21.17	10.44	22.60	11.72
1977	2612.63	308.71	2303.92	21.06	47.07	17.58	11.82

续表

年份	年均人口（万人）			增长率（比上年）(‰)			城镇化率（%）⑦
	总人口①	城镇人口②	乡村人口③	总人口④	城镇人口⑤	乡村人口⑥	
1978	2663.27	319.97	2343.30	17.37	25.00	16.33	12.01

数据来源：

1. 虽然数据①/⑤/⑥使用的是平均人口数据，但自1954年始有登记，故根据1.2.1中说明的原则，本处总人口数据通过②/③/④中的年末数据进行估算。

2. 表中①—③项数据根据国家统计局国民经济综合司编：《新中国55年统计资料汇编1949—2004》，第878页中相关年份总人口、城镇人口及乡村人口数估算。估算方法：当年平均人口=（当年人口+上年人口）/2。

3. 表中④—⑥项数据同样根据表3中的①、⑥、⑦项数据估算。估算方法：人口增长率（比上年）=（年末人口－年初人口）/平均人口数×1000‰。详见1.3.5。

4. 城镇化率根据国家统计局国民经济综合司编：《新中国55年统计资料汇编1949—2004》，第878页中的相关年份总人口和城镇人口数估算。估算方法：当年城镇化率=年均城镇人口数/年均总人口数×100%。详见1.3.6。

表1.2.5　　1949—1978年分城（市镇）乡的迁移人口估算

年份	自然增长率①	城/市镇（万人）				乡村（万人）			
		总人口②	总人口增长③	自然增长④	迁移增长⑤	总人口⑥	总人口增长⑦	自然增长⑧	迁移增长⑨
1949	14.84	106.30				1310.10			
1950	15.54	103.50	−2.80	1.63	−4.43	1313.70	3.60	20.39	−16.79
1951	17.64	105.60	2.10	1.84	0.26	1339.10	25.40	23.40	2.00
1952	19.78	107.70	2.10	2.11	−0.01	1382.20	43.10	26.91	16.19
1953	20.82	109.50	1.80	2.26	−0.46	1412.00	29.80	29.09	0.71
1954	25.05	114.76	5.26	2.81	2.45	1442.29	30.29	35.75	−5.46
1955	21.68	122.64	7.88	2.57	5.31	1464.13	21.84	31.51	−9.67
1956	19.25	147.07	24.43	2.60	21.83	1481.02	16.89	28.35	−11.46
1957	22.08	165.48	18.41	3.45	14.96	1515.38	34.36	33.08	1.28
1958	18.43	344.41	178.93	4.70	174.23	1365.61	−149.77	26.55	−176.32
1959	7.3	350.28	5.87	2.54	3.33	1393.68	28.07	10.07	18.00
1960	−32.36	359.04	8.76	−11.48	20.24	1283.95	−109.73	−43.32	−66.41
1961	−6.69	270.89	−88.15	−2.11	−86.04	1352.64	68.69	−8.82	77.51

续表

年份	自然增长率①	城/市镇（万人）				乡村（万人）			
		总人口②	总人口增长③	自然增长④	迁移增长⑤	总人口⑥	总人口增长⑦	自然增长⑧	迁移增长⑨
1962	32.08	205.96	-64.93	7.65	-72.58	1458.33	105.69	45.09	60.60
1963	31.56	202.88	-3.08	6.45	-9.53	1500.68	42.35	46.69	-4.34
1964	31.96	213.09	10.21	6.65	3.56	1538.90	38.22	48.57	-10.35
1965	34.8	225.52	12.43	7.63	4.80	1595.19	56.29	54.53	1.76
1966	30.55	235.88	10.36	7.05	3.31	1649.12	53.93	49.56	4.37
1967	31.24	244.85	8.97	7.51	1.46	1712.15	63.03	52.50	10.53
1968	31.36	254.52	9.67	7.83	1.84	1780.48	68.33	54.76	13.57
1969	30.03	264.26	9.74	7.79	1.95	1843.74	63.26	54.42	8.84
1970	32.25	277.25	12.99	8.73	4.26	1903.21	59.47	60.42	-0.95
1971	30.19	271.78	-5.47	8.29	-13.76	1987.22	84.01	58.73	25.28
1972	28.87	281.49	9.71	7.99	1.72	2041.72	54.50	58.16	-3.66
1973	31.11	292.14	10.65	8.92	1.73	2103.09	61.37	64.47	-3.10
1974	29.35	296.18	4.04	8.63	-4.59	2167.23	64.14	62.67	1.47
1975	29.58	298.31	2.13	8.79	-6.66	2232.64	65.41	65.07	0.34
1976	26.37	301.44	3.13	7.91	-4.78	2283.67	51.03	59.55	-8.52
1977	23.59	315.97	14.53	7.28	7.25	2324.17	40.50	54.35	-13.85
1978	14.84	323.97	8.00	6.80	1.20	2362.43	38.26	49.77	-11.51

数据来源：1. 表中数据①来源于国家统计局人口统计司、公安部三局编：《中华人民共和国人口统计资料汇编（1949—1985年）》，1988年版相关年份调整过的数据，第364—393页，该列黄色数据为书中未经调整数据。该数据与国家统计局国民经济综合司编：《新中国55年统计资料汇编1949—2004》，2005年版第878页数据相同。

2. 根据数据使用一致性原则，②、⑥两项数据也根据国家统计局国民经济综合司编：《新中国55年统计资料汇编1949—2004》，2005年版第878页总人口数据进行估算。估算方法：本年平均人口 =（本年人口 + 上年人口）/2。

3. ③、⑦分类别市镇/城乡的总人口增长量根据国家统计局国民经济综合司编：《新中国55年统计资料汇编1949—2004》，2005年版第878页中相关年份城镇人口及乡村人口数估算。估算基本公式：总人口增长量 = 当年人口 - 上年人口。

4. ④、⑧分类别（城镇/乡）的人口自然增长两项数据，根据分类别（城镇/乡）年均人口数（来源于②、⑥两项数据）与调整后的自然增长率估算。估算方法：人口自然增长量 = 年均人口数 × 当年自然增长率 × ‰。详见1.3.2。

5. 表中分类别（城镇/乡）的迁移增长数据⑤、⑨则分别根据分类别（城镇/乡）的总人口增长量（③和⑦两项数据）与自然增长量（④和⑧）估算。估算方法：分类别（城镇/乡）的迁移增长量 = 分类别（城镇/乡）的人口增量 - 自然增长量。

附录 2

本书所使用的 1979—2015 年基础数据及估算数据

2.1 基本说明

①贵州省第四次人口普查办公室编：《贵州省 1990 年人口普查资料》，中国统计出版社 1991 年版。

②贵州省第五次人口普查办公室编：《贵州省 2000 年人口普查资料》，中国统计出版社 2002 年版。

③贵州省第六次全国人口普查领导小组办公室编：《贵州省 2010 年人口普查资料》，中国统计出版社 2012 年版。

④贵州省 1% 人口抽样调查办公室：《2005 年贵州省 1% 人口抽样调查资料》，中国统计出版社 2007 年版。

⑤贵州省统计局编：《2015 年贵州省 1% 人口抽样调查资料》，中国统计出版社 2016 年版。

⑥国家统计局国民经济综合司编：《新中国 55 年统计资料汇编（1949—2004）》，中国统计出版社 2005 年版。

⑦国家统计局国民经济综合司编：《新中国 60 年统计资料汇编（1949—2009）》，中国统计出版社 2010 年版。

⑧庄亚儿：《中国人口迁移数据集》，中国社会科学出版社 1995 年版。

2.2 附表

表 2.2.1   1985—1990 年贵州省际人口迁移状况

省份	贵州→省外 万人	贵州→省外 %	外省→贵州 万人	外省→贵州 %	总迁移 万人	净迁入 万人
北京	0.34	1.2	0.1	0.9	0.44	-0.24
天津	0.46	1.6	0	0	0.46	-0.46
河北	1.13	3.9	0.04	0.4	1.17	-1.09
山西	0.56	1.9	0.06	0.6	0.62	-0.50
内蒙古	0.03	0.1	0.03	0.3	0.06	0
辽宁	0.1	0.3	0.06	0.6	0.16	-0.04
吉林	0.02	0.1	0.01	0.1	0.03	-0.01
黑龙江	0.06	0.2	0.09	0.9	0.15	0.03
上海	0.65	2.2	0.01	0.1	0.66	-0.64
江苏	4.0	13.8	0.44	4.2	4.44	-3.56
浙江	1.65	5.7	0.48	4.5	2.13	-1.17
安徽	0.88	3.0	0.09	0.9	0.97	-0.79
福建	1.73	5.9	0.01	0.1	1.74	-1.72
江西	1.18	4.1	0	0	1.18	-1.18
山东	1.58	5.4	0.15	1.4	1.73	-1.43
河南	1.0	3.4	0.12	1.1	1.12	-0.88
湖北	0.58	2.0	0.19	1.8	0.77	-0.39
湖南	1.79	6.2	1.23	11.7	3.02	-0.56
广东	1.99	6.8	0.16	1.5	2.15	-1.83
广西	1.22	4.2	0.15	1.4	1.37	-1.07
海南	0.08	0.3	0.03	0.3	0.11	-0.05
四川	6.11	21.0	5.77	54.7	11.88	-0.34
云南	1.7	5.8	1.2	11.4	2.9	-0.5
陕西	0.17	0.6	0.03	0.3	0.2	-0.14
甘肃	0	0	0.02	0.2	0.02	0.02
宁夏	0.01	0.0	0	0	0.01	-0.01
新疆	0.06	0.2	0.08	0.8	0.14	0.02
合计	29.08	100.0	10.55	100.0	39.63	18.52

表 2.2.2　　　　　　　1995—2000 年贵州省际人口迁移

省份	贵州→省外 万人	%	外省→贵州 万人	%	总迁移 万人	净迁入 万人
北京	1.6	1.3	0	0	1.6	-1.6
天津	0.1	0.1	0	0	0.1	-0.1
河北	1.4	1.1	0.1	0.3	1.5	-1.3
山西	0.7	0.6	0	0	0.7	-0.7
内蒙古	0.1	0.1	0	0	0.1	-0.1
辽宁	0.3	0.2	0	0	0.3	-0.1
吉林	0.2	0.2	0	0	0.2	-0.2
黑龙江	0.6	0.5	0.4	1.3	1	-0.2
上海	1.5	1.2	0	0	1.5	-1.5
江苏	8.7	7.0	0.5	1.6	9.2	-8.2
浙江	23.1	18.6	2.4	7.6	25.5	-20.7
安徽	1.6	1.3	0.1	0.3	1.7	-1.5
福建	8.2	6.6	0.4	1.3	8.6	-7.8
江西	1	0.8	1.1	3.5	2.1	0.1
山东	1.5	1.2	1.1	3.5	2.6	-0.4
河南	0.7	0.6	0.1	0.3	0.8	-0.6
湖北	1.8	1.5	1.2	3.8	3	-0.6
湖南	2.5	1.5	5.3	16.8	7.8	-2.8
广东	43.7	35.3	2.4	7.6	46.1	41.3
广西	3.4	2.7	1.6	5.1	5	1.8
海南	0.1	0.1	0	0	0.1	-0.1
重庆	3.9	3.1	3	9.5	6.9	-0.9
四川	4.1	3.3	8.4	26.6	12.5	-4.3
云南	12.6	10.2	3.3	10.4	15.9	9.3
陕西	0.3	0.2	0	0	0.3	-0.3
甘肃	0.2	0.2	0	0	0.2	-0.2
西藏	0	0	0.1	0.3	0.1	0.1
青海	0	0	0.1	0.3	0.1	0.1
合计	123.9	100	31.6	100	155.5	100

表 2.2.3　　　　　2005—2010 年贵州省际人口迁移

省份	贵州→省外 万人	%	外省→贵州 万人	%	总迁移 万人	%	净迁入 万人
北京	3.9	1.0	0.1	0.2	153.1	0.8	-3.8
天津	1.7	0.4	0.1	0.1	97.6	0.4	-1.6
河北	1.8	0.4	0.9	1.1	50.1	0.5	-0.9
山西	1.2	0.3	0.4	0.5	29.1	0.3	-0.8
内蒙古	1.0	0.2	0.1	0.2	26.7	0.2	-0.8
辽宁	0.8	0.2	0.3	0.4	18.1	0.2	-0.5
吉林	0.2	0.1	0.4	0.5	16.0	0.1	0.1
黑龙江	0.3	0.1	0.4	0.5	15.0	0.1	0.0
上海	14.8	3.7	0.2	0.3	7.7	3.1	-14.6
江苏	27.6	6.8	1.5	2.0	6.4	6.0	-26.0
浙江	149.9	37.0	3.2	4.2	5.6	31.8	-146.7
安徽	3.3	0.8	1.9	2.5	5.2	1.1	-1.4
福建	47.2	11.7	2.9	3.7	4.0	10.4	-44.3
江西	3.4	0.8	2.2	2.9	3.9	1.2	-1.2
山东	2.4	0.6	1.3	1.8	3.8	0.8	-1.1
河南	1.1	0.3	2.8	3.7	2.6	0.8	1.7
湖北	2.3	0.6	4.1	5.4	2.0	1.3	1.8
湖南	4.6	1.1	11.5	15.0	1.8	3.3	6.9
广东	95.8	23.7	1.8	2.3	1.5	20.3	-94.0
广西	5.1	1.3	2.6	3.4	1.1	1.6	-2.5
海南	1.8	0.4	0.2	0.2	1.1	0.4	-1.6
重庆	7.2	1.8	10.9	14.3	0.7	3.8	3.7
四川	5.8	1.4	20.9	27.4	0.6	5.5	15.2
云南	18.7	4.6	4.0	5.3	22.8	4.7	-14.7
陕西	1.1	0.3	1.0	1.3	2.0	0.4	-0.1
甘肃	0.3	0.1	0.3	0.4	0.6	0.1	0.0
西藏	0.1	0	0.4	0	0.1	0	-0.1
青海	0.3	0.1	0.1	0.2	0.5	0.1	-0.2
宁夏	0.2	0	0.0	0	0.2	0.0	-0.1
新疆	1.0	0.2	0.1	0.2	1.1	0.2	-0.9
合计	404.9	100	76.3	100	481.2	100	328.5

表 2.2.4　　　　　1979—2015 年贵州省人口迁移相关数据

年份	年末人口（万人）①	平均人口（万人）②	出生率（‰）③	死亡率（‰）④	自增率（‰）⑤	自增人口（万人）⑥	净迁移人口⑦	净迁移率（‰）⑧
1979	2730.99	2708.70	26.9	7.1	19.8	53.63	-9.04	-3.34
1980	2776.67	2753.83	24.7	7.0	17.7	48.74	-3.06	-1.11
1981	2826.78	2801.73	23.7	7.5	16.2	45.39	4.72	1.69
1982	2875.21	2851.00	24.8	7.6	17.2	49.04	-0.61	-0.21
1983	2901.46	2888.34	20.8	9.2	11.7	33.79	-7.54	-2.61
1984	2931.85	2916.66	18.9	7.3	11.6	33.83	-3.44	-1.18
1985	2972.18	2952.02	20.3	5.9	14.4	42.51	-2.18	-0.74
1986	3025.86	2999.02	24.1	6.1	18.1	54.28	-0.60	-0.20
1987	3072.58	3049.22	23.7	8.5	15.2	46.35	0.37	0.12
1988	3127.27	3099.93	23.8	6.0	17.8	55.18	-0.49	-0.16
1989	3171.00	3149.14	21.2	6.8	14.4	45.35	-1.62	-0.51
1990	3267.53	3219.27	23.1	7.9	15.2	48.93	47.60	14.79
1991	3314.63	3291.08	22.4	8.1	14.3	47.06	0.04	0.01
1992	3360.96	3337.80	22.4	8.5	13.9	46.40	-0.07	-0.02
1993	3408.69	3384.83	22.6	8.5	14.1	47.73	0.00	0.00
1994	3458.41	3433.55	22.9	8.1	14.8	50.82	-1.10	-0.32
1995	3508.08	3483.25	21.9	7.6	14.3	49.81	-0.14	-0.04
1996	3555.41	3531.75	22.1	7.7	14.4	50.86	-3.53	-1.00
1997	3605.81	3580.61	22.2	7.7	14.5	51.92	-1.52	-0.42
1998	3657.60	3631.71	22.0	7.8	14.3	51.93	-0.14	-0.04
1999	3710.06	3683.83	21.9	7.7	14.2	52.31	0.15	0.04
2000	3755.72	3732.89	20.6	7.5	13.1	48.90	-3.24	-0.87
2001	3798.51	3777.12	18.6	7.2	11.3	42.68	0.11	0.03
2002	3837.28	3817.90	18.0	7.2	10.8	41.23	-2.46	-0.65
2003	3869.66	3853.47	15.9	6.9	9.0	34.68	-2.30	-0.60
2004	3903.70	3886.68	15.1	6.4	8.7	33.81	0.23	0.06
2005	3730.00	3816.85	14.6	7.2	7.4	28.24	-201.94	-52.91
2006	3757.18	3743.59	14.0	6.7	7.3	27.33	-0.15	-0.04
2007	3762.36	3759.77	13.3	6.6	6.7	25.19	-20.01	-5.32

续表

年份	年末人口（万人）①	平均人口（万人）②	出生率（‰）③	死亡率（‰）④	自增率（‰）⑤	自增人口（万人）⑥	净迁移人口⑦	净迁移率（‰）⑧
2008	3793.00	3777.68	13.5	6.8	6.7	25.31	5.33	1.41
2009	3798	3795.50	13.65	6.69	6.96	26.42	-21.42	-5.64
2010	3479	3638.50	13.96	6.55	7.41	26.96	-345.96	-95.08
2011	3469	3474.00	13.31	6.93	6.38	22.16	-32.16	-9.26
2012	3484	3476.50	13.27	6.96	6.31	21.94	-6.94	-2.00
2013	3502	3493.00	13.05	7.15	5.9	20.61	-2.61	-0.75
2014	3508.04	3505.02	12.98	7.18	5.8	20.33	-14.29	-4.08
2015	3529.5	3518.77	13	7.2	5.8	20.41	1.05	0.30

数据来源：

1. 该表的数据①③④⑤来源于国家统计局国民经济综合司编：《新中国60年统计资料汇编（1949—2009）》，中国统计出版社2010年版。

2. 数据系列②根据数据系列①中上一年年末和该年年末的人口数进行估算。估算方法：本年平均人口=（本年人口+上年人口）/2。

3. 数据系列⑥根据②×⑤计算所得。

4. 数据系列⑦根据公式"该年净迁移人口数=该年年末人口数-上年年末人口数-该年自然增长人口数"。

5. 数据系列⑧根据公式⑦/②计算所得。

附录 3

相关政策摘录(部分)

表 3.1.1　　　　　　　　改革开放以前与迁移相关主要政策

政策类型	时间	政策	政策要点
	20世纪50年代初	主要集中于《中华人民共和国发展国民经济第一个五年计划》(1955年)	优先发展重工业
户籍	1951年	《城市户口管理暂行条例》(1951年7月16日)	建立全国统一的城市户口管理制度;居民户口变动时只需持户口簿即可办理手续,且申报入户时迁移证亦非必需
	1949年	《中国人民政治协商会议共同纲领》第五条(1949年9月29日)	中华人民共和国人民有居住迁徙的自由权
	1954年	《中华人民共和国宪法》第九十条(1954年9月20日)	中华人民共和国公民有居住和迁徙的自由
	1954年	《关于共同配合建立户口登记制度的联合通知》(1954年12月20日)	普遍建立农村户口登记制度
	1955年	《关于办理户口迁移的注意事项的联合通知》(1955年3月)	迁移一律要使用公安部门规定的迁移证;对不安心农业生产、盲目要求迁往城市的农民,应积极耐心地进行劝止,不应随便开给迁移证;防止农民盲目流入城市和控制坏分子的活动,同时也要便利人民的正当迁移

续表

政策类型	时间	政策	政策要点
户籍	1955年	《关于建立经常户口登记制度的指示》(1955年6月9日)	对乡城迁移按《关于办理户口迁移的注意事项的联合通知》办理，同样将没有城市单位和学校录用、录取证明的农村劳动力排除在迁移进城之列
	1958年	《中华人民共和国户口登记条例》(1958年1月9日)	正式确立了户口迁移审批制度和凭证落户制度；户籍管理制度纳入法制轨道
	1961年	《关于当前户口工作情况的报告》(1958年1月)	户口进行彻底检查，健全户口管理机构
	1962年	《关于处理户口迁移问题的通知》(1962年4月17日)	农村、县镇人口要求迁往城市的，应当坚决劝止，个别确因老、幼、病、残无人照顾，必须投靠在城市的直系亲属抚养等特殊情况，可以酌情照顾，对已经迁到城市尚未落下户口、有条件回农村的，要做好工作，动员他们回去
	1964年	《公安部关于处理户口迁移的规定》(国秘字369号 1964年8月14日)	从农村迁往城市、集镇，从集镇迁往城市的，要严加限制。从小城市迁往大城市，从其他城市迁往北京、上海两市的要适当限制
	1977年	《关于处理户口迁移的规定》(国务院〔1977〕140号)	从农村迁往市、镇，由农业人口转为非农业人口，以及从其他城市迁往北京、天津、上海三市的，要严格控制
粮食统购统销	1953年	《中共中央关于粮食统购统销的决议》(1953年10月16日)	规定县以上城市、农村集镇、缺粮的经济作物产区人口、一般地区缺粮户、灾区的灾民属于计划供应粮食的范围，而其余人口吃粮则实行自给
	1953年	《中共中央政务院关于实行粮食计划收购和计划供应的命令》(1953年10月16日)	所有私营粮商一律不许私自经营粮食；一般市民，可发给购粮证，凭证购买，或暂凭户口簿购买，非城市户口者不能在城市买到粮食

续表

政策类型	时间	政策	政策要点
粮食统购统销	1953年	《粮食市场管理暂行办法》（1953年11月19日政务院）	禁止私自经营粮食；城市和集镇中的粮食交易场所，得视需要，改为国家粮食市场
	1953年	《市镇居民粮食供应证》	以《户口簿》为法定依据，本户人口如有增减变动或年老变更时，须凭户口及有关证明方能办理粮食关系
	1955年	《关于迅速布置粮食购销工作安定农民生产情绪的紧急指示》（1955年3月3日）	粮食"三定"即定产、定购、定销办法，并对该年度的粮食征购任务相应地进行了调整
	1955年	《农村粮食统购统销暂行办法》（1955年8月25日）	农民吃自产粮；农村居民迁居外地的，应凭户口转移证件至国家粮站办理粮食供应的转移手续。如系缺粮户，应凭农村缺粮供应证向国家粮站换取粮食供应转移证；如系余粮户或自足户，可将剩余粮食卖给国家粮站，领取粮食供应转移证
	1955年	《市镇粮食定量供应暂行办法》（1955年9月5日）	市镇居民迁居，应凭城镇居民粮食供应证向原发证机关领取粮食供应转移证；对用粮对象进行了具体规定；实行了"四证、三票"制度
	1965年	《关于稳定农民负担，下苦功夫进一步做好粮食工作的意见》（1965年10月29日）	兼顾国家、集体、社员三者利益，稳定农民负担
劳动就业	1953年	《关于劝止农民盲目流入城市的指示》（1953年4月17日政务院）	劝止农民进城；除有工矿企业或建筑公司文件证明其为预约工或合同工者外，均不开给介绍信
	1954年	《关于继续贯彻〈劝止农民盲目流入城市〉的指示》（1954年3月）	各厂、矿、建筑业等用人单位如确实需要向农村招用人员时，须报经当地劳动行政部门，进行有组织有计划的介绍和调配；动员流入城市的农民还乡

续表

政策类型	时间	政策	政策要点
劳动就业	1957年	《国务院关于防止农村人口盲目外流的补充指示》(1957年3月2日)	迅速制止农民盲目外流防止农业生产受到更大的损失
	1957年	《关于制止农村人口盲目外流的指示》(1957年12月18日)	不能允许农村人口盲目流入城市
	1957年	《关于劳动工资和劳保福利问题》(1957年10月24日)	控制城市人口的增加
	1950年	《失业技术员工登记介绍办法》(1950年5月20日)	劝阻说服农民返乡；公营、私营企业需要雇用技术员工，都要向劳动介绍所申请，由劳动介绍所统一介绍
	1952年	《关于劳动就业问题的决定》(1952年8月6日政务院)	对盲目流入城市的农民，要劝阻说服，遣送还乡
	1954年	《建筑工人调配暂行办法》(1954年10月19日)	在建筑业领域首先对劳动力实行了统一招收、计划调配
	1955年	《关于第二次全国省、市计划会议总结报告》(1995年4月20日)	一切部门的劳动调配必须纳入计划，增加人员必须通过劳动部门统一调配
	1956年	《1956年到1967年全国农业发展纲要》(1956年1月)	城市中小学毕业的青年，除能够在城市升学、就业的外，应积极响应国家号召，下乡上山去参加农业生产，参加社会主义农业建设的伟大事业
	1957年	《国务院关于劳动力调剂工作中的几个问题的通知》(1957年4月)	国家在取消单位招用工自主权的同时，还要求各单位极设法安置多余的正式职工和学员、学徒，不得裁减，对不按规定私招或随便辞退人员的，要予以适当处理
	1957年	《有效地控制企业、事业单位人员增加，制止盲目招收工人和职员现象的通知》(1957年1月12日)	严格限制计划外用工，再次将招工权限集中到劳动部门

续表

政策类型	时间	政策	政策要点
劳动就业	1957年	《关于各单位从农村中招用临时工的暂行规定》（1957年12月13日）	应首先从本单位、本地其他单位调剂解决，之后方可通过劳动部门布置招用，招工亦遵循先当地城市后农村的原则，不得私自从农村中招工和私自录用盲目流入城市的农民
	1959年	《关于立即停止招收新职工和固定临时工的通知》（1959年1月5日）	批准了精简职工800万人
	1961年	八届九中全会通过了调整经济的"八字方针"（1961年1月）	减少城镇人口、精简职工
	1971年	《关于改革临时工、轮换工制度的通知》（1971年11月30日）	计划就业制度建立
	1964年至20世纪70年代末	三线建设和知识青年上山下乡	建设三线 知青上山下乡

表3.1.2　　　　　20世纪80年代迁移相关主要政策

政策类型	时间	政策	政策要点
经济体制改革	1978年	《中国共产党第十一届中央委员会第三次全体会议公报》（1978年12月22日）	家庭联产承包责任制
	1981年	党的十一届六中全会《关于建国以来党的若干历史问题的决议》（1981年6月27日）	以计划经济为主，市场调节为辅
	1982年	《全国农村工作会议纪要》（1982年一号文件）	突破"三级所有、队为基础"的体制，包产到户、包干到户或大包干"都是社会主义生产责任制"

续表

政策类型	时间	政策	政策要点
经济体制改革	1983年	《当前农村经济政策的若干问题》（1983年一号文件）	从理论上说明了家庭联产承包责任制是伟大创造
	1983年	《关于实行政社分开建立乡政府的通知》（中发〔1983〕35号）	政社分开，建立乡政府。按乡建立乡党委，并根据生产的需要和群众的意愿逐步建立经济组织
	1984年	《中共中央关于1984年农村工作的通知》（1984年一号文件）	稳定和完善联产承包责任制，规定土地承包期15年不变；允许自理口粮到试点集镇落户
	1984年	党的十二届三中全会《关于经济体制改革的决定》（1984年10月20日）	有计划的商品经济（拉开了城市全面改革的序幕）
	1985年	《中共中央、国务院关于进一步活跃农村经济的十项政策》（1985年一号文件）	扩大市场调节力度
	1986年	《关于一九八六年农村工作的部署》（1986年一号文件）	农业是国民经济的基础、深化农村改革
户籍	1984年	《关于农民进入集镇落户问题的通知》（国发〔1984〕141号）	在集镇有固定住所，有经营能力，或在乡镇企事业单位长期务工的，准予落实常住户口，发《自理口粮户口簿》《加价粮油供应证》
	1985年	《中华人民共和国居民身份证条例》（1985年29号）	中国开始实行身份证制度
	1985年	《关于城镇暂住人口管理的暂行规定》（1985年7月13日）	暂住证、寄住证
统购统销	1983年	中共中央关于印发《当前农村经济政策的若干问题》的通知（1983年一号文件）	对统购统派外的产品，"允许多渠道经营"
	1984年	《中共中央关于1984年农村工作的通知》（1984年一号文件）	继续减少统购统派的品种和数量
	1989年	《关于严格控制"农转非"过快增长的通知》（国发〔1989〕76号）	必须把"农转非"的规模压下来

续表

政策类型	时间	政策	政策要点
劳动就业	1980年	全国劳动就业工作会议（中发〔1981〕64号）	"三结合"就业方针
	1981年	《关于严格控制农村劳动力进城做工和农业人口转为非农业人口的通知》（国发〔1981〕181号）	要严格控制从农村招工
	1981年	《关于广开门路，搞活经济，解决城镇就业问题的若干决定》（摘要）（1981年10月17日）	严格控制农村劳动力流入城镇
	1986年	《国营企业实行劳动合同制暂行规定》（1986年7月12日）《国营企业招用工人暂行规定》（1986年7月12日）《国营企业辞退违纪职工暂行规定》（1986年7月12日）《国营企业职工待业保险暂行规定》（1986年7月12日）	企业招工，除国家另有特别规定者外，统一实行劳动合同制
城镇化	1979年	《中共中央关于加快农业发展若干问题的决定》（1978年12月22日）	有计划地发展小城镇建设、加强城市对农村的支援
	1980年	全国城市规划工作会议《国务院批转全国城市规划工作纪要》（国发〔1980〕299号）（1980年12月9日）	"控制大城市规模，合理发展中等城市，积极发展小城镇"

表3.1.3　　　　　　　20世纪90年代迁移相关主要政策

政策类型	时间	政策	政策要点
经济体制改革	1992年	邓小平同志发表了重要的南方谈话；中国共产党第十四次全国代表大会《加快改革开放和现代化建设步伐 夺取有中国特色社会主义事业的更大胜利》（1992年10月12日）	经济体制改革的目标是建立社会主义市场经济体制

续表

政策类型	时间	政策	政策要点
经济体制改革	1994年	《关于实施开放带动战略打好扩大开放总体战的决定》（贵州省）（省发〔1994〕22号）	以南下为重点的全方位开放
	1995年	国务院批转农业部《关于稳定和完善土地承包关系的意见》的通知（国发〔1995〕7号）	建立土地承包经营权流转机制
户籍	1988年	《国务院办公厅关于制止一些市县公开出卖城镇户口的通知》（国办发〔1988〕70号）	各级公安机关要严格执行《中华人民共和国户口登记条例》和国家的有关政策，对各级政府作出的与户口管理法规、政策相抵触的决定，公安机关应向政府说明情况，不予执行。已经出卖城镇户口的地方，市县政府和有关部门必须注销已出卖的户口，并在原常住户口所在地予以恢复，所收钱款一律清退
	1990年	《关于"农转非"政策管理工作分工意见报告的通知》（国办发〔1990〕45号）	由中央出台"农转非"政策，大量减少"农转非"指标
	1992年	《关于坚决制止公开出卖非农业户口的错误做法的紧急通知》（1992年5月2日）	对已经出卖的非农业户口，一律予以注销，在原常住户口所在地恢复农业户口，并做好各项善后工作
	1992年	《关于实行当地有效城镇居民户口制度的通知》（1992年8月）	实行当地有效城镇户口制度、蓝印户口
	1995年	《关于加强流动人口管理工作的意见》（1995年9月19日）	实行统一的流动人口暂住证制度
	1993年	《中共中央关于建立社会主义市场经济体制若干问题的决定》（1993年11月14日）	逐步改革小城镇的户籍管理制度，允许农民进入小城镇务工经商，发展农村第三产业，促进农村剩余劳动力的转移
	1997年	《小城镇管理制度改革试点方案》（国发〔1997〕20号）	凡在小城镇已有合法稳定的非农职业，或者已有稳定的生活来源，而且在有了合法稳定的住所后，居住已满两年的，可以办理城镇常住户口

续表

政策类型	时间	政策	政策要点
户籍	1998年	《关于解决当前户口管理工作中几个突出问题意见的通知》（国发〔1998〕24号）	对婴儿落户、夫妻分居、投靠子女的优先解决城市户口；"在城市投资、兴办实业、购买商品房的公民及直系亲属，凡在城市有合法固定的住所、合法稳定的职业或者生活来源，已居住一定年限并符合当地政府有关规定的，可允许在该城市落户
	1999年	《关于加快城镇化进程的决定》（贵州省）（黔府发〔1999〕40号）	取消非农指标控制，放宽进入小城镇入户条件，明确规定，凡在小城镇有合法稳定的职业、有稳定的生活来源、有合法固定的住所且居住已满两年者，都可办理城镇户口
劳动就业	1998年	《中共中央关于农业和农村工作若干重大问题的决定》（1998年10月14日）	发展多种就业形式，运用经济手段调节就业结构，形成用人单位和劳动者双向选择、合理流动的就业机制；鼓励和引导农村剩余劳动力向非农产业转移和地区间的有序流动
	1994年	《农村劳动力跨省流动就业管理暂行规定》（劳部发〔1994〕458号）	实施以就业证卡管理为中心的农村劳动力跨地区流动就业制度
	1995年	《关于加强流动人口管理工作的意见》（1995年9月19日）	实行统一的流动人口就业证
	1997年	《省人民政府关于进一步做好国有困难企业解困工作和实施再就业工程的通知》（贵州省）（《贵州政报》1997年第11期）	组织下岗、失业职工参加4城市的劳务输出
	1997年	《中共贵州省委、贵州省人民政府关于贯彻落实中央扶贫开发工作会议精神尽快解决农村贫困人口温饱问题的决定》（省发〔1996〕29号）	劳务输出是增加贫困地区农民收入、解决温饱的一项重要产业，要着力抓好劳务输出

续表

政策类型	时间	政策	政策要点
劳动就业	1998年	《中共中央关于农业和农村工作若干重大问题的决定》（1998年10月14日）	开拓农村广阔的就业门路，同时适应城镇和发达地区的客观需要，引导农村劳动力合理有序流动
城镇化	1994年	《关于加强小城镇建设的若干意见》（建村〔1994〕564号）	把小城镇作为加快农村剩余劳动力转移的重要基础，城镇化战略的重点
城镇化	1998年	《中共中央关于农业和农村工作若干重大问题的决定》（1998年10月14日）	发展小城镇是带动农村经济和社会发展的战略

表3.1.4　　2000年至今迁移相关主要政策

政策类型	时间	政策	政策要点
西部开发	2000年	《国务院关于实施西部大开发若干政策措施的通知》（国发〔2000〕33号）	西部大开发
西部开发	2000年	《中共中央关于制定国民经济和社会发展第十个五年计划的建议》（中发〔2000〕16号）	实施西部大开发、促进地区协调发展
西部开发	2001年	《中华人民共和国国民经济和社会发展第十个五年计划纲要》（2001年3月15日）	具体部署西部大开发
西部开发	2006年	《国民经济和社会发展第十一个五年规划纲要》（2006年3月14日）	鼓励、吸引农民工回流，返回小城镇创业、定居
农业发展	2005年	十届全国人大三次会议《政府工作报告》（2005年3月14日）	实行工业反哺农业、城市支持农村的方针
农业发展	2004年	贵州省经济工作会议（2004年1月8日）	决定于2005年取消农业税
农业发展	2008年	党的十七届三中全会《中共中央关于推进农村改革发展若干重大问题的决定》（2008年10月12日）	按照依法自愿有偿原则，允许农民以转包、出租、互换、转让、股份合作等形式流转土地承包经营权，发展多种形式的适度规模经营

续表

政策类型	时间	政策	政策要点
农业发展	2014年	《关于引导农村土地经营权有序流转发展农业适度规模经营的意见》（中办发〔2014〕61号）	规范农村土地流转，坚持土地公有制性质不改变、耕地红线不突破、农民利益不受损
	2004—2015年	2004—2015年的12个中央一号文件	"三农"主题
户籍	2000年	《国务院关于实施西部大开发若干政策措施的通知》（国发〔2000〕33号）	西部地级以下城市（含地级市）和小城镇有合法住所、稳定职业或生活来源的人员，可办理城镇常住户口，鼓励农业富余劳动力合理转移和跨地区人口合理流动
	2000年	《中共中央、国务院关于促进小城镇健康发展的若干意见》（中发〔2000〕11号）	有重点地发展小城镇，积极发展中小城市，改革城镇户籍制度，形成城乡人口有序流动的机制
	2006年	《国务院关于解决农民工问题的若干意见》（国发〔2006〕5号）	解决优秀农民工户籍问题
	2000年	《关于调整部分户口政策的意见》（贵州省）（黔府发〔2000〕18号）	小城镇户籍制度开始全面改革对农业人口与城市、城镇常住人口结婚后的落户问题实行差别政策
	1995年	《小城镇综合改革试点指导意见》	实行按居住地和就业原则确定身份的户籍登记制度，农民只要在小城镇具备合法固定的住所和稳定的就业条件，就可以申请在小城镇办理落户手续
	2001年	《国民经济和社会发展第十个五年规划纲要》（2001年3月）	重点培育城市群，解决务工人员居住问题，鼓励农民就近定居，控制特大城市人口
	2010年	《中共中央国务院关于加大统筹城乡发展力度进一步夯实农业农村发展基础的若干意见》（中发〔2010〕1号）	加快落实防控中小城市、小城镇特别是县城和中心镇落户条件的政策
	2010年	《关于2010年深化经济体制改革重点工作意见》（国发〔2010〕15号）	全国范围内实行居住证制度

续表

政策类型	时间	政策	政策要点
户籍	2014年	《国务院关于进一步推进户籍制度改革的意见》（国发〔2014〕25号）	全面放开建制镇和小城市落户限制；建立城乡统一的户口登记制度，取消农业户口与非农业户口性质区分和由此衍生的蓝印户口等户口类型，统一登记为居民户口
户籍	2014年	中共中央国务院印发《国家新型城镇化规划（2014—2020年）》（国务院公报2014年第9号）	逐步使符合条件的农业转移人口落户城镇，不仅要放开小城镇落户限制，也要放宽大中城市落户条件
户籍	2016年	《国务院办公厅关于印发推动1亿非户籍人口在城市落户方案》（国办发〔2016〕72号）	拓宽落户通道，突出重点群体，使有能力在城镇稳定就业和生活的农业转移人口举家进城落户
市民化	2010年	中央经济工作会议（2010年12月10日）	大中小城市要科学布局，把有序推进农业转移人口市民化作为重要工作抓
市民化	2012年	党的十八大报告《坚定不移沿着中国特色社会主义道路前进 为全面建成小康社会而奋斗》（2012年11月8日）	要加快改革户籍制度，有序推进农业转移人口市民化，努力实现城镇基本公共服务常住人口全覆盖
市民化	2013年	党的十八届三中全会《中共中央关于全面深化改革若干重大问题的决定》（2013年11月12日）	推进农业转移人口市民化，逐步把符合条件的农业转移人口转为城镇居民
市民化	2016年	《居住证暂行条例》（第663号国务院令）	通过居住证保障公民合法权益，促进新型城镇化健康发展，将迁移人口纳入基本公共服务保障范围
市民化	2017年	党的十九大报告《决胜全面建成小康社会 夺取新时代中国特色社会主义伟大胜利》（2017年10月18日）	实施乡村振兴战略，"加快农业转移人口市民化"

续表

政策类型	时间	政策	政策要点
城镇化	2000年	《关于制定国民经济和社会发展第十个五年计划的建议》（2000年10月19日）	积极稳妥地推进城镇化；大中小城市和小城镇协调发展的城镇化道路
	2011年	《国民经济和社会发展第十二个五年规划纲要》（2011年3月16日）	东部中心镇、西部县城建设成为中小城市
	2012年	《国务院关于进一步促进贵州经济社会又好又快发展的若干意见》（国发〔2012〕2号）	按照"黔中带动、黔北提升、两翼跨越、协调推进"的原则，充分发挥黔中经济区辐射带动作用，加快建设黔北经济协作区，积极推动毕水兴（毕节、六盘水、兴义）能源资源富集区可持续发展，大力支持"三州"（黔东南州、黔南州、黔西南州）等民族地区跨越式发展，构建区域协调发展新格局；推进城镇化进程，形成大中小城市和小城镇协调发展的格局；促进城乡统筹发展
	2015年	党的十八届五中全会《中共中央关于制定国民经济和社会发展第十三个五年规划的建议》（2015年11月3日）	人为核心的新型城镇化
	2017年	党的十九大报告《决胜全面建成小康社会 夺取新时代中国特色社会主义伟大胜利》（2017年10月18日）	以城市群为主体构建大中小城市和小城镇协调发展的城镇格局

后　　记

  2020 年即将翻页。窗外发白的时候，我终于敲到了此行。此书从酝酿、写作直至今日付梓出版，即将为我人生中一个重要的五年画上句号。我尝试写一封温暖的信，想要将感恩写给在完成此书的五年光阴中，给予过我那么多鼓励、支持、扶助和支撑的师友、家人、领导和同事。却发现，这感恩已然刻在心里，并非这薄薄的纸张可以承载。

  一生很长又很短。这五年中有太多的曲折乃至挫折，但更多的仍然是感恩和幸运。能完成此书，能在美丽的康乐园图书馆静待闭馆音乐，能在冬日看姹紫嫣红、沐温暖阳光，能沿着那条树荫斑驳安静美好的路通向最珍贵的忆念，能遇到我一生最敬爱的恩师、最亲密的朋友，以及许多美好的人，能遇见温暖、遇见爱，能站起来，能朝前走……我的生命因承载着太多人的善意而更为丰厚。

  特别鸣谢中国社会科学出版社宋燕鹏老师对本书出版工作给予的大力支持。

郑姝霞

2020 年 12 月 31 日

贵州　贵阳　花溪